Le bonheur d'un père

La joie de te retrouver

L'éclat de tes yeux bleus

CAT SCHIELD

Le bonheur d'un père

Traduction française de
FRANCINE SIRVEN

Passions

HARLEQUIN

Collection : PASSIONS

Titre original :
NANNY MAKES THREE

HARPERCOLLINS FRANCE
83-85, boulevard Vincent-Auriol, 75646 PARIS CEDEX 13
Service Lectrices — Tél. : 01 45 82 47 47

www.harlequin.fr

ISBN 978-2-2803-6227-6 — ISSN 1950-2761

- 1 -

Il était un peu plus de 6 heures du matin, et Liam Wade venait juste de donner leur ration d'avoine aux poulains et pouliches. Il prit le temps d'apprécier le calme de l'écurie, silence à peine rompu par le crissement du foin, un hennissement par-ci par-là. On était le 1er janvier et selon la réglementation en vigueur dans le milieu des courses et concours hippiques, indépendamment de leur âge réel, chacun de ses chevaux entrait à présent dans la catégorie des un an.

Il poussa un soupir. L'aube d'une année nouvelle n'avait jamais été pour lui un moment propice à la réflexion. En règle générale, ces matins-là, il gisait profondément endormi dans les bras d'une femme, après une folle nuit de fête et de sexe. Une coutume à laquelle il avait mis un terme l'année précédente. Par ailleurs, c'était seul qu'il avait quitté la soirée organisée pour le réveillon, la veille.

A cet instant, son téléphone sonna. Il sortit l'appareil de sa poche. Un texto de sa gouvernante.

Une femme est à la maison et souhaite vous parler.

Que se passait-il ? Il ne savait pas du tout à quoi s'attendre. Quelle femme ? Que lui voulait-elle ? Et dire qu'il pensait commencer la nouvelle année dans le calme et la sérénité. Il fronça les sourcils tout en se dirigeant vers sa Range Rover.

Quelques minutes plus tard, il aperçut une berline dans

l'allée, devant l'immense demeure familiale datant de la fin du XIXe siècle, dans laquelle il avait grandi avec son frère jumeau, Kyle. Ils avaient été élevés par leur grand-père, car leur mère était partie un beau matin à Dallas pour y fonder son empire immobilier.

Il se gara, avec un mauvais pressentiment. Il avait passé une année de rêve, ici, au ranch, comme entre parenthèses, en marge du monde. Qu'une inconnue vienne se présenter à sa porte un 1er janvier au chant du coq n'annonçait rien de bon et, évidemment, il n'avait aucune envie de la rencontrer. Pourtant, il lui fallait bien sortir de ce pick-up…

Laissant échapper un soupir, il descendit de voiture et traversa au pas de charge la pelouse décolorée par la sécheresse, avant de gravir d'un bond la volée de marches menant au porche. La lumière dans le hall n'étant pas allumée, les vitraux de la porte d'entrée ne laissaient rien voir de ce qui se passait à l'intérieur. De ce fait, ce ne fut qu'en entrant qu'il vit le siège bébé, dans un coin. Tout de suite après, en provenance du salon, le cri perçant d'un enfant résonna.

Le tableau qu'il découvrit en pénétrant dans la pièce l'arrêta net dans son élan. Candace, sa gouvernante, tenait dans ses bras un nourrisson en pleurs. Et tentait apparemment de retenir une femme, allure très chic, la cinquantaine, pressée à l'évidence de quitter les lieux.

— Liam sera là d'une minute à l'autre, dit Candace, trop occupée par le bébé pour remarquer son arrivée.

— Que se passe-t-il ? demanda-t-il alors en élevant la voix, de manière à se faire entendre par-dessus les cris du bébé.

Candace se tourna vers lui, visiblement soulagée.

— Liam, enfin ! Voici Diane Garner. Elle est venue pour sa petite-fille.

— Vous êtes Liam Wade ? s'exclama aussitôt la femme sur un ton agressif.

Il ne la connaissait ni de nom de vue, et tant d'hostilité le surprit.

— Oui.

— Ma fille est décédée.

— Vous m'en voyez extrêmement désolée mais…

— Elle était justement en route pour venir vous voir quand elle a perdu le contrôle de son véhicule, à cause d'une violente contraction. Les médecins n'ont pas pu la sauver.

— C'est véritablement… Tragique… *En réalité, il ignorait ce qu'il aurait pu dire d'autre. Le nom de Garner ne lui évoquait rien.* Hmm, elle et moi avions rendez-vous à propos de quelque chose ?

— Rendez-vous ? répéta Diane, cinglante.

— Quel était le prénom de votre fille ?

— Margaret. Margaret Garner, ça ne vous dit rien ? Vous l'avez rencontrée à San Antonio… N'essayez pas de me faire croire que vous ne vous rappelez pas.

Elle semblait de plus en plus agitée. Et tout cela ne laissait présager rien de bon.

— Je suis désolé, dit-il d'un ton qui se voulait ferme et rassurant. Il y a une éternité que je n'ai mis les pieds là-bas.

— Huit mois exactement, répliqua Diane. Vous n'avez tout de même pas oublié ma fille en si peu de temps !

Il ouvrit la bouche pour expliquer qu'il n'était pas allé à San Antonio depuis bien plus longtemps que cela, lorsqu'il comprit.

Bon sang, cette femme sous-entendait… non, impossible. Il se tourna et dévisagea le bébé dans les bras de Candace.

— Vous pensez que cet enfant est le mien ?

— Elle s'appelle Maggie et, oui, c'est votre fille.

Il faillit éclater de rire. Ce bébé, il le savait, ne pouvait pas être le sien, lui qui était célibataire depuis un an.

— Je peux vous assurer du contraire.

— En venant jusqu'ici, je pensais que vous feriez votre devoir avec Maggie, dit Diane, lèvres pincées. C'est votre enfant. Issue de votre liaison avec ma fille.

Il n'en était pas très fier aujourd'hui mais, plus jeune, il avait multiplié les conquêtes, couchant avec des femmes dont il ignorait tout, y compris le nom de famille. Il lui suffisait alors qu'elles soient sexy et consentantes, le reste ne présentant aucun intérêt. Mais il était toujours resté prudent, et aucune ne s'était jamais présentée à sa porte enceinte.

— Si j'ai eu une liaison avec votre fille, c'était il y a longtemps et cet enfant n'est donc pas le mien.

— J'ai en ma possession des photos qui prouvent le contraire, rétorqua Diane en sortant un téléphone de son sac. Vous voici, là, avec ma fille. La date de ces clichés remonte à huit mois, à San Antonio. Oserez-vous encore prétendre qu'il ne s'agit pas de vous ?

Sur l'écran s'afficha le visage d'une superbe blonde aux yeux bleus, tout sourire, en train de déposer un baiser sur la joue d'un visage qui lui était extrêmement familier. Celui de Kyle. Une casquette de base-ball dissimulait ses cheveux courts, mais l'absence de cicatrice sur le menton ne laissait aucun doute. Il s'agissait bien de Kyle, pas de lui.

Il poussa un soupir de soulagement. Voilà que tout s'expliquait.

— Il y a un malentendu. On dirait moi, mais c'est mon frère jumeau, dit-il, encore troublé par cette image de Kyle respirant le bonheur, quand Diane Garner lui passa sous le nez en se dirigeant vers l'entrée. Mais, même là, ça ne prouve pas que le bébé soit une Wade.

Elle se figea, une main sur la poignée de la porte et le foudroya du regard.

— Margaret sortait peu. Et couchait encore moins. Et d'après ces photos, c'est évident, elle était profondément amoureuse de vous.

Soit Diane ne l'avait pas entendu lorsqu'il lui avait expliqué avoir un frère jumeau, soit elle prenait ce détail pour un alibi. Il en était encore à essayer de trouver un argument qui pût la convaincre, lorsqu'elle ouvrit la porte et sortit de la maison.

Figé sur place, incapable de prononcer le moindre mot, il la suivit des yeux. Il pouvait envisager que cette petite puisse être une Wade. Un test ADN pourrait le confirmer.

Ou pas. Et après ? Agent des forces spéciales, Kyle était en mission actuellement. Absolument incapable de prendre un enfant en charge.

Les cris du bébé reprirent de plus belle, l'arrachant à ses pensées. Il fit face à Candace occupée à bercer le nourrisson dans un effort pour l'apaiser et, à cet instant, son sang se glaça. Diane Garner avait manifestement décidé de partir sans sa petite-fille. Il s'élança à sa poursuite et parvint à la rattraper de justesse à sa voiture, juste avant qu'elle ne ferme sa portière.

— Vous laissez le bébé ici ?

— Margaret était en route pour vous voir. Je pense qu'elle avait l'intention soit de vous laisser Maggie, soit d'obtenir votre permission pour la confier à l'adoption. Nous avons retrouvé des formulaires vierges de l'assistance publique dans sa voiture.

— Mais… Pourquoi ?

— Elle n'a jamais voulu être une maman célibataire, répondit Diane, la voix tremblante. Et, je le sais, elle n'aurait pas été capable d'élever seule un enfant.

— Et que se passera-t-il si je refuse ?

— Je ferai en sorte qu'elle soit adoptée.

— Mais vous êtes sa grand-mère… Pourquoi ne prenez-vous pas soin d'elle, le temps que nous puissions procéder à un test ADN et…

— J'ai des problèmes de santé. Je ne suis pas en mesure d'assumer la garde d'un bébé. Et vous êtes le père de Maggie, insista Diane. Sa place est ici, avec vous.

Sa place était avec son père. Malheureusement, avec Kyle en mission, était-il, lui, capable de prendre soin d'un bébé ? Le voulait-il même ? Il n'en avait pas la moindre idée. Deux ans s'étaient écoulés depuis qu'il n'avait vu son frère. Mais si l'enfant était une Wade — et il n'allait pas renvoyer ce bébé à l'adoption jusqu'à ce qu'il en ait le cœur net d'une façon ou d'une autre — sa place était ici.

— Comment puis-je entrer en contact avec vous ?

demanda-t-il, car cette femme voudrait sûrement avoir des nouvelles de sa petite-fille, non ?

— J'ai donné mes coordonnées à votre employée de maison, répondit-elle, aussi bouleversée apparemment que déterminée. Veillez bien sur Maggie. Je n'ai plus qu'elle…

Et sur ce, avec plus de hâte que de grâce, elle referma sa portière et démarra. Comme la berline grise s'éloignait, il repensa à la décision prise en son temps par sa propre mère, lorsqu'elle les avait laissés, Kyle et lui, à leur grand-père pour aller vivre sa vie à Dallas. Il n'avait jamais réellement souffert de son absence. Leur grand-père était adorable, aussi bougon qu'affectueux. Il n'y avait pas de raison pour que Maggie ne soit pas aussi heureuse sans sa mère.

Mais comment allait-il pouvoir gérer la situation ?

Il retourna à la maison. Candace était à la cuisine, en train de faire chauffer un biberon. Infatigable, le bébé continuait de s'époumoner. Sa gouvernante lui lança un regard effaré.

— Vous l'avez laissée partir ?

— Qu'étais-je censé faire d'autre ?

— La convaincre de reprendre le bébé avec elle, peut-être ? Vous et moi savons bien qu'elle n'est pas votre enfant.

— Vous m'avez l'air bien sûre de vous.

Il lui lança un sourire en coin. Candace avait commencé à travailler pour lui sept ans plus tôt, lorsque l'ancienne employée de maison était partie à la retraite. Diane Garner n'était pas la première femme à débarquer à la maison sans y avoir été invitée. En revanche, c'était la première à s'y être présentée un bébé dans les bras.

— Vous avez changé, cette année, dit Candace, en le regardant à la dérobée. Vous êtes devenu plus… Sage.

Jamais elle ne l'avait interrogé sur les raisons de cette transformation qui, en l'espace d'une nuit, l'avait vu passer du statut de play-boy insouciant à celui d'homme d'affaires responsable. Elle pensait peut-être qu'à l'aube de ses trente ans il avait simplement décidé d'en finir avec ses comportements d'adolescent attardé.

Ce qui n'était pas faux. Sauf que ce n'était qu'une partie de la vérité.

— Cette année ? J'ai vécu comme un moine, vous voulez dire…

— C'est juste, répondit-elle en souriant.

— Bien. Que dois-je faire avec ce bébé ? Pourquoi n'arrête-t-elle pas de hurler comme ça ?

Il regarda le bébé, avec ses cheveux blonds et ses grands yeux bleus, les joues en feu.

Seigneur, il n'avait jamais tenu un bébé dans ses bras.

Il l'avait pressenti, ce 1er janvier ne serait pas comme les autres.

— La couche n'est pas humide, je suppose donc qu'elle a faim, suggéra Candace. Pouvez-vous la tenir, le temps que je prépare son biberon ?

A moins qu'elle réclame juste sa maman. Candace ne dit rien de tel mais, à son regard, il sut qu'elle le pensait très fort.

— Si je pouvais éviter…

— Elle ne va pas se casser…

Le bébé semblait minuscule dans les bras de Candace, petite chose tout en sucre.

— Dites-moi plutôt ce que je dois faire avec le biberon, dit-il.

Le bruit dans la cuisine cessa à la seconde où Maggie se mit à boire goulûment son biberon. Bon, il fallait qu'il réagisse, et vite. Il avait besoin de toute urgence d'une nounou. Profitant du répit, il téléphona à l'agence la plus proche. Mais comme il était à peine 7 heures du matin, il dut laisser un message. Pourvu que son appel au secours soit entendu au plus vite. Puis il attrapa un bloc-notes et établit une liste des choses dont la petite Maggie pourrait avoir besoin.

Hadley Stratton leva le pied de l'accélérateur et laissa son monospace descendre en roue libre les dix derniers mètres de l'allée. Une imposante demeure de style victorien se dressait devant elle, la blancheur de la façade bordée de bleu lui donnant un air de digne douairière dans le paysage aride du Texas.

Le trajet depuis son appartement, à Royal, ne lui avait pris qu'une quinzaine de minutes. Un gain de temps appréciable, par rapport à son dernier job, situé à Pine Valley. N'empêche, elle hésitait encore à accepter cette place de nounou. Liam Wade jouissait d'une solide réputation de play-boy, et c'était bien là le problème. S'il n'avait pas proposé un salaire exceptionnel, avec une prime si elle commençait tout de suite, elle aurait refusé quand l'agence l'avait contactée. Mais, avec le remboursement de son prêt étudiant et encore six mois de cours avant l'obtention de son diplôme, elle en était parfaitement consciente, cet argent était une chance inespérée.

Et puis, en matière de patrons séduisants et disponibles, elle connaissait la chanson. Elle ne répéterait pas l'erreur commise avec Noah Heston, père divorcé de trois enfants, retourné auprès de son ex-femme après avoir tout fait pour la séduire.

Elle se gara et descendit de voiture pour aller sonner. A l'intérieur, lorsqu'un bébé poussa un cri, elle sentit sa nervosité monter de plusieurs crans. Elle ne savait quasiment rien de la situation qui l'attendait, à part que Liam Wade avait soudain eu besoin de quelqu'un pour s'occuper d'un nourrisson.

Une ombre se dessina derrière les vitraux de la porte d'entrée. Son cœur s'accéléra, et elle faillit ni plus ni moins tourner les talons et s'enfuir à toutes jambes. Elle avait passé l'heure précédente à tenter de se convaincre que Liam Wade était juste un employeur comme les autres. Un éleveur de chevaux réputé, certes. Et terriblement sexy. Dont elle avait été follement amoureuse dix ans plus tôt, mais bon, comme la plupart des filles évoluant à l'époque dans le circuit du rodéo.

De l'eau avait coulé sous les ponts, elle n'était plus depuis longtemps une adolescente en fleurs, émotive et rêveuse, mais une nounou professionnelle, une femme qui avait la tête sur les épaules et connaissait les risques de laisser les sentiments s'immiscer dans sa vie professionnelle, à cause, bien sûr, de certains papas au charme irrésistible.

— Bonjour, monsieur Wade, dit-elle sèchement quand la porte s'entrouvrit. Je suis envoyée par Royal Nounous. Mon nom est…

— Hadley…

Elle sentit immédiatement ses grands yeux verts la dévisager.

— Hadley Stratton…

Mon Dieu, se souviendrait-il d'elle ? Non, bien sûr que non. Elle toussota pour cacher au mieux son émotion. Idiote qu'elle était. Bien sûr il savait qui elle était, l'agence lui avait forcément communiqué le nom de la personne qu'ils lui envoyaient. Hadley Stratton… Elle se pinça les lèvres pour arrêter de répéter bêtement son nom.

— Vous êtes nounou ? demanda-t-il en la regardant brièvement de haut en bas.

Il n'avait pas l'air très convaincu. Cela commençait bien… Peut-être attendait-il quelqu'un de plus âgé.

— Eh bien, oui, répondit-elle, J'ai apporté mon CV et mes références, si vous souhaitez les voir, ajouta-t-elle tout en sortant une enveloppe kraft de son sac.

— Inutile… Maggie est dans le salon. Vous n'avez qu'à suivre le bruit.

Il s'écarta et l'invita à entrer avant de refermer la porte sur une grimace.

Elle s'attendait que la mère du bébé soit ridiculement jeune, belle et pas maternelle pour un sou. Quand elle vit la femme qui tenait le nourrisson dans ses bras, la quarantaine avancée, en jean et chemise à carreaux, baskets aux pieds, un chignon surprenant sur la tête, elle ressentit un choc.

— Hadley Stratton, Candace Tolliver, ma gouvernante, dit Liam qui ajouta, avec un sourire compatissant à l'attention de son employée : Candace est très heureuse de votre venue.

Mais où était-elle, alors, la mère de la petite Maggie ? Candace avait le regard abattu d'une jeune maman sans aucune expérience. Les présentations à peine terminées, elle lui tendit le bébé.

— Je lui ai donné son biberon, je l'ai changée, mais elle continue de pleurer.

— Elle est toujours comme ça ? demanda-elle en dévisageant le bébé, quelques centaines de grammes sans doute en dessous de la normale. Une carence due aux mauvaises habitudes alimentaires de la mère peut-être, durant la grossesse. Ou à quelque chose de plus grave.

— Nous n'en savons rien, répondit Candace qui se tourna vers Liam. Elle vient juste d'arriver. Veuillez m'excuser… Et elle sortit de la pièce comme si elle avait quelque chose sur le feu.

— Voici son dossier médical, dit Liam en désignant des documents sur la table basse. Bien que prématurée, elle semble en bonne santé.

— Prématurée ? Elle glissa le petit doigt entre les lèvres du nourrisson, espérant que cela le calmerait. Elle a une tétine ?

— Non, je ne crois pas, répondit Liam.

Elle l'observa. Il se tenait juste à quelques mètres devant elle, une main sur la hanche, l'autre enfouie dans ses cheveux épais. Il avait besoin d'aller chez le coiffeur, nota-t-elle vaguement, avant de balayer le salon du regard, en quête de l'attirail habituel lié à la présence d'un bébé. Mais rien de tout cela, excepté un siège-auto et un sac posé juste à côté. La pièce, élégante mais confortable, semblait tout droit sortie d'un magazine de déco. Murs gris clair, boiseries blanches. Le mobilier quant à lui jouait sur d'autres tons, bleu ciel, vert citron et rouge myrtille, des touches de couleurs qui venaient réveiller la palette monochrome.

— Où sont ses affaires ?

— Ses affaires ? répéta le maître des lieux, l'air complètement perdu.

— Couches, gigoteuse, vêtements ? Dans sa chambre sans doute ?

— Elle n'a pas de chambre.

— Dans ce cas, où dort-elle ?

— A vrai dire, nous n'avons pas encore décidé…

Elle ravala un soupir d'impatience. A l'évidence, quelque chose ne tournait pas rond dans cette maison.

— Peut-être devriez-vous m'expliquer ce qui se passe. A commencer par la mère de Maggie. Où est-elle ?

— Elle a perdu la vie il y a quelques jours, dans un accident de la route.

Pendant quelques secondes, Hadley ne sut quoi dire, tellement la nouvelle la prit au dépourvu.

Elle ne s'attendait pas à cela et sentit son cœur se serrer.

— Je suis vraiment désolée, chuchota-t-elle, en baissant les yeux sur l'enfant, plus calme maintenant, son petit doigt dans la bouche. Cette pauvre petite ne connaîtra donc jamais sa mère…

Liam s'éclaircit la gorge.

— En fait, dit-il, je ne la connaissais pas non plus.

De toute évidence, il avait dû s'agir d'une aventure sans lendemain qu'il avait aussitôt oubliée. Elle ressentit une vague de déception, à l'idée de le savoir si insouciant.

— Vous avez bien dû la connaître à un moment ou à un autre, fit-elle remarquer avec plus de brusquerie qu'elle ne l'aurait voulu. Bonjour, petit ange, dit-elle doucement au bébé dont les yeux commençaient à se fermer.

Tout en fredonnant une comptine, elle continua de bercer l'enfant qui finit par s'endormir. Elle l'installa alors dans le siège-auto.

— Vous êtes sacrément douée…

Levant les yeux, elle vit que Liam se trouvait juste derrière elle, mille fois trop près, et regardait Maggie. Cet homme était la tentation personnifiée. Il sentait bon le gel douche et l'après-rasage. Et portait le jean comme personne.

Santiags aux pieds, bien sûr, comme tout cow-boy qui se respecte, des bottes usées, éraflées, fatiguées. Il avait beau peser quelques millions de dollars, il fallait reconnaître qu'il n'avait jamais eu la grosse tête. Très connu dans le milieu du rodéo, il y comptait autrefois de nombreux amis avec lesquels il traînait, tous des as de l'arène. Tous bourreaux des cœurs aussi. Et les prétendantes ne manquaient pas. Liam était la star du groupe du fait de ses prouesses, autant sur le dos de cheval qu'avec les filles. Il avait toute une cour de groupies qui le suivaient au fil des rodéos.

— C'est la première fois qu'elle reste tranquille, depuis son arrivée, dit-il. Vous êtes une vraie magicienne…

— Absolument pas. Elle était juste stressée. J'imagine qu'elle sentait votre nervosité. Depuis quand est-elle ici ?

— Elle est arrivée vers 7 heures du matin, répondit-il en lui faisant signe de s'asseoir sur le canapé, invitation qu'elle déclina pour s'installer sur l'un des fauteuils, à proximité du bébé. Sa grand-mère l'a déposée et s'est éclipsée tout de suite après.

— Et vous ne l'attendiez pas ?

Il secoua la tête et se mit à faire les cent pas.

— Peut-être devrais-je commencer par le début…

— Cela me paraît en effet une bonne idée.

A ce moment la gouvernante réapparut avec du café pour un régiment et remplit deux tasses. Puis elle regarda le bébé endormi et se tourna vers Hadley pouce levé, avant de ressortir du salon. Liam ajouta une bonne dose de sucre dans son café et reprit son va-et-vient, tasse à la main.

— Voilà ce que je sais. Une femme disant s'appeler Diane Garner s'est présentée ce matin avec Maggie en m'expliquant que sa fille avait perdu la vie dans un accident de voiture. Apparemment, prise de contractions subites, elle aurait perdu le contrôle du véhicule.

Elle contempla le bébé et de nouveau ressentit beaucoup de peine. Pauvre petite…

— Quelle tragédie. Mais où est sa grand-mère à présent ?

— Sans doute en route pour Houston.

— Et elle vous a laissé l'enfant, comme ça ?

— J'ai le sentiment qu'elle n'était pas en état de s'en occuper ni disposée à en assumer la responsabilité.

— Je suppose qu'elle pensait que le bébé serait mieux avec son père.

— Elle n'est pas à moi, dit-il alors avec fermeté, sur un ton n'admettant pas de réplique. Maggie est la fille de mon frère.

L'histoire était bien plus compliquée qu'elle ne l'avait imaginé. Elle hésita, ne sachant que répondre. Pourquoi avoir accueilli Maggie si elle n'était pas sa fille ?

— Je vois, finit-elle par dire. Je vais donc travailler pour votre frère…

Elle ne savait pas grand-chose sur l'autre frère Wade. A la différence de Liam, il n'avait jamais très actif dans le milieu du rodéo.

— Non, vous travaillerez pour moi. Kyle est militaire et vit sur la côte Est.

— Il vous a confié la garde du bébé ?

Il se planta devant la baie vitrée donnant sur le jardin.

— Mon frère est injoignable en ce moment, je n'ai donc pas pu lui parler et, à vrai dire, je ne suis même pas sûr que Maggie soit de lui.

Elle n'y comprenait plus rien. En fait, Liam pourrait aussi bien être le père de Maggie et profiter de l'absence de son frère pour lui mettre tout sur le dos. C'était une possibilité. Il ne serait pas le premier ni le dernier à refuser d'assumer les conséquences de ses actes. Elle avait toujours eu une réelle admiration pour Liam Wade l'éleveur de chevaux. L'homme, en revanche… Elle le croyait bien capable de séduire une femme sans même prendre la peine de retenir son nom ou de lui demander son numéro de téléphone.

— Je ne sais pas si je suis la nounou la plus indiquée, pour vous, commença-t-elle, avant de s'arrêter net — Liam se détournant de la baie vitrée pour venir vers elle.

— Vous êtes exactement la nounou qu'il faut à Maggie. Regardez comme elle est apaisée. Candace a passé deux heures à essayer de la calmer, et avec vous, en moins de dix minutes, elle s'est endormie. Je vous en prie, restez. Elle a perdu sa mère et, manifestement, le courant passe entre vous deux.

— Ce dont vous avez besoin, c'est de quelqu'un qui puisse s'occuper de Maggie à plein temps. Je ne travaille que pour des clients ayant besoin de mes services dans la journée.

— L'agence m'a expliqué que vous suiviez des cours…

— Je dois bientôt passer mon diplôme en santé et développement de l'enfant…

— Mais les cours ne reprendront pas avant début février, je me trompe ?

— Hmm, c'est juste, répondit-elle, sentant déjà le piège se refermer sur elle.

— Soit dans quatre semaines. J'imagine qu'à ce moment-là nous pourrions réexaminer la situation et vous employer alors uniquement durant la journée, quand je travaille aux écuries…

— Et d'ici là ?

— Accepteriez-vous d'emménager ici ? Ce n'est pas la place qui manque…

Elle secoua la tête. Une pensée loufoque surgit dans son esprit : elle se sentirait bien plus en sécurité à dormir dans son lit. Mais qu'est-ce qui lui faisait croire qu'elle était en danger avec Liam Wade ?

— Non, je n'emménagerai pas chez vous, mais je peux venir le matin de bonne heure et partir tard le soir, de manière à vous libérer le plus possible durant le mois de janvier. Cela vous laisserait le temps de chercher quelqu'un disposé à travailler pour vous à temps plein.

En dépit des affirmations de Liam comme quoi Maggie serait la fille de son frère, elle pressentait que le bébé n'irait nulle part une fois les résultats des tests ADN connus. La mère de l'enfant décédée et sa grand-mère refusant d'en assumer la responsabilité, il serait bien forcé d'admettre avoir besoin d'une nounou à plein temps.

Elle avait eu raison de penser qu'elle n'était pas la nounou qu'il lui fallait. Mais bon, pouvait-elle le laisser dans la difficulté ?

— Peut-être pourrions-nous discuter des affaires nécessaires à Maggie, suggéra-t-elle, priant pour que Liam ne relève pas le manque d'assurance dans sa voix.

— Candace a commencé une liste en proposant d'aller acheter tout ce dont nous avons besoin dès votre arrivée, dit-il avec un sourire penaud. Elle hésite à me laisser seul avec le bébé.

— Pourquoi donc ?

— Cela va peut-être vous paraître étrange, mais je n'ai jamais vraiment eu de contact avec des bébés jusqu'à aujourd'hui.

Elle dut se faire violence pour détacher ses yeux de ceux de Liam. Des yeux magnétiques. Du calme, elle ne devait surtout pas commencer à trouver cet homme séduisant. Il était son employeur, un point c'est tout.

— Après quelques jours de pratique, vous prendrez confiance en vous, dit-elle, nerveuse, avant de trouver l'échappatoire rêvée. Et autant commencer tout de suite, ajouta-t-elle en se levant pour prendre Maggie dans ses bras et la lui tendre.

Il fit mine de protester mais, recourant à son regard le plus déterminé, elle l'arrêta aussitôt dans son élan.

— Entendu, soupira-t-il, résigné. Bien, que dois-je faire ?

- 2 -

Se lancer à bride abattue à la poursuite d'une vache en furie galopant dans tous les sens au sein d'une arène requérait une poigne de fer et une sacrée expérience. Eleveur de chevaux reconnu et admiré, champion du circuit rodéo, Liam se vantait d'avoir toujours su garder son sang-froid, en dépit de l'adrénaline. Aujourd'hui pourtant, il se sentait comme un bleu à son premier rodéo face à Hadley, qui, elle, était totalement à son aise.

— Il est capital de lui soutenir la tête, dit-elle et, prenant le bébé endormi, elle joignit le geste à la parole. Certains bébés détestent être tenus dans le dos donc, si elle se met en colère, prenez-la par-devant ou sur le côté.

Elle s'avança et lui tendit Maggie. Il fut soudain assailli par les parfums mêlés de talc et de lavande. Effluves qui eurent pour effet immédiat de l'apaiser. Il retint son souffle quand elle lui déposa Maggie dans les bras.

Elle scruta le visage de l'enfant un moment, puis releva doucement la tête et plongea son regard dans le sien. Il ne bougea plus, fasciné par l'éclat de ses yeux bleu outremer.

— Vous voyez, ce n'est pas si difficile…

— Vous sentez la lavande…

Les mots s'échappèrent de sa bouche, comme ça, presque malgré lui.

— La lavande et la camomille, dit-elle en reculant. C'est un parfum censé être déstressant.

— Très efficace…

Tout en resserrant les bras autour du petit corps tout chaud de Maggie, il observa Hadley à la dérobée. Se rappelait-elle de lui, quand ils se croisaient dans les rodéos ? Dix ans qu'il ne l'avait vue et ce n'était pas faute de l'avoir cherchée de concours en concours, s'attendant à chaque fois à voir son nom s'afficher sur le tableau des participants. A dix-huit ans à peine, elle était une star de l'arène. Puis, du jour au lendemain, elle avait vendu sa jument et disparu du circuit. A la grande satisfaction de nombre de concurrentes féminines de l'époque, à commencer par sa petite amie du moment.

— J'ai failli ne pas vous reconnaître, tout à l'heure, dit-il en déplaçant Maggie sur son bras gauche, de manière à libérer sa main droite.

— Oh ! vous m'avez reconnue ? demanda-t-elle, avec un regard méfiant.

Et en quoi était-ce si surprenant ? Elle était alors l'une des meilleures.

— Bien sûr. Je me souviens particulièrement d'un certain jour… Après être venue me demander conseil, vous aviez remporté la cagnotte mise en jeu. Vous m'aviez d'ailleurs promis un dîner en tête à tête après ça. Mais je ne vous ai plus jamais revue…

— Je me rappelle vaguement… Vous m'aviez appris deux ou trois choses…

— Vous montiez une jument exceptionnelle. Lolita Slide. Lorsque j'ai su que vous l'aviez mise en vente, j'ai suggéré à Shannon Tinger de l'acheter. Elle a remporté par la suite avec elle une bonne centaine de titres…

— Lolita était un cheval unique. Je me réjouis que Shannon ait pu briller grâce à elle.

Elle lui avait décoché un sourire poli. Non, plutôt… coincé.

Il repensa à elle dix ans plus tôt, une grande gigue en jean râpé, chapeau de cow-boy vissé sur la tête, cheveux blonds flottant au vent telle une bannière victorieuse, tandis que sa jument filait vers la ligne d'arrivée. Rien à voir avec la femme qui se tenait aujourd'hui devant lui, dans son pantalon à pinces gris et son pull à col roulé noir, avec sa queue-de-cheval bien sage. Disparu le feu qui l'animait alors et qui avait attiré son attention, quelques années plus tôt.

— Dans mes écuries j'ai un petit de Lolita Slide. Vous devriez venir le voir. Il n'a que trois ans, mais je pense qu'il fera des merveilles comme cheval de poursuite.

— Je ne crois pas avoir le temps. La garde d'un bébé requiert une surveillance de tous les instants.

Son refus le surprit. Il aurait cru qu'elle serait folle de joie à l'idée de voir un rejeton de son ancienne monture. La Hadley dont il se souvenait adorait les chevaux.

— Pourquoi avoir laissé tomber le rodéo ?

Elle fixa le tableau représentant un paysage du Texas, au-dessus de la cheminée, avant de répondre :

— Mes parents souhaitaient que j'aille à l'université, et l'argent manquait pour assumer à la fois les études et le coût d'un cheval. La somme que m'a rapportée la vente de Lolita m'a permis de payer les frais de ma première année de fac.

Il réfléchit à ses paroles. Lui-même ne s'était jamais trouvé en position de devoir trancher. En règle générale, il obtenait toujours ce qu'il voulait. Il arrivait parfois qu'il doive revoir ses plans, bien sûr, mais c'était toujours pour mieux, sans regret.

A ce moment, Maggie se mit à bouger, et il reporta son attention sur le bébé qui bâilla et entrouvrit les yeux.

— Je crois qu'elle se réveille, dit-il en se rapprochant de Hadley pour lui tendre Maggie.

— Vous vous en êtes bien sorti pour une première fois.

A cet instant, il se promit de faire de son mieux pour s'occuper de sa nièce. Et, aussi étrange que cela pût paraître, l'approbation de Hadley le remplit de fierté.

— Aimeriez-vous visiter la maison ? demanda-t-il, en l'invitant à le suivre. J'aimerais avoir votre avis pour la chambre du bébé.

— Bien sûr.

Il la précéda dans le couloir jusqu'à la salle à manger où trônait sur un tapis persan dans les tons noir et or une longue table en acajou de douze personnes. Quand il avait rénové la maison, six ans auparavant, remettant notamment toute la plomberie et l'électricité aux normes, il n'avait pas touché à cette pièce. Trop de souvenirs y restaient attachés.

— Je vis seul ici. Et à vrai dire, je n'ai pas reçu grand monde l'année dernière… De son vivant, mon grand-père aimait beaucoup inviter ses amis à sa table. Plusieurs membres du Congrès ainsi que certains gouverneurs ont dîné ici même.

— Quand est-il décédé ?

— Il y a un an et demi. Il a été emporté par une crise cardiaque, pendant son sommeil.

Grand-père était leur seul parent, à lui et à Kyle. Sa disparition l'avait profondément affecté. Comment son frère avait vécu cette perte, Dieu seul le savait. Bien qu'ayant hérité de la moitié du ranch, Kyle ne revenait que rarement à la maison. Ils discutaient bien de temps en temps au téléphone, mais son frère ne parlait pas beaucoup de sa vie privée.

— Je me rappelle votre grand-père, au rodéo. Une vraie force de la nature, dit Hadley.

Sa remarque lui réchauffa le cœur, lui donnant envie de lui parler encore de son grand-père, de sa famille.

Il la fit entrer dans la cuisine.

— Il adorait tout ce qui touchait aux chevaux. Vous savez, son père était un simple gardien de troupeau. Nos black angus descendent directement des bêtes ramenées d'Ecosse dans les années 1880.

— Vous élevez donc des vaches en plus des chevaux ?

— Exact. L'année dernière, nous avons vendu près de deux cents têtes de bovins.

— Vous avez l'air de bien vous débrouiller…

La conversation prenait de nouveau un tour plus détaché, mais cela ne le dérangeait pas. Pour la première fois depuis ce matin à l'aube il se sentait bien, plein de confiance. La présence de Hadley avait sur lui un effet bénéfique, cela ne faisait aucun doute.

Après un rapide coup d'œil au bureau, ils prirent l'escalier pour visiter le premier étage.

— L'affaire ne cesse de se développer, reprit-il.

Au point d'ailleurs qu'il n'avait plus guère le loisir de se consacrer à sa passion : le dressage de chevaux.

— Vous donnez l'impression de regretter votre succès.

Il avait cru que rompre avec son mode de vie lui permettrait de se concentrer sur les chevaux mais, depuis qu'il travaillait au ranch, son équipe l'encourageait à voir plus grand.

— Je n'avais pas réalisé combien mon grand-père aspirait à développer le commerce des chevaux jusqu'à ce que ses problèmes de santé l'obligent à lever le pied. Apparemment, par respect pour son père, il avait mis un frein à ses ambitions, mais il contenait avec peine son impatience.

— Et une fois au repos forcé ?

— J'ai investi. En trois ans, nos bénéfices ont augmenté de cinquante pour cent, expliqua-t-il tout en lui montrant les trois chambres à l'étage. Voici la mienne…

— Je pense qu'il vaut mieux installer Maggie ici, dans la chambre en face de la vôtre. La pièce est très lumineuse. Et, quand elle se réveillera, la nuit, vous serez tout près.

Il ne voyait pas de problèmes à devoir se lever plusieurs fois par nuit pour s'occuper de Maggie. En revanche il appréhendait de se retrouver seul avec elle, au cas où quelque chose ne tournerait pas rond.

— Vous ne voulez vraiment pas venir vivre ici ?

— Vous y arriverez très bien tout seul. Et je vous promets de ne pas partir avant que Maggie soit bien installée…

— Bien… Si vous le permettez, je dois me rendre à l'écurie. J'ai plusieurs coups de fil à donner, et un acheteur doit passer voir ses poulains.

— Je vous en prie. Maggie et moi, nous nous débrouillerons.

— Candace devrait bientôt rentrer avec tout le matériel, et j'attends la livraison du mobilier pour la fin de la journée. J'enverrai deux de mes gars vider cette pièce de manière à l'aménager pour Maggie.

Elle acquiesça d'un signe de tête. Dans ses bras, le bébé se mit à rouspéter.

— Il faut que je la change et que je lui donne son biberon…

— Voici mon numéro de portable et ceux du bureau, dit-il en lui tendant sa carte de visite. Si vous avez besoin de quoi que ce soit, n'hésitez pas.

— Entendu.

Le court trajet jusqu'aux écuries lui fournit le temps nécessaire pour faire le point. Kyle allait avoir un choc en apprenant qu'il était père.

En parlant de choc, lui-même en avait eu un, aujourd'hui, en la personne de Hadley Stratton. N'était-ce pas extraordinaire ? Car elle était bien la seule femme à occuper une place privilégiée dans sa mémoire, dans la catégorie nostalgie. Ils étaient si jeunes, à l'époque ! Vingt ans pour lui. Quant à elle, elle venait juste de passer son bac lorsque, pour la première fois, il l'avait remarquée. C'était sa façon de monter qui avait attiré son attention. Sur le dos d'un cheval, elle était une vraie boule d'énergie. Le reste du temps, c'était une jeune fille réservée et gauche, qualités qu'il trouvait très attirantes.

Combien de fois avait-il pensé à elle ? Il avait souvent regretté de ne pas avoir eu la possibilité d'en savoir un peu plus à son sujet, en dehors de sa passion pour les chevaux. Et voilà que le destin la lui ramenait. Cette fois, il comptait bien mettre à profit cette seconde chance.

L'horloge antique dans l'entrée sonna une fois quand Hadley se faufila dans la nuit et le froid. Frissonnant à cause du changement abrupt de température, elle rejoignit au pas de course son monospace, bâillant à s'en décrocher la mâchoire.

Pour laisser Liam s'occuper seul de Maggie, elle avait dû se faire violence. Le bébé était très irritable, plus que la normale, sans doute parce que prématuré, et il venait juste de s'endormir. Certes, Liam avait pris confiance en lui et arrivait maintenant à calmer plus ou moins Maggie. N'empêche, elle s'était déjà attachée à cette petite privée de sa maman, et partir était un crève-cœur. Mais il devait apprendre à se débrouiller.

La fatigue s'abattit d'un coup sur elle quand elle s'engagea sur la route nationale, direction Royal. Ses dernières missions concernaient des enfants d'âge scolaire. Elle avait oublié l'énergie que demandait un nourrisson. Sans doute retrouverait-elle Liam à bout de forces, à son retour, demain matin, à 7 heures.

En y réfléchissant, cela avait dû être une sacrée manière pour lui de commencer la nouvelle année. Cette enfant allait totalement bouleverser son quotidien. Déjà, sa maison semblait plus vivante, moins demeure de charme tout droit sortie d'un magazine papier glacé, plus chaleureuse, familiale. Elle tenta de les imaginer, lui et son frère, enfants, leurs cris et leurs rires entre ces murs empreints d'austérité.

Vingt minutes après avoir quitté le ranch, elle arriva chez elle. Waldo l'attendait sur le tapis de l'entrée, l'air mécontent, comme s'il lui reprochait de rentrer si tard. Sans doute dormait-il encore paisiblement sur son lit quelques secondes plus tôt, elle en était sûre. Le chat s'étira avant de se diriger vers la cuisine pour s'asseoir, hautain, devant sa gamelle. Une fois repu de croquettes, il entama une toilette en bonne et due forme.

La route l'avait revigorée, aussi se prépara-t-elle une infusion, tout en inspectant les sacs que l'une de ses amies lui avait laissés, cet après-midi. Candace avait bien rapporté un certain nombre de choses du supermarché pour le bébé, mais Hadley avait dû appeler Kori à la rescousse pour lui demander de bien vouloir aller acheter quelques articles supplémentaires indispensables. Elle ne manquerait pas d'inviter son amie à déjeuner pour la remercier.

Elle eut beaucoup de mal à trouver le sommeil et, lorsque le réveil sonna, à 5 heures, elle peina à ouvrir les yeux. En temps normal, elle se réjouissait d'aller au travail le matin après avoir pris son petit déjeuner devant les infos, mais aujourd'hui elle se sentait nerveuse, inquiète. Comment les choses allaient-elles se passer avec Liam et Maggie ? Elle avait hâte d'arriver au ranch et de prendre la petite dans ses bras.

Elle attrapa une barre de céréales et son gobelet rempli de café, puis elle prit la route faite en sens inverse seulement cinq heures plus tôt. Au premier étage de la maison de Liam, la lumière déjà était allumée. Mauvais signe. Laissant échapper un soupir, elle se gara et coupa le contact.

Des pleurs et des cris de bébé l'accueillirent quand Liam vint lui ouvrir, l'air aussi las que catastrophé.

Une vague d'appréhension lui noua le ventre.

— On dirait que ça ne s'est pas très bien passé, remarqua-t-elle en le suivant à l'étage, dans la chambre de Maggie. Avez-vous pu dormir un peu ? ajouta-t-elle en prenant le bébé.

— Deux heures.

Il était encore en pyjama et portait un T-shirt qui lui collait à la peau, T-shirt qui laissait deviner un torse puissant, modelé par le travail physique. Il était vraiment beau, pensa-t-elle, troublée. Elle aurait pu le contempler toute la journée sans s'en lasser. Heureusement qu'elle avait le bébé pour se concentrer. Le désarroi de Liam la touchait, ce qui n'était pas sans danger. Même épuisé, même dépassé par les événements, son pouvoir de séduction restait intact.

— Pourquoi n'allez-vous pas vous recoucher pour essayer de dormir quelques heures de plus ?

A la seconde où elle fit cette suggestion, elle regretta ses paroles. Que lui arrivait-il ? Elle n'avait jamais dit à un employeur ce qu'il devait faire ! Du moins n'avait-elle pas commis cette erreur depuis sa toute première mission de nounou. A l'époque, elle s'était sentie suffisamment à l'aise avec Noah pour franchir la ligne qui séparait le patron de l'ami. Deux mois durant, cela n'avait pas posé de problèmes, mais elle était allée trop loin, finissant par perdre son cœur dans l'histoire.

— C'est l'heure où je fais le tour des écuries, répondit-il en se passant la main dans les cheveux. Je dois rattraper le retard que j'ai pris hier…

Ses joues étaient ombrées d'une barbe naissante, rehaussant son côté sexy. Malgré le bébé toujours en train de ronchonner, elle sentit un frisson la parcourir. Elle brûlait d'envie de faire courir ses mains sur ses larges épaules, de sentir sous ses doigts son ventre plat et ferme. Depuis combien de temps n'avait-elle pas désiré un homme à ce point ?

Prise de vertige, elle se détourna pour aller s'asseoir sur le rocking-chair tout neuf. A vrai dire, l'effet qu'il lui faisait n'était pas vraiment une surprise. Adolescente, la tête lui tournait souvent en sa présence. Notamment un jour quand, après avoir particulièrement brillé lors d'une épreuve, il lui avait souri. Un vrai sourire rien que pour elle.

Elle ferma les yeux pendant un instant. Il fallait qu'elle reprenne ses esprits. Même si Liam restait le genre de garçon dont rêvait une fille, elle n'était plus depuis longtemps aussi émotive, prête à se pâmer devant un héros de l'arène. Plus important encore, il l'avait embauchée pour s'occuper de ce bébé. Sans doute sa fille, quoi qu'il en dise.

— Vous croyez qu'elle va bien ? demanda-t-il en s'accroupissant devant le rocking-chair. Il posa la main sur l'un des accoudoirs, frôlant au passage son bras.

Ce bref contact l'électrisa, et elle sentit le rouge lui monter aux joues.

— Pourquoi cette question ? A cause de ses pleurs ? demanda-t-elle en osant un regard. *Grave erreur, le voir si inquiet faisait aussitôt fondre ses bonnes résolutions.* Je pense qu'elle fait juste une colère. Peut-être avons-nous trop serré sa couche ? Peut-être y a-t-il un bruit qui l'apaiserait ? Une fois, je me suis occupée d'un petit garçon qui n'acceptait de s'endormir qu'au son du lave-vaisselle.

— Ecoutez, Hadley, je sais, nous avons déjà discuté de ça, mais… dit-il en plongeant ses yeux dans les siens, pourriez-vous faire une exception, le temps de quelques semaines, en venant vivre ici ?

A ces mots, son cœur bondit dans sa poitrine.

— Je ne peux pas, répondit-elle, partagée entre panique et frissons de plaisir. J'ai un chat et…

— La grange regorge de souris et de mulots.

Elle esquissa un sourire : Waldo, arraché au petit confort du lit de sa maîtresse et à son rebord de fenêtre préféré pour l'observation des oiseaux… Impossible.

— C'est un chat un peu spécial.

— Ah. Dans ce cas, il pourrait s'installer ici avec vous.

Il y avait une certaine réticence dans sa voix, elle le percevait bien. Raison de plus de ne pas accepter sa proposition.

— Une fois que Maggie aura pris ses repères, ça ira mieux, vous verrez, tenta-t-elle de le rassurer. Ces derniers jours n'ont pas été faciles pour elle.

— Regardez-la. Elle pleurait depuis trois heures et il vous a suffi de moins de cinq minutes pour la calmer. Je n'imagine pas vivre une autre nuit comme celle que je viens de passer. Vous devez m'aider. Dix jours.

— Une semaine, dit-elle, n'en croyant pas ses oreilles quand elle s'entendit négocier.

Elle vit une lueur de victoire traverser son regard.

— Marché conclu, dit-il et il se leva.

On aurait dit que soudain il avait récupéré toute son énergie.

Après une douche express et une tasse de café, c'est l'esprit plus clair que Liam pénétra dans le bureau de sa comptable et responsable administrative. Ivy travaillait pour les Wade depuis neuf ans. Cousine d'une branche lointaine de la famille, elle avait été embauchée comme secrétaire par le grand-père de Liam, et ses talents de gestionnaire étaient vite devenus indispensables à la bonne marche du ranch.

— La nuit a été rude ? Un problème avec le bébé ? Ou avec la nounou ? le taquina-t-elle, toute pimpante déjà, à 7 heures à peine. Il fut un temps où aucune femme ne te résistait…

Il se servit une deuxième tasse de café avant de s'effondrer sur le canapé.

— Faut croire que je suis rouillé.

S'il avait remporté une victoire en persuadant Hadley de venir vivre à la maison, Maggie en revanche semblait totalement immunisée contre son charme.

— As-tu réfléchi à ce que tu allais faire si le bébé n'était pas de Kyle ?

Ivy ne faisait que dire tout haut ce qu'il avait pensé cent fois tout bas, au cours des dernières vingt-quatre heures. Sans doute ferait-il mieux de contacter un avocat, et vite. En théorie, à moins qu'il ne déclare Maggie comme sa fille, il n'avait aucun droit sur elle.

— Je crois vraiment que Kyle est son père, dit-il. Je vais m'adresser à une clinique pour des tests ADN. A mon avis, Kyle et moi étant de vrais jumeaux, il est possible que les résultats me désignent comme étant le père de Maggie.

Et après ? Margaret était décédée. Quant à Kyle, on ne le voyait plus ici. Et, si Liam se trompait et que son frère n'était pas le père de l'enfant, Diane Garner se dépêcherait de la confier à l'adoption.

Il n'en revenait pas de s'être attaché aussi vite à ce bébé. Au point de ne pas supporter l'idée de se voir exclu de sa vie. Mais était-il prêt à relever le défi et à s'engager dans la paternité ? Bien sûr, Kyle et lui ne s'en étaient pas si mal sortis d'avoir été élevés par leur grand-père. Mais un homme seul élevant une petite fille ? A qui ferait-elle des confidences, plus tard ? Qui lui brosserait les cheveux ? Qui lui apprendrait à devenir une femme ? Forcément, sa maman lui manquerait. Même s'il n'avait pas l'intention de rester célibataire toute sa vie…

A cette pensée, une image de Hadley traversa son esprit. Belle, maternelle et obstinée juste ce qu'il fallait pour la rendre intéressante. Elle était faite pour les relations stables et durables. Rien à voir avec ces femmes qu'il fréquentait, au rythme d'à peu près une chaque soir. Elle lui apporterait sans doute beaucoup. Mais, lui, que lui apporterait-il ? La seule chose dont il était sûr, c'était qu'après une année de célibat sa libido était à cran, prête à exploser à la moindre provocation.

— Liam ? Tu m'entends ?

La voix d'Ivy l'arracha à ses rêveries.

— Quoi ? Oh ! pardon, je pensais à Maggie et à l'avenir…

— Nous pourrions reparler de tout ça plus tard, suggéra-t-elle avec douceur. Tu as une réunion au club aujourd'hui pour discuter de la collecte de fonds, tu te rappelles ?

En fait, il avait oublié. Il était pourtant l'un des représentants les plus actifs du Texas Cattleman's Club. Et l'enjeu du mois était la réfection de l'aile ouest du bâtiment, sérieusement endommagée par une tempête, plus d'une année auparavant. La réouverture officielle devait se tenir dans trois semaines, mais il restait encore une foule de projets sur la table.

— Je repasserai vers 15 heures.

— Entendu, à tout à l'heure.

Il poussa un soupir. S'il allait s'asseoir dans son bureau, il était sûr de s'endormir, alors autant se rendre directement dans l'écurie attenante, où se trouvaient douze des meilleurs étalons du pays, dont trois appartenaient au ranch Wade, les neuf autres étant placés ici en résidence par des clients.

Il n'était pas peu fier de tout ce qu'ils avaient accompli. Dommage que son grand-père ne soit plus là pour voir les chiffres. Cette année, la vente de cent quarante-cinq chevaux leur avait rapporté plus d'un million de dollars.

Sans parler de l'avenir qui s'annonçait radieux grâce aux poulains et pouliches.

A l'autre bout de l'écurie, une double porte ouvrait sur un enclos intérieur de taille moyenne, utilisé essentiellement pour présenter les chevaux à d'éventuels acheteurs. Derrière une immense baie vitrée, ils avaient aménagé un salon visiteurs, avec une télévision où tournaient en boucle les vidéos de ses chevaux en pleine action, lors de courses hippiques ou de rodéos.

Il sortit de l'écurie pour s'approcher de l'enclos. Un endroit où il passait le plus clair de son temps, loin des affaires. Il avait grandi sur une selle et entraîné des chevaux, remportant une bonne dizaine de titres et pas moins d'un million de dollars avant même d'avoir vingt-cinq ans.

L'esprit ailleurs, il ne reprit conscience que devant le box d'Electric Slide, fils de l'ancienne monture de Hadley, Lolita. Il poussa la porte, et aussitôt le cheval vint le renifler. Liam rit tout en caressant la bête entre les oreilles, ses pensées le ramenant peu à peu à Hadley.

S'il pouvait comprendre que le temps et l'argent lui avaient manqué à une certaine époque pour conserver son cheval, il ne s'expliquait pas sa réaction lorsqu'il lui avait proposé de venir voir le rejeton de Lolita. Et il ne croyait pas non plus qu'elle avait perdu tout intérêt pour les chevaux. Il y avait autre chose. Et il ferait tout afin de découvrir ce qu'elle cachait.

- 3 -

Hadley s'installa confortablement dans le rocking-chair, Maggie sur les genoux, et tapota doucement le dos du bébé après son biberon de 3 heures du matin. Le silence régnait dans la maison. Silence qu'elle conjura en fredonnant une comptine, ce qui eut un effet rassurant autant sur l'enfant que sur elle.

Trois jours qu'elle vivait au ranch Wade, et les choses, à vrai dire, allaient de mieux en mieux. Maggie pleurait beaucoup moins. Liam souriait de plus en plus. Et elle-même ne jurait plus que par les petits plats de Candace.

Connaissant son talent pour apaiser les tensions dans les foyers les plus turbulents, l'agence n'hésitait jamais à lui confier les missions les plus délicates. Elle attribuait ce succès à sa patience et aux techniques apprises en cours. Adepte des méthodes nouvelles d'éducation, elle faisait en sorte d'initier enfants comme parents à une notion clé, le compromis. Un concept où tout le monde était gagnant.

Maggie venait de faire son rot, et elle la reprit dans ses bras. Le bébé avait plus d'appétit depuis que le pédiatre avait diagnostiqué des remontées acides et prescrit un traitement pour neutraliser les brûlures d'estomac.

Elle la serra plus fort, déposant un baiser sur son front et la berçant avec douceur.

En plus des remontées acides, Maggie souffrait aussi d'un début de jaunisse. Le Dr Stringer avait prélevé des échantillons sanguins pour les tests ADN, et c'était à cette occasion que l'on avait décelé un taux de bilirubine plus élevé que la normale. Le pédiatre avait suggéré d'attendre quelques semaines puis de traiter l'enfant par photothérapie.

Lorsqu'elle coucha enfin Maggie dans son berceau, il était presque 4 heures. Les séances biberon de la nuit durant plus que la moyenne du fait des problèmes gastriques du bébé, elle avait pris l'habitude de faire une sieste dans la journée. Mais l'altération de ses rythmes du sommeil commençait à se faire sentir. Heureusement, encore quatre jours et elle pourrait retrouver son lit et dormir normalement.

Réprimant un bâillement, elle retourna dans sa chambre, avant de s'arrêter net dans le couloir en voyant la porte entrouverte. Dans sa hâte à rejoindre Maggie avant qu'elle ne réveille Liam, elle avait oublié de fermer derrière elle. Elle regarda sous son lit et derrière les meubles. Zut. Le chat s'était échappé. Etant donné l'heure, elle n'avait pas très envie de partir à sa recherche dans cette immense maison. Pourtant, elle dut s'y résoudre.

Tout en marmonnant, elle emporta un sachet de croquettes et ressortit de sa chambre, le parquet grinçant sous ses pas. Faisant le moins de bruit possible, elle se faufila devant la chambre de Liam et se dirigea vers l'escalier.

Une fois en bas, elle agita le sachet de croquettes et appela doucement Waldo en commençant par le salon, inspectant les moindres recoins. Pas de chat. Elle se rendit alors dans le bureau mais, là non plus, aucune trace de ce maudit matou. Après une exploration de la salle à manger, elle décida d'enchaîner par la cuisine où, elle l'espérait, Waldo aurait trouvé refuge sur le réfrigérateur ou, pourquoi pas, dans le panier à linge de la buanderie attenante. Mais toujours rien.

Elle remonta donc à l'étage, résignée à laisser son chat retrouver son chemin tout seul, de préférence avant le réveil de son employeur. Mais, lorsqu'elle s'engagea dans le couloir en sens inverse, elle remarqua un détail qui lui avait échappé à l'aller. La porte de Liam était entrouverte. Elle s'approcha et regarda à l'intérieur. Se pouvait-il que

Waldo ait été attiré par la seule personne sous ce toit qui n'aimait pas les chats ?

Elle agita doucement le sachet de croquettes. Waldo avait une ouïe exceptionnelle et, s'il n'avait pas envie de répondre à ses appels, son estomac, lui, ne résisterait pas. Elle retint son souffle et tendit l'oreille, espérant entendre le cliquetis des griffes de son chat sur le parquet. Mais rien, excepté le souffle régulier de Liam. Profondément endormi. Rassurée sur ce point, elle poussa un peu plus la porte et se glissa dans sa chambre.

A peine fut-elle dans l'antre du maître des lieux qu'une alarme retentit dans sa tête. Avait-elle perdu la tête, à s'inviter dans la chambre de son patron en pleine nuit, pendant son sommeil ? S'il se réveillait, comment justifierait-elle sa présence ? La croirait-il quand elle lui expliquerait être à la recherche de son chat ? Ou en déduirait-il qu'elle avait d'autres intentions, moins innocentes ? Elle fut prise d'un fou rire et dut se faire violence pour reprendre son sérieux tout en s'avançant un peu plus dans la chambre. La situation était bien cocasse.

Une lune presque pleine éclairait la pièce par la grande fenêtre, aussi n'eut-elle aucun mal à distinguer dans la pénombre le lit, modèle king size, et Liam, sous une couette. Et, enfin, Waldo, étalé sur le ventre de Liam, complètement abandonné, tel un pacha. Le chat la regarda tout en agitant la queue, comme pour la narguer.

Elle secoua les croquettes, mais Waldo n'esquissa pas le moindre mouvement, manifestement peu disposé à bouger. Craignant à tout moment que son intrusion finisse par réveiller Liam, elle s'approcha du lit. Pour emporter son chat, elle devrait glisser sa main entre le ventre de Waldo et celui de Liam. Ce qui risquait fort de le réveiller.

Alors, sortant une croquette du sachet, elle l'agita devant le museau de Waldo qui montra un début d'intérêt, avant de lui manifester un dédain typiquement félin, fermant même les yeux avec un mépris manifeste. Bien. Elle pouvait éventuellement le prendre sous le bras et sortir de cette chambre en trois secondes, Liam ne saurait jamais ce qui s'était passé. Elle hésita.

Priant pour que Liam fût aussi profondément endormi qu'il en avait l'air, elle tenta une ultime manœuvre. Elle grattouilla Waldo entre les oreilles, aussitôt gratifiée par un doux ronronnement. Elle poursuivit ses caresses et Waldo, aux anges, finit par se lever pour se presser contre sa main. Elle en profita pour se pencher un peu plus sur le lit, puis glissa une main entre ses pattes et... Liam bougea.

Elle faillit crier lorsqu'une main s'invita sous son T-shirt et remonta jusque sous ses seins. En équilibre instable au-dessus du lit, Waldo de plus en plus nerveux entre ses mains, elle regarda le visage de Liam, les yeux toujours clos, un vague sourire aux lèvres.

Liam faisait le plus doux des rêves. Allongé devant un feu de cheminée, il tenait une femme entre ses bras. Ses longs cheveux lui caressaient le visage tandis qu'il promenait ses mains sous son T-shirt. Sa peau était douce et chaude et sentait la lavande et la vanille.

A ce moment, il comprit que cette femme était Hadley. Il chuchota alors son nom tout en prenant entre ses doigts le bout de l'un de ses seins et il la sentit tressaillir en réaction. Il sourit. Une véritable tentatrice se dissimulait derrière sa réserve professionnelle, et il était impatient de l'attirer au grand jour. Mais comme il s'apprêtait à pousser ses caresses un peu plus loin, quelque chose lui atterrit sur le ventre.

Instantanément, son rêve s'effilocha, jusqu'à se désintégrer. La seconde d'avant il était à un doigt du paradis, celle d'après il se retrouva le souffle coupé. Il ouvrit les yeux. Ne vit d'abord que du noir autour de lui.

Il sentait encore sous ses doigts la douceur de cette peau, tellement réelle. Tout aussi réelle que cette respiration dans le silence de la chambre.

— Hadley ?

Elle se tenait penchée sur lui, immobile, bras tendus au-dessus de son corps.

— Waldo s'est échappé de ma chambre et s'est glissé dans la vôtre. J'ai voulu le prendre sans vous réveiller, mais…

Elle se tut et attira le gros matou contre elle.

Bon sang, il avait encore la main sous son T-shirt ! Il la retira vivement, s'asseyant sur le bord du lit. Mais que lui arrivait-il ? Il devait être encore dans les brumes du sommeil.

— J'étais en train de rêver… Et je crois que vous y étiez…

— Vous rêviez de moi ?

Elle semblait plus consternée.

Il se revit dans son rêve, en train de la caresser, elle, et pas une autre. Mais elle l'avait déjà étiqueté comme coureur de jupons, inutile d'en rajouter. Aussi répondit-il :

— Non, je dis n'importe quoi, veuillez m'excuser. En réalité, je ne connais pas la femme du rêve…

— Peut-être Margaret Garner ?

— Possible, puisque je ne l'ai jamais rencontrée, grommela-t-il.

Décidément, elle continuait de penser que Maggie était sa fille, et cela l'agaçait.

Elle s'écarta prudemment du lit.

— Je retourne dans ma chambre. Pardon de vous avoir réveillé.

— Pas de problème, répondit-il et il attendit que la porte se referme avant de se rallonger.

Il sourit en repensant à la scène qui venait de se jouer. S'était-elle vraiment faufilée dans sa chambre pour récupérer son chat ? Bien sûr que oui. Dans la pénombre, il lui avait bien semblé la voir rougir. A l'inverse de ses conquêtes d'autrefois, elle n'était pas du genre à s'inviter dans son lit.

Elle n'irait pas non plus raconter n'importe quoi pour attirer son attention. Non, elle était l'honnêteté même. Et sa sincérité le fascinait, autant qu'elle lui faisait peur.

Au lieu de regarder bêtement le plafond, il replia un bras sur ses yeux en tentant d'effacer Hadley de son esprit. Peine perdue. L'intensité de son rêve avait été telle ! Difficile d'oublier le contact de sa peau. Il en était encore tout retourné, le corps comme électrisé. Inutile d'espérer se rendormir dans cet état. Marmonnant un juron, il se leva et se rendit directement sous la douche. Autant en profiter pour aller faire le tour des écuries et classer un peu de paperasse.

Trois heures plus tard, après avoir enfin répondu à la plupart de ses courriers en retard, il sortit de l'écurie pour aller voir ses hommes déjà au travail dans les enclos.

Le ranch servait de centre de convalescence pour chevaux blessés ou malades mais accueillait aussi des enfants qui venaient apprendre les bases du rodéo. Ces dernières années, il en avait formé quelques dizaines. Des gamins sérieux et prometteurs et, pour certains, de futurs champions de l'arène.

— Salut, patron, comment vont les poulains ? demanda Jacob Stevens, son dresseur en chef, en venant s'accouder près de lui à la barrière de l'enclos.

— Je suis très optimiste, répondit-il après les avoir observés plus d'une heure. Surtout le poulain bai, à côté de Blue…

— Son frère a remporté de nombreuses victoires. Il n'y a pas de raison pour que Cielo ne fasse pas aussi bien, remarqua Jacob en se tournant vers lui, avec un sourire complice. J'imagine que vous allez le garder, lui aussi ?

— Je ne sais pas encore. J'essaie d'être raisonnable et de m'en tenir à cinq. Mais, en ce moment, j'en ai huit, alors…

Jusqu'à l'arrivée de Hadley, il avait sérieusement envisagé de vendre Electric Slide. Avant de se raviser. Certes, ce cheval était exceptionnel, mais il en possédait plus qu'il n'en fallait. Si seulement il pouvait convaincre Hadley de remonter en selle ou de le faire travailler de temps en temps…

— Une chose est sûre, reprit Jacob. Nos bêtes sont de vrais champions.

— Oui, mais peut-être devrais-je arrêter de refuser de les vendre. D'autant que j'ai reçu des offres intéressantes dernièrement.

— Encore faut-il que le propriétaire soit digne du cheval… Des montures de cette qualité ne sont pas faites pour tout le monde.

— A ce propos, pourriez-vous demander à l'un de nos gars de faire courir Electric Slide ? Je voudrais montrer une vidéo à l'une de mes amies…

— Bien sûr.

Il ne croyait pas vraiment avoir une chance de persuader Hadley de venir voir le cheval, mais il avait envie de tout faire pour vaincre ses résistances.

L'heure du déjeuner approchant, il retourna à la maison. Il était impatient de retrouver Maggie et Hadley mais, quand il se gara dans l'allée, le monospace ne s'y trouvait plus.

Candace était en train de sortir une tarte du four lorsqu'il pénétra dans la cuisine. Son sourire chaleureux se dissipa dès qu'elle le vit :

— Un problème ?

Il devait avoir l'air bien inquiet pour que Candace le remarque.

— Où est Hadley ?

— Elle est allée faire un peu de shopping pour le bébé. La pauvre fille n'est pas sortie d'ici depuis des jours…

— Elle a pris Maggie avec elle ?

— Je lui ai proposé de garder le bébé en son absence, mais il fait beau et Hadley a pensé qu'un peu d'air lui ferait du bien.

— Depuis combien de temps sont-elles parties ?

— Un quart d'heure environ, répondit-elle en lui faisant face, mains sur les hanches. Mais pourquoi toutes ces questions ?

— Pour rien…

En effet, pourquoi tant de nervosité ? Il n'avait pas le

moindre doute, Maggie était entre de bonnes mains avec Hadley. Et pourtant, à les savoir parties du ranch toutes les deux, il se sentait anxieux. Qu'est-ce qui clochait chez lui ? Elles finiraient bien par rentrer, non ?

Cette pensée lui glaça le sang. Ainsi, c'était donc cela qui lui trottait dans la tête ? Que les gens auxquels il tenait puissent quitter le ranch pour ne jamais y remettre les pieds ? Ridicule. Oui, sa mère les avait abandonnés, Kyle et lui. Puis Kyle s'était engagé. Mais les gens devaient vivre leur vie, non ? Cela n'avait rien à voir avec lui, ni avec le ranch. Il tenta de se raisonner. N'empêche, il se sentirait mieux quand Hadley et Maggie seraient de retour.

Le snack de Royal grouillait de monde à l'heure où Hadley en poussa la porte. Elle chercha Kori des yeux dans la foule et l'aperçut, à son grand soulagement, déjà installée dans l'un des boxes. Elle s'empressa de la rejoindre, s'asseyant sur la banquette en skaï rouge avec un soupir.

— Je suis si heureuse que tu aies pu venir, dit-elle en posant Maggie, endormie dans le porte-bébé, à côté d'elle.

Elle lui avait donné son biberon et l'avait changée au magasin d'antiquités et atelier d'artisanat tenu par Raina Patterson, où elle suivait des cours de confection de bougies. Elle y était passée rapidement pour discuter avec Raina des autres activités qu'elle proposait.

— Merci à toi d'avoir appelé. Cette période de l'année me donne le cafard. Et puis Scott, oh, attention, je l'adore, mais il faut toujours qu'il trouve quelque chose à faire pour s'occuper, et ça m'énerve à la longue…

Kori et son mari avaient monté leur agence de comptabilité deux ans plus tôt, et jusqu'ici les affaires tournaient plutôt bien.

— J'ai besoin de tes lumières, dit-elle.

Kori la dévisagea avec curiosité.

— Tu ne me demandes jamais rien…

La remarque de son amie la prit par surprise.

— C'est faux, je suis toujours en train de te demander un service.

— Des petites choses, oui, comme d'aller acheter des affaires pour Maggie ou de t'aider dans ta compta mais, dès qu'il s'agit de ta vie privée, tu es tellement discrète. Alors que, moi, je suis toujours à t'ennuyer avec mes histoires.

— Je suppose que c'est à cause de mes études, j'essaie de rester concentrée et je n'ai pas vraiment le temps pour une vie privée.

— Tsst, oublie ça, répondit Kori. Alors, de quoi s'agit-il ?

Le trouble qu'elle avait ressenti à l'aube dans la chambre de Liam continuait de l'obséder. Elle en avait encore des frissons partout. Même en des endroits particulièrement sensibles. Si elle n'était pas partie sur-le-champ du ranch après ça, c'était uniquement parce que Liam dormait lorsqu'il l'avait caressée.

— Oh mon Dieu, se pâma Kori. Tu rougis…

— Pardon ? Vraiment ? s'exclama-t-elle, paniquée.

— Que s'est-il passé ?

— Waldo s'est échappé de ma chambre lorsque je suis allée donner son biberon à Maggie, la nuit dernière. Je l'ai finalement retrouvé dans la chambre de Liam, couché sur lui. Alangui sur le ventre de mon employeur, tu te rends compte ?

— Tu m'as dit qu'il n'aimait pas les chats. Il devait être furieux ?

— Il dormait.

— Oh. Et comment cela s'est-il terminé ?

— J'ai d'abord essayé d'attirer Waldo avec des croquettes, mais il n'a pas daigné bouger. Alors je l'ai attrapé et…

Elle ferma les yeux.

— Oui ? demanda Kori, fébrile. Tu l'as attrapé et quoi ?

— Imagine la situation. Je suis penchée sur le lit et Liam dort. Mais, surtout, il est en train de rêver. Un rêve érotique, avec je ne sais quelle femme…

— Et après ?

— Soudain, j'ai senti sa main sous mon T-shirt, et il a commencé à me caresser les seins.

— Sans blague ! Et tu es sûre qu'il dormait ?

— Certaine. Malheureusement, j'étais tellement choquée que j'en ai lâché Waldo, qui a bondi sur le torse de Liam, qui s'est réveillé, complètement à l'ouest, sans comprendre ce qui se passait…

— Et qu'a-t-il dit ?

— Franchement, je ne m'en souviens plus. J'ai dû vaguement m'excuser pour l'avoir réveillé. Il a retiré sa main de dessous mon T-shirt, et je suis sortie aussitôt après de sa chambre comme une voleuse, Waldo sous le bras.

— Tu l'as revu, plus tard ?

— Lorsque Maggie s'est réveillée, il était déjà au travail, avec ses chevaux. De mon côté, je me suis dépêchée de partir avec le bébé avant qu'il ne rentre déjeuner, répondit-elle avec un regard attendri à l'enfant profondément endormi, sur la banquette. Alors, voilà le problème. Que vais-je bien pouvoir dire ou faire, la prochaine fois que je le croiserai ?

— Tu pourrais le remercier pour t'avoir réconciliée avec le sexe.

— Il n'y a pas eu de sexe entre nous, protesta-t-elle à voix basse, en fusillant son amie du regard.

— Tu sais très bien ce que je veux dire : tu n'as pas eu de relations intimes avec un homme depuis des années, je ne sais pas comment tu as pu tenir si longtemps sans sexe. Si nous passons Scott et moi ne serait-ce que trois jours sans faire l'amour, c'est une catastrophe…

— Sauf que, moi, je ne suis engagée dans aucune relation amoureuse. Toi et Scott êtes ensemble depuis sept ans. Tu sembles avoir oublié ce que c'est d'être célibataire. Je te rappelle par ailleurs un détail. La dernière fois que je suis tombée amoureuse, ça s'est très mal passé.

— Noah était un salaud. Il essayait de se rabibocher avec son ex-femme tout en te faisant les yeux doux.

— C'est elle qui voulait reprendre la vie commune. Le

pauvre en réalité n'avait jamais cessé de l'aimer, même quand il a appris qu'elle le trompait. Et puis, il pensait à ses enfants…

— N'empêche, il aurait dû te dire où il en était avec son ex, au lieu de te faire marcher…

Sur ce point, elle ne pouvait qu'être d'accord. Cinq ans plus tôt, elle avait commis l'erreur de tomber folle amoureuse de Noah. Les choses entre eux étaient allées trop vite. Elle était à son service depuis quelques jours seulement que, déjà, il se démenait pour qu'elle se sente de la famille. C'était son tout premier poste de nounou, elle n'avait pas compris alors qu'il avait franchi la ligne rouge avec son attitude. Elle avait simplement accepté d'être aimée.

Elle poussa un soupir. Penser à Noah la rendait triste et la mettait en colère. Il avait saccagé sa capacité à faire confiance et laissé un trou béant dans son cœur qui ne s'était jamais vraiment refermé.

— C'est de l'histoire ancienne, Kori. Pouvons-nous revenir à mon problème actuel ? Ma question est : dois-je démissionner ?

— Parce que ton patron t'a pelotée dans son sommeil ? Laisse tomber. Range ça dans la catégorie épiphénomènes et oublie.

— Tu as raison.

Seulement voilà, elle avait toutes les difficultés du monde à oublier le plaisir qu'elle avait éprouvé quand les mains de Liam avaient effleuré sa peau. En fait, elle avait envie de les sentir partout sur elle. Et plus encore.

La voix de Kori l'arracha à ses pensées.

— Tu penses à lui, là, pas vrai ?

— Quoi ? Non, pas du tout. Qu'est-ce qui te fait dire ça ?

— Je le vois, tu as envie de lui. Je suis contente pour toi.

— Mais, moi, je ne suis pas contente pour moi. D'abord, il est mon patron. Ensuite, c'est un séducteur. Je le connaissais quand je faisais du rodéo. Toutes les filles lui couraient après, et il se pavanait comme un coq.

— Et alors ? Tu n'as pas besoin de tomber amoureuse de lui, mais tu peux céder à ton désir.

Suivre le conseil de Kori étant tentant. Mais c'était un jeu trop dangereux. Et elle avait peur de finir par perdre son cœur une nouvelle fois.

— Je ne peux pas, il n'est pas mon style d'homme. Et, ne l'oublions pas, il dormait à poings fermés presque tout le temps quand ça s'est produit…

— Minute. Presque tout le temps ?

Hadley haussa les épaules et soupira.

— Eh bien, quand il s'est réveillé, en sursaut, il lui a fallu peut-être trois ou quatre secondes avant de retirer sa main…

— Oh ! Il a dû être sacrément surpris de te trouver dans sa chambre au beau milieu de la nuit, avec le chat, fit Kori en éclatant de rire.

Elle revit la scène et rit à son tour.

— Tu as raison, c'est plutôt comique. Je ne comprends pas pourquoi cet incident me rend si nerveuse.

— Peut-être parce que, en dépit de toutes tes intentions, ce type te plaît plus que tu n'es prête à l'admettre.

— Peut-être. Mais peu importe. Oui, peu importe que je le trouve séduisant. Liam est mon employeur, et entre nous il n'y aura jamais autre chose qu'une relation purement professionnelle.

- 4 -

Après avoir raté Maggie et Hadley pour le déjeuner, Liam fit en sorte d'être à la maison, douché et changé suffisamment tôt, de manière à passer un peu de temps avec sa nièce avant le dîner. Le bébé était dans son berceau et se réveillait doucement quand il entra dans sa chambre. Aucune trace de Hadley, en revanche. Il remarqua alors le voyant lumineux sur le babyphone, et soupira, soulagé : elle devait se trouver dans sa chambre ou en bas avec le récepteur.

Maggie commençant à gigoter, il la prit dans ses bras et descendit.

Finalement, cette vie domestique lui convenait parfaitement, se dit-il en entrant dans la cuisine où Candace s'affairait. Il s'approcha d'elle et déposa un baiser sur sa joue.

— Hmm, ça sent bon… Quel menu nous avez-vous concocté ?

— Un rôti accompagné d'une purée de pommes de terre et de haricots verts, tarte aux pommes pour le dessert.

— Sans oublier votre potage magique.

— Bien sûr.

— Jacob dîne avec nous ce soir ?

— Non. En fait, nous allons au restaurant. C'est le septième anniversaire de notre rencontre…

Candace et Jacob étaient mariés depuis six ans. Tous deux s'étaient rencontrés au ranch. Un vrai coup de foudre. Entre eux, c'était pour la vie, le genre de relation fusionnelle comme Liam n'en avait jamais connu.

— Vous êtes attachée à ces détails futiles ? la taquina-t-il.

— C'est ce type de détails futiles qui permet d'entretenir la flamme dans une relation, fit-elle remarquer en mettant le biberon à chauffer.

Tiens, voilà un sujet intéressant.

— Et vous avez d'autres secrets du même acabit pour permettre à une relation de durer ?

Son ton était plus sérieux qu'il n'en avait l'intention mais, si Candace s'en aperçut, elle n'en laissa rien paraître.

— La confiance et l'honnêteté sont des ingrédients majeurs, au sein d'un couple. Jacob et moi pensons qu'il ne faut jamais laisser les choses s'envenimer. Ce n'est pas toujours évident de parler de ce qui nous ennuie, surtout quand il s'agit de problèmes graves, par exemple l'attitude hostile de sa sœur à mon égard, ou le fait que je déteste lui donner la main en public… Grâce au ciel, nous sommes tous les deux des lève-tôt et nous aimons regarder le soir les mêmes émissions à la télévision. Sinon, nous n'en serions pas là…

Tout en donnant son biberon à Maggie, il laissa son esprit vagabonder. Il n'avait jamais été en couple, un vrai couple. Oh ! il sortait beaucoup, multipliant les conquêtes, entretenant des liaisons qui parfois excédaient une semaine mais, comme il l'avait réalisé un an plus tôt, aucune des femmes qu'il avait pu croiser n'aspirait à autre chose que passer du bon temps avec lui.

Au début, prendre conscience du néant de sa vie privée avait été un choc. A trente ans, un homme devrait pouvoir se prévaloir d'au moins une relation sérieuse dans son passé. Mais aucune femme n'avait jamais compté autant dans sa vie.

Pas même sa mère, qu'il n'avait jamais eu la chance de connaître. A Noël, ou pour son anniversaire, elle restait une invitée distraite et lointaine. Et, quand elle ne daignait pas se déplacer, elle envoyait des cadeaux extraordinaires. Toujours parmi les plus chers. Les derniers jeux vidéo, des vêtements de marque et, plus tard, de gros chèques.

Pour lui, sa mère était uniquement la femme à la beauté fascinante sur la photo trônant dans le bureau de grand-père. Une femme qui aimait sa carrière plus que tout au monde et qui n'était pas faite pour vivre au ranch.

— … et bien sûr, le sexe.

Il sursauta presque à ce dernier mot, avant de sourire.

— Bien sûr.

— Je me demandais si vous m'écoutiez, dit Candace en riant. A l'évidence, non.

— Je pensais à mes relations passées. Ou, plus exactement, à l'absence de relations…

— C'est juste que vous n'avez pas encore trouvé la partenaire qu'il vous faut. Le jour où elle se présentera, cette relation se nouera d'elle-même. Mais n'oubliez pas, essayez juste de faire passer son bonheur avant le vôtre, et tout ira bien.

Il repensa à ses ex. S'il avait suivi un tel conseil avec elles, il aurait été ruiné à ce jour. Ses anciennes maîtresses adoraient les cadeaux. Pas n'importe quels cadeaux : les plus coûteux du marché, vêtements de créateur, bijoux et voyages de luxe. Cette vie de play-boy, il s'en était accommodé un temps car, au fond de lui, il n'aimait rien tant que le ranch et ses chevaux. Mais aucune de ces dames n'avait envie de vivre à Royal, toutes étant d'incorrigibles citadines, accros à la foule et au shopping.

— Bien, je m'en vais, dit Candace en attrapant son manteau accroché à la patère, près de la porte de la cuisine. Hadley et vous devriez être capables de vous débrouiller pour la suite. A demain.

Sans qu'il sache pourquoi, cette conversation avec Candace lui avait réchauffé le cœur. Il lui souhaita bonne soirée avec un sourire, avant de reporter son attention sur Maggie, qui avait presque vidé son biberon. D'après sa très courte expérience, le moment était venu de faire faire son rot au bébé. Il glissa un torchon sur son épaule et plaça Maggie comme il avait vu Hadley le faire. C'était bien grâce au savoir-faire de Hadley si Maggie allait mieux et était moins irritable aujourd'hui.

Tout en tapotant le dos du bébé, il arpenta la cuisine. Il y était encore quand Hadley apparut. Pas de queue-de-cheval, ce soir. Ses cheveux blonds retombaient en cascade sur ses épaules recouvertes d'un châle couleur abricot. Le temps s'était rafraîchi, et elle avait opté pour une tenue de saison, un jean tout simple et un pull à col roulé marron foncé.

— Elle a pris son biberon ? demanda-t-elle en venant vers lui, bras tendus pour prendre le bébé. Je vais m'en occuper pendant que vous dînez, ajouta-t-elle en évitant son regard.

— Maggie et moi allons bien… Pourquoi ne vous préparez-vous pas une assiette ? Je mangerai après vous.

Elle le dévisagea, comme si elle hésitait, puis hocha la tête.

— Entendu.

Il se sentait mal à l'aise mais, visiblement, elle aussi. Tout en feignant de se concentrer sur le petit visage de Maggie, il regarda Hadley à la dérobée.

Impossible de ne pas penser à leur rencontre, ce matin à l'aube. Sa nervosité venait-elle de là ? En aurait-il fait plus, endormi, qu'il ne s'en souvenait ? Il fallait mettre les choses au point, pour éviter tout malentendu. Même si, pour être tout à fait honnête, il brûlait de la caresser encore. Bon sang, que lui prenait-il ? Il s'éclaircit la gorge.

— Ecoutez, à propos de ce matin… commença-t-il.

— Vous dormiez, dit-elle, épaules tombantes. Je n'aurais jamais dû me trouver dans votre chambre. Mais, je vous le promets, Waldo ne m'échappera plus.

— Le pauvre en a peut-être assez de rester cloîtré…

— Mon appartement est minuscule, il a l'habitude. Et puis, vous détestez les chats.

— Qu'est-ce qui vous fait croire cela ? répondit-il.

En réalité, il ne s'était jamais posé la question.

Elle croisa les bras et lui lança le type de regard qu'elle devait avoir avec un enfant désobéissant.

— Vous m'avez proposé de l'installer dans la grange.

— Mon grand-père n'a jamais voulu d'animaux à la maison, ceci explique sans doute cela.

— La seule fois où Waldo a mis le nez dehors, c'est après que la tempête eut détruit sa maison. Il a passé un mois à errer, avant que quelqu'un ne le ramène à Royal, où je l'ai adopté. Il ne supporte pas que je le laisse trop longtemps seul. Raison pour laquelle je ne pouvais m'installer ici sans l'emmener.

Visiblement, parler de son chat devait la détendre, parce qu'elle semblait avoir mis sa réserve de nounou professionnelle de côté. Son sourire était tendre, son regard doux... Pas étonnant qu'elle ait un effet aussi magique sur Maggie. Il émanait d'elle une sérénité qui lui donnait envie de la serrer contre lui et...

Le désir le submergea une nouvelle fois. Hadley était attirante, et il n'avait pas couché avec une femme depuis un an. Mais cela suffisait-il à expliquer sa réaction ? Il avait vécu l'année dernière comme un ermite. Pour promouvoir le ranch, il avait participé à de nombreuses foires, visité beaucoup de fermes. Chaque apparition en public lui procurant l'opportunité de mettre ses bonnes résolutions à l'épreuve. Mais aucune des femmes croisées à ces occasions ne l'avait tenté comme Hadley. Il toussota, troublé.

— Pourquoi ne pas le faire descendre après dîner ? Lui et moi ferions ainsi plus ample connaissance. Il pourrait visiter la maison à son gré...

— Vous êtes sûr ?

Il avait émis cette idée de manière impulsive, pour détourner le cours de ses pensées, et il était trop tard maintenant pour revenir en arrière.

— Absolument.

Elle lui sourit, et il sut que sa suggestion avait fini par effacer toute trace de malaise chez elle. Pour lui, en revanche, cela ne faisait que commencer. Maggie, dans ses bras, était sur le point de se rendormir. Sachant que ses problèmes gastriques exigeaient de la tenir droite une demi-heure, il la cala sur son épaule et s'assit avec Hadley à la table en chêne où il prenait la plupart de ses repas, depuis le décès de son grand-père.

— Un souci ? lui demanda-t-elle.

— Non, pourquoi ?

— Vous avez l'air contrarié, répondit-elle. Vous voulez que je prenne Maggie ?

— Non, elle est bien comme ça. J'étais juste en train de penser que je n'utilisais plus la salle à manger depuis la mort de mon grand-père. Il y prenait tous ses repas. Mais je trouve la pièce trop silencieuse, trop vide pour moi seul…

— Vous pourriez y manger avec Maggie.

— Nous pourrions y manger avec Maggie.

Elle fronça un sourcil, avant de hocher la tête, comme à contrecœur.

— Bien sûr, ainsi je prendrai soin du bébé…

Visiblement, ils n'étaient pas sur la même longueur d'ondes. Il voulait parler de sa compagnie, mais manifestement elle avait pensé qu'il la souhaitait à sa table pour s'occuper du bébé. A moins… A moins qu'elle n'ait délibérément choisi de lui rappeler que tous deux n'occupaient pas la même place dans cette maison.

— J'ai promis d'emmener Maggie aux écuries, demain. Pourquoi ne pas nous accompagner ?

Maintenant que les tests ADN étaient revenus prouvant que Maggie était bien la fille de Kyle, il était impatient de la présenter à ses hommes.

— Bien sûr, répondit Hadley, sans enthousiasme. C'est une Wade, ce qui signifie qu'elle passera beaucoup de temps ici.

— A moins qu'elle ne ressemble à ma mère, qui a quitté un jour le ranch pour fonder un empire immobilier et ne venir nous rendre visite que tous les trente-six du mois.

Ses propres mots le surprirent. Quelle mouche le piquait de faire cette réflexion sur sa mère ?

— Tout le monde n'est pas fait pour cette vie, je suppose…

Ni pour la maternité, sans doute. Après les avoir confiés, son frère et lui, aux soins de leur grand-père, leur mère avait dû venir les voir, enfants, pas plus d'une dizaine de fois. Liam savait combien son grand-père avait souffert que sa fille unique ne veuille pas entendre parler du ranch, ce patrimoine familial. Quant aux sentiments de Kyle sur le sujet, mystère. Ils discutaient rarement d'elle.

— Vous m'avez parlé de vos études. Quels sont vos projets, une fois votre diplôme en poche ?

— En fait, j'ai envoyé mon CV à différents établissements scolaires à Houston, répondit-elle en souriant. Mes parents vivent là-bas.

— Ah. Vous ne prévoyez pas de rester à Royal ?

— Je me plais ici. Ma meilleure amie et son mari tiennent une agence de comptabilité en ville. Mais je ne suis pas sûre d'avoir les opportunités professionnelles suffisantes dans la région. Et puis, je suis fille unique. Mes parents me manquent et réciproquement.

— Quel genre d'emploi recherchez-vous ?

Soudain, il trouvait urgent de la convaincre de rester à Royal.

— Conseillère d'orientation. Au début, je pensais à l'enseignement, puis je me suis ravisée.

— Vous avez un don avec les enfants, c'est évident. Les écoles vont se disputer pour vous avoir dans leur équipe.

Tout en bavardant, elle avait pu finir de manger. Elle prit alors Maggie pour lui permettre de profiter de son repas. Le dévorer plus exactement, le rôti de Candace étant succulent. Trois minutes plus tard, il se leva pour débarrasser.

— Une part de tarte aux pommes ? Candace fait les meilleures du comté.

— Avec plaisir, répondit-elle en riant. Je suis très gourmande.

Il passa deux parts de tarte au micro-ondes et déposa ensuite une boule de glace sur chacune. Maggie dormait profondément, à présent, et cela lui permit de concentrer toute son attention sur Hadley.

— J'ai pris une vidéo d'Electric Slide, aujourd'hui. Je pensais que ça vous intéresserait de le voir en pleine action, annonça-t-il en sortant son téléphone de sa poche avant de lui tendre l'appareil sur la séquence vidéo à l'écran.

— Même s'il est encore jeune, on voit bien qu'il a hérité des talents de sa mère. Mais j'aimerais avoir votre avis…

— C'est vous, l'expert, dit-elle en prenant le téléphone.

— Oui, mais j'ai eu une discussion avec mon responsable aujourd'hui. J'ai trop de chevaux. Il faut que je me décide à en laisser partir quelques-uns.

— Vous voulez le vendre ? demanda-t-elle en levant les yeux sur lui, l'air inquiet.

A cet instant, il sut qu'il avait, enfin, touché la corde sensible.

Tout en sachant qu'elle ne devait pas s'occuper de ce que Liam faisait avec ses chevaux, Hadley regarda la vidéo du poulain évoluant dans l'enclos. Son galop était encore maladroit, mais on devinait chez lui une puissance et une énergie qui sans doute feraient des merveilles.

Lolita était un cheval de rêve. Deux années entières, elles avaient dominé les compétitions ensemble, raflant tous les prix. A plusieurs reprises, à cette époque, on lui avait proposé de la lui acheter, mais elle n'imaginait pas se séparer d'elle.

Jusqu'à l'accident d'Anna. Alors, tout avait changé.

— C'est un poulain magnifique, dit-elle, prenant garde à rester neutre. Oui, le digne fils de sa mère. Même constitution, mêmes postures…

— Vous pourriez peut-être le faire courir un peu, juste pour le tester, demain ?

A cette idée, elle sentit sa gorge se serrer. Elle n'était pas montée sur un cheval depuis dix ans. Depuis qu'Anna s'était retrouvée clouée dans un fauteuil roulant. Accident dont elle s'estimait responsable. Et, sentant le besoin de se punir, elle s'était bien juré de ne plus jamais monter sur une selle. Un tout petit sacrifice, par rapport à ce qu'était devenu le quotidien de son amie.

— C'est que je ne monte plus depuis longtemps…

— Je suis sûr que vous êtes toujours aussi douée.

Elle sourit. Pourquoi avait-il tant de confiance en elle ? La vérité, c'était qu'elle était trop rouillée pour espérer même tenir en selle.

Une vague de tristesse la submergea. Dire que les chevaux, autrefois, étaient toute sa vie.

— Je me suis mal exprimée, dit-elle. En fait, je n'ai plus envie de monter.

— Moi, je parie que vous vous rendrez compte du contraire rien qu'en vous asseyant sur une selle.

Cet homme était aussi têtu que persuasif, et elle ne savait trop comment couper court.

— Cela m'étonnerait. J'étais jeune quand j'avais cette passion des chevaux. Ça ne m'intéresse plus aujourd'hui.

— Quel dommage. Vous étiez une cavalière exceptionnelle.

— A l'époque, j'adorais ça, chuchota-t-elle, le cœur serré.

— Et ça se voyait. Shannon se plaignait de vous en permanence, dit-il, les yeux brillants. C'est à partir de là que j'ai commencé à vous regarder monter. J'ai vite compris ce que les autres filles vous enviaient.

— Le mérite en revenait surtout à Lolita.

— En partie. Vous saviez la diriger.

— Vous avez dit vous-même que Shannon avait gagné à plusieurs reprises sur Lolita.

— Oui, mais pas dans des temps records comme vous.

Son regard brûlant, ses mots captivants… Comme elle aurait voulu oublier qu'il était son patron. Cet homme avait le chic pour qu'une femme se sente séduisante et désirable. Mais, était-il sincère ? Elle l'avait étiqueté comme séducteur impénitent peut-être un peu trop vite. Pour se protéger, s'empêcher de tomber sous son charme.

La façon dont il s'occupait de Maggie avait en fait changé la donne. Et elle était tentée de lui accorder le bénéfice du doute, même s'il ignorait avoir eu un enfant. Ce qui à vrai dire ne jouait pas en sa faveur.

— Shannon a toujours Lolita ? demanda-t-elle.

Quand elle s'était séparée de sa jument, elle avait ressenti un immense chagrin.

— Non. Elle l'a vendue deux ans après.

— Et comment vous êtes-vous retrouvé avec l'un de ses petits ?

— C'est l'un de mes clients, en Californie, qui l'avait.

— Et Lolita ?

Pour quelqu'un qui ne s'intéressait plus aux chevaux, elle posait beaucoup de questions, elle en était consciente. Mais Lolita occupait une place spéciale dans son cœur, et elle espérait qu'elle puisse simplement finir ses jours en paix et entourée d'affection.

— Je ne sais pas, répondit-il et sa déception dut se lire sur son visage, car il ajouta : mais je peux la retrouver.

— Non, non, inutile. C'était juste de la curiosité.

— Cela ne m'ennuie pas. Jack est un ami.

— Non, je vous assure, ne vous embêtez pas avec ça. Je suis sûre qu'elle va bien.

Une vague de nostalgie la submergea. Elle aurait aimé pouvoir prétendre qu'elle n'avait pas pensé à Lolita depuis des années, mais ce n'était pas le cas.

La sonnerie du téléphone de Liam, qu'elle tenait encore dans sa main, la ramena au présent. Machinalement, elle regarda l'écran et elle vit apparaître la photo d'une superbe brune. Et à ce visage d'une perfection absolue, un nom était associé : Andi.

Elle lui rendit l'appareil et se leva.

— Je monte Maggie dans sa chambre.

Bien sûr, Andi semblait le genre de femme avec laquelle on ne pouvait parler qu'en privé. Elle était presque arrivée à l'étage quand elle entendit Liam dire bonjour à sa correspondante. Una vague de déception l'avait envahie.

Elle prit place sur le rocking-chair, dans la chambre de Maggie, perdue dans ses pensées. Pourquoi cette humeur morose, brusquement ? Pourquoi se sentait-elle… trahie ? Evidemment qu'il avait une petite amie. Il en avait toujours eu une, voire plusieurs, qu'il gardait sous le coude pour les nuits de solitude.

Pourtant, il n'était pas sorti une seule fois depuis qu'elle avait pris ses quartiers chez lui. Il occupait ses soirées à regarder le sport à la télévision ou dans son bureau, devant son ordinateur, de la paperasse et des revues jusque sur le canapé à côté de lui. Adolescente, elle passait elle-même un temps fou à lire les magazines spécialisés ou à étudier les performances de tel ou tel cheval. Cette curiosité avait presque fait d'elle une experte. Toujours est-il qu'elle ne s'était pas trompée en choisissant Lolita.

Avant d'arriver au ranch, elle n'avait pas réalisé combien l'univers des chevaux lui manquait. Les odeurs familières de l'écurie qui imprégnaient la veste que Liam accrochait dans l'entrée réveillaient à chaque fois des émotions depuis longtemps enfouies. Monter lui manquait. Galoper après un taureau dans l'enceinte d'une arène était à la fois euphorisant et terrifiant. Faire du cheval simplement pour le plaisir n'aurait certes pas la même saveur, mais bon, cela représentait pour elle un vrai challenge et, dix ans après, elle serait déjà fière d'elle si elle parvenait à tenir sur selle.

Demain, lorsqu'elle se rendrait aux écuries, elle devrait rester sur ses gardes, car Liam était doté d'une redoutable force de persuasion. Elle pourrait bien se retrouver étriers aux pieds avant même de comprendre ce qui lui arrivait. Elle secoua la tête, désemparée, incapable de comprendre pourquoi il était si déterminé à raviver son intérêt pour les chevaux. Sa propre passion était peut-être si forte qu'il voulait que chacun autour de lui la partage. Elle pourrait interroger Candace sur le sujet, le lendemain. Sa décision prise, elle embrassa Maggie, qui dormait tranquillement, et ouvrit son livre. La lecture l'aiderait à oublier un peu Liam et le trouble qu'elle ressentait en sa présence.

Une demi-heure plus tard, Liam apparut à la porte, vêtu d'une veste chaude, chapeau à la main.

Elle sursauta. Inutile de se leurrer : elle le trouvait irrésistible. Et un frisson la parcourut bien malgré elle.

— Je dois retourner aux écuries. L'un de mes poulains s'est blessé dans l'enclos aujourd'hui. Je veux voir comment il va, dit-il en promenant ses yeux verts sur elle, avant de les arrêter sur Maggie dans ses bras. Vous arriverez à vous débrouiller sans moi, toutes les deux ?

— Je crois que oui.

— Je me rends compte que j'ai un peu abusé de vous, dit-il.

Pensant qu'il faisait allusion à leur rencontre dans sa chambre, tôt ce matin, elle sentit son cœur s'affoler.

— Oh ? Vraiment ? fit-elle, en s'efforçant de dissimuler sa nervosité.

— Vous n'avez pas eu une seconde à vous, depuis votre arrivée ici. Et je suis sûr que vous n'avez pas dormi plus de cinq heures, cette nuit.

— Aucune importance. Maggie ne me demande aucun effort quand elle dort. Et elle dort beaucoup. Cela me laisse du temps pour lire, chose que je ne peux pas me permettre de faire lorsque j'ai cours. Mais, j'y pense, demain je dois aller à ma leçon de fabrication de bougies, chez Priceless. J'adore cette activité et…

— Bien sûr, je me débrouillerai.

Sur ces mots, il quitta la pièce, et elle replongea aussitôt dans ses pensées. C'était absurde, mais il lui manquait déjà. Incapable de reprendre sa lecture, elle posa Maggie dans son berceau, et erra dans la grande maison, passant du salon au bureau, de la bibliothèque à la cuisine. Le hurlement du vent dehors la fit tressaillir. Elle aurait pu se poser devant la télévision, se pelotonner sur le canapé. Elle était trop nerveuse pour cela.

Même si elle vivait seule depuis cinq ans, la solitude ne lui pesait pas. Le seul fait de savoir qu'elle pouvait aller boire un café, aller à la bibliothèque ou au restaurant, en plein centre-ville, à cinq minutes à pied de chez elle, avait quelque chose de rassurant. Mais ici, dans cette propriété au milieu de nulle part, elle se sentait comme… Abandonnée. Mal à l'aise.

Hélas, l'absence du maître de maison n'était sans doute pas étrangère à ce sentiment.

- 5 -

A 10 heures tapantes, le lendemain, Hadley gara son monospace devant l'entrée principale de l'écurie. Elle se doutait bien que les infrastructures du ranch Wade devaient avoir de l'allure, mais elle avait sous-estimé le soin apporté aux extérieurs. Beaucoup de verdure aux alentours, une allée longée d'arbres en pots et une double porte en verre fumé. L'endroit était magnifique, Liam devait en être fier.

Un vent glacial s'insinua sous son manteau et lui picota les joues quand elle descendit de voiture et détacha Maggie de son siège. Bien protégé dans sa doudoune avec capuche, le bébé ne sentit probablement pas le froid, mais elle ne voulait pas prendre de risque et se lança au pas de course pour trouver refuge à l'intérieur de l'écurie.

Elle se retrouva dans une immense salle rectangulaire vitrée de chaque côté, sur toute sa longueur. A sa droite, elle aperçut un enclos, désert à cette heure, et sur sa gauche, de l'autre côté de la vitre, on avait vue sur trois enclos tapissés d'une herbe bien verte, dans lesquels évoluait une demi-douzaine de chevaux. Juste devant la vitre, une sorte d'espace-lounge avait été aménagé avec bar, canapé et fauteuils en cuir, face à une impressionnante cheminée en pierre de taille. A côté, une porte qui devait mener aux bureaux.

Elle s'avança, se réjouissant au passage que ses chaussures à semelles de caoutchouc ne crissent pas sur le parquet. Avec ces plafonds hauts, le moindre bruit ici devait résonner au quintuple. Ce devait être terrible quand il y avait foule.

Une femme, la cinquantaine, apparut tandis qu'elle admirait les lustres en fer forgé au-dessus de sa tête. De vraies œuvres d'art, dans l'esprit western. En fait, la salle tout entière respirait les chevaux, la légende des cow-boys et l'âpreté de la vie dans un ranch, mais dégageait en même temps de bonnes vibrations qui devaient séduire une clientèle habituée aux ambiances plus feutrées.

— Bonjour, vous devez être Hadley…, dit la femme, main tendue. Mon nom est Ivy. Je suis la cousine de Liam.

— Ravie de vous rencontrer, répondit-elle en posant le siège bébé sur la table, au centre de la pièce. Je vous présente Maggie.

— Comme elle est jolie ! Liam ne cesse de parler d'elle…

— Cela ne me surprend pas. Ce bébé a été un grand changement pour lui, répondit-elle en prenant Maggie dans ses bras. Elle n'a pas pris tout son biberon ce matin, elle doit avoir faim. Vous voulez bien la tenir un instant pendant que je lui en prépare un ?

— Avec joie. Liam n'est bon à rien depuis l'arrivée de ce petit bijou.

Elle attrapa le thermos et versa de l'eau chaude dans le biberon rempli de lait en poudre.

— Je pense que la paternité l'a un peu déstabilisé, mais il se débrouille très bien avec Maggie.

— Vous croyez qu'il est le père de Maggie ?

Quelque chose dans la voix d'Ivy retint son attention.

— Bien sûr, répondit-elle. Pourquoi sinon la grand-mère de Maggie l'aurait-elle conduite ici ?

— Ce n'est pas dans les habitudes de Liam de se montrer aussi… imprudent. Puis-je ? demanda Ivy en désignant le biberon. Un homme aussi beau et riche que lui aurait été piégé depuis longtemps par une fille avec des ambitions…

— Alors, pour vous, ce serait Kyle, le père ?

— J'en suis convaincue.

— Mais je le croyais installé sur la côte Est et parti le plus souvent en mission. Et Candace m'a expliqué que la mère de Maggie était de San Antonio…

Elle s'en voulait de parler de son employeur derrière son dos. Mais, après tout, c'était Ivy qui avait ouvert le débat.

— Maggie est la fille de Kyle, répéta Ivy en souriant au bébé. C'est l'évidence même.

Se pouvait-il qu'elle ait raison ? Elle aurait bien poursuivi cette conversation, mais l'arrivée de Liam l'en dissuada. Elle frissonna quand il plongea son regard dans le sien. Regard qui, pourtant, n'avait rien d'ambigu ni de sensuel. Mais, bien malgré elle, elle sentit son corps frémir.

— Ah, voici mes deux petites femmes, dit-il en s'arrêtant entre Ivy et elle pour chatouiller Maggie sous le menton. Désolé de ne pas avoir été là pour vous accueillir, ajouta-t-il à son attention. J'étais au téléphone. Alors, que pensez-vous de notre écurie ?

— Impressionnant, répondit-elle, une vague de chaleur la submergeant quand sa main effleura la sienne. Je ne m'attendais pas à ça…

Elle indiqua la cheminée en pierre et les baies vitrées donnant sur l'enclos, l'occasion en réalité de regarder autre chose que son sourire ravageur, ou ses épaules musclées sous sa veste en cuir.

— Ça n'a pas été sans mal, dit-il en faisant un clin d'œil à Ivy qui hocha la tête.

L'affection entre les deux cousins ne la surprit pas. Liam était un homme chaleureux et ouvert. Touchant aussi. Elle était prête à parier qu'il n'avait aucun besoin de crier pour se faire obéir. Avec un charme pareil, tout le monde devait être subjugué, prêt à faire des pieds et des mains pour le voir sourire.

— J'imagine qu'il faut des années pour mettre au point une telle installation.

— Et une force de conviction exceptionnelle, remarqua Ivy. En matière de chevaux, Calvin était de la vieille école. Il élevait et vendait des chevaux de trait pour les travaux des champs. Puis, ce grand garçon a débarqué avec sa passion du rodéo et l'ambition de faire du ranch Wade un haut lieu de l'élevage et de la reproduction.

— Et ça marche plutôt bien, renchérit-il en prenant Maggie dans ses bras. Suivez-moi. Allons présenter cette demoiselle à mon équipe…

Et il l'entraîna d'un bureau à l'autre, ne cachant pas sa fierté, arborant une Maggie boudeuse à son staff de commerciaux, son responsable des écuries, son contremaître et à une jeune fille qui venait prêter main-forte à Ivy trois matins par semaine.

Hadley s'attendait que sa position de nounou la relègue à un simple rôle de figurante, mais Liam ne tarit pas d'éloges à son sujet, face à ses collaborateurs. Il mentionna même ses prouesses passées de championne de rodéo. Eloges qui la mirent mal à l'aise, et plus encore lorsque l'une des commerciales, Poppy Gertz, avoua s'être réjouie à l'époque, lorsqu'elle avait quitté le monde du rodéo.

— Vous êtes toujours dans la compétition ? lui demanda-t-elle.

— Je m'efforce de participer chaque fois que je peux, répondit Poppy, la trentaine, le regard franc et déterminé. Vous prévoyez de faire votre retour dans l'arène ?

Quand elle secoua la tête, Poppy se détendit.

— Je suis sûr que nous ferons de Maggie une championne, dit Liam. Mais je ne renonce pas à convaincre Hadley de reprendre les rênes…

— Certainement pas, répondit celle-ci. Dès que j'aurai mon diplôme, je trouverai une place de conseillère d'orientation. Elle tendit les bras pour prendre le bébé, mais Liam s'éloigna.

— Maggie et moi allons voir les chevaux, dit-il avec un sourire. Accompagnez-nous…

Elle s'exécuta et le suivit. Ce qui ne lui demanda guère d'effort. En vérité, elle mourait d'envie de découvrir le ranch Wade. Elle avait lu quelques articles sur Internet à propos de Liam, une référence dans le milieu. Elle ne fut donc pas surprise de l'excellence de son choix en matière de chevaux.

Ils commencèrent par les étalons, leur écurie se trouvant

juste à côté. Il lui fit dans le détail le descriptif de chaque bête, animé par une passion qui le rendait encore plus attirant. En réalité, elle ne faisait pas attention à ce qu'il disait : sa voix riche et profonde, sensuelle, la faisait fondre.

— Voici Dakota Blue, dit-il en s'arrêtant devant un box.

— Magnifique, chuchota-t-elle.

L'étalon s'approcha et frotta son museau contre le bras de Liam, puis il renifla Maggie, naseaux frétillants.

— Elle ne semble pas effrayée, remarqua-t-il. C'est plutôt bon signe…

— Elle ne sait même pas de quoi il s'agit, répondit-elle en souriant.

— En tout cas, Dakota l'aime bien.

La curiosité et la douceur de l'étalon lui rappelèrent les premiers contacts de Liam avec Maggie. A observer le cheval et son propriétaire conquis par le bébé, quelque chose en elle se dénoua. Une vague d'émotion lui fit monter les larmes aux yeux. Depuis combien de temps tenait-elle ses sentiments sous clé ? Probablement depuis qu'elle s'estimait responsable de l'accident d'Anna.

— Hadley ? La voix de Liam l'arracha à ses pensées. Tout va bien ?

— Oui, oui. Je pensais juste à la chance de Maggie de grandir ainsi, entourée de chevaux…

Elle était sincère. Enfant, elle était folle de chevaux et, si ses parents l'avaient laissée faire, elle aurait installé sa chambre dans l'écurie.

— J'espère qu'elle sera de votre avis. Mon frère ne partage pas ma passion pour les chevaux. Leur compagnie vous manque, n'est-ce pas ?

A quoi bon le nier ?

— Je n'imaginais pas à quel point, jusqu'à mon arrivée ici. Les chevaux représentaient tout pour moi avant que je n'entre à l'Université. C'était comme être amputée d'une partie de moi-même… Puis j'ai réagi.

— Vraiment ? Et comment donc ?

— En me concentrant sur l'avenir. Sur ma carrière après mes études.

— Je ne crois pas que je serais capable de faire autre chose…

— Parce que vous n'y avez jamais été forcé. Vous êtes-vous demandé ce qui arriverait si vous perdiez le ranch ? lui demanda-t-elle tout en l'observant alors qu'il la menait à l'enclos.

Lui, si entier, qui ne renoncerait jamais à quelque chose sous la pression des circonstances.

— Eh bien, je recommencerais ailleurs, dit-il avec un sourire espiègle.

Voilà bien tout ce qui les différenciait. Elle croulait sous le poids des aléas de l'existence, au point de ne plus pouvoir avancer. Liam, lui, allait toujours de l'avant, en esquivant les coups ou en les rendant. Raison pour laquelle, d'ailleurs, il l'attirait autant. Elle lui enviait cette confiance en lui. Admirait son arrogance. Et elle, où en serait-elle aujourd'hui si elle n'avait pas laissé la culpabilité la hanter, après l'accident d'Anna ? Si elle s'était dressée contre ses parents quand ils avaient décidé de vendre Lolita ? Si elle avait changé de voie quand elle avait réalisé que l'enseignement n'était pas sa tasse de thé ?

— Je regrette de ne pas vous avoir mieux connu quand je faisais du rodéo.

Elle sentit sur elle son regard vert, intense et magnétique. Sérieux.

— Vous l'auriez pu si vous n'aviez pas disparu après m'avoir demandé conseil, le jour où vous avez remporté le concours, dit-il en lui tendant Maggie. Vous étiez censée me remercier en m'emmenant dîner quelque part.

— J'ai cru à une plaisanterie.

Ce qui était faux. Elle était folle de joie qu'il veuille sortir avec elle. Mais l'accident d'Anna était survenu avant qu'elle n'ait eu la chance de savoir si son intérêt pour elle était feint ou pas.

Ce n'était pas tout. Et les mots sortirent de sa bouche avant qu'elle ne puisse se reprendre :

— Et puis, je ne correspondais pas à votre genre de femme.

— Ah. C'est-à-dire ?

— Eh bien, dit-elle en le défiant du regard, le genre de femme sûre d'elle. Expérimentée.

Liam ne répondit pas tout de suite, hésitant entre frustration et colère. Contre lui-même.

— Je crois qu'aucune femme n'a jamais eu si piètre opinion de ma personne, dit-il, d'une voix la plus neutre possible.

— Ce n'est pas un reproche. Juste un constat. De toute façon, mon opinion n'a aucun intérêt.

Les femmes en règle générale ne le jugeaient pas. Il était de bonne compagnie. Un garçon agréable, qui aimait s'amuser. Riche et généreux. Mais elle, en revanche, voulait plus qu'un compagnon respirant la joie de vivre qui l'inviterait dans les restaurants chics et les boîtes de nuit huppées. Les belles paroles et les cadeaux de luxe n'étaient sûrement d'aucun effet sur elle. S'il voulait la toucher, au propre comme au figuré, il devrait faire preuve d'un peu plus de profondeur. Problème, il ne savait pas trop comment s'y prendre. Il la contempla un instant, perdu dans ses pensées. Elle se trompait, en tout cas : ce qu'elle pensait comptait beaucoup pour lui.

— Hadley, votre opinion m'intéresse parce que je vous aime bien, dit-il après un court silence. Et j'ai envie que vous m'aimiez bien, vous aussi.

Sans attendre sa réaction, il rejoignit l'un de ses hommes dans l'enclos, occupé avec un cheval. Il avait sélectionné quatre de ses plus beaux poulains pour les montrer à Hadley, dans l'espoir de l'inciter à remonter en selle. Pourquoi la voir chevaucher à nouveau était si important pour lui ? Mystère. Comme toujours, il agissait en fonction de ce que lui disait son cœur. Ou ses tripes. Il se mit en selle d'un bond et dirigea sa monture vers Hadley, qui était restée en retrait quelques pas en arrière.

— Voici Cielo, trois ans, un fils de Blue. Selon moi, un futur crack. Actuellement, je possède huit chevaux, un nombre que je dois réduire à cinq. Je vais le tester, lui et trois autres, et j'aimerais que vous me donniez votre avis. Lesquels je dois garder et ceux que je peux vendre.

— Mais… Comment pouvez-vous me demander une chose pareille ? s'exclama-t-elle. Je ne suis pas juge.

— Lorsque j'aurai chevauché les quatre, vous me direz ce que vous pensez de chacun, dit-il avec un sourire de défi. J'ai une foi infinie en votre opinion.

Il passa les dix minutes suivantes à évoluer dans l'enclos avec Cielo, ne quittant que rarement Hadley des yeux, à l'affût de ses réactions. Avec Maggie endormie dans ses bras, jamais elle ne lui avait paru aussi belle. Au point que la concentration, à certains moments, lui fit défaut. Après avoir monté les quatre chevaux, il en fit amener un cinquième.

— Vous reconnaissez sans doute Electric Slide…

Les joues en feu, les yeux brillants, elle sourit, comme subjuguée.

— C'est incroyable, ce qu'il ressemble à sa mère.

— Vous voulez l'essayer ?

— Non, non. Je ne suis pas montée depuis trop longtemps. Et puis, je ne suis pas habillée pour.

Il savait reconnaître un prétexte quand il en entendait un. Elle était en jean et santiags. Et refusait d'admettre la vraie cause de ses réticences.

— D'accord, dit-il en s'éloignant avec Electric. Une autre fois…

Il tenta de réprimer un sentiment de déception, aussi inhabituel que désagréable. Il ne se rappelait pas la dernière fois où il s'était autant investi dans un projet, tout ça pour se retrouver le bec dans l'eau. Il échouait rarement dans ce qu'il entreprenait. Son grand-père, pourtant, n'avait jamais semblé impressionné par ses prouesses.

« Le plus grand défi d'un homme, mon gars, avait-il coutume de dire, c'est lui-même. »

Etait-ce pour cette raison qu'il avait rompu avec sa vie de séducteur un an plus tôt, de manière à se concentrer sur le ranch ? Il était si arrogant, à cette époque. Les affaires marchaient à merveille. Il butinait de femme en femme… Et souffrait d'un ennui profond.

Il continua de chevaucher Electric, mais le cœur n'y était plus, maintenant qu'elle avait refusé de monter le fils de Lolita. Un moment plus tard, il tendit les rênes du cheval à son employé et la rejoignit.

— Il est presque midi, dit-il. Rentrons. Vous me direz ce que vous pensez des chevaux à table.

— Bien sûr.

Plus tard, tout en se régalant du ragoût de Candace, elle entreprit donc de lui dire ce qu'elle pensait de chacun des chevaux qu'il lui avait montrés.

— Cielo est une perle. Ne vous en séparez surtout pas…

— Vous avez sans doute raison. Que pensez-vous de la pouliche baie ?

— Intéressante, mais je préfère la jument beige. Avec Blue, elle vous donnerait sûrement un magnifique poulain. Selon moi, vous pourriez envisager de laisser partir le couleur daim. Il est superbe, mais Cielo me paraît moins turbulent, affirma-t-elle avant de s'interrompre pour sourire. Mais j'imagine que vous savez déjà tout ça…

— J'apprécie néanmoins votre expertise. Et je suis d'accord avec vous. Parmi les quatre que je vous ai montrés, j'en ai sélectionné trois à la vente. Mais je n'avais pas songé à marier Tilda et Blue.

— Heureuse de pouvoir vous aider. J'avais oublié comme c'est agréable de parler chevaux. Mes amies et moi le faisions souvent. A l'époque, je me voyais passer ma vie dans un ranch.

Il sentit son cœur se serrer. Elle possédait toutes les qualités qu'il pouvait imaginer, chez la femme idéale. Belle, charmante, maternelle et, bien sûr, passionnée de chevaux. Cela lui faisait beaucoup de peine qu'elle ait dû renoncer au rodéo, qui comptait tellement pour elle.

— Ce n'était qu'un rêve, reprit-elle. Mes parents ont eu raison d'insister pour que je finisse mes études. Mais, ça, je ne l'ai compris que bien plus tard.

— Vous auriez aussi bien pu aller au bout de votre rêve.

— Oh ! oui, peut-être. Il y a dix ans, j'aurais pu me lancer et monter mon propre ranch, répondit-elle, avec un sourire empreint de nostalgie. Mais cette époque est révolue, et j'aspire à autre chose aujourd'hui.

Fin de la discussion. Il continua de l'observer un long moment, perplexe. Pourquoi ces regrets si, comme elle le prétendait, elle avait tourné la page ? Quant à lui, pourquoi voulait-il très fort qu'elle accepte de revoir ses projets d'avenir et de s'établir à Royal ? Il s'était attaché à elle en un temps record. Il n'imaginait pas ne plus la voir. Et pas comme nounou de sa nièce.

— J'ai un rendez-vous fin d'après-midi en ville, au Texas Cattleman's Club. Mais je serai rentré à temps pour que vous puissiez vous rendre à l'heure chez Priceless.

— Merci. En fait, j'adore fabriquer des bougies autant que l'ambiance de l'atelier, dit-elle en déposant les assiettes dans l'évier. En période de cours, je n'ai guère de temps libre.

— Cela doit pouvoir s'arranger, non ?

— Je me dis que j'aurai tout le temps de m'accorder des loisirs une fois mon diplôme en poche. En attendant, je m'efforce de profiter au mieux des rares heures dont je dispose.

Liam réfléchissait encore aux paroles de Hadley quand il pénétra dans le Cattleman's Club, un peu plus tard. Construit aux alentours de 1910, il avait toujours été exclusivement réservé aux hommes, et ce n'était que récemment qu'il avait ouvert ses portes aux femmes. Son grand-père et lui n'avaient pas été les derniers à militer pour leur admission, votant même pour l'ouverture d'une crèche au sein du club. Côté déco, en revanche, le bâtiment n'avait guère changé en un siècle. Boiseries, rideaux épais et trophées continuaient de faire planer entre ces murs une atmosphère radicalement masculine.

Il traversa le salon et rejoignit à une table un groupe d'hommes qui discutaient de la Samson Oil, thème de la réunion. Des mois que cette compagnie rachetait des terres dans le comté. Les gens dans le coin avaient vu leur ranch dévasté par la tempête, et l'offre de la Samson Oil était une chance inespérée de pouvoir refaire sa vie. D'autres avaient retroussé leurs manches et reconstruit, mais la sécheresse s'était abattue sur la région, réduisant leurs espoirs à néant.

— Quelqu'un en sait plus sur cette frénésie de rachat de la part de la Samson Oil ? dit-il en prenant place à la table entre son meilleur ami, David « Mac » McCallum, et Case Baxter, actuel président du Texas Cattleman's Club.

— Peut-être ont-ils trouvé du gaz de schiste ? suggéra Mac.

— Et ils envisageraient de l'exploiter par fracturation hydraulique ? s'exclama l'homme en face de Mac. Comme si cette maudite sécheresse ne suffisait pas. Ils vont empoisonner nos nappes phréatiques. Et j'ai deux mille bêtes qui s'abreuvent aux puits.

C'était toujours la même rengaine. Chaque fois que Liam venait au club, la conversation portait sur cette sécheresse historique. Le bétail du ranch Wade puisait son eau dans les puits et les lacs de retenue. Il n'osait même pas imaginer les conséquences si ses sources se tarissaient.

— Mellie m'a dit que l'avocat mandaté par la Samson Oil pour le rachat des terres avait démissionné, leur apprit Case. Elle est amie avec l'une de leurs locataires, la jeune femme qui possède le magasin d'antiquités, au Manoir. Visiblement, elle et Nolan Dane seraient ensemble…

— Le fils de Howard Dane ?

— Lui-même. Nolan va rejoindre son père au sein du cabinet d'avocats familial, répondit Case.

Il avait du mal à se concentrer sur le sujet de la réunion, et, parlant d'avocats, il pensa aussitôt à Kyle. Le fait que son frère restait injoignable renforçait sa conviction. Maggie avait besoin d'un parent disponible vingt-quatre heures sur vingt-quatre. Et, tant que Kyle serait en service actif, il ne pourrait assumer pleinement son rôle de père. Il se promit de contacter un avocat en droit de la famille de manière à savoir quelles étaient ses options s'il sollicitait la garde de sa nièce.

— Peut-être devrions-nous l'inviter à rejoindre le club, suggéra-t-il.

L'année dernière avait vu en effet leur effectif réduit de moitié, de plus en plus d'éleveurs ayant vendu leur terre.

— Mon avis est que toutes les forces disponibles contre la Samson Oil sont bonnes à prendre, renchérit Case. Nolan ne pourra sans doute pas nous apprendre grand-chose sur son ancien client, mais il est expert en matière de droit foncier.

La réunion avait duré moins que prévu, et Liam fut heureux de pouvoir partir.

— Alors, comment ça se passe, pour toi ? l'interrogea Mac tandis qu'ils se levaient. Pas trop dure, la paternité ?

— Maggie n'est pas ma fille, répondit-il, soucieux de mettre les choses au clair. Mais je me réjouis de l'avoir à la maison. Elle est vraiment adorable… quand elle ne pleure pas.

— Jamais je n'aurais pensé te voir te ranger un jour, dit Mac en riant.

— J'ai décidé il y a un an que je préférais une seule bonne relation à une dizaine de médiocres, marmonna-t-il, s'étonnant lui-même devant tant de sagesse.

— Mais tu ne sors pas de ton ranch. Comment veux-tu construire une relation si tu ne rencontres jamais de femmes ?

— Il paraît que, lorsqu'on est prêt, celle que vous attendez apparaît, dit-il.

Et l'image d'une blonde aux yeux bleus traversa son esprit.

— Tu racontes n'importe quoi, mon vieux, ricana Case. Le manque de sommeil sans doute ?

— Avec un nouveau-né à la maison, c'est inévitable…

Mais il savait parfaitement que ce qui le tenait éveillé, la nuit, ce n'était pas Maggie, mais sa nounou. Et l'espoir persistant que Waldo se réinvite dans sa chambre pour qu'elle soit obligée de venir le récupérer. Si cela se produisait, il lui réservait un accueil bien différent de la première fois.

- 6 -

Liam travaillait quand Ivy entra dans son bureau avec sa tablette et s'assit, se cognant les genoux contre le bloc de tiroirs dans sa hâte. Elle marmonna deux ou trois insanités tout en se massant les jambes. Malgré son statut, il possédait l'un des bureaux les plus minuscules du ranch. Aucune importance, il passait le plus clair de son temps dehors. Et, lorsqu'il recevait des clients, il s'arrangeait pour tenir ses réunions dans le lounge.

— J'ai finalisé l'organisation de ton week-end dans le Colorado, annonça Ivy. Le traiteur a confirmé l'envoi d'un chef. Une voiture t'attendra à l'aéroport et…

Ivy continua de parler, mais il avait déjà cessé d'écouter. Ce week-end au ski avec cinq de ses meilleurs clients lui était complètement sorti de la tête. Un rendez-vous que tous attendaient avec impatience. Il était trop tard pour annuler.

— Liam ? Tu sembles soucieux. J'ai fait en sorte que tout soit prêt, ne t'inquiète pas…

— Oh ! ce n'est pas ça. J'avais oublié que je devais partir pour le Colorado dans quarante-huit heures. Que vais-je faire de Maggie ?

— Emmène-la, répondit Ivy en faisant glisser un stylet sur sa tablette. Je vais voir s'ils peuvent installer un berceau dans l'une des chambres.

— En principe, c'est un week-end entre garçons. L'occasion pour ces messieurs de s'échapper pour pouvoir fumer tranquillement leurs cigares, boire un peu trop de whisky et jouer au poker toute la nuit, sans craindre les remontrances de madame.

— Charmant, soupira Ivy. Bref, je ne vois pas où est le problème avec Maggie. Tu n'as qu'à emmener Hadley. La maison est grande. Personne ne se rendra compte de leur présence.

Il réfléchit à la suggestion d'Ivy. Mais elle avait tort en disant que personne ne réaliserait que Maggie et Hadley étaient présentes. Lui le saurait. Sa nièce faisait partie de sa vie, désormais. Quant à Hadley… eh bien, elle occupait de plus en plus ses pensées, le jour comme la nuit. Quand elle dormait de l'autre côté du couloir. Tout près.

— C'est juste. Et Maggie passe de meilleures nuits à présent, dit-il, entendant déjà les protestations de sa nounou à l'idée de s'envoler pour le Colorado. Je vais en discuter avec Hadley…

Il se leva. Il avait suffisamment travaillé pour la journée. Il avait envie de passer un peu de temps avec Maggie avant le dîner.

— Tiens-moi au courant, répondit Ivy en sortant du bureau.

Il passa les dix minutes de trajet entre les écuries et la maison à étudier le pour et le contre dans le fait d'emmener Maggie et Hadley avec lui. Une dizaine de jours à peine s'était écoulée depuis que le bébé avait surgi dans sa vie, mais déjà sa présence lui était devenue nécessaire. Dès que son frère le contacterait, il avait bien l'intention d'essayer de le convaincre de renoncer au bébé. Kyle était toujours par monts et par vaux. Maggie avait besoin de stabilité, ce qu'elle trouverait au ranch.

Il fut accueilli à la maison par l'odeur du feu de cheminée. Lorsqu'il pénétra dans le salon, Hadley leva les yeux de son livre.

— Vous rentrez tôt.

— J'étais impatient de voir Maggie.

Et elle, bien sûr. Il lui avait semblé qu'à son entrée son visage s'était illuminé. Mais bon, sans doute avait-il trop d'imagination. Ils avaient passé beaucoup de temps ensemble, ces derniers jours. Toujours avec Maggie.

— Elle a été agitée, cet après-midi, dit-elle en regardant le bébé dans ses bras avec tant d'affection qu'il sentit son cœur se serrer.

— Elle paraît calme maintenant.

— Elle ne dort que depuis une demi-heure. Vous voulez la prendre ?

— Pas tout de suite. J'ai passé l'essentiel de la journée à cheval. Je vais d'abord prendre une douche.

Ce qui fut fait en un temps record. Lorsqu'il redescendit, le soleil se couchait, et il n'y avait plus suffisamment de lumière pour pouvoir lire. Seul l'éclat du feu dans la cheminée éclairait la pièce. Le vent à cet instant hurla. Hadley tressaillit.

— Il doit faire froid dehors, chuchota-t-elle.

— Selon moi, la température passera sous zéro cette nuit.

Il s'assit sur le canapé à côté d'elle et, quand il effleura son bras en se penchant pour prendre le bébé, un frisson le parcourut. Il retint son souffle, enivré par cette sensation et par les effluves de son parfum. Qu'il s'efforça d'ignorer.

Ils obéissaient désormais à une routine bien établie, prenant tour à tour soin de Maggie. Un partage des tâches comme au sein d'une vraie famille. Il aimait la compagnie de Hadley. A plusieurs reprises, elle l'avait fait rire avec ses histoires de collègues nounous. Lui, de son côté, parlait chevaux et lui donnait des nouvelles des gens qu'elle connaissait autrefois, quand elle brillait dans l'arène rodéo.

— Hmm, j'ai un voyage professionnel, dans deux jours, dit-il après un moment.

Elle n'avait pas détourné les yeux du bébé, dans ses bras.

— Combien de temps serez-vous parti ?

— J'ai loué une maison dans le Colorado pour une durée d'une semaine maximum… Il se tut, en pensant combien il aimerait rester ici, avec Hadley et Maggie. C'est un séjour que j'offre à mes meilleurs clients.

— Et vous vous inquiétez pour Maggie…

— Oui. En fait, j'ai envie de l'emmener, dit-il, hésitant une demi-seconde avant d'ajouter : et j'ai également envie que vous veniez.

Il vit les protestations se former dans son regard. Protestations qu'il avait anticipées.

— Candace a promis de veiller sur Waldo.

— Je n'ai jamais voyagé avec un client, dit-elle, sans montrer la résistance qu'il avait crainte. Vous êtes sûr qu'il y a de la place pour nous ?

— La maison est grande. Sept chambres. Ivy s'est occupée de tout. Elle se tient prête s'il y avait quelque chose que vous souhaitiez pour le bébé. Je sais qu'elle a déjà demandé de faire installer un berceau.

— Quand partirions-nous ?

— Dans deux jours. Cela vous laisse assez de temps pour vous préparer ?

— Bien sûr.

Pourtant, elle semblait contrariée.

— Un problème ?

— Eh bien… Elle hésita, puis rit doucement. En fait, je n'ai jamais été à la montagne, je n'ai jamais vu de neige. De quoi ai-je besoin, à part d'une doudoune ?

— Vous n'avez jamais vu de neige ?

Il ressentit une vague d'excitation à la perspective d'être là lorsqu'elle découvrirait les paysages de montagne sous leur manteau blanc.

— Je dois vous paraître ridicule…

— Vous dites que vous n'avez jamais voyagé avec un seul de vos clients. S'agit-il d'une volonté de votre part ?

— C'est plutôt à cause de mes études et de mon emploi du temps. Je me suis toujours promis de voyager quand j'aurai mon diplôme et un travail, pendant les congés.

— Avez-vous déjà pris l'avion ? demanda-t-il après une courte hésitation. Un petit, je veux dire.

— Non, répondit-elle en le fixant, entre angoisse et curiosité. Petit comment ?

*
* *

Petit était un terme exagéré. Telle fut la réflexion que se fit Hadley en s'avançant vers le superbe jet de Liam. Mais à quoi s'attendait-elle au juste ? A un biplan, comme dans les vieux films d'aventure ?

— Il a l'air robuste, non ? chuchota-t-elle à Maggie, profondément endormie, avant de s'arrêter net au pied de la passerelle.

Liam était déjà monté à bord pour s'occuper de ses bagages et des affaires du bébé. Il réapparut et se précipita pour prendre Maggie.

— Allez-y, Hadley, je vous en prie, dit-il, avec ce sourire qui avait le chic pour lui donner le vertige.

Elle s'exécuta, gravissant les quelques marches comme sur un petit nuage, sentant son anxiété se dissiper sous le charme de Liam. Elle était folle de joie à l'idée de visiter pour la première fois le Colorado. Même si elle risquait fort de ne pas en voir grand-chose. Si elle faisait partie du voyage, c'était pour veiller sur Maggie. Mais la perspective ne serait-ce que d'entrevoir Vail sous la neige l'enchantait.

L'intérieur du jet était d'un luxe inouï et pouvait embarquer cinq passagers plus le pilote. Elle n'y connaissait rien en matière d'aéronautique, mais le tableau de bord avec ses écrans multiples la rassura quant à la fiabilité de l'appareil.

— J'installe Maggie ici, car j'imagine que vous préférez être assise dans le sens du vol, dit-il en fixant le siège bébé sur l'un des fauteuils tournant le dos au cockpit. Là-bas, vous trouverez de quoi boire si vous avez soif, ajouta-t-il en désignant le bar. Il y a aussi de l'eau chaude dans un thermos pour le biberon.

— Merci. Mais j'en ai préparé un. En principe, on dit qu'il vaut mieux donner quelque chose à sucer au bébé pour contrer le stress de l'altitude.

— Oh ! super. Alors, j'imagine que nous pouvons y aller.

Elle s'installa et boucla sa ceinture, juste à temps pour voir Liam remonter la passerelle et fermer la porte de l'avion.

— Mais… Vous n'attendez pas le pilote ?

— C'est moi, le pilote répondit-il avec un sourire désarmant et sur ce, après un clin d'œil, il se glissa sur le siège de gauche dans le cockpit et entama la check-list avant le décollage.

La surprise la laissa sans voix quelques minutes. En réalité, pendant près de deux semaines, elle était allée de surprise en surprise, le concernant. Tous ses a priori sur lui tombaient les uns après les autres. Ce qui était perturbant. Voire dangereux.

Préférant éviter de réfléchir à son attirance croissante pour lui, elle s'affaira pour le biberon de Maggie. Mais, lorsque l'avion s'ébranla pour se rendre sur la piste, elle eut toutes les peines du monde à ignorer l'homme aux manettes, et une angoisse sourde finit par la submerger.

Mais où avait-elle donc la tête ? Tomber amoureuse de Liam serait tout à fait stupide ! Cet homme était un séducteur impénitent.

Lorsque l'appareil décolla, elle sentit son estomac se nouer. Pour conjurer la peur, elle évita soigneusement de regarder par le hublot et donna son biberon à Maggie, manifestement très intéressée par ce qui se passait.

Peu après, le jet ayant atteint son altitude de croisière, elle détacha le bébé de son siège pour le prendre dans ses bras et lui faire faire son rot. Osant enfin un regard à l'extérieur, elle ne vit qu'une épaisse couche nuageuse en dessous d'eux. Avec Liam occupé aux commandes et Maggie qui ne tarda pas à s'endormir, elle finit par laisser ses pensées vagabonder.

Quelques heures plus tard, Liam se posa sur la piste d'un petit aéroport à proximité de Vail. Hadley fut déçue de voir que seules quelques rares plaques de neige tapissaient le sol. En ce mois de janvier, elle s'attendait à un paysage disparaissant sous les congères. Elle regarda autour d'elle. Vail était nichée au creux d'une vallée cernée de montagnes vertigineuses. On apercevait les pistes de ski tracées au milieu des pins.

Une voiture de location les attendait au pied de l'avion. Le transfert des bagages ne prit que quelques minutes, puis Liam se mit au volant. Apparemment, il connaissait la route.

— A quoi pensez-vous ?

— C'est géant.

— Attendez de voir le panorama depuis la maison…

— Vous louez au même endroit chaque année ?

— C'est la maison du grand-père de l'un de mes amis.

— J'ignorais que vous faisiez du ski.

— J'en faisais beaucoup, plus jeune. Mais je m'efforce de venir encore aujourd'hui deux fois par an, à peu près. Il m'arrive aussi de me rendre au Nouveau-Mexique pour le week-end, c'est plus près.

— C'est pratique d'avoir son avion à disposition.

— Il reste souvent au garage. J'ai passé 90 % de mon temps au ranch cette année.

Et les 10 % restants à séduire la mère de Maggie…, ne put-elle s'empêcher de penser.

— Le rodéo ne vous manque pas ? demanda-t-elle.

— En permanence…

— Dans ce cas, pourquoi avoir laissé tomber ?

Son visage se ferma, et elle comprit qu'elle avait touché un point sensible.

— Excusez-moi. Cela ne me regarde pas. Oubliez ce que je viens de dire.

— Non, ce n'est pas grave. Beaucoup de gens me posent la question. Et je vais vous donner la réponse que je leur donne. Après le décès de mon grand-père, j'ai compris que la gestion du ranch était un travail à temps plein.

Ce ne devait pas être l'unique raison, mais elle se garda bien d'insister.

— Votre frère reviendra peut-être vivre au Texas, un jour, et vous prêtera main-forte ?

— Je sais que non, répondit-il sur un ton qui la découragea de l'interroger davantage sur le sujet. Mais j'ai fini par trouver un équilibre entre les affaires du ranch proprement dites et ma passion pour les chevaux. Je me réserve des plages horaires. L'année dernière, j'ai embauché une directrice des ventes pour le bétail. Vous vous rappelez d'Emma Jane ? Elle était sacrément douée au lasso.

Et dotée de bien d'autres atouts, aussi, se souvint-elle. Une superbe blonde qui dévorait Liam des yeux. Liam qui, malheureusement, ne lui accordait pas un regard, de son côté. Ce qui l'avait laissée perplexe, à l'époque. Aujourd'hui encore, il ne semblait pas lui porter un intérêt autre que professionnel. Peut-être que devenir père l'avait affecté plus qu'elle ne le pensait.

— Mais je ne peux pas me décharger de tout le travail…

Il travaillait beaucoup en effet. Peut-être était-ce pour cette raison qu'il semblait si heureux de cette escapade dans le Colorado. Ces vacances lui feraient du bien.

Après quarante minutes de route, il s'engagea dans une allée qui finit par les mener devant une maison au pied de la montagne. Enfin, une maison… une immense villa, plutôt.

L'endroit était magnifique, et Hadley ressentit des picotements d'excitation. Elle n'aurait jamais imaginé vivre une telle aventure, un jour, dans un lieu de rêve, et en compagnie de l'homme le plus séduisant qu'elle connaisse.

— C'est ici ? s'exclama-elle à bout de souffle.

— Quand je vous disais qu'il y avait suffisamment de place pour vous et Maggie, dit-il en se garant à côté d'un pick-up, avec un large sourire. Nous allons nous installer, puis nous irons dîner en ville. C'est à un quart d'heure de marche à peine. Vous pensez que ça ira pour Maggie ?

— Je lui mettrai quelque chose de chaud. L'air frais lui fera du bien.

La température flirtait avec zéro, mais le soleil brillait et il n'y avait pas de vent, se dit-elle. Elle-même avait acheté de quoi se vêtir chaudement.

Un homme, la soixantaine alerte et sportive, sortit à ce moment de la maison pour les accueillir.

— Monsieur Wade, c'est un bonheur de vous revoir.

— Hello, Ben.

Ils se serrèrent la main, puis Liam se tourna vers elle et le bébé dans ses bras.

— Je vous présente Mlle Stratton et Maggie.

— Ivy m'a annoncé que vous ameniez de la famille, cette année. Je m'en réjouis.

La remarque la troubla. Pourquoi Liam ne reconnaissait-il pas simplement avoir une fille ? Il aimait Maggie, c'était évident. Alors, qu'est-ce qui le retenait de la reconnaître comme sienne ? Ce défaut chez lui la perturbait plus qu'il n'aurait dû. Mais bon, en quoi était-ce ses affaires ? Il était son employeur. Elle n'avait aucun droit de le juger.

— Heureuse de vous rencontrer, Ben, dit-elle.

Liam et Ben s'occupant de décharger la voiture, elle entra avec Maggie pour se rendre dans le salon dont les baies vitrées offraient une vue imprenable sur le massif.

— Ben a fait préparer une chambre, à l'étage, pour vous et Maggie, avec un berceau, dit Liam en la rejoignant.

Elle le suivit au premier. Toutes les chambres avaient vue sur la montagne, mais la sienne donnait aussi sur la ville. A cette heure de l'après-midi, le soleil déjà entamait son déclin, faisant scintiller les pentes enneigées.

— Cela vous convient ?

— C'est magnifique !

La chambre était immense, selon ses propres standards en tout cas, mais probablement était-ce la plus petite de toutes. Un lit king size trônait au milieu, alors qu'un canapé faisait face à la baie vitrée, une cheminée en pierre de taille occupant à droite tout un pan de mur. Le berceau quant à lui avait été installé près du lit.

— Je suis dans la chambre juste à côté, en cas de besoin.

Elle se sentit rougir. Seigneur, l'idée de le savoir si proche… Non qu'il y eût une raison de s'alarmer. Bientôt deux semaines que tous deux dormaient à quatre mètres de distance.

Et puis, ce n'était pas comme s'ils devaient se retrouver seuls dans cette maison. Demain, ils seraient rejoints par les clients de Liam. Cinq hommes qui, si elle l'en croyait, passeraient leur temps à jouer aux cartes, à boire et à discuter jusque tard dans la nuit.

— A quelle heure voulez-vous aller dîner ?

— Eh bien, d'ici une heure. Pour ne pas sortir trop tard à cause de Maggie.

— Entendu, nous serons prêtes.

Hadley, habillée d'un pull à col roulé et d'un pantalon en velours et portant Maggie dans ses bras, descendit retrouver Liam dans l'entrée. Après qu'elle eut enfilé ses bottes fourrées, il l'aida à mettre sa doudoune. Elle tressaillit quand ses mains effleurèrent ses épaules, devant prendre sur elle pour résister à l'envie de s'abandonner contre son torse. Troublée, elle ferma les yeux et retint son souffle.

Comme elle lui tournait le dos, il ne vit pas combien son geste d'attention la déstabilisait. Grâce au ciel, au cours de ces cinq dernières années de pratique, elle avait appris à contenir ses émotions. Quand Liam ouvrit la porte en se tournant vers elle, elle fut en mesure de lui offrir son sourire le plus professionnel.

Après avoir fermé à clé derrière eux, il lui offrit son bras pour l'aider à descendre l'allée un peu glissante.

— Vous avez déjà à vous occuper de Maggie, dit-elle, tout en pensant combien il serait doux de se blottir contre lui dans le froid. Ne vous inquiétez pas pour moi, ajouta-t-elle avant de glisser juste à ce moment sur une plaque de glace.

— Je crois que je m'en sortirai, une femme à chaque bras, remarqua-t-il dans un éclat de rire.

Elle noua donc son bras au sien. Son appui était censé l'aider à se tenir droite, pas à la faire se sentir prête à défaillir, mais ce fut plus fort qu'elle, elle ne put s'empêcher de se laisser aller à son contact.

Une fois au bas de l'allée, elle s'attendait à ce qu'il la lâche, mais il ne manifesta pas la moindre intention de le faire. Ils prirent la direction de la ville, la neige crissant sous leurs pas. Le soleil avait presque disparu, maintenant, et des nuages obscurcissaient le ciel. Le cœur battant un peu trop fort, elle ne trouva rien à dire pour meubler le silence. Silence que Liam lui-même ne sembla pas trouver nécessaire de rompre. Le restaurant qu'il avait choisi se trouvait au cœur du village, un charmant petit bistro.

— C'est ici que je viens le plus souvent, dit-il en l'invitant à entrer.

Il était encore tôt, et il n'y avait guère de monde. Une serveuse les mena à une table à l'écart, devant la fenêtre qui donnait sur la rue éclairée de guirlandes. Au-dessus de leur tête, une lumière douce rajoutait à l'atmosphère romantique et cosy du lieu.

— J'espère que la cuisine est aussi bonne que la déco est belle, remarqua-t-elle en débarrassant Maggie de sa combinaison.

— Mieux que ça. Mongillo, le chef, est un génie.

En devenant la nounou de Maggie, elle s'était habituée à Liam version cow-boy, au point d'en oublier son alter ego, l'homme riche et influent. Un homme qui, par extension, avait une nette préférence pour les femmes du monde. Ce retour brutal à la réalité dissipa son humeur rêveuse, et elle se sermonna pour avoir oublié son rôle : dans la vie de Liam, elle n'était que la nounou de Maggie.

A cette idée elle sentit un nœud lui serrer la gorge. Pourquoi donnait-elle tant d'importance à sa place près de Liam ? Trouvant refuge derrière la carte, elle parcourut la liste des plats proposés par le chef. Liam suggéra un gratin de crabe et commanda un vin blanc sec réputé pour l'accompagner.

Elle hésita, ayant des scrupules à boire pendant son service, puis elle se laissa tenter. Et l'expérience fut magique, elle n'avait jamais goûté rien de si délicieux, ce qui la consola un peu de ses pensées sombres. Elle regarda Liam : ses yeux à ce moment brillaient d'une lueur particulière, entre amusement et… Et autre chose. Aussitôt, elle sentit ses joues s'embraser.

— Hmm, toussota-t-elle, soucieuse d'échapper au trouble que ce regard suscitait en elle. C'est divin…

— Ravi qu'il soit à votre goût, dit-il d'une voix de baryton qui lui alla droit au cœur. Je suis heureux que vous ayez accepté de m'accompagner, ce week-end.

Ceci n'est pas un rendez-vous galant. Ceci n'est pas un rendez-vous galant. Ceci n'est pas…

— Vous plaisantez… Voir la neige pour la première fois de ma vie, c'était inespéré ! répondit-elle sur le ton le plus enjoué possible, avant de détourner les yeux, intimidée, pour regarder par la fenêtre.

Ce qu'elle vit lui coupa le souffle. Le temps avait changé. De gros flocons tombaient en rideaux épais, dehors. On ne distinguait même pas la devanture des boutiques de l'autre côté de la rue.

— D'ailleurs, en parlant de neige… Comme c'est beau… Je comprends que vous aimiez cet endroit.

— Je me suis arrangé avec la météo pour votre venue, plaisanta-t-il.

— C'est très gentil de votre part, répondit-elle en souriant.

— Avec plaisir, répondit Liam qui se tourna alors vers le serveur qui amenait les entrées :

— Combien de centimètres attendez-vous ?

— Vingt à vingt-cinq au bas des pistes, bien plus en altitude. C'est une grosse perturbation qui traverse tout le Midwest.

— La situation risque d'être difficile pour les personnes souhaitant accéder ou sortir de la station.

— En effet. Il paraît que l'aéroport de Denver prévoit d'annuler la plupart de ses vols. Pour celui du comté d'Eagle, je n'ai pas d'informations.

C'était l'aéroport où Liam s'était posé quelques heures plus tôt.

— J'ai l'impression que nous allons être bloqués ici, dit Liam, sans paraître particulièrement contrarié.

— Et vos invités ? s'enquit-elle, loin de partager la même insouciance.

— Je les appellerai, ce soir. Ils peuvent reporter leur venue d'un jour ou deux, ou annuler carrément si la tempête dure.

— Mais…

Que voulait-elle dire, au juste ? Si le temps rendait impossible tout accès à la ville, eux-mêmes ne pourraient pas redécoller pour rentrer. Conséquence, Maggie, Liam et elle allaient se retrouver piégés à Vail pour une durée indéterminée. Seuls.

Elle contempla la nourriture dans son assiette, perturbée par les battements frénétiques de son cœur. Qu'avait-elle donc exactement en tête ? Que croyait-elle qu'il allait arriver durant les prochains jours ? Manifestement, ses hormones avaient un avis bien arrêté sur la question en penchant pour une sorte de liaison passionnée entre Liam et elle.

Une perspective ridicule qui la fit sourire.

- 7 -

Liam pensait avoir réussi à dissimuler sa joie à l'idée d'être coincé ici avec Hadley. Alors pourquoi était-elle si lointaine, soudain ? Et que signifiait ce sourire sur ses lèvres ?

Il toussota, manière de déloger la boule dans sa gorge.

— J'espère que vous avez aimé le crabe.

Elle releva la tête et le fixa, avant de reporter son attention sur la neige qui tombait sans discontinuer, derrière la vitre.

— Oui, c'était délicieux. Comme c'est beau, dehors…

Son expression rêveuse le réjouit. Elle d'habitude si réservée.

La neige tombant de plus en plus fort, ils ne s'éternisèrent pas après le dîner. S'il ne voyait aucun inconvénient à admirer la beauté de ses yeux des heures entières ou à lui raconter toutes sortes d'anecdotes pour le simple plaisir de l'entendre rire, ils devaient rentrer pour coucher le bébé. Il se consola en se disant qu'ils pourraient toujours continuer de discuter à la maison, bien au chaud, sur le canapé. Sans l'obstacle d'une table entre eux, les choses pourraient devenir intéressantes.

— Prête ? demanda-t-il en se levant après avoir réglé l'addition.

— Allons-y.

Il s'empressa de l'aider à passer sa doudoune, trouvant ainsi une excuse pour l'approcher au plus près et s'enivrer de son parfum. Quand il lui effleura les épaules, il crut entendre un soupir et il pria pour ne pas l'avoir imaginé.

Ils sortirent ensuite du restaurant et refirent le chemin en sens inverse, marchant avec précaution. Il insista pour qu'elle prenne son bras. Bien sûr, il ne voulait pas qu'elle glisse. Mais son offre n'avait rien de désintéressé, car la sentir contre son corps lui procurait de délicieuses sensations.

Quand ils furent sortis de la ville, leurs bottes s'enfoncèrent dans la neige fraîche. Ils ralentirent le pas, le massif autour d'eux se dressant majestueux. Il n'aurait osé rêver cadre plus romantique pour cette balade, la neige créait une atmosphère magique autour d'eux où tout devenait possible.

Elle riait aux éclats, les flocons jouant avec ses cils, et il dut faire appel à tout son sang-froid pour ne pas l'attirer entre ses bras et couvrir son visage de baisers. S'il n'avait porté Maggie, sans doute n'aurait-il pu résister.

Il en était certain : la force de son désir pour Hadley allait au-delà d'une attirance purement sexuelle, en dépit de l'intensité du désir qu'il éprouvait. En fait, quelque chose de plus profond faisait qu'il avait envie d'elle. La façon dont elle prenait soin de Maggie : pas comme quelqu'un qui était payé pour ça, mais avec affection et le souci réel de son bien-être. Il y avait chez elle une sincérité qui le rendait fou.

Même en se limitant uniquement à l'aspect professionnel, ils formeraient un duo parfait, au ranch. Elle n'avait pas sa pareille pour estimer le potentiel d'un cheval et, en dépit de sa réserve, elle gardait forcément un souvenir ému de sa période rodéo. Oui, son expertise serait un atout pour l'avenir du ranch.

Mais leurs chemins allaient bientôt se séparer. Elle continuait d'afficher un désintérêt total pour tout ce qui touchait aux chevaux, et il avait l'intention d'ailleurs de découvrir pourquoi. Et puis, elle allait reprendre les cours et, après son diplôme, elle prévoyait de quitter Royal. Ce qu'il pouvait comprendre, en réalité. Elle ne balaierait pas comme ça cinq années d'études.

— Vous êtes bien silencieux, soudain, remarqua-t-elle.

— Oh… J'étais juste en train de penser à cette jeune fille rencontrée dix ans plus tôt.

— Laquelle ? Il doit bien y en avoir une centaine, dit-elle, la voix légèrement tremblante.

Il décida de jouer franc jeu.

— La seule qui comptait à mes yeux s'est enfuie.

Ses paroles furent suivies d'un lourd silence et, l'espace de quelques minutes, l'humeur légère entre eux se dissipa, remplacée par une certaine fébrilité. Il se tut. Qu'allait-elle répondre, maintenant ?

— Moi ? Vous n'êtes pas sérieux, voyons, dit-elle enfin. Vous devez avoir croisé des dizaines de filles qui ne demandaient qu'à tomber à vos pieds.

— Certainement. Mais je n'en avais qu'une en tête. Vous. J'ai toujours regretté de ne pas avoir eu la chance de mieux vous connaître.

Arrivés devant la maison, ils entamèrent l'ascension de la petite allée en pente raide. Dans quelques minutes, Hadley le laisserait pour s'occuper de coucher Maggie. Le temps pressait, il devait savoir, c'était trop important pour lui.

— Pourquoi avoir vendu Lolita et laissé tomber le rodéo, Hadley ?

— Vous m'avez déjà demandé pourquoi je ne m'intéressais plus aux chevaux, dit-elle, visiblement tendue. Si j'ai arrêté le rodéo, c'est pour la même raison. Lors d'un concours, ma meilleure amie de l'époque a fait une chute. Elle s'était promis de me battre et elle en a trop demandé à son cheval… Il est tombé, et elle s'est retrouvée coincée sous lui. Elle a eu la colonne vertébrale brisée.

— Je me souviens avoir entendu dire que quelqu'un s'était blessé, mais j'ignorais que c'était si grave.

— Après ça, je n'ai jamais plus trouvé la force de me mettre en selle. Cet accident, c'était ma faute. Si elle n'avait pas été… Mais elle voulait tellement me battre. Depuis, elle refuse de me voir et même de me parler.

Elle soupira, et il vit une ombre passer sur son visage.

Le sujet demeurait ultra-sensible, il le comprenait. Et pourtant il n'imaginait pas aller dans son sens.

— Il me semble légitime que vous vous sentiez en partie coupable de ce malheureux accident, mais ne croyez-vous pas que le temps est venu de vous pardonner ?

— Ah, vous parlez comme Kori, ma meilleure amie depuis quelques années, répondit-elle avec un rire plein d'amertume. Elle me reproche en permanence de me pourrir l'existence à cause de mes erreurs passées. Pour elle, il faut savoir tourner la page et aller de l'avant.

— Peut-être que vous remettre en selle vous aiderait à laisser tout ça derrière vous ?

— J'y réfléchirai.

Non, pas question, entendit-il. Et son impuissance à la faire changer d'avis l'emplit d'une étrange amertume.

A peine furent-ils entrés qu'elle se dirigea vers l'escalier avec Maggie.

— Merci pour le dîner.

— Je vous en prie.

— Hmm, bien, je ferais mieux de coucher mademoiselle, dit-elle, hésitante, comme si elle avait quelque chose à ajouter.

— Il est encore tôt. Je suis sûr que le réfrigérateur cache de délicieux desserts. Ivy connaît la gourmandise de John Barr, l'un de mes hôtes, et elle fait toujours en sorte de pouvoir le satisfaire.

— La journée a été longue, et je suis impatiente de finir le roman policier que j'ai commencé dans l'avion. Alors à demain ?

Il la suivit des yeux lorsqu'elle s'engagea dans l'escalier. Il envisagea un instant de lui emboîter le pas, avant de se raviser. Si elle refusait de déguster un dessert en sa compagnie, il y avait de fortes chances pour qu'elle ne soit pas d'humeur à plus. Et voilà, en lui posant trop de questions sur une affaire qui lui était encore douloureuse, il avait gâché une soirée pourtant prometteuse. Mais bon, lui qui souhaitait mieux la connaître, au moins avait-il réussi sur ce point et il devait se contenter de cela. Pour le moment.

Après s'être servi un scotch, il s'assit sur le canapé, face à une télévision à écran panoramique, devant un match de hockey. Match qui échoua à capter son attention. Apprendre à connaître Hadley présentait évidemment quelques embûches. Elle, si complexe. Enigmatique.

Mais, s'il avait décroché un titre de champion de rodéo, c'était aussi à cause de sa finesse et de sa patience. Il avait le chic pour relever les défis. Il n'y avait pas de raison pour qu'il ne puisse exercer ces talents avec elle.

Avec un peu de chance — déjà, les infos annonçaient la fermeture de tous les aéroports du Midwest —, il devrait disposer pour parvenir à ses fins de quatre longues journées. Et de quatre nuits.

Après une nuit agitée à s'interroger sur le changement subtil intervenu dans sa relation avec Liam, Hadley se leva tôt et partit explorer la cuisine. Jusqu'à hier soir, elle aurait défini leurs rapports comme ceux d'un patron et d'une employée. Mais ces rapports avaient évolué en une sorte d'amitié. Chacun appréciait la compagnie de l'autre, c'était évident. Pourtant, excepté la fois où elle avait dû pénétrer dans sa chambre pour récupérer Waldo, ce qui ne comptait donc pas, jamais il n'avait laissé entendre que le désir physique qu'elle ressentait pour lui puisse être réciproque.

Raison pour laquelle elle avait jugé pouvoir faire ce voyage et lui cacher une attirance pourtant croissante. Oui mais, ça, c'était avant. Avant ce dîner romantique, avant cette balade dans la neige. Maintenant, une tempête allait s'abattre sur le Midwest, et ils se retrouveraient seuls dans ce paradis blanc. Autant dire qu'elle n'était pas au bout de ses peines.

— Je regrette que vos clients ne puissent venir skier,

ce week-end, remarqua-t-elle, sans quitter des yeux le bacon en train de griller dans la poêle.

— Pas moi, dit Liam de sa voix grave, une voix un peu trop proche pour elle. J'ai envie de passer du temps avec vous.

Sa voix riche et profonde envoya des frissons le long de son dos.

Elle devait ignorer ces paroles, tout comme l'invitation qu'elle avait surprise dans son regard, la veille au soir. N'avait-elle donc pas retenu la leçon avec Noah ? Les histoires de cœur avec les clients, c'était fini pour elle. D'autant que, pour Liam, il ne s'agissait pas de cœur mais forcément d'une simple attirance. Et elle n'était pas du genre à perdre la tête pour un don Juan.

Sauf que, en y réfléchissant, c'était plus compliqué que ça. Car ce qu'elle éprouvait était un mélange complexe de désir physique, d'admiration et de méfiance. Elle ne demandait qu'à le croire lorsqu'il prétendait ne pas être le père de Maggie. Mais il semblait avoir un don pour tirer les situations à son avantage, avec les femmes. Elle le croyait même capable de tous les mensonges pour arriver à ses fins.

— Puis-je vous aider ? demanda-t-il, installé au comptoir, tout en l'observant.

— Vous n'aidez jamais Candace, que je sache.

Ses mots avaient un ton accusateur, elle le savait bien.

— J'ai renoncé à le lui proposer. La cuisine, c'est son territoire, et elle déteste que l'on vienne l'y embêter, vous avez dû vous en rendre compte. Je suis à votre entière disposition. Qu'aimeriez-vous que je fasse ?

Elle eut beau se dire qu'il n'y avait aucun sous-entendu dans sa remarque, son corps, lui, interpréta autrement ses propos. Et lui susurra de laisser tomber la cuisson de ce satané bacon pour faire un tout autre usage de ce comptoir, usage qui n'aurait rien de culinaire.

— Je vais faire deux omelettes. Pouvez-vous me sortir les ingrédients nécessaires du réfrigérateur ?

Son sourire désinvolte la fit tressaillir. Manifestement, il avait senti son émoi. Mais il n'insista pas. Au lieu de cela, il fit ce qu'elle lui demandait, et elle en profita pour respirer et tenter de se calmer. En vain. L'espace entre eux échoua lamentablement à apaiser son trouble et, au contraire, décupla son désir. Oui, elle avait un sérieux problème.

Sans qu'elle n'ait à le lui demander, il sortit une planche à découper et se mit à détailler oignons et tomates avec entrain. Concentré sur sa tâche, il ne remarqua pas son regard. Du moins le crut-elle, jusqu'à ce qu'il explique :

— Candace ne travaille pas tous les jours de la semaine. J'ai dû apprendre à cuisiner.

Il attrapa une seconde poêle dans laquelle il versa un filet d'huile d'olive.

— Pardon de vous avoir sous-estimé.

— Une habitude, chez vous, il faut croire.

— De m'excuser ?

— D'en arriver à des conclusions négatives à mon sujet.

— C'est faux.

Il transféra les oignons dans la poêle pour les faire rissoler.

— Vraiment ? A la minute où vous êtes entrée chez moi, vous m'avez catalogué comme un séducteur invétéré couchant ici et là, faisant impunément des enfants à mes conquêtes et m'en désintéressant complètement.

— Je ne pense pas que vous soyez un salaud, dit-elle sans nier toutefois le fond du problème.

— Mais vous pensez que je traite les femmes comme des jouets.

— De toute façon, ce que vous faites ne me regarde pas.

Un silence suivit, puis il soupira.

— Ecoutez, le temps de ce séjour, je vous donne carte blanche pour m'exposer franchement ce que vous pensez de moi. De mon côté, je dis les choses telles qu'elles sont, mais j'attends la même chose de votre part. La vérité, toute la vérité…

— Bien, répondit-elle après une hésitation, sans comprendre le pourquoi de cette nervosité qu'elle sentait monter en elle. Autrefois, dans le milieu du rodéo, vous aviez une réputation d'homme à femmes.

— C'est vrai, je sortais beaucoup et je sais que mes petites amies, du moins certaines d'entre elles, ont souffert de mon infidélité, mais je n'ai jamais traité aucune d'elle avec mépris, comme un jouet que l'on jette quand il ne vous amuse plus.

— Et comment appelez-vous le fait de coucher avec une femme une nuit pour l'oublier le matin venu ?

— Je n'ai jamais fait une chose pareille. D'où tenez-vous ça ?

— L'une de mes amies connaissait…

Elle se tut.

Pourquoi n'avait-elle jamais douté de la véracité des propos d'Anna sur lui ?

— Comme elle est votre amie, vous la croyez.

Il secoua la tête et reporta son attention sur les oignons tandis qu'elle l'observait à la dérobée.

— Cheddar ou fromage râpé ? Que préférez-vous ? demanda-t-il.

— Fromage râpé, merci.

S'était-elle montrée injuste avec lui ? Se pouvait-il qu'Anna lui ait menti ?

Se sentant mal à l'aise, elle lui sourit :

— Je vais nous servir un verre de jus d'orange. Vous voulez des toasts ? J'ai trouvé un pot de miel qui a l'air délicieux.

— D'accord. Je m'occupe des omelettes, dit-il d'une voix neutre qui ne laissait rien deviner de ses pensées, rajoutant ainsi à son malaise.

Plutôt que de s'installer dans la salle à manger, trop solennelle, elle mit le couvert sur la petite table de la cuisine, s'arrêtant à un moment pour admirer derrière la fenêtre le manteau de neige qui recouvrait le paysage. Elle remercia au passage les dieux de la météo pour ce week-end, seule avec Liam. Liam, qui se révélait plus complexe qu'elle ne l'imaginait. D'ici leur retour à Royal, elle avait bien l'intention d'en apprendre un peu plus sur lui.

Quelques minutes plus tard, elle s'assit, Maggie bien installée dans son siège. Il la rejoignit avec les omelettes et le bacon. Un silence gêné avait remplacé leurs conversations amicales de la veille. Ce dont elle était responsable. Elle l'avait blessé avec les propos d'Anna. Mais qui devait-elle croire ? Sa meilleure amie de l'époque ou cet homme qui, de son propre aveu, « sortait » beaucoup ?

On aurait dit qu'il était capable de lire dans ses pensées, car il reprit :

— Je sais qu'il n'y a aucune raison de me croire lorsque je prétends en avoir terminé avec la vie de play-boy. Je mérite peut-être votre scepticisme, mais j'aimerais vous faire remarquer qu'il ne s'est rien passé entre nous. Même si je ressens une forte attirance pour vous.

— Forte… attirance ? répéta-elle en bredouillant, le cœur à cent à l'heure soudain, les joues en feu.

— En effet, répondit-il en la regardant droit dans les yeux. Très forte, même.

Que pouvait-elle répondre à ça ? Elle regarda Maggie, en quête de soutien, mais le bébé ne daigna même pas lever les yeux de son hochet.

— Je préférerais que ce ne soit pas le cas, parvint-elle enfin à articuler, la bouche sèche.

— Mais c'est comme ça. Et je n'ai pas l'intention de voir votre opinion sur moi empirer en faisant quoi que ce soit qui pourrait vous mettre mal à l'aise. Je n'aurais même pas parlé de ça s'il n'avait été important pour moi de vous faire comprendre que j'en avais fini avec les liaisons d'une nuit…

Il se tut et commença à manger.

— Par liaison d'une nuit, vous entendez ?

— J'entends, liaison essentiellement physique, répondit-il avec un hochement de tête.

— Cela signifie que vous ne, hmm…

— Que je n'ai pas de relations sexuelles ? Exact, dit-il avec un sourire las. En réalité, je suis célibataire depuis un an.

Elle n'en croyait pas ses oreilles.

— Mais… Mais Maggie ?

— Maggie n'est pas ma fille, mais celle de mon frère.

Elle le dévisagea et comprit à son regard qu'il ne s'agissait pas d'un stratagème, mais de la vérité. Il était sérieux. Et elle mourait d'envie de le croire. S'il n'avait eu aucune relation pendant l'année passée, cela signifiait qu'il n'était peut-être pas le séducteur qu'elle croyait. Alors, soudain, les émotions bouleversantes qui la saisissaient en sa présence lui semblèrent moins effrayantes que cinq minutes plus tôt. Mais tout aussi dangereuses.

— Pourquoi avoir arrêté de…

— Au décès de mon grand-père, lorsque j'ai hérité pour moitié du ranch, j'ai compris que les femmes que je fréquentais ne voyaient en moi que l'occasion de passer du bon temps, rien de plus.

— Et vous voulez plus ?

Elle était stupéfaite. Cet homme était un mystère. Et le fait qu'il pose un regard aussi critique sur son passé de séducteur le rendait plus intéressant encore.

— J'en avais assez de ne pas être pris au sérieux.

— Ce n'était peut-être pas de votre faute. Vous sortiez avec des femmes superficielles, sans doute. Une femme sérieuse vous prendrait certainement au sérieux.

— Une femme comme vous, dit-il, les yeux étincelants. Problème, depuis le début, vous ne faites que me renvoyer les mauvaises vibrations.

— Tout simplement parce que je travaille pour vous. Ce ne serait pas très professionnel de me lancer dans une histoire avec mon employeur…

Encore une fois. Elle s'accrocha à cette pensée. Cette conversation menaçait d'empiéter un peu trop sur son territoire privé.

— Vous ne travaillerez pas toujours pour moi. Que

se passera-t-il alors ? Est-ce qu'une fille sérieuse comme vous me donnera ma chance ?

Liam fixa Hadley, cherchant à lire dans ses pensées. Lui exposer les détails de la crise qu'il avait traversée était un risque. Elle pouvait aussi bien penser qu'il mentait. Qu'il cherchait à s'attirer sa sympathie pour faire voler en éclats ses défenses. Elle pourrait aussi le prendre pour un sentimental en quête d'une maîtresse. Cette pensée l'amusa.

— Je… je ne sais pas.

— Dans ce cas, j'ai du pain sur la planche, dit-il.

— Que voulez-vous dire ?

— Que je dois vous convaincre de ma sincérité. Et je suis prêt à relever le défi.

— C'est cela votre challenge ? Me convaincre que je me trompe sur vous ? Elle secoua la tête avec une grimace. Sachez que l'on ne me manipule pas comme ça. Je me forge mes propres idées, merci.

Partagé entre admiration et frustration, il prit le temps de choisir ses mots :

— Il semblerait que tout ce que je peux dire aujourd'hui tombe à côté…

A sa grande surprise, elle sourit.

— Il est possible que je me sois montrée un peu trop sévère à votre égard. Je n'ai pas le droit de vous juger. Vous êtes merveilleux avec Maggie, et c'est cet homme-là que j'aimerais mieux connaître.

En affaires, lors d'une négociation, il se serait dépêché de s'engouffrer dans cette brèche. Il n'en eut pas le temps.

— Malheureusement, vous êtes également mon employeur, et cette ligne, je ne peux la franchir, ajouta-t-elle.

Même si l'envie ne lui manquait pas, finit-il pour elle, tout en l'observant, tête baissée, lèvres pincées. Cette tempête était un don du ciel. Malgré ce qu'elle en pensait, il aurait tout le temps de la convaincre. Ce courant qui circulait entre eux, ces émotions qu'elle éveillait en lui, tout cela méritait d'être exploré. Il mettrait donc à profit ces quelques jours pour l'amener à se ranger à son avis. En douceur.

— Que vous plairait-il de faire, aujourd'hui ? demanda-t-il.

Elle le fixa, perplexe, avant de répondre :

— Je pensais que vous seriez impatient d'aller skier. Cette neige fraîche est idéale, non ?

— C'est-à-dire… Ce n'est pas très amusant de skier seul.

Il n'imaginait pas la laisser une seule seconde.

— Bien sûr, soupira-t-elle.

— Vous ne semblez pas convaincue.

— Vous ne m'avez jamais donné l'impression d'être un homme capable de rester sans rien faire très longtemps. Je suis sûre que vous brûlez d'envie de dévaler ces pistes.

— Auriez-vous dans l'idée de vous débarrasser de moi pour une raison ou une autre ?

— Non, absolument pas.

— Je refuse de vous laisser seules, vous et Maggie.

— Nous le serions restées, si vos invités étaient arrivés. Il n'y a pas de raison pour que cela se passe autrement.

Au contraire. Ce séjour n'avait plus rien de professionnel. En l'absence de ses clients, il se considérait en vacances. Et il ne manquait pas d'idées pour occuper au mieux son temps.

Le chef eut vite fait d'adapter le menu du soir, prévu à l'origine pour six. Dans la salle à manger, la lumière scintillante du lustre et les bougies sur la table conféraient une atmosphère romantique à ce dîner en tête à tête, sauf que la tension entre eux ne cessait de monter. Liam avait suffisamment côtoyé les femmes pour sentir quand l'une d'entre elles était attirée par lui. En revanche, il n'en avait jamais connu d'aussi tourmentée que Hadley à cette perspective.

— Je vois bien que quelque chose vous agace, dit-il, brisant le silence pesant qui s'était installé entre eux depuis que le chef leur avait apporté leur dessert, leur souhaitant une bonne soirée avant de s'en aller, son service terminé.

— Qu'est-ce qui vous fait dire cela ?

— Vous êtes aussi nerveuse qu'une pouliche face à un couguar.

En guise de réponse, elle se renfrogna.

— A quoi pensez-vous ? insista-t-il, ignorant sa réaction.

Quand elle haussa les épaules, il décida de répondre pour elle.

— Laissez-moi deviner. Cette nervosité étant apparue depuis que vous savez que la tempête va nous isoler un certain temps, j'en déduis que vous pensez que je vais chercher à vous séduire.

— Pas du tout.

Il comprit qu'elle disait la vérité. Mais alors, pourquoi cette tension chez elle ?

— Oh… Dans ce cas, vous êtes inquiète parce que vous pensez que c'est vous qui n'allez pas pouvoir vous empêcher d'essayer de me séduire.

Il vit un sourire se dessiner aux coins de ses lèvres.

— Je ne saurais même pas m'y prendre, dit-elle, plus décontractée.

— Vous n'avez pas suffisamment confiance en vous.

Elle leva les yeux au ciel, avant de répliquer :

— Je croyais que vous aviez renoncé à coucher à droite à gauche.

— C'est le cas. Vous devriez donc vous sentir plus détendue, dit-il, coudes sur la table, en se penchant vers elle.

— Bon, d'accord, je suis peut-être un peu à cran.

— Que puis-je faire pour vous aider ?

— Rien. C'est mon problème.

— Mais je ne veux pas que vous ayez un problème.

— Oh ! mais vous ne laissez donc jamais tomber ?

— Jamais. Et si je vous donnais ma parole que, quoi que vous disiez, cela ne sera pas retenu contre vous quand nous partirons d'ici ? Allez-y, je suis tout ouïe.

— C'est gênant…

Elle se tut, comme si elle espérait qu'il allait se précipiter pour la rassurer, une fois de plus. Mais il ne pipa mot et attendit, voulant lui montrer qu'il était prêt à tout entendre.

— Eh bien, je suis attirée par vous et c'est pour cette raison que je me sens si mal à l'aise. Car vous êtes mon patron, et je ne devrais pas ressentir ce genre de choses pour vous.

Il s'attendait à quelque chose de ce genre.

— Vous voyez, ce n'était pas si difficile. Vous me plaisez. Je vous plais. Rien de plus naturel…

— Mais je refuse qu'il se passe quoi que ce soit entre nous.

— Si c'est ce que vous voulez.

Oui, si tel était le cas, il respecterait sa décision, évidemment. Il l'aurait en travers de la gorge, mais il la respecterait.

— C'est ce que je veux, dit-elle entre ses dents. J'ai commis une erreur par le passé. Et je me suis promis de ne plus jamais me laisser aller à transgresser les règles.

— Vous êtes trop dure avec vous-même. Tout le monde se trompe, un jour ou l'autre. Vous devriez arrêter de vous accabler de reproches.

— C'est aussi ce dont ma meilleure amie Kori tente de me convaincre.

— Une amie très intelligente, apparemment. Que voulez-vous faire, après le dîner ? On pourrait regarder un film. Ou jouer au Monopoly ou au backgammon, si vous préférez ?

Il valait mieux ne pas insister pour le moment, il ne voulait surtout pas la braquer.

— Je suis sûre que vous détestez ce genre de jeux.

— Ce n'est pas faux.

— Je suppose que si vos clients étaient arrivés à bon port, vous seriez tous allés passer la soirée dans un bar. Ou vous seriez restés ici devant un verre de scotch, à apprécier un bon cigare, non ?

— Sans doute…

Elle ne pouvait imaginer à quel point il était content que ses clients ne soient pas là. Hélas, il n'avait qu'une seule envie : l'embrasser.

Il imagina alors les lèvres de Hadley sur les siennes, son corps pressé contre le sien… Fébrile soudain, il se leva.

— Je crois que je vais aller faire un tour en ville. Ne m'attendez pas. Je rentrerai sans doute tard. A demain.

- 8 -

Après le départ de Liam, Hadley resta assise dans le silence de longues minutes, se maudissant pour l'avoir repoussé. Comme c'était injuste de se sentir aussi malheureuse en faisant ce que la sagesse exigeait d'elle.

Après un long soupir, elle se leva pour débarrasser puis, n'ayant rien de mieux à faire de sa soirée, elle nettoya la cuisine et fit la vaisselle. Hélas, aucune de ses tâches ne l'absorba au point d'empêcher ses pensées de dériver. Elle se rejoua mentalement sa conversation avec Liam, regrettant de ne pas lui avoir parlé de Noah, de manière qu'il comprenne pourquoi c'était si important pour elle de garder ses distances avec un client.

Se retrouvant en manque d'activités pour l'occuper, elle emporta le bébé à l'étage. Maggie dormait à moitié et ne protesta pas quand elle la coucha dans le berceau. Elle la regarda un long moment, le cœur serré. Elle s'était attachée à cette enfant, et la fin du mois de janvier approchait à grands pas.

Bientôt, elle n'aurait plus à veiller au bien-être de Maggie. Il embaucherait une autre nounou. Cela n'aurait pas dû faire aussi mal, et pourtant… Elle commença à arpenter la chambre. Une fois de plus, elle avait laissé son cœur prendre le pas sur sa tête. Mais elle n'était pas entièrement responsable. Liam avait su abattre patiemment toutes ses défenses. Aujourd'hui, elle avait enfin compris qu'il n'était pas le père de Maggie. Ce qui ne l'empêchait pas d'être prêt à tout pour élever sa nièce. Cela en disait long sur lui.

Elle s'arrêta devant la fenêtre, mais ne vit rien que d'épais flocons tourbillonnant sous le blizzard. Le jour où elle était entrée au service de Liam, elle était loin d'imaginer que le béguin qu'elle avait eu pour lui dix ans plus tôt avait sommeillé dans son cœur, toutes ces années, sans tout à fait disparaître. Cet amour adolescent n'aurait pas dû survivre aux dures leçons de la vie. Sa culpabilité concernant l'accident d'Anna, son erreur de jugement avec Noah, ses difficultés financières après avoir choisi la mauvaise voie professionnelle… Oui, tout ça aurait dû lui mettre du plomb dans la cervelle.

Sauf que ces événements s'étaient déroulés avant que Liam ne réapparaisse dans sa vie. Autrefois, elle ne pouvait penser à lui sans frissonner, n'espérant qu'une seule chose : se retrouver entre ses bras. Et ignorant surtout les conséquences de quelques heures de passion.

Le bébé émit un soupir, et elle se précipita vers le berceau. Elle couvrit Maggie et fredonna une comptine qui finit par l'apaiser. Mais qui ne fut d'aucun effet sur sa propre nervosité. A vrai dire, depuis qu'elle avait repoussé les avances de Liam, pendant le dîner, elle se sentait de plus en plus agitée.

— J'aurais dû dire oui et coucher avec lui, chuchota-t-elle dans le silence.

Là, au moins elle aurait eu une bonne raison d'avoir des regrets.

— Il n'est pas trop tard pour changer d'avis, résonna alors une voix chaude à la porte de la chambre.

Elle sursauta et, les joues en feu, fit face à Liam, appuyé au chambranle, le regard incandescent.

— Mais… Je vous croyais sorti.

— En effet, mais ce n'était pas drôle, sans vous, répondit-il en venant vers elle, déterminé.

Lorsqu'il l'enlaça et l'attira contre lui, elle renonça en un éclair à toute résistance. N'était-ce pas ce qu'elle voulait ? Alors pourquoi lutter contre quelque chose qui semblait aller autant de soi ?

— Embrassez-moi avant que je ne me ravise, dit-elle en plongeant ses yeux dans les siens. Et, surtout, ne vous arrêtez pas.

Elle enfouit les mains dans ses cheveux et sa bouche rencontra la sienne. Aussitôt, tous ses sens en alerte, elle sentit ses jambes se dérober sous elle et, sans les bras de Liam qui la maintenait contre lui, elle serait probablement tombée.

Il commença à l'embrasser lentement, tendrement. Il prit tout son temps pour explorer sa bouche, nouant sa langue à la sienne encore et encore. Son parfum la grisait, et une urgence fébrile montait en elle.

— J'aime tes lèvres, murmura-t-il en les mordillant. Si douces, si souples. Je pourrais passer la nuit ainsi, à les embrasser.

— Il y a en moi bien d'autres endroits tout aussi intéressants, dit-elle en plaquant ses seins contre son torse, espérant qu'il s'empresse de les apaiser avec des caresses.

— Je n'en doute pas.

Il couvrit sa gorge de baisers tout en se serrant contre elle, de manière qu'elle sente son érection.

— Nous pourrions aller étudier tout cela dans ma chambre, chuchota-t-il dans son oreille.

— Oh ! oui.

Il l'emporta dans ses bras et, une fois dans sa chambre plongée dans la pénombre, il la remit sur ses pieds avec délicatesse.

— Je vais allumer le feu de cheminée. Puis je te déshabillerai et passerai le reste de la nuit à aimer chaque centimètre carré de ton corps.

Ces mots l'étourdirent, mais elle trouva la force de sourire, malgré le désir qui la submergeait.

— Oh ! voilà un programme bien alléchant. Mais j'ai bien l'intention moi aussi d'apprendre à te connaître.

— J'aime les femmes qui savent ce qu'elles veulent.

Lorsqu'il s'éloigna vers la cheminée, elle en profita pour retirer son pull et son corsaire en jersey. Vêtue seulement de son caraco bleu ciel et de sa petite culotte, elle frémit, troublée. Il régla le feu dans la cheminée, les flammes dispensant une douce lueur orange dans la pièce. Puis elle croisa son regard, brûlant.

— Tu es si belle…

Elle ne douta pas de sa sincérité à cet instant, mais elle n'était pas certaine de pouvoir se mesurer à toutes ces femmes qu'il avait conquises par le passé.

— Tu n'es pas mal non plus, chuchota-t-elle, soudain intimidée.

— Approche, dit-il, main tendue.

Elle n'aurait pu résister à cet ordre, même si elle avait eu les pieds entravés par une chaîne vissée au mur. Elle ne voulait qu'une chose, sentir ses mains sur elle, vite.

Tremblante, elle lui ôta son pull, puis sa chemise en dessous. Le rougeoiement des flammes magnifiait la perfection de ses bras, de ses épaules et de ses abdominaux, sur lesquels elle promena ses doigts.

— Toi aussi, tu es si beau, chuchota-t-elle. J'espère ne pas te décevoir…

— Tu n'as aucune crainte à avoir, répondit-il en riant. Tu es la beauté incarnée…

Elle ferma les yeux pour mieux savourer la magie de ses doigts sur sa peau, rejetant la tête en arrière quand il prit brièvement ses seins dans le creux de ses mains avant de lui enlever son caraco.

— J'avais raison, murmura-t-il en s'agenouillant pour déposer un baiser sur son ventre.

Elle réprima un cri quand il fit courir sa langue autour de son nombril et partout sur son ventre. Puis il glissa ses pouces dans sa petite culotte qu'il fit descendre doucement sur ses jambes. Manquant perdre l'équilibre, elle dut s'accrocher à ses cheveux, d'autant que tout de suite après, lui écartant les jambes, il la caressa entre les cuisses, attisant le feu qui déjà couvait. C'en fut trop, elle laissa échapper un gémissement de plaisir. Mon Dieu, il venait juste de commencer à la caresser et, déjà, elle était au bord de l'explosion.

— Tu aimes ça ? Et ça ?

Il glissa un doigt en elle, brûlante, humide. Ses genoux se mirent à trembler, menaçant de se dérober.

— Je ne peux pas tenir… debout.

— Ne crains rien, chérie, je te tiens, dit-il en l'attirant sur le tapis.

Glissant une jambe entre ses cuisses, il l'embrassa une fois de plus. Un baiser plein de fougue et de passion. Alors, elle l'implora, le supplia.

— Je te veux nu, dit-elle, le souffle court, quand il la fit rouler sur le tapis et vint sur elle.

— Pas tout de suite…

Avec sa bouche, il se lança dans une exploration en règle de son corps.

Ses caresses la rendaient folle, et elle bougea sous lui, l'intérieur de ses cuisses en feu contre le velours de son pantalon.

— Oh ! Liam, c'est si bon…

Il prit à ce moment le bout d'un de ses seins entre ses dents, et la sensation, torride, la subjugua. Elle planta ses ongles dans ses flancs et se cambra pour mieux sentir son érection contre son ventre.

Lorsqu'elle glissa les mains entre eux pour faire sauter le bouton qui maintenait son pantalon fermé, il lui emprisonna les poignets et lui releva les bras au-dessus de la tête.

— Patience, murmura-t-il avant de reporter son attention sur son autre sein.

Secouant la tête d'un côté, de l'autre, sous des vagues de sensations de plus en plus fortes, tout ce qu'elle pouvait faire, en étant piégée sous lui, c'était de se frotter contre son sexe durci. Il marmonna quelque chose d'inaudible et fit descendre sa bouche sur son ventre.

Jamais son corps n'avait été aussi électrique. A chaque baiser de Liam, elle avait l'impression qu'un volcan s'éveillait en elle. La chaleur de son souffle la faisait tressaillir.

Soudain, il lui lâcha les mains pour se faufiler entre ses jambes. Il les écarta et, tout en lui caressant les seins, entreprit de lécher son sexe humide et brûlant, avant de plonger sa langue en elle, ce qui eut pour effet instantané de l'envoyer au septième ciel. Elle avait passé la journée entière à en rêver, aussi ses caresses incroyables n'eurent-elles aucun mal à lui donner son premier orgasme. Un orgasme puissant durant lequel il garda sa bouche collée à elle.

Encore dans sa bulle de plaisir, elle regarda Liam retirer le reste de ses vêtements. Elle promena son regard sur ses larges épaules, ses bras et ses abdominaux musclés, mais lorsqu'il enleva son pantalon et ôta son boxer, elle en eut le souffle coupé. Elle lui ouvrit les bras, et il s'allongea sur elle. Mais, avant de la pénétrer, il prit son visage entre ses mains.

— Je ne prends pas ce qui va se passer à la légère, dit-il, le regard presque noir.

Elle se garda bien de laisser ses paroles s'insinuer dans son cœur. Il s'agissait ce soir d'assouvir un désir réciproque. Pas de tirer des plans sur la comète. Elle devait garder la tête froide.

Mais toutes ses belles théories volèrent en éclats quand il posa sa bouche sur la sienne. Elle l'embrassa avec toute la passion qu'il lui inspirait. Ce fut à l'instant précis où il plongea en elle que quelque chose en elle changea. Comme une pièce d'un puzzle longtemps égarée qui trouverait enfin sa place.

— Oui. Oui, comme ça, soupira-t-elle en l'attirant en elle.

— Je te donnerai plus encore, lui promit-il en commençant à aller et venir en elle.

— C'est…

Elle se tut, emportée par un tourbillon de sensations.

Jamais elle n'avait ressenti une joie aussi délirante. Il lui faisait l'amour avec passion tout en étant attentif à son corps. Elle ressentit le début d'un second orgasme alors qu'il continuait de bouger, l'emmenant de plus en plus haut.

— Viens, le pressa-t-elle, viens avec moi…

— Oui… Oui.

— Maintenant, supplia-t-elle.

Il accéléra le mouvement et, bientôt, des vagues de plaisir déferlèrent sur elle. Elle le sentit tressaillir avant d'atteindre l'orgasme. Lorsque des millions d'étoiles s'allumèrent en même temps devant ses yeux, elle crut même l'entendre crier son nom. Elle sut alors qu'il était tout pour elle et que plus rien d'autre n'importait.

Après trente-six heures, le temps s'éclaircit, mais Liam ne se réjouit pas à la perspective de la réouverture des aéroports. Ce qui s'était passé entre Hadley et lui était tellement intense qu'il appréhendait ce retour à la réalité. A nouveau, il serait accaparé par ses responsabilités au ranch, or il n'aspirait qu'à une chose : passer plus de temps seul avec elle.

Quand les pneus du jet heurtèrent le tarmac de l'aéroport de Royal, un sentiment de forte nostalgie l'envahit. Il laissa échapper un soupir en se dirigeant vers le hangar. Ces quatre journées avaient été merveilleuses. Il était enfin parvenu à briser les défenses de Hadley et, sous la carapace, il avait découvert une femme sublime. Drôle et sensuelle. Très sexy aussi, démontrant même une curiosité touchante en ce domaine. La façon avec laquelle elle s'était abandonnée à lui, les caresses qu'elle lui avait prodiguées… Tout cela l'avait fasciné. Quand ils étaient trop épuisés pour bouger, après avoir fait l'amour, il l'avait tenue entre ses bras, souriant dans l'écho paisible de sa respiration.

Jamais il ne s'était senti autant en accord avec une femme. Certes, cette réaction n'était pas étrangère à ces douze mois de vie monacale qu'il s'était imposée, mais Hadley était sans aucun doute le catalyseur de sa métamorphose. Il avait vite compris que ses anciennes stratégies de séduction ne marcheraient pas avec elle. Il devrait innover et lui donner le meilleur de lui-même, elle en valait la peine.

Maggie commença à s'agiter. Elle n'avait guère dormi pendant le vol et devait être fatiguée. Liam regarda Hadley l'installer dans le siège-auto. Déjà, tout avait changé entre eux. Fini ces étincelles dans ses yeux, leurs bavardages insouciants. Elle avait retrouvé sa réserve, son masque de nounou professionnelle.

— Elle se calmera dès qu'elle aura retrouvé son berceau, dit-elle en tendant sa tétine au bébé.

— Peut-être pourrais-tu dormir à la maison, cette nuit ? Au cas où…

— Non. J'attendrai que tu aies réglé les affaires courantes du ranch, puis je rentrerai chez moi.

— Et si j'ai besoin de toi ?

— Tu te débrouilleras très bien sans moi, répondit-elle, non sans fermeté.

Il hocha la tête, résigné. Ne comprenait-elle pas ou faisait-elle semblant ? Il aurait tout donné pour passer la nuit avec elle.

— Tu vas me manquer, dit-il, essayant une autre méthode.

— Toi aussi, tu vas me manquer, répondit-elle sur un ton sec, dénué d'émotion. Mais ces quelques jours entre nous, c'était le Colorado et ici, c'est le Texas. Nous avons pris toi et moi du bon temps mais, aujourd'hui, c'est terminé.

Sous le choc, il comprit qu'il était revenu à son point de départ.

— Tu es mon employeur. Les choses doivent reprendre leur cours normal.

— On pourrait aussi envisager une autre normalité, non ?

— Qu'entends-tu par ça ? répliqua-t-elle avec agacement.

— Ces derniers jours, nous avons appris à mieux nous connaître, je voudrais simplement aller plus loin avec toi.

— Cette sorte d'arrangement ne me convient pas…

— Dans ce cas, démissionne. Si c'est une question d'argent, je te paierai le mois entier.

Ainsi le problème serait réglé et, si elle tenait à lui, elle serait libérée de son rôle de nounou et pourrait envisager leur relation différemment.

Elle le dévisagea un moment, bouche bée, lorsque Maggie laissa échapper un cri.

— Nous parlerons de tout ça une autre fois. Je dois m'occuper de Maggie…

Il acquiesça, mais devoir reporter cette conversation le contrariait. Il était impatient d'entendre ses arguments pour les contrer un à un, jusqu'à ce qu'elle se rende à son point de vue. Mais nul doute qu'elle mettrait ce laps de temps à profit pour fortifier ses défenses.

— Entendu, alors nous parlerons ce soir.

Sauf qu'ils n'en firent rien. Lorsqu'il rentra du bureau, il était près de minuit. Maggie venant juste de s'endormir après une soirée particulièrement agitée, Hadley était épuisée. Absolument pas en état d'écouter sa plaidoirie pour une prolongation de ce qu'ils avaient commencé dans le Colorado. Il ne put donc que ravaler sa frustration quand elle quitta le ranch avec Waldo.

Déçu, il se coucha sans espoir de pouvoir s'endormir avant plusieurs heures. Trop de pensées lui couraient dans la tête. Mais il avait sous-estimé sa fatigue et, en réalité, à peine allongé, il sombra dans un sommeil profond. Et rêva. Un rêve où n'apparaissait pas Hadley, mais sa mère. Tous deux se trouvaient dans l'entrée de la maison, et il était terrifié. Elle partait. Il tenait sa main dans la sienne et la suppliait de rester. Elle cherchait à se libérer, une expression d'angoisse sur le visage.

— Maman, ne t'en va pas.

— Je ne peux pas. Si je pars, c'est que je ne supporte plus d'être emprisonnée dans ce ranch perdu au milieu de nulle part.

— Mais j'ai besoin de toi.

— Je n'ai jamais aspiré à être mère. Toi et ton frère êtes une erreur…

Et, soudain, elle lui tournait le dos et sortait de la maison. Il s'élançait derrière elle, mais on aurait dit qu'il avançait dans des sables mouvants. Sur ses petites jambes, il n'allait pas assez vite. Puis la voiture s'éloignait. Il n'avait rien pu faire pour la retenir.

Il se réveilla en sueur, le cœur battant, tout en se rappelant les mots de sa mère dans le rêve. Cette conversation était certes très réaliste, mais il ne se souvenait pas d'un tel événement dans son enfance. Son inconscient avait simplement réagi à la froideur de Hadley. Dans ce cas, pourquoi ne pas avoir rêvé d'elle ?

Un malaise profond s'installa en lui, et ses peurs d'enfant resurgirent, intactes. L'horreur d'être rejeté par une mère censée l'aimer et prendre soin de lui et de son frère, mais qui n'avait pas hésité à abandonner ses enfants pour vivre égoïstement sa vie. Et c'était bien ce fait, cette cruelle vérité qui l'avait poussé à ne jamais s'investir totalement dans une relation amoureuse. Donner son cœur à une femme ? Pour qu'elle choisisse au final de le laisser tomber ? Il n'aurait pas pu le supporter. Pourtant, au plus profond de son âme, il n'aspirait qu'à une chose : un amour vrai et durable. Ses sentiments pour Hadley étaient évidents. Mais son inconscient, par le biais de ce rêve, venait de lui lancer une alerte. Attention, danger.

Hadley se trouvait dans la chambre de Maggie, occupée à plier du linge propre, quand Liam apparut. Il s'était montré sombre et réservé ces deux derniers jours. A croire qu'elle avait un peu trop réussi à le convaincre que ce qui s'était passé entre eux à Vail ne devait pas se reproduire.

Ce n'était pourtant pas ce qu'elle-même voulait. Car en réalité, à l'occasion de ce séjour en montagne, elle était tombée amoureuse de lui. Un vrai casse-tête.

— Je sais que je m'y prends au dernier moment, dit-il, mais accepterais-tu d'être ma cavalière pour la réouverture de l'aile ouest du Royal Memorial, demain soir ?

Au mot « cavalière », elle sentit son cœur s'accélérer, mais elle s'efforça de garder la tête froide.

— Hmm, euh, bien sûr. Je dois préparer Maggie pour quelle heure au juste ?

— Non, je ne parle pas de Maggie, mais de toi, dit-il en plongeant ses yeux verts dans les siens. C'est une réception pour adultes, avec alcool, petits fours, la totale, ajouta-t-il, imperturbable.

— Ah. Oui, bien sûr, je t'accompagnerai, répondit-elle sur le même ton, cachant sa joie. J'ai entendu parler de la restauration de l'aile ouest de l'hôpital. C'est grâce à ton dévouement et à celui des autres membres du Cattleman's Club que l'opération a été rendue possible, non ?

— Nous avons estimé qu'il était capital pour la communauté de remettre l'hôpital en état, dit-il avant de lui prendre la main. Je passerai te prendre à 19 heures, si cela te convient, précisa-t-il tout en regardant leurs mains jointes, comme si ce geste le réconfortait autant qu'il le perturbait.

— Parfait.

Soudain, elle sentit ses défenses se briser. Et, avant même de comprendre ce qu'elle faisait, elle se pressa contre lui et déposa un baiser sur sa bouche.

Tout au long de la journée, elle avait eu envie de se blottir entre ses bras. Non pas pour quelques minutes de passion, mais pour retrouver ce courant fusionnel à la fois physique et spirituel entre eux. Des émotions qu'elle n'avait jamais ressenties jusqu'à Liam.

Il prit son visage entre ses mains et répondit à son baiser en nouant sa langue à la sienne et, si c'était elle qui avait fait le premier pas, elle ne vit aucun inconvénient à le laisser prendre la direction des opérations. Après plusieurs minutes d'un baiser aussi ardent que tendre, tous deux se regardèrent, le souffle court.

— J'ai eu envie de t'embrasser toute la journée, murmura-t-il à son oreille. Impossible de me concentrer. Mes gars disent que j'ai perdu la tête.

— C'est pareil pour moi. J'ai oublié de changer Maggie

en milieu de matinée. Ensuite, j'ai failli laisser passer l'heure du biberon…

— Resteras-tu au ranch avec moi, demain soir, après la réception ?

Elle ne demandait que cela. Sauf que cet écart dans la conduite qu'elle s'était fixée risquait bien d'altérer ses bonnes résolutions. Oui, mais…

— Si tu veux.

— Je le veux de toutes mes forces.

— Alors oui.

- 9 -

Liam ignorait comment il allait pouvoir tenir jusqu'à la fin de la réception, lui qui n'attendait une chose, de se retrouver seul avec Hadley. Il se gara devant chez elle et descendit du pick-up. Pour cette soirée, il avait renoncé au jean et à la chemise à carreaux en faveur du smoking.

Fébrile, aussi nerveux qu'un ado à son premier rendez-vous, il sonna. La voix de Hadley lui répondit dans l'interphone, l'invitant à monter. La résidence était modeste, les parties communes montraient des signes d'usure et de dégradation. Une fois devant sa porte, il inspira, expira. C'était bien la première fois qu'il se sentait aussi excité à la perspective d'une soirée avec une femme, le cœur déchaîné, les mains moites, la bouche sèche.

La porte s'ouvrit avant qu'il ait eu le temps de frapper. Elle parut surprise de le voir là planté au milieu du couloir. Waldo se précipita et se frotta contre ses jambes.

— Bonsoir, dit-elle en l'invitant à entrer. Tu en as mis du temps.

Sans la quitter des yeux, il prit le chat sous le bras et pénétra dans l'appartement.

— Tu es divine.

Elle portait une petite robe noire près du corps avec un décolleté... Un décolleté sophistiqué, et plein de promesses. Rien de provocant, mais très sexy. Quant à ses cheveux, ils étaient savamment ramassés en un chignon déstructuré. Quel plaisir ce serait de les libérer et d'enfouir les mains dedans... Mais ce n'était que le début de la soirée, s'il s'engageait sur cette voie-là, il n'était pas au bout de ses peines. Il reporta son attention sur ses longues boucles d'oreilles en cristal, avant de croiser son regard.

— Merci, dit-elle avec un demi-sourire qui lui alla droit au cœur. Tu es toi-même très élégant… Le temps de prendre mon sac et nous pourrons y aller.

Elle attrapa une pochette noire à paillettes et une cape rouge ornée de sequins dont elle s'entoura les épaules, apportant ainsi une touche de couleur à l'ensemble monochrome.

Réalisant qu'il la badait comme un jouvenceau, il toussota.

— Prête ?

— Vous attendez beaucoup de monde à cette soirée ? s'enquit-elle tout en fermant sa porte à clé.

— Une centaine de personnes. Essentiellement, les donateurs et les membres du club.

— Je trouve admirable ce que tu as fait.

Ses paroles lui donnèrent des ailes. Il prit sa main et la porta à sa bouche pour un baiser.

— C'est le travail de toute une équipe, mais merci.

En fait, il n'était pas peu fier des efforts accomplis par lui et les autres membres du Cattleman's Club, suite aux ravages causés par cette maudite tempête. En tant que personnalités de la petite commune, ils s'étaient tous sentis le devoir de retrousser leurs manches pour aider leurs concitoyens à surmonter la crise. Aujourd'hui, Royal avait pansé ses plaies.

Le trajet entre l'appartement de Hadley et l'hôpital leur prit dix minutes. Minutes qu'il occupa en décrivant la tenue que sa cousine Ivy avait achetée pour Maggie, une grenouillère façon cow-boy, petites bottes et chapeau en prime.

— Avec des éperons, les bottes, s'il vous plaît, ajouta-t-il en levant les yeux au ciel.

— Comme c'est mignon, répondit-elle en riant. Il va bien falloir t'habituer. Les filles adorent les vêtements.

— Je sais. Genre trucs à fanfreluches et petits nœuds dans les cheveux…

— Exactement.

Il se gara devant l'entrée de l'hôpital et se tourna vers elle qui éclata de rire devant sa mine déconfite.

Une année plus tôt, jamais il n'aurait cru discuter un jour de la garde-robe d'un bébé, encore moins avec une femme aussi belle. Le voiturier ouvrit la portière côté passager et aida Hadley à descendre de voiture. Liam prit le ticket tendu par l'employé en uniforme et la rejoignit, glissant la main sur sa taille en un geste possessif. Geste auquel elle répondit avec un sourire si spontané que son cœur rebondit.

Non, décidément, il n'avait jamais vécu une telle complicité avec une femme.

— C'est magnifique, chuchota-t-elle lorsqu'ils pénétrèrent dans l'immense hall de l'aile ouest, avec ses sols en marbre et ses larges baies vitrées.

En marchant à côté d'elle, il sentait une douce euphorie se répandre en lui, comme si tout devenait enfin possible, même les rêves les plus fous.

Au centre de la salle, au pied d'une statue en bronze qui représentait un cow-boy ficelant un jeune taureau avec son lasso, une stèle rendait hommage aux victimes de la tempête.

Apercevant Case Baxter, Liam entraîna Hadley vers le tout nouveau patron du club, qui n'avait d'yeux que pour la splendide rousse à côté de lui.

— Case ? le salua-t-il.

— Salut, Liam. Mellie, tu connais Liam Wade ?

— Bien sûr. Nous nous sommes rencontrés à l'occasion de la réception pour la nomination de Case.

— Je vous présente Hadley Stratton, enchaîna-t-il sans plus de détails. Mellie Winslow et Case Baxter, notre éminent président.

Pourquoi la présenter comme la nounou de Maggie quand elle était devenue tellement plus ?

— Nous pouvons être contents de nous, Liam, remarqua Case en regardant autour de lui. C'est une réussite.

— Avez-vous visité le nouveau service de néonatalogie ? demanda Mellie.

— Non, nous venons juste d'arriver, répondit Hadley.

Il la regarda : elle semblait parfaitement à son aise, avec ses bras autour de sa taille. Après leur conversation à Vail, il craignait qu'elle refuse tout net de s'afficher avec lui.

— Vous verrez, c'est impressionnant, ajouta Mellie.

Elle avait raison. Au titre de responsable de la collecte de fonds, il avait visité l'hôpital en travaux à plusieurs reprises, mais il était impatient de faire découvrir les lieux à Hadley.

— Allons-y, suggéra-t-il. A tout à l'heure, dit-il à Case et à Mellie.

Ils auraient tout le temps au cours de la soirée d'aller saluer Mac, Jeff Hartley et les autres membres du club. Pour le moment, il était heureux de voir que Hadley se sentait à l'aise ici.

— Tous deux forment un très beau couple, chuchota-t-elle quand ils s'éloignèrent vers l'ascenseur qui les emmènerait au service maternité, au quatrième étage.

— Je ne connais pas beaucoup Mellie, mais Case est un homme bien. Et ils ont l'air heureux ensemble.

La porte de l'ascenseur s'ouvrit, et il l'invita à le précéder. En dépit de la foule présente à la réception, l'ascenseur était vide. Une occasion inespérée de l'attirer entre ses bras pour l'embrasser. Chose qu'il avait envie de faire depuis leur arrivée à la réception.

A la seconde où il pressa sa bouche contre la sienne, elle noua les bras à son cou, répondant avec ferveur à son baiser. Il sentait son souffle chaud dans son cou et son corps coller ses cuisses, son ventre, sa poitrine. Le désir montait en lui, puissant, mais après quelques secondes, l'ascenseur s'immobilisa, mettant un terme à leur étreinte.

— Maudits ascenseurs modernes, ça va trop vite, grommela-t-il.

Les joues en feu, elle lui sourit tout en examinant sa bouche, pour voir si elle n'y avait pas laissé une trace de son rouge à lèvres. Ce geste l'émut, et il lui prit la main en sortant de l'ascenseur.

Un groupe de personnes en tenue de gala était rassemblé dans le couloir, en train de boire les paroles du guide, un homme plutôt séduisant, la trentaine.

— Voyons si nous pouvons nous joindre à eux, proposa Liam en l'entraînant dans leur direction.

— Intéressons-nous à présent à notre service de néonatologie, dit le jeune homme.

— C'est le Dr Parker Reese, expliqua-t-il en prenant le bras de Hadley. Un néonatologiste brillant. Nous pouvons nous féliciter de le compter dans le staff de l'hôpital.

Hadley était heureuse d'être ici en compagnie de Liam, mais elle devait reconnaître que ce n'était pas évident de se concentrer sur les équipements ultramodernes du service de néonatologie lorsque tous ses sens étaient accaparés par lui.

Puis elle remarqua que le Dr Reese s'était arrêté devant une jeune infirmière aux cheveux blonds, qui se tenait près d'une couveuse. Un bébé minuscule dormait, à moitié caché par une forêt de tubes reliés à des écrans.

— Nous l'avons baptisée Janey Doe, expliqua celle-ci, un voile de tristesse dans les yeux. Elle tient bon, mais chaque jour est une lutte. Néanmoins, grâce au Dr Reese…

Elle regarda le docteur et, à ce moment, Hadley sentit autre chose chez cette jeune femme qu'une simple admiration professionnelle. La foule, à nouveau, s'ébranla pour suivre le Dr Reese vers les chambres du service maternité, mais Liam se désintéressa de la suite de la visite et se dirigea vers l'infirmière.

— Bonjour, je m'appelle Liam Ward, se présenta-t-il. Et voici Hadley Stratton.

— Clare Connelly, répondit la jeune femme en leur serrant la main. Merci encore pour la restauration de cette partie de l'hôpital. Travailler ici est une chance.

— C'était un projet important pour notre commune, dit Liam, courtois mais visiblement tendu. Je me demandais si vous pourriez m'en dire un peu plus sur Janey Doe.

De quoi s'agissait-il ? Elle observa Liam à la dérobée. Pourquoi semblait-il si nerveux maintenant ?

— On a trouvé cette pauvre petite dans les toilettes d'un relais routier, à une cinquantaine de kilomètres de Royal.

— Et aucun signe de sa mère ? demanda-t-il, sans prendre la peine de cacher son dégoût.

— Malheureusement non, répondit Clare.

— Vous voulez dire que quelqu'un l'a abandonnée comme ça, dans un snack sur le bord d'une route ? s'exclama Hadley, choquée. Comment peut-on faire une chose pareille…

— Sa mère doit être très jeune, trop jeune pour affronter la maternité. Janey était prématurée et très petite, la maman a peut-être pensé qu'elle était morte et a pris peur.

Elle hocha la tête. Clare montrait beaucoup de compréhension et d'humanité vis-à-vis de la mère du bébé, mais Liam, apparemment, n'était pas si tolérant. Il regardait fixement derrière la vitre la couveuse juste devant eux. Pensait-il à Maggie ? Car, sans avoir la certitude que le bébé était lié à lui, Diane Garner n'avait pas hésité à lui laisser sa petite-fille. A moins qu'il ne pense à sa propre mère qui l'avait abandonné, lui et son frère ?

— Que va-t-il lui arriver ? demanda-t-elle en regardant à son tour la couveuse où se trouvait l'enfant.

— Elle sera confiée à une famille d'accueil, avant, peut-être d'être adoptée, dit Clare avec un sourire tendu.

Hadley connaissait ce genre de sourire pour l'avoir vu souvent chez ses collègues nounous qui commettaient l'erreur de s'attacher un peu trop à l'enfant placé sous leur garde.

— Merci pour tout ce que vous faites pour cette petite, dit Liam avant de se tourner vers elle. Et si nous redescendions ?

Il semblait triste, perdu dans ses pensées. L'histoire de Janey avait radicalement changé son humeur. Ils rejoignirent l'ascenseur, marchant côte à côte, bras toujours noués, mais il était loin, distant, ailleurs. Cela n'avait rien à voir avec elle, elle le savait. Il s'était simplement retranché derrière des remparts dont l'accès lui était interdit. Défenses qu'un jeune garçon avait érigées un jour pour pallier l'abandon d'une mère.

Elle ressentait une peine immense pour lui.

— Pourquoi ne partons-nous pas d'ici ? suggéra-t-elle, une fois dans l'ascenseur. Je ne crois pas que tu sois d'humeur à participer à cette réception.

— Tu as raison, dit-il avec un sourire las, avant de déposer un baiser sur ses lèvres. Mais, en tant que membre du club, il faut que je fasse acte de présence, une petite heure au minimum. L'occasion aussi pour moi de me pavaner au bras de ma merveilleuse partenaire.

Elle rougit au compliment. Du moment que sa présence pouvait l'aider, le reste n'avait pas d'importance.

Quand la porte de l'ascenseur s'ouvrit, il donna l'impression d'avoir oublié l'émotion qui l'avait étreint au service des prématurés. Il se monta charmant envers tout le monde, plaisantant avec les membres du club, irrésistible comme à son habitude.

Elle le regarda, fascinée par son charisme et par sa facilité à communiquer avec des personnalités pourtant si différentes. Ce don faisait de lui un homme d'affaires avisé et un éleveur hors pair. Admiré et apprécié par ses semblables, aimé par ses chevaux.

— Si tu es prête, nous pouvons y aller, lui murmura-t-il plus tard à l'oreille.

— Tout à fait, répondit-elle, troublée à la perspective de ce qui les attendait, une fois rentrés.

Sur le trajet du retour, il garda le silence. Elle fixait son profil, fermé, impénétrable. Tous ses espoirs d'une soirée placée sous le signe du romantisme s'évaporèrent. Manifestement, il était préoccupé.

Lorsqu'ils pénétrèrent dans la maison, elle mit sa déception de côté car, tout ce qui comptait pour elle, c'était de l'aider à exprimer les raisons de son mal-être. A se libérer du poids qui l'opprimait.

— Et si je nous préparais un peu de café ? Tu pourrais me parler de ce qui te tracasse.

— Entendu… Je vais allumer un feu dans le bureau.

Le café prêt, Hadley monta à l'étage pour voir Maggie. Elle trouva le bébé endormi et Candace sur le rocking-chair, avec sa tablette. La gouvernante parut surprise.

— Déjà rentrés ? Vous vous êtes bien amusés ?

— C'était une réception très agréable. Et le bâtiment restauré est impressionnant. Merci d'avoir veillé sur Maggie. Tout s'est bien passé ?

Bien sûr, elle esquivait la question de Candace, mais elle était trop perturbée par la réaction de Liam devant le triste destin de Janey Doe.

— Elle s'est endormie à 20 heures et, depuis, elle est sage comme une image, répondit la gouvernante en se levant.

— Bien, dit-elle en caressant les cheveux de l'enfant. J'ai fait du café, si vous voulez vous joindre à nous.

— Non, merci. Je vais rentrer.

Toutes deux descendirent dans la cuisine où attendait Liam, qui ne manqua pas de remercier sa gouvernante. Puis, Candace partie, un lourd silence s'installa. Parcourue d'un frisson, Hadley servit le café et se rendit avec Liam dans le bureau,

Elle prit place sur le canapé, mais il resta debout, dos tourné, face à la cheminée.

Son cœur se serra.

— Désolé. Je ne suis pas d'agréable compagnie ce soir.

— Pas du tout, répondit-elle en s'efforçant de ne pas trahir sa déception. Quelque chose t'ennuie, c'est évident. Tu veux en parler ?

— C'est d'entendre cette histoire sur Janey Doe.

— Oui, c'est bien triste.

Elle se garda bien d'en rajouter avec son opinion sur le sujet, elle voulait seulement amener Liam à s'ouvrir à elle.

— Sa mère qui l'abandonne comme ça, dans les toilettes d'un snack. Elle aurait pu mourir.

— Oui, elle a eu de la chance que quelqu'un la trouve.

— Cela m'a fait penser à Maggie. A la façon dont sa grand-mère me l'a laissée... Je ne comprends pas, comment une mère peut-elle abandonner son enfant ?

— Toutes les femmes ne sont pas faites pour la maternité, répondit Hadley en repensant aux familles pour lesquelles elle avait travaillé ces cinq dernières années, aux récits des autres nounous. La responsabilité d'un enfant est trop lourde pour certaines.

— Tu veux dire qu'elles regrettent d'avoir donné la vie ?

— Ce que je veux dire, répondit-elle, la gorge serrée, c'est qu'être parent représente un vrai défi. Quand une femme est appelée à assumer ce rôle seule, il arrive qu'elle ne s'en sente pas capable.

— Si c'est une trop jeune femme, sans ressources, je peux comprendre. Mais que penses-tu d'une femme adulte, avec une famille et de l'argent en pagaille, qui tourne le dos à ses enfants pour faire carrière ?

Elle ne voulait surtout pas lui donner l'impression de prendre parti et choisit ses mots avec soin :

— Qu'elle a agi dans son intérêt et pas dans celui de ses enfants.

Il la rejoignit sur le canapé, puis il lui prit la main en laissant échapper un soupir.

— Maggie ne doit jamais savoir que sa grand-mère l'a laissée ici, au ranch, un beau matin, avant de disparaître. Je ne veux pas qu'elle souffre en se disant qu'elle ne voulait pas d'elle.

Tel était donc la vraie raison de son malaise. Qu'il en fût conscient ou pas, l'abandon de sa propre mère avait détruit sa capacité à faire confiance aux femmes. Elle tressaillit.

Toutes les femmes, et sans doute elle-même.

Tout en parlant, Liam sentit l'inquiétude de Hadley croître. Il n'avait pas besoin de la regarder pour sentir son malaise et deviner ses pensées.

— Il est légitime que tu sois en colère contre ta mère, dit-elle en lui serrant la main.

A ces mots, l'étau autour de son cœur se resserra. Pas une fois, enfant, il n'avait entendu son grand-père émettre la moindre critique envers sa fille, qui avait pourtant abandonné ses enfants. Il avait grandi dans l'idée que l'acte de sa mère n'avait rien de répréhensible, mais au fond de lui colère et chagrin n'avaient jamais cessé de le ronger.

— Tu te sentirais mieux si tu essayais d'exprimer tes sentiments.

— J'ignore par où commencer. Gamin, je trouvais normal qu'elle nous ait laissés à grand-père.

— Comment ça ?

— Elle rêvait de faire carrière et, comme tu l'as dit tout à l'heure, elle n'était pas faite pour être maman. Elle avait dix-sept ans lorsqu'elle est tombée enceinte. Notre père, lui, ne pensait qu'au rodéo et n'avait aucune envie de se ranger pour fonder une famille. Maman non plus… Je suppose que nous devons nous estimer heureux qu'elle ait décidé néanmoins de nous garder.

Les mots, enfouis en lui depuis si longtemps, se bousculaient à présent. Il laissa échapper un rire plein d'amertume.

Elle retint un cri, visiblement choquée, et il regretta l'acidité de ses paroles.

— Tu ne le penses pas.

— Non, tu as raison, dit-il en poussant un soupir. J'y

ai réfléchi un nombre incalculable de fois et je ne crois pas qu'elle ait songé une seule fois à l'avortement. Une décision qui allait contre toutes ses aspirations mais qui, somme toute, l'honore.

— Pour en revenir à ce que tu disais un peu plus tôt, lorsque tu dis avoir grandi en pensant que de vous avoir abandonnés était « normal »… N'était-ce pas un mécanisme de défense, de ta part ?

— Intellectuellement, je comprends sa décision. Je ne sais pas comment t'expliquer… Peut-être parce que c'est arrivé quand nous étions bébés et que je n'ai jamais connu autre chose. Mais, récemment, j'ai commencé à réaliser qu'au fond de moi je la détestais pour ça.

Et il avait réagi en devenant champion de rodéo. Se lancer dans la compétition lui avait permis de combler le manque affectif. L'absence de sa mère peu à peu avait pris moins d'importance. Et, le jour où il avait embrassé une fille pour la première fois, il avait tourné la page.

— Grand-père n'était pas vraiment quelqu'un d'affectueux. Sans doute aurait-ce été différent si nous avions été des filles. Mais, au ranch, nous n'étions entourés que de figures paternelles.

— J'ai le sentiment que l'abandon de ta mère a pesé lourdement sur tes relations avec les femmes.

— Pourquoi ? Parce que je ne me suis jamais marié ?

— Tu es un séducteur avant tout, et j'ai du mal à penser que tu puisses t'engager vraiment.

— Je reconnais avoir été plus que volage, mais cela a bien changé.

— Le fait que tu te sentes prêt à te ranger ne veut pas dire que tu as appris à faire confiance.

Elle lui adressa un sourire crispé, comme si elle voulait adoucir la sévérité du propos.

— Tu es la première femme que j'approche en un an, lui rappela-t-il, nerveux de se voir mis en cause. Il me semble que cela prouve que je me suis rangé. Par ailleurs, j'ai une confiance absolue en toi.

Mais il voyait toujours le doute dans son regard. Il se tourna alors vers elle et, brûlant de l'embrasser, approcha son visage du sien. Elle ne le prenait pas au sérieux ? Eh bien, il allait lui prouver qu'elle se trompait à son sujet.

Hélas, au moment de poser sa bouche sur la sienne, elle s'écarta.

— Merci de m'avoir parlé de l'absence de ta mère. Je comprends que ça n'a pas dû être facile pour toi.

— En effet, répondit-il, même si cela en vérité lui avait fait un bien fou. Merci de m'avoir écouté.

Encore quelques secondes plus tôt, il ressentait le besoin de lui prouver combien il tenait à elle, mais il n'était plus d'humeur à la séduction. Il voulait seulement la sentir tout contre lui, respirer son parfum si doux, si rassurant. Il l'embrassa donc sur la joue, un baiser tendre et affectueux, et la serra entre ses bras.

— Montons, chuchota-t-elle en glissant ses mains sous sa veste. J'ai envie de te faire l'amour…

Il sentit une vague brûlante de désir le traverser, et la tristesse qui lui avait serré la gorge toute la soirée s'évapora face à l'urgence que trahissaient ces mots. En moins de cinq secondes, ils se retrouvèrent dans sa chambre. A peine le seuil franchi, elle libéra ses cheveux, qui retombèrent en cascade sur ses épaules. Il se glissa derrière elle et repoussa sa crinière blonde pour lui embrasser la nuque, baiser auquel elle réagit avec un délicieux soupir. Il s'empressa de retirer sa veste et sa chemise avant de reporter son attention sur la fermeture Eclair de sa robe, dont il la débarrassa avec plus de fébrilité que de délicatesse. Lorsque le tissu s'échoua à ses pieds, il promena ses mains sur son dos, ses hanches, les refermant ensuite sur ses seins, qu'il libéra de leur carcan de soie en dégrafant son soutien-gorge.

Lui tournant toujours le dos, elle gémit quand il prit le bout de ses seins entre ses doigts. Elle tressaillit, laissa retomber la tête contre son torse, les yeux clos, s'abandonnant totalement à ses caresses. Il n'avait jamais été aussi dur ni aussi tendu, son excitation était si intense qu'il était proche de l'orgasme. Pourtant, il n'avait aucune envie de précipiter les choses. Il prit donc tout son temps pour se délecter de la douceur de sa peau et de ses soupirs avant de penser à son propre plaisir.

Elle fit demi-tour entre ses bras et se hissa sur la pointe des pieds pour l'embrasser. Tout en mêlant sa langue à la sienne, elle prit son visage entre ses mains. Il l'étreignit, doigts déployés sous la dentelle de sa petite culotte pour la presser contre son érection.

Il bougea, et tous deux gémirent. A ce moment, elle souleva la jambe et l'enroula autour de sa hanche pour mieux se coller à lui, ce qui lui fit presque perdre tout contrôle. Il l'emporta dans ses bras et la déposa sur le lit, les jambes de Hadley autour de ses reins. Puis elle entreprit de lui ôter sa ceinture. La laisser le déshabiller fut une torture. Chaque fois que ses doigts effleuraient son sexe, il serrait les dents et ravalait un grognement. Lorsque, enfin, elle fit descendre son pantalon sur ses cuisses, il décida de voler à sa rescousse et finit de se déshabiller seul. Sans la quitter du regard, il envoya pantalon, chaussures, chaussettes et boxer derrière lui.

Elle s'écarta, un sourire voluptueux aux lèvres, l'invitant à la rejoindre dans le lit. Il ne se le fit pas dire deux fois. Il s'allongea sur elle, entre ses cuisses, puis il prit sa bouche dans la sienne et la pénétra sans plus attendre. Comme il aimait sa façon de se cambrer et de s'ouvrir pour venir à sa rencontre et l'attirer plus profondément en elle ! Il ferma les yeux, subjugué. Elle gémit, et il gémit avec elle. Il voulait arrêter le temps et savourer cette étreinte jusqu'au bout. Il prit son visage entre ses mains et plongea ses yeux dans les siens.

— Merci de m'avoir accompagné ce soir.

— Merci de m'avoir invitée. J'ai passé un délicieux moment.

— Délicieux, c'est tout ? répondit-il avec un sourire. Je vais voir si je ne peux pas faire mieux.

— Il me semble que nous sommes bien partis pour cela, non ? demanda-t-elle, les yeux pleins de malice.

— Absolument, répondit-il en commençant à aller et venir en elle.

- 10 -

Le lendemain de la réception, Hadley se rendit au rendez-vous fixé par le pédiatre, au service de néonatologie, où Maggie devait commencer le traitement par photothérapie préconisé contre la jaunisse. Quoique surchargé de travail au ranch, Liam avait tenu à les accompagner.

Vêtue uniquement de sa couche, Maggie fut placée dans une couveuse équipée de tubes fluorescents émettant une lumière bleue censée éliminer le problème. Une procédure simple, mais qui prenait un certain temps. Maggie devrait ainsi être hospitalisée deux jours et Hadley resterait auprès d'elle.

Plus tard dans la journée, comme elle donnait son biberon au bébé, elle se surprit à fredonner. Après la soirée d'inauguration et une nuit d'ivresse entre les bras de Liam, elle avait renoncé à résister à ce que lui disait son cœur, de manière à apprécier chaque seconde avec lui. A quoi bon lutter contre l'inéluctable ? Elle était amoureuse de cet homme.

Si une partie d'elle-même ne pouvait s'empêcher de comparer ce qui se passait entre Liam et elle avec ce qu'elle avait vécu avec Noah, elle était bien consciente néanmoins de l'énorme différence entre ces deux relations. Avec Noah, elle n'avait jamais ressenti cette sécurité affective. Il avait beau lui répéter combien il la désirait, combien ses enfants l'adoraient, elle avait toujours eu le sentiment qu'il s'adressait à une autre. Cette autre en l'occurrence étant son ex-femme.

Liam, en revanche, ne lui avait jamais laissée penser qu'il pouvait y en avoir une autre. C'était à elle qu'il parlait et pas à une autre, elle qu'il caressait et pas une autre. Et elle trouvait cela à la fois rassurant et euphorisant. Pour la première fois depuis longtemps, elle ne se projetait plus dans le futur mais vivait pleinement le moment présent. Les cours reprendraient bientôt. Elle passerait moins de temps avec Maggie. Déjà, le nécessaire avait été fait pour qu'une nouvelle nounou prenne le relais à la fin du mois. Cela la libérerait de ses responsabilités professionnelles. Et elle était impatiente de voir jusqu'où irait sa relation avec Liam.

Maggie s'endormit avant d'avoir vidé son biberon. Hadley était en train de lui tapoter le dos quand une infirmière apparut pour vérifier si tout allait bien. Elle appela ensuite Liam pour le rassurer.

Déjà, lorsqu'elle pensait que Maggie était sa fille, l'affection qu'il manifestait à l'enfant l'avait profondément touchée. Sachant aujourd'hui que ce bébé n'était pas le sien, elle trouvait son attitude plus admirable encore.

Elle en avait assez de museler ses émotions. Il la rendait heureuse, et elle pensait sincèrement que la réciproque était vraie. Aussi se promit-elle, une fois Maggie sortie de l'hôpital, de lui ouvrir son cœur.

Quelques jours après la réception, Liam se rendit à son rendez-vous avec l'ex-avocat de la Samson Oil, Nolan Dane, qui venait de rejoindre le cabinet juridique tenu par son père. Récemment, Nolan avait accepté de devenir membre du Texas Cattleman's Club, et Liam s'en félicitait, car Nolan était un homme de confiance et un juriste hors pair. Exactement ce dont il avait besoin. Car l'idée qui avait commencé à germer dans son esprit lui tenait de plus en plus à cœur, depuis son retour du Colorado. Avec Maggie à l'hôpital et Hadley à son chevet, de vague, son idée avait pris la forme d'un vrai projet de vie. La démarche néanmoins requérait les conseils d'un homme de loi avisé.

— Alors, ça y est, tu es opérationnel ? demanda-t-il en entrant dans le bureau de Nolan.

— Heureusement, répondit Nolan tout sourire. Je ne m'attendais pas à une telle charge de travail.

— C'est parce que les gens ont confiance en tes compétences. D'où ma visite.

— Un café, un verre d'eau avant de commencer ? proposa Nolan en lui faisant signe de s'asseoir à la table de réunion.

— Merci, non…

Nolan assis face à lui, il sortit le dossier renfermant le test de paternité de Maggie, ainsi que l'extrait de naissance du bébé et l'acte de décès de sa maman envoyés par Diane Garner à sa demande.

— Bien. Que puis-je pour toi ? s'enquit Nolan.

— J'ai un problème avec le bébé de mon frère jumeau.

Il lui expliqua comment Maggie était arrivée au ranch, tout en lui tendant les résultats du test ADN.

— Maggie est bien la fille de Kyle. Dès réception des résultats, je lui ai laissé des messages sur son téléphone, ainsi qu'à ses supérieurs, à la base.

— C'était quand ?

— Il y a deux semaines.

— Et tu n'as reçu aucune nouvelle ?

— Non, je sais uniquement que le message a bien été transmis. Il doit être en mission quelque part. Et c'est là ce qui m'inquiète. Je n'ai aucun renseignement sur la vie privée de Kyle mais, étant donné qu'il est sans cesse envoyé en mission aux quatre coins de la planète, je suppose qu'il n'est engagé dans aucune relation sérieuse. Et il me semble qu'une telle position n'est pas idéale pour un bébé.

— Vous n'êtes pas en contact régulier ?

— Pas depuis qu'il est parti de Royal pour entrer dans les marines.

En vérité, il n'était pas très fier de cette absence de

communication entre son frère et lui. Jamais jumeaux n'avaient été si différents, et ce depuis leur plus tendre enfance.

— Si je comprends bien, la grand-mère de l'enfant, Diane Garner, ne semble pas disposée à prendre Maggie en charge…

— Elle est gravement malade et trop fatiguée pour s'occuper d'un bébé. Reste Kyle…

Il laissa passer trois secondes, de manière à donner plus de poids à ses prochains mots :

— Ou moi.

— Tu souhaites avoir la garde de l'enfant ?

Si son premier réflexe était de répondre oui, il voulait surtout en priorité faire ce qu'il y avait de mieux pour Maggie.

— J'aimerais étudier toutes les options.

— Inutile de tourner autour du pot avec moi, Liam, dit Nolan en souriant. Je suis là pour t'aider. Donc, soyons clairs, que veux-tu ?

— Eh bien oui, je voudrais la garde du bébé mais, avant tout, je veux son bien. Chaque fois qu'il partirait en mission, Kyle serait forcé de confier Maggie à quelqu'un. Et si jamais… Hmm, s'il lui arrivait malheur, que se passerait-il pour ma nièce ?

— Sais-tu si Kyle et Margaret étaient en contact, avant qu'elle ne décide de venir au ranch ? demanda Nolan, tablette entre les mains. Où en étaient-ils de leur relation ?

— Je l'ignore, mais je suppose que, si Kyle avait su qu'il allait être père, il m'en aurait informé. Cela me conduit à penser qu'il n'est pas au courant. Soit parce qu'elle ne lui avait rien dit, soit parce qu'elle n'arrivait pas à le joindre, comme moi.

Inutile de s'étendre sur le fait que Margaret avait peut-être été pour Kyle un simple flirt, le temps d'une permission, et que son frère n'avait sans doute jamais eu l'intention de donner une suite à cette relation.

— Margaret et Kyle n'étant pas mariés, seul le nom de

Margaret apparaît sur l'extrait de naissance. Normalement, les deux parties remplissent un formulaire de reconnaissance de paternité, signé à l'hôpital. Ou dans les bureaux de l'état civil. Malheureusement, Margaret étant décédée, elle ne peut pas certifier que ton frère est bien le père de l'enfant, et l'affaire devra passer devant un juge. Bien sûr, les tests ADN désignent Kyle comme le père. Mais vous êtes de vrais jumeaux, difficile donc de prouver lequel d'entre vous est le père… *Après un long silence, Nolan hocha la tête.* Tu as bien fait de venir me voir. Nous allons éclaircir cette situation.

Une vague de soulagement le traversa, et il se détendit un peu.

— Comment comptes-tu procéder ?

— D'abord, je vais essayer d'en savoir plus sur Margaret et sur sa relation avec Kyle, à San Antonio. J'ai un détective privé là-bas qui travaille pour moi régulièrement. Si tu es décidé, je peux le contacter.

— Selon toi j'ai une chance d'obtenir la garde de Maggie ?

S'il n'avait d'autre choix au final que de laisser Kyle prendre Maggie, il s'assurerait au préalable que son frère soit prêt à tout pour elle.

— Cela dépend de l'envie qu'a ton frère d'être père. Lui et toi n'entretenez aucun contact. Nous devrons probablement étudier l'état de ses finances, ainsi que sa vie privée et voir dans quel environnement serait élevée Maggie. Je crois que tu as raison, le ranch Wade me semble plus adapté pour un bébé. Mais, étant donné que vous êtes tous les deux célibataires, un juge pourrait donner la priorité au père de Maggie.

Un père à tout moment susceptible de partir en mission.

— Et si j'étais fiancé ? Ou marié ?

Voilà qu'il avait exprimé tout haut l'idée qui lui était venue dans le Colorado.

— Alors oui, cela pourrait convaincre un juge. C'est le cas ?

— Pas encore. Mais j'ai bien l'intention d'aborder le sujet avec une certaine jeune femme dans un futur très proche…

Un an qu'il envisageait de se ranger. Tout ce qu'il attendait, c'était la femme idéale. Autrement dit, Hadley. Intelligente, belle et parfaite avec Maggie. S'il ne voulait pas qu'elle lui échappe pour faire carrière à l'autre bout du pays, il ferait bien de se dépêcher d'agir.

Maggie endormie dans ses bras, Hadley regardait les photos affichées sur les murs du bureau de Liam.

— Merci pour le déjeuner, dit celui-ci. Quelle journée…

Entre les poulains nouveau-nés et les tracasseries administratives habituelles, Liam et Ivy n'avaient pas fait de pause à midi. Comme le temps était au beau fixe et qu'elle ne tenait pas en place, Hadley s'était proposée pour leur amener le repas.

A ce moment, l'un des hommes de l'équipe apparut.

— Dean a besoin de vous, patron. Sam est malade. Barry est en vacances. Et il faut que l'on fasse le tri parmi les vaches qui attendent un petit et les autres… C'est l'histoire d'une heure ou deux.

— Bien sûr, répondit Liam qui se leva pour suivre son employé, avant de se tourner vers Hadley. Tu as déjà fait ça, séparer le bétail ?

Elle secoua la tête, pressentant la suite. Comme pouvait-il, sachant ce qu'il savait, lui demander de l'accompagner ?

— Ça te tente ?

— Mais… Et Maggie ?

Elle n'en croyait pas ses oreilles : elle cédait déjà !

— Je me ferai un plaisir de veiller sur elle jusqu'à votre retour, proposa Ivy en regardant le bébé avec amour. Pas vrai que tu as envie de rester avec tante Ivy, mon petit chou ? Si vous tardez à revenir, je la ramènerai à la maison.

— Tu vois ? lança Liam avec une étincelle de défi

dans les yeux. Tout est arrangé. Viens, on va te trouver une monture.

La gorge nouée à la perspective de remonter en selle après tant d'années, elle tenta de se persuader qu'elle faisait cela dans le cadre de son travail. Pour répondre à la requête de son employeur. Et tant pis si en réalité il travaillait à cela depuis des semaines.

Elle sentit l'adrénaline pulser en elle quand il l'entraîna vers les enclos, quatre au total, au sein desquels évoluaient une dizaine de chevaux. Il lui montra une jument palomino, dans l'enclos de droite, en train de brouter paisiblement.

— Daisy a besoin de faire de l'exercice. Elle n'est guère sortie cette année. Je vais demander à l'un de mes gars de te la préparer.

— Je sais seller un cheval, répliqua-t-elle, vexée. Et puis, j'aimerais faire sa connaissance avant de la monter.

— Entendu. Elle ne devrait pas te poser de problèmes.

Elle le regarda en essayant de déceler si son expression trahissait de l'inquiétude, mais elle ne vit rien. Il n'allait certainement pas lui donner un étalon fougueux après tant de temps. Ce serait de l'irresponsabilité, et Liam était tout le contraire. Pourtant, elle ressentait l'appréhension se loger au creux de son ventre.

— Tu as dit qu'elle n'était pas beaucoup sortie cette année. Mais elle a l'habitude d'être montée, non ?

— Bien sûr, répondit-il en attrapant le licol et la corde accrochés au portail. Nous avons voulu la marier, l'année dernière, mais ça n'a pas marché. Depuis, mademoiselle mène une vie tranquille. Elle se laisse attraper sans problème. Bien, je t'attends à l'écurie, là-bas, ajouta-t-il en désignant le bâtiment qui abritait le dressage des chevaux. Si tu veux, tu peux galoper un peu avec elle, dans l'enclos, avant de partir voir les vaches.

Elle n'était pas tranquille. En dépit de son visage imperturbable et de son ton badin, elle pressentait quelque chose. Elle passa le licol à la jument et se dirigea avec elle vers le bâtiment en question. Une fois là-bas, elle entreprit de brosser Daisy, qui parut trouver l'opération à son goût.

Elle aurait préféré prendre plus de temps avec la jument, mais Liam arriva à ce moment, avec un magnifique étalon bai déjà sellé. Elle répondit à son sourire et sella à son tour Daisy avec des gestes sûrs et experts, comme si elle avait fait ça la veille.

— Prête ? demanda Liam.

Elle prit une longue inspiration.

— Je crois.

— Allons-y. Buzzard est impatient de voir sa copine Daisy en action.

Elle entraîna Daisy vers l'enclos où il pénétra avec son étalon. Mon Dieu, elle risquait de se ridiculiser. Il fit quelques foulées avec Buzzard, qui ne broncha même pas, parfaitement docile. Liam était un cavalier exceptionnel, et elle ne put s'empêcher de le regarder faire, subjuguée. Après un soupir, elle glissa son pied dans l'étrier mais, à peine en selle, elle sentit la jument se crisper. Une seconde plus tard, Daisy se cabra, et elle dut s'accrocher au pommeau pour ne pas tomber. Enfin, la jument se calma, et elle recommença à respirer.

— Tout va bien ? lui lança-t-il.

— Oui, ça va. Et elle est comme ça tout le temps ?

— Non, elle voulait juste savoir à qui elle avait affaire.

— Tu veux dire qu'elle m'a testée ? s'exclama-t-elle, stupéfaite.

— Daisy est intelligente, dit-il avec un sourire espiègle. Elle mérite ce qu'il y a de mieux.

Apparemment, Daisy n'était pas la seule à avoir une idée derrière la tête. Hadley fit quelques pas avec la jument, puis s'essaya à un galop, sa monture se montrant aussi docile qu'efficace.

Une sensation d'euphorie se répandit en elle, l'électrisant.

— Allons-nous occuper du bétail, à présent, dit-elle à Liam qui ne cessait de l'observer.

*
* *

Liam n'aurait jamais cru que faire plaisir à une femme puisse être un jour aussi primordial pour lui. Entre leurs étreintes à Vail et la joie que Hadley manifesta à trier le bétail, il comprit que son bonheur, le vrai, était là, avec elle, toute la vie.

Une certitude qu'il devait entre autres à ces douze mois de solitude. Il avait beaucoup réfléchi à ce qu'il attendait de la compagnie d'une femme. Avec Hadley, il avait pu faire la différence entre ce qu'il vivait autrefois avec ses ex et l'intimité d'une vraie relation. Et il la connaissait si peu encore. Il pressentait chez elle des richesses insoupçonnées qu'elle n'était pas prête à lui montrer, par manque de confiance. Mais il ne voulait surtout rien précipiter et encore moins la forcer. Les choses se passaient bien entre eux, pourquoi risquer de tout perdre ?

— C'était génial, dit-elle, les joues cramoisies, visiblement grisée. Tu savais très bien ce que tu faisais lorsque tu m'as proposé de monter Daisy, n'est-ce pas ?

— Miss Hadley est douée, patron, remarqua l'un de ses gars en la regardant avec un peu trop d'insistance à son goût.

— Elle l'a toujours été…, marmonna Liam.

L'envie de lui envoyer son poing dans la mâchoire le démangeait. Bien sûr, tout le monde au ranch était séduit par Hadley Stratton. Jusqu'à lui faire les yeux doux, pour certains de ses cow-boys. Normal, puisqu'il n'avait pas encore déclaré sa flamme de manière officielle. Il était donc légitime que la population mâle à son service tente sa chance. Situation qu'il avait de plus en plus de mal à supporter et à laquelle il devenait urgent de remédier.

— Il est tard, dit-il en entraînant Hadley à l'écart. Maggie nous attend.

— Je me sens toute courbatue, dit-elle en riant, les yeux encore brillants, alors que tous deux se dirigeaient avec leurs montures vers l'écurie. Je suis sûre que je pourrai à peine bouger demain. Mais ça en valait la peine.

— Je suis content que Daisy te plaise. Si ça te chante, tu pourrais la faire travailler de temps en temps…

Elle secoua la tête, après une hésitation. Depuis la dernière fois où il avait tenté de la convaincre de se remettre en selle, il avait accompli de réels progrès. Mais elle restait toujours autant sur ses gardes, en retrait, secrète sur ses sentiments. Elle n'avait pas semblé convaincue lorsqu'il lui avait suggéré d'en finir avec cette culpabilité qui la rongeait depuis l'accident de son amie. Où en était-elle aujourd'hui ?

— Je reprends les cours dans une semaine, dit-elle d'une voix morne. Je vois mal comment je pourrais trouver le temps.

Il avait déjà choisi une nounou de remplacement pour Maggie. En effet, si Hadley restait son employée, leur relation risquait fort d'en souffrir. Mais, soudain, il réalisa ce que cela impliquait. Bientôt, elle ne ferait plus partie de sa vie au quotidien et ça, non, il ne pouvait l'imaginer.

— Je n'ai pas envie de te partager avec les chevaux, dit-il, sur un ton désinvolte.

Incroyable, jamais il n'avait fait preuve d'autant de diplomatie envers une femme.

— Oh ! vraiment ? répondit-elle avec un sourire perplexe.

Il sentit sa gorge se serrer. Mais ce fut plus fort que lui.

— Hadley, viens vivre avec moi, dit-il sans réfléchir.

— Ta nouvelle nounou va emménager, voyons…

— Pas comme nounou.

— Comme quoi, alors ?

— Comme la femme dont je suis fou…

Comme il n'avait jamais été amoureux auparavant, il n'avait aucune idée de la nature de ses sentiments pour elle. Mais, ces derniers jours, la vérité avait fini par s'imposer,

— Toi ? Fou de moi ?

Son incrédulité le désarçonna.

Il s'y attendait. Elle n'accepterait pas sa déclaration à

l'état brut sans broncher, il devrait se montrer convaincant. De plus, elle n'était pas femme à se pardonner aisément ses erreurs passées. Tombée amoureuse de son premier employeur, elle en était sortie le cœur en lambeaux, car le salaud, après lui avoir compté fleurette, était retourné auprès de son ex-femme. C'était là une faute de jugement qu'elle ne commettrait pas une seconde fois. Et puis, il traînait derrière lui quelques casseroles. Son passé galant jouait contre lui.

— Si nous n'étions pas en selle, je te montrerai à quel point…

Il s'interrompit, essayant de ravaler son amertume devant sa surprise. Pourquoi refusait-elle d'accepter la profondeur de ses sentiments ? Le moindre de ses sourires, de ses regards lui donnait la fièvre. Et l'idée de se réveiller seul dans son lit king size le déprimait.

— Tout va si vite, chuchota-t-elle.

— Je ne vais pas renoncer à toi.

— Je sais…

— Tu n'as pas l'air très convaincue, remarqua-t-il, déterminé à la faire changer d'avis. Que puis-je dire pour te rassurer ?

— Rien, tu n'as besoin de rien dire.

Il l'observa un long moment, puis secoua la tête.

— J'ai connu beaucoup de femmes…

— C'est ta façon de me convaincre de prendre le risque d'être avec toi ?

— Suffisamment en tout cas, reprit-il, ignorant ses paroles, pour savoir que ce que j'éprouve pour toi est totalement nouveau pour moi. C'est génial, fascinant et terrifiant, tout à la fois. Jamais je n'ai ressenti cela pour aucune femme.

— Oh. Mais n'est-ce pas un peu trop pour un seul homme ? dit-elle, visiblement toujours sur le ton de la plaisanterie.

— Tu me rends meilleur, Hadley. Je me sens plus vivant avec toi.

Elle le dévisagea, à l'évidence sous le choc.

— Jamais personne ne m'a dit une chose pareille…, dit-elle avec une gravité soudaine.

— Je n'en crois rien. Mais c'est bien la première fois où tu me fais l'honneur d'être sensible à mes compliments.

Il progressait, encore faudrait-il qu'elle cesse de percevoir chacune de ses paroles comme un piège censé l'attirer dans ses filets.

— Oui, c'est possible.

Ils pénétrèrent dans l'écurie et, à l'idée que leur escapade était déjà terminée, il ressentit une vague de tristesse. Car il n'avait obtenu aucune réponse d'elle et, malheureusement, le temps pressait.

— Puis-je espérer que tu commences à me croire lorsque j'affirme tenir à toi ?

— Je crois que oui, répondit-elle derrière ses longs cils. Mais vivre ensemble… Est-ce que tu es prêt pour ça ?

— Sans le moindre doute, répondit-il avec fermeté. Mais ce n'est pas tout. J'attends plus de toi.

Oui, il y avait autre chose, une idée à laquelle il avait beaucoup réfléchi. Ce n'était pas seulement ses sentiments pour elle qui le motivaient, il voulait aussi offrir à Maggie un foyer, la stabilité. Une vraie famille, chose dont Kyle et lui avaient été privés.

— Vraiment ?

— Ce que je voudrais, c'est que tu deviennes ma femme.

- 11 -

Hadley en était encore à se demander si elle avait bien entendu, lorsque Liam sortit un écrin de la poche de sa veste et l'ouvrit devant elle. Le cœur battant, elle regarda la bague, avec une immense envie de se jeter à dans ses bras, avant de se ressaisir. Prudence. Elle ne devait pas se laisser aveugler par l'émotion qu'elle ressentait.

— Je ne t'ai même pas encore donné ma réponse pour une vie commune, arriva-t-elle à articuler.

Elle tremblait, mais elle avait réussi à parler comme une adulte responsable et non comme une adolescente amourachée.

— Je ne suis pas expert en demande en mariage, dit-il. C'est la première fois pour moi. Surtout avec une femme que je connais depuis moins d'un mois…

Exactement. Elle ne devait pas écouter son cœur, elle devait s'efforcer de raisonner avec logique.

— Et pourquoi tant de précipitation à vouloir te marier ?

— Je ne me précipite pas, corrigea-t-il avec un sourire rusé. Je respecte les étapes en passant par la case fiançailles.

Tout en elle lui soufflait qu'il était sincère, et elle avait tellement envie de le croire. Pourtant, les choses ne pouvaient pas être aussi simples.

— Pourquoi ne pas attendre de voir si nous nous supportons en vivant ensemble ?

— Je vis déjà avec toi depuis un moment, et c'est géant. Je ne veux pas que ça s'arrête. Je veux que tu fasses partie de ma vie. Et nous aurons beau attendre pour nous fiancer jusqu'à la fin des temps, cela ne changera pas. Je sais, ton diplôme en poche, tu as l'intention de déménager à Houston. J'espère seulement qu'au lieu de cela tu accepteras de faire ta vie avec moi ici, à Royal.

Elle resserra les rênes de Daisy entre ses mains et détourna les yeux de l'écrin.

— C'est ce que tu veux ? Tu en es sûr ?

A la façon dont l'éclat de ses yeux se ternit, elle sut que ce n'était pas la réponse qu'il attendait. Mais il la connaissait assez pour savoir qu'elle n'allait pas répondre favorablement à sa demande sans avoir pris le temps de la réflexion. Après tout, son avenir l'appelait loin de Royal. Si elle l'épousait, elle devrait renoncer à sa carrière.

— Crois-tu que je parle à la légère ? dit-il en sortant la bague de son écrin et en prenant sa main gauche. J'ai passé une année de célibat à m'interroger sur ce que je recherchais chez une femme. Il ne se serait rien passé entre nous, à Vail, si je n'avais été sûr déjà que tu étais différente des autres…

— Mais quand même… Le mariage ?

La tête lui tournait, maintenant, sa gorge était nouée par l'émotion. Et elle regardait l'éclat de la bague, un anneau serti de diamants, fascinée.

Sa demande n'avait rien d'un coup de tête. Il avait pensé à tout, tout prémédité. Pourtant, pas une seule fois encore il n'avait parlé d'amour.

— J'y pense depuis notre retour du Colorado…

Entendre qu'elle n'avait pas été la seule à ressentir l'intensité de ce courant entre eux, lors de ces quelques jours à la montagne, la détendit. Puis elle s'approcha de lui, sur un petit nuage, abandonnant sa main dans la sienne.

Il l'enlaça, puis il plongea les yeux dans les siens.

— Je ne pense qu'à toi lorsque tu es loin de moi et, quand tu es là, je suis fou de désir… J'ai besoin de toi, Hadley.

Ses paroles la firent tressaillir. Le bonheur et la méfiance se bousculaient en elle, tout allait vite, trop vite. Elle aurait tout donné pour pouvoir lui dire oui, un oui sans réserve, se jeter à son cou, l'embrasser... Elle en était amoureuse. Mais elle avait besoin de temps, de mettre un peu de distance entre eux, de décider ce qui était le mieux pour elle. Sans erreurs, cette fois.

— Je vois très bien ce que tu veux dire, chuchota-t-elle contre ses lèvres.

— Resteras-tu auprès de moi ce soir ? demanda-t-il en la retenant entre ses bras.

— Je ne sais pas.

— Pourquoi ?

Elle éclata de rire et parvint à lui échapper.

— Cela fait des jours que je néglige l'autre mâle de ma vie. J'ai promis de dormir avec lui...

— J'espère qu'il est question de Waldo, dit-il, le regard noir, mais un sourire au coin des lèvres.

— Qui d'autre veux-tu ? le taquina-t-elle.

— Eh bien, ramène-le avec toi. Il est temps pour vous deux de vous installer définitivement au ranch.

Des fiançailles. Une vie de couple. Tout s'accélérait. Soudain, son cœur se mit à cogner dans sa poitrine. Elle n'avait pas encore véritablement répondu oui à sa demande. Elle ouvrit alors la bouche, mais aucun mot n'en sortit. S'il avait de son côté bien réfléchi à tout ça, pour elle, c'était nouveau. Tellement inattendu. Elle devait prendre le temps d'y penser.

L'un des hommes de Liam s'avança, évoquant un problème avec une jument. Elle saisit cette opportunité pour s'esquiver et, tout en traversant les écuries, elle sentit son cœur se serrer. Car, si elle n'avait pas dit oui, elle avait accepté la bague et gardé ses doutes pour elle.

Mais où était donc passé son pragmatisme légendaire ? Envolé. Et comment aurait-il pu en être autrement ? Cet homme lui donnait des ailes. Avec lui, chaque jour était une fête.

Pourtant, elle avait peur.

Elle avait besoin de voir Kori. Parler avec sa meilleure amie lui permettrait d'y voir plus clair.

***

Kori regarda la bague à son doigt.

— Tu vas vraiment l'épouser ?

Le revirement de son amie la surprit.

— Eh bien, en fait, je n'ai pas dit non. N'est-ce pas toi qui m'as conseillé, la semaine dernière, d'arrêter de me poser des questions et de ressasser le passé pour vivre pleinement le moment présent ?

— Je parlais de sexe, dit Kori en levant les yeux au ciel, avant de sortir sa fameuse quiche du four. Pas de mariage.

Kori découpa la quiche et déposa deux parts généreuses dans les assiettes. La réaction de son amie la démoralisait complètement.

— Tu as sans doute raison, c'est allé trop vite.

— C'est mon avis.

Il n'avait pas fallu plus d'un mois à Kori et à Scott pour savoir qu'ils voulaient vivre ensemble le restant de leurs jours. Mais ils avaient attendu quatre ans avant le mariage.

— Pourtant, comment dire... Quelque part, cela me semble si évident.

— Et avec Noah, c'était évident ?

Noah répondait à un besoin de sécurité. Elle venait d'opter pour une autre carrière et avait des soucis d'argent. La possibilité d'épouser un homme avec un emploi stable, de fonder une famille, tout ça la libérait de ce fardeau.

— A l'époque, j'y ai cru, oui, répondit-elle, admettant la vérité.

Ces cinq dernières années, elle avait beaucoup réfléchi, finissant par comprendre pourquoi elle avait échoué à voir que Noah cherchait plus une mère pour ses enfants qu'une partenaire pour la vie.

— Tu es la personne la plus pragmatique que je connaisse, mais il suffit qu'un type célibataire avec enfant demande ton aide et, aussitôt, te voilà prête à faire partie de la famille.

Tel était son talon d'Achille, mais elle devrait désormais

avoir suffisamment de jugeote pour ne plus aller s'empêtrer dans une relation comme celle qu'elle avait vécue avec Noah. Ou aujourd'hui avec Liam. Alors oui, elle avait besoin d'entendre Kori dire les choses clairement mais, en même temps, quelque chose en elle refusait de s'en tenir à ce constat désolant. Parce que c'était différent avec Liam.

Mais l'était-ce vraiment ?

Kori lui sourit tout en remplissant les verres.

— Je sais, ce n'est pas ce que tu voulais entendre.

— Tout ce que tu viens de dire, j'y ai pensé cent fois, ce dernier mois. J'ignore pourquoi je suis comme ça. J'ai eu une enfance parfaitement normale. Mes parents après tant de temps restent toujours aussi épris l'un de l'autre. Et ils m'ont toujours assurée de leur soutien.

— Ne sois pas trop sévère avec toi-même. Tu es la bonté incarnée, l'une des personnes les plus généreuses que je connaisse. C'est dans ta nature de tout donner, raison pour laquelle tu ne supportais pas l'idée d'enseigner à une classe de trente gamins. Difficile dans de telles conditions d'accorder l'attention que mérite chaque enfant. Travailler comme conseillère d'éducation te correspond mieux.

— Je sais. Mais je ne suis pas plus avancée en ce qui concerne la demande en mariage de Liam. Je l'aime.

— Tu ne le connais pas depuis longtemps, remarqua Kori.

— Pas directement mais, il y a dix ans, je le croisais souvent. J'étais folle de lui. Il était gentil avec moi et ne me traitait pas comme toutes ses conquêtes… Ce qui, pour Liam, signifiait quelque chose.

— Parce que tu n'étais pas ce genre de fille. Tu m'as raconté que tes camarades sortaient beaucoup, alors que, toi, seuls les chevaux t'intéressaient.

— Et Liam.

— Arrête… Il ne savait même pas que tu existais, marmonna Kori.

— Au début, mais vers la fin de ma première année de concours, ça a changé. Ma principale rivale dans l'arène était sa petite amie de l'époque et, parfois, il venait la voir à l'œuvre. Comme le plus souvent c'est moi qui gagnais, il a commencé à me regarder. Et à me féliciter pour ma façon de monter. D'abord, j'ai cru qu'il faisait ça pour rendre sa petite amie jalouse, puis j'ai réalisé qu'il était sérieux. Il faut savoir une chose à propos de Liam. Il y a d'abord les chevaux, le reste passe après.

— Donc, vous vous êtes rapprochés. Et que s'est-il passé ?

— Anna, ma meilleure amie en ce temps-là, était très amoureuse de lui…

— Mais il te préférait, toi.

— Il était trop bien pour moi.

— Et s'il t'avait fait des avances ?

Elle hésita au souvenir de ses émotions, adolescente, avant de répondre :

— Je n'avais jamais rien éprouvé de tel pour un garçon. Il avait deux ans de plus que moi et tellement plus d'expérience. Je me suis dit que je n'avais aucune chance.

— Mais tu espérais quand même.

— Bien sûr, mais c'était compliqué.

— A cause d'Anna.

— Oui.

— Qu'attendait-elle ? Que tu dises à Liam d'arrêter d'être gentil avec toi ? Tu aurais dû l'envoyer au diable.

— J'ai fait pire et, résultat, ma meilleure amie a perdu l'usage de ses jambes.

— Raconte-moi tout.

Elle finit son verre et s'en remplit un deuxième.

— C'était le mois de juillet, et le ranch Wade avait organisé une grande fête pour présenter l'un de ses étalons. Anna flirtait depuis un mois avec Liam et, lorsqu'il l'a invitée, elle a cru que c'était pour enfin se déclarer. Redoutant d'y aller seule, elle m'a entraînée avec elle. Pour me laisser tomber comme une vieille chaussette à peine arrivées et aller faire les yeux doux à Liam. J'ai fini par la perdre de vue et j'ai passé la soirée avec des camarades.

» Bien plus tard, comme Anna refusait de partir, j'ai demandé à quelqu'un de me ramener chez moi. Juste avant de quitter les lieux, je suis allée voir Lolita pour m'assurer d'une part qu'elle avait de l'eau à disposition et aussi parce que sa présence me calmait. J'étais folle de rage contre Anna de la voir courir ainsi après un garçon qui manifestement ne voulait pas d'elle. Plusieurs filles pendant la fête s'étaient moquées d'elle, certaines avec méchanceté.

» Bref, j'étais à l'écurie avec Lolita et devine qui arrive ? »

— Liam ! s'exclama Kori.

— Lui-même. J'ai d'abord cru qu'Anna l'avait envoyé à ma recherche mais, en réalité, j'ai compris qu'il m'avait suivie.

— Et Anna ? Où était-elle ?

— Je l'ignore. Et honnêtement, pendant un moment, je m'en suis complètement désintéressée. Liam et moi avons discuté des épreuves qui m'attendaient le lendemain. Il m'a donné quelques conseils, ce dont je l'ai remercié. C'est là qu'il m'a dit que, si je gagnais, je pourrais l'inviter au restaurant avec la prime.

— Il t'a demandé de sortir avec lui ?

— Eh bien, oui, je crois.

Encore aujourd'hui, le doute persistait en elle. Même avec cette bague de fiançailles à son doigt, elle avait toutes les peines du monde à croire qu'elle pouvait l'intéresser. Elle se sentait si quelconque, si normale, par rapport à ses autres petites amies.

— Comment ça, tu crois ? C'est évident, voyons !

— Tu sais, il était gentil avec tellement de gens.

— Ecoute-moi. Jamais il ne t'aurait suivie ce soir-là dans l'écurie si tu n'avais présenté aucun intérêt pour lui.

— Oh ! moi, tout ce dont je rêvais, c'est qu'il m'aime bien, un peu. J'étais tout excitée et terrifiée en même temps. Il traînait derrière lui une telle réputation de séducteur. Et puis… Je venais d'avoir dix-huit ans et j'étais complètement innocente…

— Et ensuite ? Est-ce que tu as gagné ? Es-tu allée dîner avec lui ?

— J'ai gagné, oui, mais il n'y a pas eu de repas en tête à tête. Le lendemain, Anna a eu son accident.

— Tu ne m'as pas expliqué comment tu en es arrivée à t'accuser ?

— Anna nous a rejoints dans l'écurie. Manifestement, elle avait entendu notre conversation. Elle nous a interrompus, proposant de me raccompagner dans la minute. J'ai failli l'envoyer promener en lui disant que je n'avais plus besoin d'elle, puis je me suis ravisée. Elle était nerveuse, agressive…

— Jalouse que Liam t'ait proposé de dîner avec toi.

— C'est ce que j'ai pensé. Mais, en retournant à la voiture, je lui ai expliqué qu'il voulait juste m'aider pour la compétition.

— Mais elle ne t'a pas crue.

— Non. Elle était persuadée que j'avais essayé de le séduire. Quand j'ai nié, elle est devenue folle, prétendant que, s'il m'avait remarquée, c'était uniquement parce que j'étais meilleure en selle que sa petite amie de l'époque. Et que, de toute façon, je n'étais pas du tout son genre. Elle a conclu en disant que je serais la risée de tout le comté si je continuais à croire qu'il avait envie de sortir avec moi.

— Quelle vipère…, remarqua Kori avec une grimace.

— J'aurais dû m'attendre à une telle réaction. Si j'avais fait l'effort de rester calme, j'aurais peut-être pu la raisonner. Mais ce qu'elle disait ressemblait tant à ce que j'avais moi-même en tête. Entendre ces mots dans la bouche de ma meilleure amie… C'était horrible.

— Tu ne lui as pas conseillé de se mêler de ses affaires ?

— Non… Je lui ai répondu que si Liam s'intéressait à moi uniquement pour mes talents de cavalière, elle n'avait aucune chance. Qu'elle était si nulle sur un cheval qu'il ne fallait pas s'étonner s'il ne l'avait même pas remarquée.

— Aïe.

— Oui… Voilà dix ans que je m'en veux d'avoir eu des propos aussi durs.

— D'un autre côté, elle l'avait bien cherché.

— Peut-être, mais c'était ma meilleure amie. J'aurais dû faire preuve de plus de compréhension. Toujours est-il que le lendemain, piquée par mes paroles, elle a voulu trop en faire et a eu cet accident. Si je ne m'étais pas mise en colère, Anna n'aurait jamais cherché à faire mieux que moi dans l'arène et, aujourd'hui, elle ne serait pas clouée dans un fauteuil roulant.

— Et tu n'es pas remontée en selle depuis…

— Non. Enfin, jusqu'à aujourd'hui. Et, maintenant, me voilà fiancée au garçon à l'origine de cette dispute, entre Anna et moi, avec les conséquences tragiques que tu connais.

— Visiblement, tu culpabilises encore. Alors écoute-moi. Etant ta meilleure amie depuis sept ans, je crois pouvoir te dire que tu as le droit de tourner la page et de cesser de te torturer pour des mots que tu as eu envers ton amie, qui de toute évidence était une vraie peste…

Sur ce, Kori leva son verre.

Après un long soupir, Hadley cogna doucement le sien contre celui de son amie. Le son cristallin qui s'ensuivit résonna en quelque sorte comme le gong qui marquait la fin de toutes ces années passées dans la culpabilité.

Et le point de départ vers un avenir radieux.

Elle avait consacré suffisamment de temps et d'énergie à ses erreurs. Elle méritait d'être heureuse. Et elle n'imaginait pas bonheur plus grand que de devenir la femme de Liam et de fonder une famille avec lui et Maggie.

Installé sur le canapé, dans le bureau, avec sa tablette, Liam, d'une main, faisait défiler à l'écran les documents envoyés par le détective privé de Nolan sur Margaret Garner et, de l'autre, berçait la petite Maggie. Toute la journée, le bébé s'était montré grincheux, agité. Hadley lui avait pris sa température, un peu plus élevée que la normale. Heureusement, rendez-vous avait été pris pour le lendemain avec le pédiatre. Car cette jaunisse en réalité n'en finissait pas.

Contrastant avec l'irritabilité de Maggie, Waldo, lui, était d'un calme olympien, étendu de tout son long sur le dossier du canapé, et ronronnait comme un beau diable. S'il restait persuadé que les chats étaient conçus pour vivre dans les granges et maintenir la population des souris sous contrôle, Liam s'était attaché à cette boule de poils. Ne manquait plus que Hadley à ce portrait de famille sur canapé. Après le dîner, elle était montée appeler ses parents. En croisière quand il avait fait sa demande, ils n'avaient pu être informés plus tôt. Elle s'inquiétait qu'ils trouvent ces fiançailles un peu trop précipitées. Il avait suggéré d'aller leur rendre visite ce week-end à Houston, avec Maggie, de manière que tous puissent faire connaissance.

Il reporta son attention sur le rapport du détective qui avait rassemblé en quatre jours à peine toutes les informations nécessaires sur la mère de Maggie. Margaret Garner travaillait chez elle en tant que graphiste indépendante et n'avait guère de vie sociale. Elle sortait rarement, ses amies, mariées et mères de famille, étant peu disponibles. En réalité, personne dans son entourage ne savait que Margaret était enceinte. Entre elle et Kyle, le contact avait été rompu après une semaine de liaison. Le détective n'avait pu découvrir les circonstances de leur rencontre, mais avait en revanche été capable de déterminer le moment où ils avaient entamé leur relation.

Margaret sortait peu parce que très sollicitée sur le plan professionnel. Mais deux de ses amies qui la connaissaient depuis le lycée pensaient qu'elle souffrait de dépression. Visiblement, toujours d'après le détective, elle n'avait jamais suivi de thérapie. Et n'était pas non plus allée consulter quand elle avait appris sa grossesse.

Hadley était descendue et vint s'asseoir à côté de lui.

— Voilà une bonne chose de faite, déclara-t-elle.

— Comment ça s'est passé avec tes parents ?

— Ils ont été surpris.

Elle posa la tête sur son épaule. Depuis le dîner, elle appréhendait cette conversation avec ses parents. Elle était enfant unique et, s'il s'en tenait à ses confidences, il avait le sentiment qu'ils n'avaient pas vraiment approuvé les choix de leur fille. Surtout quand elle avait renoncé à l'enseignement pour déménager à Royal afin d'y passer son diplôme pour devenir conseillère d'orientation.

Il décida d'attendre qu'elle lui en dise plus, sans la presser. Mais elle semblait captivée par les documents affichés à l'écran de sa tablette.

— Que fais-tu ?

— Je lisais le rapport de mon détective privé sur Margaret Garner.

— Tu as embauché un détective ? Pourquoi ?

— Non, l'initiative est de Nolan.

— Qui est Nolan ?

— Nolan Dane est avocat, spécialisé entre autres en droit de la famille.

— Tu as pris un avocat ? Dans quel but, enfin ?

Il réalisa soudain son erreur et se maudit. Il aurait probablement dû discuter de tout ça avec elle en amont. Mais maintenant il était trop tard.

— Parce que je prévois de demander la garde de Maggie.

— Tu en as parlé à ton frère ?

— Je lui ai laissé plusieurs messages. Et je n'ai toujours pas de réponse à ce jour.

Elle s'écarta de quelques centimètres pour lui faire face.

— Tu ne crois pas que tu devrais en discuter avec lui, avant de prendre une décision aussi importante concernant sa fille ?

— Ça fait trois semaines que Maggie est ici, et je n'ai aucune nouvelle de Kyle. Je ne sais même pas où il est. Ni s'il est injoignable à cause d'une mission secrète ou s'il a simplement décidé de ne pas répondre à mes messages. Et peu importe en fait. Maggie, elle, a besoin de parents qui soient présents…, signala-t-il avant de s'interrompre pour regarder Hadley, avec un mauvais pressentiment. Je pensais que tu serais d'accord avec ça. Après tout, tu aimes Maggie, toi aussi. Et, tous les deux, nous formons une sacrée équipe.

Il la vit hésiter.

— C'est-à-dire… Bien sûr, je rêve d'avoir des enfants avec toi, mais… En fait, à partir du moment où j'ai compris que Maggie était la fille de Kyle, dans ma tête, je me disais que ton frère finirait par venir la chercher.

— Qu'essaies-tu de me dire ? Que tu ne te sens pas prête à t'engager comme mère de Maggie ?

— Pas du tout. Je l'adore…

Mais il était évident que quelque chose la tracassait.

— Dans ce cas où est le problème ?

— J'étais juste en train de me demander, quand as-tu pris cette décision ?

— Le jour où Diane Garner est venue frapper à ma porte avec Maggie.

— Et ton frère ? Tu as pensé à lui ?

— Ce que je sais, c'est que Kyle est susceptible d'être envoyé en mission à tout moment. Il n'est pas marié et vit sur la côte Est, loin de la famille. Qui prendra soin de Maggie quand il est en mission ? Des missions pouvant aller jusqu'à plusieurs mois…

Il se tut, désarçonné par le reproche et l'hostilité qu'il lisait dans ses yeux.

— Je dis simplement que Maggie serait mieux ici, avec nous.

— Si je comprends bien, n'étant pas marié, ton frère n'est pas en mesure d'élever Maggie, à ton avis ?

— Il est militaire de carrière et célibataire, la reprit-il, maintenant sur ses gardes. Réfléchis, on ne peut même pas savoir s'il sera présent pour les premiers pas de Maggie, ses premiers mots, ses premières… Bref, tout ça.

— Toi non plus, tu n'es pas marié, fit-elle remarquer, avec une voix à peine audible.

— Non, mais je suis fiancé.

— Est-ce pour cette raison que tu m'as demandé de t'épouser ?

— Pardon ?

— Il est évident qu'un couple marié aura de plus fortes chances de gagner la garde d'un enfant, devant un juge.

— C'est certain.

Pourquoi le nier ? Elle n'était pas stupide. Elle le connaissait suffisamment pour savoir qu'il ferait en sorte de mettre toutes les chances de son côté pour obtenir gain de cause.

Il la vit pâlir, mais il était plus déterminé que jamais à lui faire comprendre combien il avait besoin d'elle.

— J'aimerais insister sur le fait qu'avant toi je n'ai jamais demandé aucune femme en mariage. Je veux passer le restant de mes jours avec toi et Maggie. Comme une vraie famille.

— Quelle idiote je suis.

Que se passait-il ? Il ne comprenait pas… Quelque chose lui avait forcément échappé dans son raisonnement.

— Pourquoi dis-tu cela ?

— Parce que c'est la même histoire qui recommence. Après Noah, toi…

Son sang ne fit qu'un tour. Le type qui lui avait brisé le cœur ! Comment osait-elle le comparer à ce salaud ?

— Noah ? C'est absurde. Je t'ai demandé de devenir ma femme. Pas lui, que je sache.

— Lui aussi disait vouloir vivre avec moi et les enfants, comme une vraie famille, dit-elle se levant d'un bond, le regard glacial. En réalité, il voulait quelqu'un pour prendre soin de ses enfants et de sa maison. Une femme qui l'accueillerait sur le pas de la porte, le soir, et dans son lit ensuite…

Maintenant, il bouillonnait d'indignation. Qu'elle puisse penser cela de lui le dépassait complètement.

— Tu ne parles pas sérieusement ? Tu crois que je t'ai demandé de m'épouser pour te cantonner à ce rôle ?

— Oui, les autres ont raison. Tout est allé trop vite, chuchota-t-elle.

Il vit une larme rouler sur sa joue.

Il était en train de perdre le contrôle de la situation, et la panique l'envahit. Tout ce qu'il voulait, c'était qu'elle et Maggie restent avec lui, au ranch.

— Les autres ? Tes parents, tu veux dire ?

— Et aussi ma meilleure amie, Kori. Sans parler de la surprise de Candace, quand elle a su.

— Et alors, quelle importance si tout est arrivé vite ? Cela n'enlève rien à mes sentiments pour toi et le bébé…

Elle retira la bague de son doigt et la lui tendit.

— Je te la rends. Je vais passer mon diplôme, Liam, et nous reparlerons de tout ça plus tard, si tu veux bien.

Il n'esquissa pas le moindre geste pour prendre la bague. Atterré, il la dévisagea, n'en croyant pas ses oreilles.

— Tu fais des drames pour rien…

— Vraiment ? dit-elle, croisant les bras. Lorsque tu m'as demandé de t'épouser, je te signale que pas une seule fois tu n'as dit m'aimer.

Le monde venait de s'écrouler sur ses épaules. Elle avait raison : il ne pourrait vivre sans elle, il le savait, mais il était préoccupé par la garde de Maggie et par le fait que Hadley puisse partir à Houston vivre sa vie. Quand il lui avait demandé sa main, il avait tout fait pour ne surtout pas parler d'amour.

— J'ai eu tort et j'en suis navré. Mais je t'ai dit que je n'imaginais pas ma vie sans toi.

— Non, tu as dit que tu avais besoin de moi, nuance. J'aurais dû comprendre que tu avais d'autres motivations que l'amour.

— Quelle importance ce qui me motive ? Tout ce que j'attends de toi, c'est que tu acceptes de faire partie de ma vie jour après jour. De fonder une famille avec moi.

— C'est aussi ce à quoi j'aspire, dit-elle en déposant la bague sur la table basse. Mais je ne peux pas m'engager dans une relation avec toi en sachant que les seules raisons pour lesquelles tu m'as épousée n'ont rien à voir avec l'amour…

Cette vieille douleur qui lui rongeait le cœur après l'abandon de sa mère l'empêcha d'articuler un seul mot quand elle prit son chat sous le bras. Durant toute la conversation, Waldo n'avait cessé de ronronner. Privé de la chaleur du matou, Liam ne put réprimer un frisson. Ce ne fut que lorsque Hadley sortit du bureau qu'il comprit son erreur.

— Ne pars pas… Hadley, attends !

Il posa sa tablette et s'élança à sa poursuite.

Déjà, elle était dans l'entrée.

— Il vaut mieux que Waldo et moi rentrions à l'appartement. Je reviendrai demain matin m'occuper de Maggie.

Elle ne parla pas de la nouvelle nounou, censée prendre ses fonctions dans quatre jours, mais il sut à cet instant qu'il était sur le point de la perdre à jamais.

— Tu as raison. Nous sommes peut-être allés trop vite, dit-il. Mais ne crois pas une seule seconde que je puisse changer d'avis demain ou dans dix jours ni dans dix ans. Je veux passer le reste de ma vie avec toi, Hadley…

Il tendit la main pour la retenir, l'empêcher de partir, mais elle esquiva.

— Je pense qu'il est préférable pour toi comme pour moi de nous concentrer sur notre avenir à chacun. Je dois penser à mes études. Et, toi, tu dois penser à la garde de Maggie. Nous verrons par la suite où nous en sommes.

— Si tu crois que je vais accepter de ne pas te voir pendant les prochains mois, tu te trompes lourdement.

— Oh ! nous nous verrons, bien sûr.

Elle avait prononcé ces mots sans aucune conviction. Elle posa le chat qui s'étira et se frotta contre ses jambes, le temps de passer son manteau. Puis elle attrapa son sac et Waldo, avant d'ouvrir la porte. Elle le regarda quelques instants en silence avant de poursuivre :

— Mais je vais être très occupée avec les cours. Et tu as ton travail, ici, au ranch. Ecoute, laissons passer une semaine ou deux, le temps de faire le point, ensuite nous pourrons éventuellement reprendre contact.

— Je t'avertis, Hadley, tu ne te débarrasseras pas de moi aussi facilement, dit-il entre ses dents quand elle sortit, refermant la porte derrière elle.

Il se retrouva seul, avec Maggie, dans le silence et la solitude de son immense demeure.

- 12 -

Ce fut avec le cœur lourd, les yeux inondés de larmes, que Hadley pénétra dans son appartement, Waldo dans les bras. Le chat bondit et trotta vers sa gamelle, dans la cuisine. Elle tressaillit, tant la chaleur du félin lui avait été un réconfort, dans le froid, tout le long de la route.

L'histoire se répétait, tout s'était reproduit exactement comme dans le passé.

Comment avait-elle pu se montrer aussi stupide, en se laissant pour la deuxième fois aveugler par l'amour ? Visiblement, ces cinq dernières années avaient échoué à la rendre plus sage. Si elle avait eu la moindre once de bon sens, elle ne serait pas retombée dans ce piège. Elle avait reproduit à l'identique avec Liam l'erreur commise avec Noah.

Bouleversée, elle chercha à s'occuper mais, après avoir fait la poussière et passé l'aspirateur, elle se retrouva à court d'idées. Si au moins les cours avaient repris, elle aurait pu se changer les idées en travaillant, et chasser ainsi Liam de ses pensées.

Pourquoi ne pas appeler Kori ? Et reconnaître s'être trompée lamentablement, une fois de plus ? Non. Sa fierté en avait pris un coup. Tout comme sa confiance en elle. Quant à cette déchirure dans son cœur, la douleur était si intense qu'elle arrivait à peine à respirer. Elle avait tout perdu ce soir. Pas seulement Liam, Maggie aussi.

Qu'y avait-il donc de mal à épouser Liam et à devenir la maman de Maggie ? Que pouvait-elle espérer de mieux que le bébé et lui pour la vie ? En fait, sa première erreur avait été de le croire quand il affirmait que c'était Kyle le père du bébé et non lui. A partir de là, elle avait laissé son cœur prendre les commandes. Et son corps aussi. Sur un petit nuage, voyant l'avenir en rose, elle s'était persuadée que Kyle finirait par rentrer au ranch pour prendre Maggie en charge. Jamais elle n'aurait cru que Liam entreprendrait des démarches pour la garde du bébé. Ni qu'il puisse la demander en mariage uniquement pour mettre toutes les chances de son côté, face à un tribunal.

Après s'être préparé une infusion, elle alla s'asseoir à son petit bureau et alluma son ordinateur. Sans même l'avoir prémédité, elle se retrouva sur un réseau social très connu. Elle tapa le nom de Noah et attendit. Lorsque sa page s'afficha, elle sentit son cœur se serrer devant sa photo et celle de ses enfants. Cinq ans déjà. Peter et Nikki avaient huit et sept ans aujourd'hui. Tous deux semblaient heureux dans les bras de leur père. La femme de Noah n'apparaissant pas sur le cliché de présentation de son profil, elle chercha une photo d'elle sur le site. On la voyait avec les enfants, mais pas avec Noah. Etaient-ils toujours mariés ? Impossible de le savoir.

Elle se mit alors en quête d'informations sur Anna, mais ne trouva aucune mention de son ancienne amie. Elle était sur le point de renoncer, quand l'idée lui vint de taper le nom de la sœur d'Anna, Char. Et c'est là qu'elle trouva du même coup Anna. Qui ne s'appelait plus Anna Johnson, mais Anna Bradley. Elle fixa les photos d'Anna, incrédule. Pour cette femme, elle avait culpabilisé dix longues années ! Visiblement, son ancienne amie avait su tourner la page, au lieu de laisser la vie lui échapper. Après des études d'ingénieur à l'université de Dallas, elle s'était mariée et avait eu des enfants.

Ce fut comme si la planète basculait sur son axe. Elle resta un long moment hébétée, sous le choc. Noah était passé à autre chose et semblait épanoui. Anna menait apparemment une vie heureuse entre sa carrière et sa famille. Quant à elle, elle en était à faire du surplace, à se lamenter sur son passé et à appréhender l'avenir.

Ces révélations lui firent l'effet d'une douche froide. Elle referma son ordinateur pour attraper un bloc-notes. Le moment était venu d'aller de l'avant. Si elle voulait se construire un futur radieux, elle devait se poser les bonnes questions. Quelle idée se faisait-elle par exemple d'une carrière parfaite ? Où avait-elle envie de vivre ? L'amour avait-il le pouvoir d'effacer ses craintes et ses doutes ?

Liam pénétra dans la salle d'attente du pédiatre et se dirigea vers Hadley, assise dans un coin, l'air inquiet, Maggie dans son siège bébé juste à côté. Dans la nuit, la température du bébé avait grimpé en flèche.

— Comment va-t-elle ? demanda-t-il en s'asseyant à côté d'elle.

— Pire encore qu'à mon arrivée, ce matin. Elle refuse de manger et semble éteinte. Je me réjouis d'avoir pu obtenir ce rendez-vous.

Il aurait bien pris Hadley dans ses bras, pour tenter de la réconforter. Mais hier, elle l'avait repoussé, refusant de le croire quand il lui avait dit vouloir l'épouser pour autre chose que la garde de Maggie. Par quel miracle aurait-elle changé d'avis ce matin ?

— Sans doute cette maudite jaunisse, dit-il.

— La jaunisse pourrait aussi être le symptôme de quelque chose de plus sérieux.

— Non, impossible, marmonna-t-il, de plus en plus anxieux. Je refuse de la perdre.

— Tu ne vas pas la perdre, Liam.

A ces mots, elle posa une main sur son bras.

Ce léger contact se propagea à tout son être tel un brasier, rallumant son espoir d'un futur avec elle. Elle l'aimait. La preuve, sa présence ici à ses côtés, ses efforts pour le rassurer. Mais, quand il mit sa main sur la sienne, elle retira aussitôt cette dernière de son bras.

— Elle va aller mieux, dit-elle, la voix comme brisée.

Comme il détestait cette distance entre eux. Il avait eu tort de parler de leur mariage comme d'un moyen destiné à l'aider à obtenir la garde du bébé. Même si ce n'était pas l'unique raison pour laquelle il lui avait demandé de l'épouser, elle avait raison quand elle lui avait reproché de la traiter comme l'avait fait Noah.

Il devait la convaincre de lui accorder une deuxième chance. Elle avait été blessée par le passé et manquait de confiance en elle. Elle n'avait pas tourné la page sur cette expérience traumatisante. A lui de faire preuve de patience, de persévérance. Deux qualités dans lesquelles il excellait quand il s'agissait de chevaux, mais beaucoup moins dans sa vie privée.

— Hadley, à propos d'hier soir…

Une infirmière surgit à ce moment-là et appela Hadley. Il se leva pour la suivre dans la salle d'examen, le cœur serré. L'infirmière pesa et mesura le bébé. La température de Maggie s'élevant à 38,8°, elle les dirigea vers la salle d'attente du cabinet du Dr Stringer.

Hadley assise à côté de lui avec le bébé dans les bras, il s'efforça de cacher sa nervosité. Après dix minutes d'attente qui lui parurent durer une éternité, le médecin de Maggie apparut. Le Dr Stringer examina sa petite patiente, puis leur demanda de s'asseoir.

— Sa température m'inquiète, avoua le médecin, ainsi que la persistance de cette jaunisse, malgré la photothérapie. Je vais procéder à une nouvelle analyse sanguine pour vérifier son taux de bilirubine. Si celui-ci reste élevé, nous envisagerons une transfusion.

Il sentit Hadley s'affaisser contre lui, tremblante. Il fallait qu'il soit fort pour elle, mais il était loin de ressentir la confiance nécessaire. Lui-même ne valait pas mieux. Il aurait été incapable de faire face seul à la situation.

— Maggie appartient à un groupe sanguin rare, dit-il. AB négatif. Trouver un donneur ne va pas poser problème ?

— Non, répondit le docteur. En fait, de la même façon

que O est donneur universel, AB est receveur universel. Mais n'allons pas trop vite en besogne. D'abord la prise de sang, ensuite nous aviserons.

Maggie réagit à peine à la prise de sang, un signe qui l'alarma plus encore quant à la gravité de son état. Ils durent retourner dans la salle d'attente et, à nouveau, il approcha sa main de celle de Hadley. Cette fois, elle ne le repoussa pas, mais il frémit au contact de ses doigts glacés.

Ils attendirent encore, et, dans le silence, il eut l'impression que les battements frénétiques de son cœur résonnaient dans la salle. A côté de lui, elle faisait de son mieux pour surmonter son angoisse, les yeux rivés sur Maggie.

Enfin, la porte se rouvrit, et le Dr Stringer les fit entrer dans son cabinet.

— Il semblerait que le problème ne soit pas dû à son taux de bilirubine.

Hélas, rien dans son expression n'indiquait s'il s'agissait d'une bonne nouvelle.

N'y tenant plus, Liam lui demanda :

— Ce qui signifie ?

— En fait, nous avons relevé un taux de globules blancs anormalement élevé, signe d'une maladie infectieuse persistante. Du fait de sa jaunisse et Maggie étant prématurée, j'aimerais l'hospitaliser pour des examens complémentaires. J'ai déjà contacté mon confrère, le Dr Davison. Il exerce à l'hôpital et est prêt à vous recevoir.

— L'hôpital ? C'est donc aussi grave ?

— A ce stade, il est impossible de le dire, mais je préfère rester prudent.

— Dans ce cas, nous nous rendons à l'hôpital sur-le-champ.

Tout le long du trajet, recroquevillée sur le siège passager du 4x4 de Liam, Hadley ne cessa de se maudire. Elle faisait une bien piètre nounou.

— Ce n'est pas ta faute, dit-il, comme s'il pouvait lire dans ses pensées.

— Comment peux-tu en être aussi sûr ?

— Elle vient juste de déclarer les symptômes d'une maladie infectieuse.

— Une maladie qui couve peut-être depuis longtemps. Tu as entendu le médecin, il n'a pas exclu cette possibilité. Elle était peut-être déjà malade lorsque nous sommes allés à Vail. Peut-être n'a-t-elle pas supporté le froid ?

— Nous n'en savons rien. Inutile donc de t'accabler.

— Je n'aurais jamais dû…

Elle se tut, renonçant à terminer sa phrase.

— Tu n'aurais jamais dû quoi ? demanda-t-il, quittant la route des yeux pour la regarder.

— Coucher avec toi.

— Pourquoi ? Parce que faire l'amour avec moi fait de toi une mauvaise nounou ?

Elle détourna les yeux pour coller le nez à la vitre.

— Maggie était sous ma responsabilité. Je me suis laissé distraire.

— Je te signale que Maggie est aussi sous ma responsabilité, lui rappela-t-il. Peut-être suis-je donc aussi coupable que toi dans ce qui lui arrive. Tu sais, ce serait bien si tu pouvais arrêter un jour de t'attribuer la faute de tous les malheurs de cette pauvre terre.

A cet instant, en un éclair, elle réalisa que Liam avait raison. Elle avait endossé la responsabilité de décisions prises par d'autres, pensant que, si elle avait été une meilleure amie, Anna n'aurait jamais eu cet accident. Pensant aussi que si elle s'était montrée plus tendre avec Noah ou avait été plus maternelle avec ses enfants, au lieu de se comporter comme leur nounou, peut-être ne serait-il pas retourné dans le giron de son ex-femme.

— C'est vrai, c'est une mauvaise habitude chez moi, reconnut-elle. Tu as raison, si Maggie est malade, ce n'est la faute de personne. Comme l'a rappelé son médecin, elle est née prématurée, dans des conditions particulières. L'infection peut avoir été causée par toutes sortes de facteurs.

Le silence retomba dans l'habitacle, mais comme allégé, libéré de toute agressivité. Elle le regarda à la dérobée, regrettant ses propos de la veille, quand elle avait appris qu'il prévoyait de demander la garde de Maggie. Ensuite, chez elle, elle avait fait l'effort d'écrire noir sur blanc comment elle envisageait son avenir. Les choses auxquelles elle croyait, sa définition du bonheur… Il lui avait bien fallu une heure pour se libérer de ses vieux travers, de sa tendance à l'autoflagellation. Une heure d'un face-à-face avec elle-même sans concession dont il était ressorti deux éléments majeurs.

Les chevaux.

Liam.

Son idée du bonheur, ce à quoi elle tenait le plus dans sa vie, tout tenait là, dans ces deux mots.

Une fois aux urgences, à son grand soulagement, ils n'eurent à patienter que dix petites minutes avant l'arrivée de l'infirmière.

— Bonjour, mon nom est Agnes. Laissez, je vais m'occuper du bébé…

— Bonjour. Entendu, répondit-elle en regardant l'infirmière installer Maggie pour la toilette.

Elle dut se faire violence tant la frustration était grande de laisser le bébé à une tierce personne.

— Elle est entre de bonnes mains, lui murmura Liam avec un sourire las.

— Oh ! je sais.

Elle n'aspirait qu'à se blottir entre ses bras, sauf qu'elle avait renoncé à son réconfort, la veille, en lui restituant sa bague de fiançailles.

L'infirmière examina Maggie, avant de la brancher sur intraveineuse.

— Etant donné qu'elle n'a pas encore quatre semaines, commença à expliquer Agnes, nous allons commencer par un traitement antibiotique. En attendant les résultats des analyses, mieux vaut prendre quelques précautions. La bonne nouvelle, c'est que ses poumons sont parfaitement sains. C'est un problème récurrent chez les prématurés. Le Dr Davison ne va pas tarder.

— Merci, répondit Liam.

— Elle paraît encore plus petite, branchée comme ça à l'intraveineuse, soupira Hadley, penchée sur le bébé.

Il la rejoignit. Visage fermé, l'éclat d'une profonde détresse dans ses yeux. Cette fois, ce fut elle qui lui offrit son réconfort.

— Tu vas voir, ça va s'arranger…

— Merci d'être là, dit-il. C'est…

Elle ne sut jamais ce qu'il avait l'intention de dire. Soudain, un homme en blouse blanche apparut, Agnes sur ses talons.

— Bonjour, je suis le Dr Davison. Mon confrère, le Dr Stringer, m'a exposé le cas en détail. Je comprends que vous devez être impatients de connaître les résultats des examens auxquels Maggie a été soumise… *Le médecin les dévisagea, puis il reporta son attention sur le bébé.* En fait, elle souffre d'une infection sanguine, cause de sa fièvre, de sa jaunisse et de son apathie.

Sentant son cœur se serrer, Hadley dut s'accrocher au bras de Liam, ses jambes menaçant de la lâcher.

— C'est grave ?

— Dans certains cas, oui. Mais Maggie est entourée des meilleurs spécialistes, au Royal Memorial. Je suis sûr qu'elle va se remettre. Plus vite elle sera traitée, mieux ce sera. Nous allons la garder en observation quarante-huit heures de manière à identifier la cause de l'infection.

— Vous allez la garder deux jours ici ? demanda Liam, sans lâcher sa main.

— En tout cas, pas plus de trois. S'il s'agit d'une bactérie, elle sera sous antibiotiques pour trois semaines et vous n'aurez qu'à nous l'amener pour des visites régulières.

— Merci, docteur Davison…

Visiblement moins stressé, il serra la main du pédiatre.

— Oui, merci, dit-elle à son tour en essayant de sourire.

L'infirmière demanda à Liam de passer au bureau d'accueil pour signer un certain nombre de formulaires.

A se voir évincée ainsi de toute la procédure, elle blêmit. Puis elle se rappela. Elle n'était que la nounou de l'enfant, rien de plus. En rendant sa bague à Liam, elle avait renoncé à tout droit sur Maggie.

Ils remercièrent l'infirmière et sortirent dans le couloir.

En proie à un malaise croissant, elle sentit les larmes lui monter aux yeux.

— Je crois que je ferais mieux d'y aller, chuchota-elle.

— Comment ça, y aller ? répéta-t-il, les yeux ronds. Mais aller où ?

— Ma place n'est pas ici.

Ce qui en soi était la vérité, même si elle ne pouvait se défaire d'un certain sentiment de responsabilité vis-à-vis de Maggie et de Liam.

Foutaises. Si elle avait été au service de n'importe qui d'autre, jamais elle ne se serait impliquée autant sur le plan affectif. Autre chose, jamais elle n'avait fait l'amour avec un client. Même avec Noah elle n'avait pas franchi cette limite. Ils étaient proches, oui, mais coucher avec lui, en sachant ses enfants endormis au bout du couloir, non, la chose était inconcevable pour elle. Et puis, juste avant ce fameux week-end où ils étaient censés partir ensemble et se retrouver dans l'intimité pour la toute première fois, Noah avait décidé d'aller retrouver son ex-femme.

— Maggie a besoin de toi, voyons, protesta-t-il. Tu ne peux pas l'abandonner maintenant.

— Je suis sa nounou, répondit-elle, déterminée à prendre du recul, en dépit de la douleur acide qui lui rongeait le cœur. Ce dont Maggie a besoin, c'est de sa famille. Pourquoi n'appelles-tu pas sa grand-mère ?

— Tu parles de la femme qui me l'a laissée et qui ne s'est pas inquiétée d'elle une seule fois, depuis ?

Elle soupira. Mais sa présence à l'hôpital au chevet du bébé n'était pas nécessaire. Les infirmières savaient ce qu'elles avaient à faire, Maggie serait bien soignée. Et puis, il était là pour lui donner tout l'amour et le réconfort dont elle avait besoin.

— Le décès de sa maman, l'absence de sa grand-mère, tout ça, oui, me désole. Mais je n'ai pas ma place ici, avec toi, avec elle. Maggie bénéficiera des meilleurs soins dans cet hôpital. Et tu seras auprès d'elle. Quant à moi, je me suis déjà trop impliquée.

Et, sur ces paroles, elle tourna les talons et se dirigea vers l'ascenseur, les larmes coulant maintenant le long de ses joues.

Il se précipita et la retint par le bras.

— Moi aussi, je suis désolé. Surtout de t'avoir blessée, Hadley…

Puis il la lâcha et elle s'éloigna, avec le plus de dignité possible, sans un regard en arrière, en plein désarroi.

Liam avait pris place sur le canapé, dans la chambre d'hôpital de Maggie. Une infirmière était venue une demi-heure plus tôt prendre la température du bébé et le changer, baissant la lumière avant de sortir. Il était un peu plus de 18 heures maintenant, et il n'avait rien avalé depuis ce matin. Mais il n'imaginait pas laisser Maggie toute seule, même deux minutes. Et, s'il sentait un gouffre béant en lui, la faim n'y était pour rien. Cette impression de vide en fait restait concentrée dans la région du cœur. Un sentiment de profonde solitude, comme il n'en avait jamais connu auparavant.

Ce sentiment-là, il ne l'avait pas ressenti aussi douloureusement lorsque Kyle avait quitté le ranch pour s'engager dans les marines, ni même au décès de son grand-père. Le ranch lui avait procuré suffisamment de distractions pour l'occuper. Cette fois, il le savait, ce serait différent.

Il n'était pourtant pas homme à s'apitoyer sur son sort mais, au cours des heures qui avaient suivi le départ de Hadley, il avait eu tout le temps de s'interroger sur lui-même. Et de porter un regard critique sur sa vie. La venue de Maggie et de Hadley était ce qui lui était arrivé de mieux. Et prendre soin du bébé lui avait appris le vrai sens du mot « responsabilité ». Jusqu'à aujourd'hui, il était entouré de gens qui faisaient les choses pour lui. Ses hommes, son grand-père et même ses petites amies. Non qu'il soit égoïste, mais il n'avait jamais eu à faire passer les besoins de quelqu'un avant les siens.

Néanmoins, même s'il croyait bien faire, il était allé jusqu'à décider d'entreprendre les démarches pour obtenir la garde de Maggie sans savoir ce que pourrait en penser Kyle. Il n'avait pas tenu compte non plus de Hadley. Lui demander, comme ça, de devenir sa femme, comme pour la récompenser de son amour et du sacrifice qu'elle ferait de sa carrière en restant à Royal, avec lui…

Il lui avait offert une magnifique bague, lui avait avoué avoir besoin d'elle et vouloir vivre avec elle jusqu'à la fin de sa vie. Mais pas une fois il ne lui avait dit l'aimer passionnément, à la folie. Que, si elle ne l'épousait pas, il en aurait le cœur brisé. Pas étonnant qu'elle se soit sentie dévalorisée.

Il repensa à ce cauchemar fait à son retour du Colorado. Dormir seul pour la première fois après ces trois nuits de rêve avait réveillé des émotions profondément enfouies dans son inconscient. Il ressentait encore la douleur qui l'avait étreint à son réveil en repensant à la panique hystérique de cet enfant courant après sa mère, la suppliant de rester.

Au matin, il s'était empressé de refouler cette souffrance, de ranger ce mauvais rêve sous cloche. Laisser s'exprimer cette soif d'amour en lui pour se la voir renvoyée en pleine figure, non, cela, il ne voulait plus le revivre. Alors, il n'avait montré à Hadley que son désir et l'avait demandée en mariage en évitant bien de lui ouvrir son cœur.

Elle avait eu raison de lui tourner le dos. Il l'avait presque forcée à se remettre en selle tout en sachant combien l'accident de son amie l'avait marquée. Il l'avait poussée à se pardonner pour ses erreurs passées, sans vraiment essayer de comprendre pourquoi cela lui était si difficile. Mais, pire que tout, il avait accepté son amour sans rien lui offrir en retour.

Il sortit la bague de fiançailles de sa poche, les diamants scintillant aussitôt dans la pénombre. Combien de ses ex lui auraient rendu un tel bijou ? Sans doute aucune. Parce que toutes s'intéressaient plus aux cadeaux de luxe qu'à l'homme qui les leur offrait. Ce qui expliquait pourquoi il les avait choisies au départ. Avec des femmes qui n'attendaient rien de lui que des cadeaux et du bon temps, son cœur restait en sécurité.

Quel idiot il avait été. Il avait mis un terme à sa vie de don Juan, voulant être prêt quand la femme idéale se présenterait devant lui. Et, quand elle était apparue, il avait voulu lui en mettre plein la vue en l'emmenant à Vail et en lui donnant une bague de fiançailles brillant de mille feux. Sauf que Hadley était une femme aussi intelligente qu'obstinée. Ce qui comptait pour elle, c'était un homme qui l'aime de tout son cœur et sache la convaincre combien elle était importante pour lui.

Or, jusqu'à présent, il avait échoué à être cet homme. Et il l'avait perdue. Bientôt, elle partirait de Royal. Le temps pressait. Il lui restait une chance de lui montrer ce qu'il ressentait pour elle.

- 13 -

Après avoir laissé Maggie et Liam à l'hôpital, Hadley prit un taxi pour rentrer et passa le reste de la journée recroquevillée sur son canapé, devant une émission de téléréalité à la télévision. Mais le spectacle du quotidien affligeant de femmes superficielles échoua à la distraire de la culpabilité qui l'oppressait à avoir abandonné Liam seul avec Maggie malade. Rongée par l'inquiétude, s'accablant de reproches, elle dut cependant convenir que lui offrir son réconfort risquait de l'entraîner sur une pente dangereuse. Déjà, elle était allée trop loin sur le plan affectif.

A 19 heures, elle envoya un texto à Kori pour lui demander de bien vouloir l'accompagner le lendemain matin au ranch, de façon à pouvoir récupérer sa voiture. Elle aurait pu faire ça le soir, mais l'énergie lui manquait, au point même de devoir faire un effort quand elle dut se lever pour aller ouvrir sa porte au livreur de pizza.

Une heure s'écoula avant la réponse de son amie. Elle se rendit compte alors qu'elle n'avait pas encore raconté à Kori la rupture de ses fiançailles. Sans doute les fiançailles les plus courtes de l'histoire. Même pas trois jours. Après un long soupir, elle composa le numéro de son amie.

— Mais que se passe-t-il ? Pourquoi ta voiture est-elle restée chez Liam ?

La question eut pour effet immédiat de faire céder les vannes. Elle se mit à sangloter et c'est en pleurant qu'elle raconta comment et pourquoi ils avaient dû conduire

Maggie à l'hôpital. Et pourquoi aussi elle avait tourné le dos à Liam, au moment où il avait le plus besoin d'elle.

— J'arrive…

— Non, non, ça va aller, pleurnicha-t-elle en se mouchant. Je vais bien, je t'assure.

— Non, tu ne vas pas bien. Pourquoi avoir attendu pour me raconter ?

— Parce que je ne me sentais pas prête à reconnaître un nouvel échec en étant tombée amoureuse de l'homme qu'il ne fallait pas. Oh ! mais quelle idiote je fais…

— Tu as réalisé trop tard qu'il n'était pas fait pour toi.

— Il faut toujours que je me précipite. Je me suis investie dans sa vie corps et âme, avec le rêve de fonder une famille.

— Je croyais que tu ignorais que Liam avait décidé de demander la garde de Maggie ?

— Euh, oui, c'est exact.

— Alors, dans ce cas, tu n'aspirais pas à fonder une famille avec Liam et Maggie, mais à former un couple avec Liam.

— Et à terme une famille.

— A terme signifiant dans le futur, ça ne compte pas, décréta Kori avec douceur mais fermeté. Tu aimes Liam. Tu m'as avoué avoir été amoureuse de lui, déjà adolescente. Toute cette histoire de famille ne fait que parasiter l'essentiel, l'amour…

— Sans doute, répondit-elle, sans savoir si cela arrangeait ses affaires. Mais il m'a quand même demandé de l'épouser pour avoir de meilleures chances d'obtenir la garde de Maggie…

— Je ne crois pas que ce soit aussi simple, remarqua Kori. Liam est un beau parti. Il doit compter dans son agenda une bonne centaine de femmes qu'il connaît depuis bien plus longtemps que toi. A ton avis, pourquoi n'a-t-il pas demandé à l'une d'entre elles de l'épouser ? Pour moi, il est amoureux de toi, mais redoute de se l'avouer.

Aussi tentant que ce fût de croire en l'interprétation

de son amie, elle s'en garda bien. Sans déclaration de la part de Liam, elle pourrait aussi bien passer le restant de ses jours à souffrir et à se demander s'il l'aimait ou pas.

— Tu n'as pas l'air d'y croire, soupira Kori. Oh ! je suis triste pour toi. Tu mérites de rencontrer l'homme de tes rêves.

— Il doit forcément être quelque part.

— Bien sûr. Bon, à quelle heure veux-tu que je vienne te chercher demain ?

— Peu importe…

Liam resterait probablement auprès de Maggie jusqu'à sa sortie d'hôpital. Elle pourrait donc récupérer ses affaires au ranch sans risquer de tomber sur lui.

— J'ai un client à 8 heures. Nous pouvons y aller soit avant soit après.

— Je préférerais avant.

Car ce qu'elle voulait, c'était en finir au plus vite, de façon à pouvoir tourner la page.

La nouvelle nounou de Maggie devant prendre son service le surlendemain, le Dr Davison ne laisserait sans doute pas sortir le bébé avant. En principe, elle ne devrait donc pas revoir Liam. Aussitôt, à cette pensée, une douleur aiguë lui transperça le cœur.

— Disons 7 heures ?

— Parfait, répondit-elle avant de changer de sujet, en l'occurrence la date de leur prochaine virée entre filles.

Quelques minutes plus tard, elle raccrocha. Dix secondes s'écoulèrent et, à nouveau, elle pensa à Liam. Est-ce que Maggie allait bien ? Et les résultats des examens, que disaient-ils ?

Elle décida d'envoyer un texto, avant de se raviser. Le contacter ne ferait qu'attiser cette douleur en elle. Non, même si cela faisait mal, elle devait couper les ponts. A terme, tout le monde s'en porterait mieux.

Cette décision, elle eut beau se la répéter cent fois au cours de la soirée, elle dut se faire une raison. Impossible d'effacer Liam et le bébé de son esprit. Elle finit par craquer, envoyant un texto à Liam vers 22 h 30, avant de s'empresser d'éteindre son téléphone et d'aller se coucher. Mais, pas de chance, elle échoua à trouver le sommeil.

Elle se leva aux alentours de 6 heures, éreintée et déprimée, puis se traîna sous la douche qui, du moins l'espérait-elle, lui remettrait les idées d'aplomb. Raté. A mesure qu'approchait l'heure de son rendez-vous avec Kori, une angoisse sourde s'empara d'elle. Si bien que ce fut les nerfs à vif qu'elle monta dans la voiture de son amie.

— Est-ce que ça va ? s'enquit Kori en redémarrant.

— Oui, oui. Je n'ai pas très bien dormi, c'est tout. Je n'arrête pas de penser à Maggie.

— Tu devrais appeler Liam, ou lui envoyer un texto. Je ne pense pas qu'il refuse de te donner des nouvelles du bébé.

— C'est ce que j'ai fait hier soir. Mais je n'ai eu aucune réponse.

Et qu'imaginait-elle ? Que Liam se précipiterait sur son portable pour lui répondre, précisant au passage combien elle lui manquait et qu'il regrettait de l'avoir laissée partir ?

— Oh… Dans ce cas, qu'il aille au diable, décréta Kori.

— Parfaitement d'accord, renchérit-elle en riant.

Un rire qui sonna faux à ses oreilles.

Car elle ne le pensait pas. Elle ne savait même pas s'il avait reçu son texto. Sa priorité était Maggie. Il répondrait, sans doute, mais plus tard.

Après vingt minutes de route, Kori la déposa au ranch. Elle constata avec soulagement que sa voiture était la seule dans l'allée. Elle n'avait pas envie de croiser Liam et encore moins de lui parler.

Dès son arrivée, des parfums gourmands de cannelle et de sucre l'assaillirent. Elle se rendit dans la cuisine et trouva Candace en train de disposer des cookies dans un conteneur en plastique. Oubliant comme par enchantement son intention de prendre ses affaires et de quitter le ranch en moins de cinq minutes chrono, elle ne put résister. Elle s'assit sur l'un des tabourets, pleine d'espoir.

— Comme ça sent bon…

— Je pensais les apporter à Liam à l'hôpital et le remplacer un moment au chevet de Maggie pour qu'il puisse se reposer un peu et rentrer prendre une douche.

— C'est gentil de votre part.

— Mais, puisque vous êtes là, peut-être pourriez-vous y aller vous-même ?

A ces mots, elle baissa les yeux.

— Je ne crois pas que Liam ait très envie de me voir, dit-elle, avant de s'expliquer. Nous avons rompu nos fiançailles et je l'ai laissé seul à l'hôpital, hier…

Après lui avoir fait une scène, finit-elle en silence.

— Vous vous êtes disputés ?

— Pas vraiment… La vérité, c'est que nous sommes allés un peu trop vite en besogne. Vous comprenez, nous ne nous connaissons que depuis peu. Franchement, qui a l'idée de se fiancer après trois semaines ?

— Mais vous êtes si amoureux l'un de l'autre. Et on parle de fiançailles. Vous aurez tout le temps d'apprendre à vous connaître avant le mariage.

Comment expliquer à Candace que Liam ne l'aimait pas et ne lui avait demandé de l'épouser que pour mettre toutes les chances de son côté dans la garde du bébé ? Elle n'en avait pas le courage.

— C'est comme ça, on n'y peut rien, chuchota-t-elle.

— Mais… Et Maggie ? Je suis sûre que Liam apprécierait de vous avoir à ses côtés à l'hôpital.

Rien de ce qu'elle pourrait dire ne justifierait d'avoir abandonné un bébé malade, aussi se contenta-t-elle de secouer la tête en fixant le plan du comptoir.

— Je vais lui apporter ces cookies, finit-elle par répondre. Et peut-être aussi un peu de café. Il doit être épuisé.

— Je suis certaine qu'il appréciera votre geste, dit Candace.

La gouvernante referma le conteneur en plastique, et de son côté elle versa du café dans un thermos, tout en se demandant comment elle avait pu se laisser convaincre de retourner à l'hôpital. Mais Candace n'avait pas eu à insister beaucoup. En fait, pour être honnête, elle n'attendait que cela.

— Si vous trouvez que tout est allé trop vite entre vous, remarqua à ce moment la gouvernante, je peux vous assurer une chose. Je n'ai jamais vu Liam aussi heureux que depuis que vous êtes apparue dans sa vie.

— C'est la même chose, pour moi, avoua-t-elle, maudissant soudain son passé de l'aveugler autant, quand tout ce qui importait, c'était bien cela, l'amour, le bonheur. Maintenant, tout de suite.

— Quel que soit le problème entre vous, je suis sûre que vous en viendrez à bout du moment que vous l'affronterez ensemble.

Et si c'était la peur qui l'avait amenée à réagir de manière aussi excessive au désir de Liam de demander la garde de Maggie ? Se pouvait-il qu'elle l'ait mal jugé ? Qu'elle lui ait attribué des motivations qui n'existaient pas, tout ça parce qu'elle n'avait pas confiance en son propre jugement ?

— Vous avez peut-être raison.

— Dans ce cas, la seule chose qu'il vous reste à faire, c'est de vous parler, de vous parler vraiment et de savoir si vous avez envie d'y arriver, ensemble…

— Cela semble si facile, à vous entendre, soupira-t-elle en souriant.

— Etre amoureux n'est jamais facile mais, croyez-en mon expérience, le jeu en vaut la peine.

— Et Liam sans aucun doute en vaut mille fois la peine. Peut-être le moment est-il venu que je le lui dise.

— Certainement.

Liam s'approcha de l'infirmière en train de prendre la température de Maggie.

— Il me semble qu'elle a meilleur appétit ce matin.

La jeune femme en uniforme ne fut pas dupe de son ton enjoué et lui offrit un sourire de réconfort.

— Sa température a baissé de deux degrés. Les antibiotiques commencent à faire effet.

Certes, ce n'était pas la panacée, mais au moins l'état de Maggie n'empirait-il pas, au contraire.

— C'est une excellente nouvelle, dit-il, regrettant de ne pouvoir la partager avec Hadley.

Mais elle avait été très claire, hier. Elle avait besoin de prendre du recul.

— Elle dort à présent, reprit l'infirmière. Vous devriez en profiter pour aller grignoter quelque chose. Je sais que vous n'avez même pas pris la peine de dîner, hier soir.

— Je n'avais pas faim.

— Si vous ne vous alimentez pas correctement, vous serez vite à bout de forces. Ce n'est pas ainsi que vous pourrez vous occuper de Maggie quand elle rentrera à la maison, remarqua l'infirmière avec sévérité.

— Oui, vous avez raison. Dans un moment, je descendrai à la cafétéria.

L'infirmière partie, il laissa échapper un soupir. Tout juste s'il avait réussi à somnoler une heure ou deux, cette nuit, et il tenait à peine debout. Un café le remettrait d'aplomb. Une chose était sûre, à ce rythme il ne tiendrait pas longtemps. Seulement voilà, jamais il ne se le pardonnerait, si l'état de Maggie venait à empirer en son absence.

A ce moment, une douce voix féminine résonna à la porte.

— Comment va-t-elle ?

Oubliant instantanément sa fatigue, il fit face à Hadley. Tout de suite, il nota une certaine appréhension dans son regard. Elle craignait évidemment qu'il ne lui demande de partir.

— Un peu mieux.

— C'est super. J'espère que tu ne m'en veux pas d'être venue.

— Pas du tout.

A vrai dire, après la scène d'hier, il n'en revenait pas qu'elle soit là.

— J'ai hésité. *Elle regarda autour d'elle, comme si elle*

cherchait un endroit où se cacher. Tu n'as pas répondu à mon texto, hier soir.

Il se passa la main dans les cheveux, manière de s'éclaircir les idées.

— Un texto ? Je n'ai rien reçu.

— Oh… J'ai apporté du café, et Candace a préparé des cookies. Elle voulait venir elle-même, mais comme j'étais passée récupérer la voiture et que l'hôpital était sur mon chemin…

Elle s'interrompit, manifestement perturbée par son silence.

— … Si tu veux, je peux poser tout ça et m'en aller. Ou bien, rester au chevet de Maggie pour que tu puisses rentrer au ranch prendre une douche et te reposer. Tu as l'air épuisé.

Elle-même ne semblait pas très en forme. Bien sûr, elle s'était inquiétée. Il l'imagina, incapable de trouver le sommeil, pensant au bébé. Elle était comme ça, toujours à s'inquiéter pour les autres, même si parfois cela était à ses dépens.

— Je suis tellement désolé, Hadley, dit-il alors, la gorge serrée. Je n'aurais jamais dû te laisser partir, hier. Nous aurions dû essayer de nous parler.

— Non, dit-elle en s'avançant vers lui. C'est à moi de m'excuser. La façon dont j'ai agi hier est impardonnable. Je n'ai fait que penser à ma petite personne, alors que Maggie était malade.

Il l'attira contre lui et referma ses bras autour d'elle. Tout juste s'il sentit le Tupperware et le thermos cogner son ventre quand il approcha son visage du sien pour l'embrasser, se laissant à ce moment envahir par toutes sortes d'émotions. Puis elle lui rendit son baiser et, à ce moment, la douleur dans son cœur disparut comme par magie.

Il l'étreignit, prit son visage entre ses mains et continua de l'embrasser avec passion, s'abreuvant à sa bouche, mêlant sa langue à la sienne. Le temps s'arrêta lorsqu'il libéra enfin en lui toutes ces émotions qu'elle lui inspirait et qu'il avait tenues au secret. Ses peurs bien sûr, le besoin qu'il avait d'elle, sa joie. Tout ce qu'il ressentait pour elle.

— Liam, chuchota-t-elle quand il couvrit sa gorge de baisers.

— Je t'aime…

Les mots lui vinrent si aisément, si naturellement. Cette longue nuit de solitude avait fait voler en éclats la carapace qu'il avait endossée un jour lointain, petit garçon.

Il plongea ses yeux dans son regard bleu, puis, pris d'un besoin irrépressible d'exprimer au plus près ses sentiments, il ajouta :

— Non, je ne t'aime pas, je t'adore. Et peu importe le temps que cela prendra, je consacrerai mon existence à te prouver mon amour.

Un sourire de bonheur se dessina sur ses lèvres, et il la serra tout contre son cœur. Dire qu'il avait failli la perdre pour toujours.

— Moi aussi, je t'aime.

— J'avais si peur que ta carrière ne t'entraîne loin de moi. Je ne supportais pas l'idée de te perdre.

Soudain, partager ses peurs avec elle semblait si évident. Et, à son regard, il sut qu'elle comprenait ce qu'il avait traversé.

— Cette fois, pas de précipitation, poursuivit-il. Je veux que nous prenions le temps de parler. Je veux que tu réfléchisses pour savoir si oui ou non tu as envie de passer le reste de ta vie avec moi.

Elle éclata de rire, un rire gai et léger.

— Je n'ai pas besoin de réfléchir. Je t'aime et je veux devenir ta femme. Fonder une famille avec toi. Peu importe ce qui se passera avec Kyle, Maggie sera toujours comme une fille pour nous, et une grande sœur pour nos futurs enfants.

— Dans ces conditions…

Il sortit la bague qu'il avait gardée dans sa poche.

— Hadley, tu es l'amour de ma vie. Me feras-tu l'honneur de m'épouser ?

Elle lui offrit sa main gauche.

— Liam, tu es ce qui m'est arrivé de mieux. Je n'ai qu'une hâte, devenir ta femme et vivre auprès de toi jusqu'à la fin des temps.

Il glissa la bague à son doigt et déposa un tendre baiser sur ses lèvres. Baiser qui s'éternisa pour peu à peu s'enflammer, et ce fut à bout de souffle, finalement, qu'ils s'arrachèrent l'un à l'autre.

— T'embrasser est toujours un plaisir, dit-elle avec un sourire mutin en lui tendant le café. Et j'espère bien que tu recommenceras, mais dans l'immédiat… Voilà une heure que j'ai envie de dévorer ces cookies.

— Tu préfères les cookies à mes baisers ?

— Il ne s'agit pas de n'importe quels cookies. C'est Candace qui les a préparés.

— Tu as raison, répondit-il, retrouvant en un éclair tout son appétit. Mangeons…

Le matin des noces, le ciel était clair, le soleil prometteur. Les vents violents qui avaient soufflé sur le Texas s'étaient apaisés, et la météo prévoyait des températures douces, un temps clément.

Hadley était fébrile.

Aujourd'hui, à 11 heures, elle épouserait Liam au cours d'une cérémonie en petit comité, dans les locaux du Texas Cattleman's Club. Naturellement, Kori était sa demoiselle d'honneur, Liam de son côté ayant choisi Mac McCallum pour témoin. Etant donné la rapidité avec laquelle ce mariage avait été organisé, elle avait opté pour une robe toute simple, très sobre, en tulle et dentelle. Pas tout à fait conforme aux conventions, plutôt un modèle tendance.

Kori s'était chargée de la fleur blanche en soie et du diadème en cristal. Quant à ses boucles d'oreille, faites de perles et de diamants, c'est Liam qui avait insisté pour qu'elle les porte. Un héritage de sa grand-mère. C'était la seule concession qu'elle avait faite à la tradition. Pour compenser, elle avait tenu à apporter sa touche, une paire de santiags blanches.

Le choc de sa mère quand elle l'avait vue chaussée ainsi, elle en riait encore. Mais elle ne regretta en rien son choix en voyant l'étincelle dans les yeux de Liam lorsqu'elle pénétra dans la salle.

— Tu es d'une beauté sublime, dit-il en lui prenant la main.

Elle se plaça à côté de lui, son bras noué au sien.

— Je suis ravie de te plaire. Je n'ai pas cessé de penser à toi quand j'ai choisi ma tenue.

Il la mena jusqu'à l'autel dressé au fond de la pièce où attendait le pasteur. Les notes cristallines d'une harpe résonnèrent pour entamer la marche nuptiale, mais elle n'écouta plus, trop occupée par cet homme à côté d'elle et par ce sentiment de plénitude qui l'envahit quand le pasteur se mit à parler.

Jurer amour et fidélité à Liam jusqu'à la fin de ses jours fut la promesse la plus douce qu'elle ait jamais faite. Et, vu l'éclat de ses yeux lorsqu'il glissa l'alliance à son doigt, il était aussi heureux qu'elle de prononcer ses vœux.

Enfin, le pasteur les déclara mari et femme, puis ils rejoignirent avec leurs invités la salle de banquet décorée pour l'occasion de guirlandes de fleurs et de lampions, dans l'esprit Far West, avec des bouquets de fleurs des champs sur toutes les tables.

— C'est magnifique, dit-elle en regardant autour d'elle.

— La seule chose magnifique ici, c'est toi, répondit-il.

Elle déposa un baiser sur ses lèvres.

— Voilà pourquoi je t'aime, entre autres. Tu n'as pas ton pareil pour me faire rougir de plaisir, chuchota-t-elle en tressaillant au contact de ses lèvres.

Ainsi s'acheva leur dernier moment d'intimité au titre de jeunes mariés pour les heures à venir, la fête n'attendant qu'eux pour commencer. Plus tard, le soir, ils récupérèrent

Maggie, confiée à des amis et rentrèrent au ranch. Ensemble, ils couchèrent le bébé et restèrent un long moment devant son berceau, main dans la main. Maggie était en pleine forme et, entourée de leur amour, s'épanouissait.

— Je voulais te donner ceci un peu plus tôt, mais je n'en ai pas eu le temps, dit-il en lui tendant un petit écrin.

— Qu'est-ce ?

— Ouvre et regarde.

Elle souleva avec délicatesse le couvercle et découvrit à l'intérieur de l'écrin un pendentif avec un cœur en or blanc au dos duquel était gravé, « Ecoute toujours ton cœur, le mien ne bat que pour les chevaux. » Elle rit, émue, avec un sentiment de douce nostalgie.

— Je me rappelle… Quand j'étais adolescente, j'avais un T-shirt avec ces mots écrits dessus.

— Oui, dit-il en glissant le pendentif autour de son cou. Tu le portais, la première fois que je t'ai vue.

— C'était il y a plus de dix ans, s'étonna-t-elle. Comment peux-tu te rappeler ?

— Tu serais surprise de tout ce dont je me souviens, à propos de toi.

Elle enfouit les mains dans ses cheveux et l'embrassa.

— C'est un cadeau adorable, mais qui n'est plus d'actualité depuis longtemps…

— Je croyais que tu en avais terminé avec cette culpabilité à propos de ton amie.

— C'est vrai. Mais mon cœur a cessé depuis longtemps de ne battre que pour les chevaux. Mon cœur ne bat que pour toi.

— Je ne pouvais rêver plus beau cadeau que ces paroles, adorable madame Wade, répondit-il en l'emportant dans ses bras.

MICHELLE MAJOR

La joie de te retrouver

Traduction française de
MARINA BRANCHE

Passions

HARLEQUIN

Titre original :
A BABY AND A BETROTHAL

- 1 -

Inutile de se leurrer : ce premier rendez-vous était un véritable désastre.

Katie Garrity cessa de fixer le vernis rose pâle de ses ongles et essaya de paraître intéressée par Mike, l'homme assis en face d'elle. Diriger une pâtisserie mettait ses mains à rude épreuve. Alors, ce soir, elle avait fait un effort pour paraître plus féminine. Elle avait laissé ses cheveux libres, s'était maquillée et portait même une robe et des talons. Tout ça pour ressembler au genre de femme avec qui un homme souhaiterait se marier et avoir des enfants. Et, au final, perdre un temps précieux.

Mike tapota alors la table du bout des doigts, ce qui la tira aussitôt de ses pensées.

— Quelques-uns de mes amis suivent un régime sans gluten, dit-elle en espérant répondre à la question qu'il lui avait posée. Je suis même en train de mettre au point des recettes qui pourraient leur plaire.

— Je parle de quelque chose de bien plus fort qu'un régime sans gluten, dit-il en secouant la tête. C'est un changement total d'alimentation, composée uniquement de produits crus, tu comprends ?

— Bien sûr, oui, répondit Katie en regardant par-dessus son épaule pour attirer la serveuse.

Seigneur, si elle arrivait à ne pas mourir d'ennui, ce serait un miracle.

Mais pourquoi avait-elle accepté ce rendez-vous ?

Parce qu'une de ses clientes le lui avait proposé et parce

qu'elle voulait sortir avec un homme. Parce que cette soirée aurait pu mener à plus et lui offrir enfin le genre de vie dont elle rêvait désespérément. Une vie qu'elle ne semblait pas être capable de construire seule.

Elle connaissait presque tout le monde dans la petite ville de Crimson au Colorado. Pourtant, cela faisait des années que sa popularité n'avait rien changé à sa vie amoureuse. De nombreux hommes avaient beau être accros aux gâteaux qu'elle créait dans sa pâtisserie, Life is Sweet, leur intérêt s'arrêtait là.

— Tu devrais songer à transformer ton commerce en restaurant d'aliments crus. Celui qui vient d'ouvrir à Aspen rencontre un vrai succès, poursuivit Mike.

Katie le dévisagea en fronçant les sourcils.

— Tu es en train de suggérer que je ferme ma pâtisserie ? Celle dont j'ai hérité de ma grand-mère et qui est dans la famille depuis trois générations ?

D'accord, elle n'avait rien contre les régimes alimentaires à base de légumes mais, là, ça allait trop loin.

— Le sucre devrait être considéré comme une drogue, continua-t-il.

Visiblement sans s'apercevoir qu'elle était hors d'elle…

— C'est comme si tu tenais un atelier où on fabriquait de l'ecstasy.

Elle sentit sa mâchoire se décrocher. Ce type était dingue !

— OK, on arrête là ! Merci pour cette soirée instructive. Et bon retour à Aspen.

Sans perdre une seconde de plus, elle se leva, sortit son portefeuille et jeta quelques billets sur la table.

Mike cligna des yeux et regarda sa montre.

— Je peux te rappeler ?

— Je serai occupée à produire de l'ecstasy, répondit-elle les dents serrées.

Ni une ni deux, Katie se dirigea vers le bar. Car, même s'ils s'étaient retrouvés dans la nouvelle brasserie du centre-ville de Crimson, Mike avait insisté pour qu'ils commandent tous les deux de l'eau en radotant sans fin sur les bactéries que contenait la bière de ces petits établissements. Or elle ressentait le besoin urgent d'une petite dose de houblon. Et tant pis pour les microbes !

Katie prit une grande inspiration. La porte du patio de la petite brasserie était ouverte et laissait entrer l'air frais des montagnes de ce début de soirée estivale. Les journées étaient chaudes à Crimson en juin mais, grâce à l'altitude, la température retombait la nuit. Toutefois, l'espace extérieur n'en était pas moins bondé, ce qui lui rendit sa bonne humeur. Crimson était une ville historique et pittoresque nichée à trois cents mètres d'altitude dans les montagnes Rocheuses, avec des rues bordées de maisons victoriennes. La petite ville attirait de nombreux touristes, et tout ce qui apportait de nouveaux visiteurs était bénéfique aux petits commerces, dont sa pâtisserie.

Elle reporta son regard sur le bar et aperçut de larges épaules penchées par-dessus le bois poli. Ce qui mit immédiatement sa féminité en alerte. Bien malgré elle, d'ailleurs. *Allons, allons, calme-toi, ma fille !*

Elle se rapprocha alors et commanda une bière blonde au barman avant de tapoter l'épaule à côté d'elle.

— Salut, Noah. Quand es-tu revenu en ville ?

— Katie-Microbe ! lui répondit-il de sa voix chaude et profonde.

Puis il lui sourit, avant de la prendre dans ses bras pour lui faire un câlin. Comme toujours depuis l'époque du lycée.

— Je suis arrivé il y a quelques jours pour voir ma mère, expliqua-t-il. Et toi, qu'est-ce que tu fais ici ?

— J'avais un rendez-vous galant, marmonna-t-elle tout en buvant une longue gorgée de sa bière.

— Un rendez-vous galant ? répéta-t-il tandis que ses yeux bleu cobalt s'agrandissaient.

Normalement, Noah la dépassait de quinze bons centimètres mais, assis sur les tabourets du bar, ils faisaient presque la même taille.

— Oui, monsieur Crawford, un rendez-vous galant, répondit-elle en prenant une poignée de cacahuètes. Tu sais, quand un homme et une femme sortent ensemble en public. Ça implique généralement plus que boire et faire des folies de son corps. Du coup, ce terme ne t'évoque sûrement pas grand-chose.

— Ouille ! dit-il en faisant pivoter son tabouret.

Au même moment, le genou de Noah se retrouva en contact avec sa hanche à elle.

Katie sentit aussitôt un frisson brûlant remonter le long de sa colonne tandis qu'elle s'agrippait à son verre.

— Je t'ai fait quelque chose, Microbe ? Parce que je pensais que nous étions amis. Tu es même l'une de mes meilleures amies depuis mes seize ans. Et, là, j'ai l'impression que tu me hais.

Elle prit une longue inspiration en essayant d'ignorer son parfum intensément boisé.

— Nous sommes toujours amis, Noah. Mais arrête de m'appeler Microbe, je ne suis plus une enfant.

— Je sais, Katie, répondit-il en riant tout en lui donnant un petit coup d'épaule. Comment était ton prétendant ?

— Stupide, dit-elle en se contentant de le regarder du coin de l'œil.

A vrai dire, elle ne se faisait pas confiance pour lui cacher ses sentiments.

Une seule bière, et elle était déjà pompette ! Malgré tout, elle fit signe au barman de lui en apporter une seconde.

Oui, elle et Noah étaient de vieux amis, mais elle avait toujours voulu plus. Cela dit, elle était presque certaine que Noah ne s'en était jamais aperçu.

— Stupide ? s'empressa-t-il de dire. Il a dépassé les bornes ? Tu veux que j'aille lui botter les fesses ?

— Non, rien de ce genre. Il était juste ennuyeux.

— Alors pourquoi es-tu sortie avec lui ?

Le barman leur apporta deux autres bières, et Katie regarda les doigts de Noah quand ils se refermèrent sur son verre. Il avait des mains immenses et calleuses à cause de son travail de chef de division pour le département des Forêts des Etats-Unis. Il passait ses journées dehors et on voyait qu'il était en pleine forme. Au prix d'un effort surhumain, elle évita de regarder ses avant-bras musclés et bronzés quand il porta son verre à ses lèvres. Parce qu'elle se sentirait encore plus frustrée qu'elle ne l'était déjà.

— Je vais avoir un bébé, lui dit-elle.

Noah manqua de s'étouffer et recracha la moitié de sa bière sur le comptoir.

— J'aurais dû dire, je veux avoir un bébé.

— Tu vas ou tu veux ? lui demanda-t-il en l'attrapant par la manche pour la faire pivoter face à lui. Il y a une grosse différence…

— Je voudrais. Je ne serais pas dans un bar en train de boire de l'alcool si j'étais enceinte.

— Exact.

Voyant qu'il voulait s'essuyer la bouche, Katie lui tendit une serviette en papier, et il lui sourit.

Les cheveux blond foncé de Noah étaient plus longs que d'ordinaire, ils bouclaient sur sa nuque et étaient en bataille sur le dessus. C'était un signe de stress chez lui, elle le savait depuis longtemps.

— Ce genre de choses n'est pas censé arriver naturellement ? lança-t-il.

— C'est facile à dire pour toi. Tu n'as qu'à sourire et toutes les filles des environs sont à tes pieds.

Il renversa la tête et éclata de rire. Au même moment, un verre se brisa en tombant par terre. Quand elle se retourna, Katie vit une jeune femme fixer Noah, bouche bée.

— CQFD, dit-elle d'un air sarcastique.

Noah fit un clin d'œil à la jeune femme puis se pencha vers Katie pour lui murmurer :

— Et toi ? Tu n'as pas envie de te jeter à mes pieds ?

— Non, je suis immunisée contre toi, répondit-elle.

Malgré tout, elle dut fournir un gros effort pour résister à son envie de s'éventer. Cet homme avait le don de lui donner chaud !

— Raison pour laquelle nous pouvons être amis, dit-il en se redressant.

Et elle sentit son cœur se serrer.

— Mais, plus sérieusement, pourquoi as-tu accepté de sortir avec un crétin ?

— J'ignorais que c'en était un quand j'ai dit oui. Je suis à la pâtisserie à quatre heures tous les matins et la plupart du temps au lit avant vingt heures. Ma vie sociale se réduit aux plaisanteries que j'échange avec mes clients et à quelques rares soirées entre filles.

— Demande à l'une de tes amies de t'organiser un rendez-vous, fit-il remarquer.

— Je l'ai fait, elles cherchent, dit-elle en posant les coudes sur le bar avant d'enfouir son visage dans ses mains. Tout le monde cherche, c'est vraiment gênant. J'ai l'impression de faire pitié.

— Ça n'a rien à voir, dit-il en posant une main sur sa nuque.

Aussitôt, Katie eut honte de ressentir autant de plaisir quand Noah la toucha. Ce n'était pourtant qu'un contact innocent. Mais cela embrasa littéralement son corps !

— Tous les habitants de Crimson t'adorent, comme c'était le cas pour ta grand-mère quand elle tenait la pâtisserie. Tu aides toujours tout le monde, Microbe. Et il est temps qu'ils te rendent la pareille.

Elle allait lui redemander d'arrêter d'employer ce surnom quand il ajouta :

— Tu mérites d'être heureuse.

Quelque chose dans le ton de Noah lui fit relever la tête d'un coup. Elle le regarda attentivement. De fines lignes entouraient ses yeux bleus, et il semblait réellement fatigué. Cette barbe naissante qui ombrait ses joues était sans doute le signe qu'il avait été trop occupé ou stressé pour se raser.

— Que se passe-t-il Noah ? Pourquoi es-tu en ville ?

— Je te l'ai dit. Je suis venu voir ma mère.

Elle avait déjà vu ce regard auparavant, dix ans plus tard, quand le père de Noah était mort d'un cancer fulgurant.

— En fait… Elle a une tumeur au cerveau.

Il avait prononcé ces mots avec tant de difficulté qu'elle comprit à quel point cela lui coûtait de les dire. Le pauvre…

— Oh non ! Je suis désolée.

Katie devait bien l'avouer : elle aimait Noah, pas juste romantiquement, mais de toute son âme. Et elle ne supportait pas de le voir souffrir. Elle savait même mieux que quiconque à quel point la maladie de son père avait éprouvé la famille de Noah. Et lui tout particulièrement.

— Je peux faire quelque chose ? dit-elle en lui prenant la main.

— Ça va ! répondit-il, le regard perdu, sans repousser sa main. Ils appellent ça un méningiome. Et, d'après l'IRM, il est bénin. Apparemment, elle avait des symptômes depuis quelque temps et elle a fini par se rendre à Denver pour passer des examens. Et elle n'a appelé ni moi ni Emily avant d'avoir les résultats pour ne pas nous inquiéter.

— Je reconnais bien ta mère.

Meg Crawford était l'une des femmes les plus fortes qu'elle avait jamais rencontrée. Elle avait accompagné son époux tout au long des quatre stades de son cancer du pancréas avec une grâce et un optimisme incomparable.

— Emily est de retour aussi ? demanda-t-elle.

La sœur cadette de Noah vivait sur la côte Est avec son avocat de mari et son jeune fils.

— Je suis allé la chercher avec Davey à Denver ce matin.

Katie hocha la tête. Elle n'avait jamais rencontré le fils de quatre ans d'Emily.

— Combien de temps allez-vous rester tous les deux ? Il y a un traitement ? Quel est le pronostic de ta mère ?

— Doucement, Microbe, dit-il avec un minuscule sourire avant de se corriger. Je veux dire Katie.

— Tu as tous les droits ce soir. Appelle-moi comme tu veux, répondit-elle en serrant sa main.

Il prit alors une grande inspiration avant de répondre :

— Je dois l'emmener à Denver la semaine prochaine pour une craniotomie. Ils vont faire une biopsie de la tumeur pour vérifier qu'elle est bénigne. Puis ils feront un suivi de ses capacités cognitives. Elle aura vraiment besoin d'aide les deux premières semaines, mais il en faudra au moins six pour qu'elle retrouve son état normal. Et, si tout se passe bien, il lui suffira de repasser des IRM régulièrement.

— Elle va s'en sortir indemne, sans séquelles à long terme ?

— C'est ce que son médecin espère pour l'instant, mais il y a beaucoup de variables. Les opérations du cerveau sont toujours risquées…

Katie sentit son cœur se pincer, puis lança le plus sincèrement du monde :

— Elle va s'en sortir, Noah. Ta mère est forte.

— Mon père l'était aussi, répondit-il.

Elle se mordit aussitôt la lèvre puis vit leur barman s'approcher pour leur demander :

— Une autre tournée ?

— Pas pour moi, dit-elle en ôtant aussitôt sa main de Noah.

Bon sang, ils devaient avoir l'air très intimes penchés l'un vers l'autre ainsi.

Elle en eut la confirmation en surprenant le regard jaloux de la jeune femme qui avait laissé tomber son verre. C'était le type de Noah, avec ses formes voluptueuses et sa taille fine. On sentait qu'elle savait s'amuser.

Noah suivit son regard, et la jeune femme lui sourit.

— Ta prochaine conquête ? ne put-elle s'empêcher de lui demander.

— Pas ce soir, dit-il en posant un billet sur le comptoir avant de se lever. Je te raccompagne.

— Ce n'est pas la peine…

— J'en ai envie. Rester assis ici à boire ne me réussit pas. Je… je n'ai pas envie de rester seul, tu comprends ?

Katie hocha la tête.

— Tu veux que nous regardions un film ?

— *Elfe ?* répondit-il avec des yeux de petit garçon emplis d'espoir.

— Nous sommes en juin, Noah ! dit-elle en riant.

Ils partageaient la même passion pour l'œuvre de Will Ferrell. Mais quand même : était-ce bien la saison pour regarder l'histoire d'un homme élevé par des lutins ?

— Il n'est jamais trop tôt pour l'esprit de Noël, fit-il remarquer.

— Alors va pour *Elfe*.

Il lui fit un immense sourire reconnaissant.

— Que ferais-je sans toi, Microbe ?

Katie tâcha d'oublier le fait que son estomac venait de se nouer en entendant ces mots. Noah était son ami et il ne serait jamais rien de plus. Malgré tout ce qu'elle pouvait espérer.

- 2 -

Tandis qu'ils marchaient, Noah prit conscience d'une chose : il n'aurait jamais pu rencontrer quelqu'un d'aussi gentil que Katie. Et son labrador, Tater, était d'évidence du même avis. Le chien restait près d'elle en se frottant contre ses jambes à chaque pas. Il avait adopté Tater, cinq ans plus tôt, quand des randonneurs avaient trouvé le chiot malade et tremblant sur une piste près de Boulder. Katie lui avait trouvé un nom et, depuis, était restée sa baby-sitter quand il devait se rendre à des réunions ou des conférences dans la capitale.

Katie rit en prenant la balle de tennis que Tater tenait dans sa gueule avant de la lancer. Elle le regarda ensuite se précipiter pour la rattraper.

Noah se sentit aussitôt soulagé que la tension qu'il y avait entre eux se soit évanouie. Malgré son poste au service américain des Forêts, la plupart du temps dans la Réserve Roosevelt, à deux heures de Crimson, il essayait de revenir régulièrement dans sa ville natale pour voir sa mère. Mais, les dernières fois, Katie avait toujours eu une excuse pour ne pas passer du temps avec lui comme ils le faisaient durant leur adolescence.

De fait, même s'il n'était pas souvent là, il adorait Crimson. Ce soir-là, le ciel au-dessus des montagnes était teinté de mauve et de rose tandis que de rares nuages semblaient effleurer les pointes des pics encore enneigées. Il pourrait au moins profiter de la vue cet été. Cela faisait trop longtemps qu'il n'avait pas pu se balader dans les forêts de cette partie de l'Etat.

Après tout, autant essayer de se concentrer sur le positif, malgré l'état de santé de sa mère.

— Comment vas-tu faire avec ton travail ? lui demanda subitement Katie.

Comme si elle lisait ses pensées !

— J'ai été transféré temporairement à White River. Je vais diriger la division de Crimson pour cet été.

— Oh ! fit-elle. Ça va faire plaisir à ta mère.

Noah fronça les sourcils puis lança :

— Mais pas à toi ?

— Je suis débordée à la pâtisserie en ce moment. Figure-toi que j'organise et préside le concours de gâteaux pour le festival de la fête des Fondateurs.

— Sans compter qu'il va te falloir trouver du temps pour tous les hommes qui vont s'offrir à toi.

Un klaxon se fit soudain entendre, et il salua de la main un type avec qui il avait été ami au collège.

— Inutile de dire ça comme s'ils étaient des agneaux qu'on menait à l'abattoir.

— C'est pourtant ce que pensent les hommes du mariage et de la paternité, dit-il.

La réponse de Katie ne se fit pas attendre : elle lui donna un coup sur l'épaule.

— Je plaisante ! Celui qui te plaira aura beaucoup de chance.

Pour toute réponse, elle soupira et accéléra le pas en faisant onduler ses longs cheveux noirs.

Noah, lui ralentit. L'idée que Katie Garrity puisse appartenir à un autre homme lui retourna l'estomac. Il n'avait pas menti : celui qui l'aurait pour femme serait chanceux. Katie était la femme la plus douce et la plus attentionnée qu'il ait jamais connue.

En regardant ses hanches moulées dans son jean clair rouler sous ses yeux, il réalisa qu'elle était aussi incroyablement belle. Son pull jaune pâle à col en V mettait sa poitrine en valeur et flattait sa peau couleur crème. Elle avait pourtant été comme une sœur pour lui pendant des années…

Seulement, maintenant qu'il sentait son corps réagir au charme de Katie, il voyait ses pensées prendre un cours bien différent. Aussitôt, il secoua la tête en essayant de faire taire ce désir qui n'avait pas lieu d'être. Allons, c'était Katie-Microbe, enfin.

Et elle voulait bien plus qu'il ne souhaitait donner.

Elle méritait bien plus, et il ferait mieux de s'en souvenir.

— Tu as prévu de rester chez ta mère ?

Elle se tourna pour l'interroger et fronça les sourcils en découvrant son expression.

Noah se ressaisit et accéléra pour la rattraper.

— Non, pas ce soir. J'utilise le garage-appartement de Logan et Olivia. Je dois aller vérifier des pistes de randonnée pendant quelques jours pour me familiariser avec cette section de la forêt à partir de demain matin. Ainsi, je pourrai rester toutes les nuits près de maman après son opération. Je m'installerai à la ferme à mon retour mais…

— Tu n'y as pas passé une nuit depuis la mort de ton père.

Il fit la moue. Il y avait toujours du bon et du mauvais quand quelqu'un vous connaissait si bien.

— Chaque fois que je suis ici, ça me rappelle à quel point je l'ai laissé tomber quand sa maladie s'est déclarée.

— Tu n'as pas…

— Ne me cherche pas d'excuses, s'empressa-t-il de dire. Je ne supportais pas de le voir mourir et j'ai passé le plus de temps possible loin de la maison pendant notre dernière année au lycée.

— Tu n'étais qu'un enfant.

Noah et Katie tournèrent dans la petite rue bordée d'arbres où elle vivait. Il n'y était entré qu'une seule fois depuis qu'elle en avait hérité de sa grand-mère. Et cela en disait long sur lui. Il avait été un mauvais fils et il ne valait pas mieux en tant qu'ami. Il s'en rendait compte, maintenant.

— J'étais idiot.

Dire que Katie n'avait que seize ans quand son père était tombé malade. Et elle avait été présente pour lui et sa mère tout au long de leur épreuve.

— Tu es là aujourd'hui, lui dit-elle en s'engageant dans l'allée d'une adorable petite maison en bois.

Noah se figea. Bon sang, c'est à peine s'il reconnaissait la vieille maison de la grand-mère de Katie. Elle sembla d'ailleurs ravie de le voir si surpris.

— J'ai fait quelques changements pour me sentir vraiment chez moi.

La maison avait été repeinte en gris clair, les volets, en rouge. Il y avait également un nouveau porche où on avait placé une balancelle et deux transats en bois.

— J'aime beaucoup, ça te ressemble.

— Merci, répondit-elle en rougissant. J'espère que grand-mère aurait approuvé.

— Elle aimait tout ce que tu faisais, dit-il tandis qu'elle déverrouillait la serrure.

— Elle me manque, soupira-t-elle.

Là-dessus, ils entrèrent et traversèrent l'entrée pour se diriger vers un petit salon confortable aux couleurs chaudes. Absolument charmant.

— Les DVD sont dans le meuble télé, lança Katie. Tu t'en occupes pendant que je nous prépare quelque chose à grignoter ?

Noah sentit soudain les restes de sa nervosité s'envoler. Il y avait quelque chose dans cette maison et chez cette femme qui lui permettait de se sentir bien. Depuis toujours.

Katie prépara des chocolats chauds pour rester dans le thème de Noël du film et apporta une assiette de ses fameux cookies au chocolat. Puis ils regardèrent le film dans un silence amical. C'était bon de pouvoir oublier son angoisse pendant un moment.

— Je ne sais même plus combien de cookies de ta grand-mère j'ai mangé pendant notre année de terminale.

Katie lui sourit.

— Chaque fois que vous vous disputiez, Tori et toi, tu te réfugiais à la pâtisserie.

Noah s'assombrit en entendant le nom de son ex-petite amie de lycée. La fille avec qui il croyait passer toute sa vie. Jusqu'à ce qu'elle lui brise le cœur le week-end précédant la remise de leurs diplômes.

— Ça la rendait encore plus folle, comme vous étiez très proches toutes les deux. Elle pensait que tu lui appartenais.

— Et nous avons fini par nous disputer parce que j'avais pris ton parti. Nous avons perdu contact après le lycée, lui répondit-elle en plongeant une guimauve dans son chocolat. J'ai entendu dire que son entreprise de décoration d'intérieur avait un franc succès et qu'elle allait travailler sur un projet à Aspen cet été.

— Ah.

Noah ne trouva pas mieux à dire.

A vrai dire, il avait volontairement évité de penser à son ex depuis maintenant dix ans. Du coup, il se concentra sur le film avec des yeux d'enfant en voyant le traîneau du Père Noël passer au-dessus des gratte-ciel de New York.

A la fin du film, Katie éteignit la télévision. Et il éprouva un désir, tout à fait déplacé, envers la femme qui se tenait à ses côtés, prendre possession de son corps sans qu'il parvienne à le contrôler. Il resta immobile et continua à fixer l'écran devenu noir. Elle dut sans doute croire qu'il pensait à Tori ou à sa mère car elle se rapprocha de lui et posa une main sur son bras.

Et ce simple contact le fit frissonner des pieds à la tête.

— Si je peux faire quoique ce soit, Noah… Tu peux compter sur moi.

Celui-ci se tourna alors vers elle et observa le visage de Katie comme s'il le voyait pour la première fois. Sa peau douce, son nez mutin et ses immenses yeux couleur chocolat. Sa lèvre inférieure était plus pulpeuse que la supérieure et elle avait une petite cicatrice presque invisible, souvenir d'une chute qu'elle avait faite de son lit de petite fille. En tout cas, c'était ce qu'elle lui avait dit quand il l'avait interrogée dix ans plus tôt. Mais, désormais, il voulait en savoir plus. Il voulait explorer chaque centimètre de son corps et découvrir chaque marque qui la rendait unique.

De nouveau, elle sembla lire ses pensées et elle retint sa respiration. Puis leurs regards se croisèrent, et il vit brûler dans les yeux de Katie le même désir que le sien. Il en aurait mis sa tête à couper. Est-ce qu'il avait toujours été là ? Avait-il été aveugle toutes ces années ? Bon sang, il lui fallait des réponses. Car il ne voyait plus que ça, désormais.

Allons, il s'agissait de Katie, et leur amitié était importante à ses yeux. Bien plus que toutes les aventures qu'il avait pu avoir. Même s'il était comme tenaillé par le désir, elle comptait trop pour lui. Pas question de prendre le risque de ruiner leur relation. Ce qui était pourtant sa marque de fabrique : dès qu'une femme voulait plus que ce qu'il était capable de donner, il passait à autre chose.

Oh ! il ne pouvait pas faire ça avec Katie, non, mais serait-il capable de lui offrir plus ?

Noah leva alors une main et suivit la courbe de sa bouche avec son pouce. A quoi bon le nier ? C'était plus fort que lui.

— Katie, lui murmura-t-il, j'ai très envie de t'embrasser.

Les yeux de Katie s'agrandirent, et il crut qu'elle allait se lever ou repousser sa main. Etre la voix de la raison, quand il en était incapable. Au lieu de ça, elle se rapprocha et ferma les yeux tandis qu'il faisait glisser la main sur sa joue pour plonger les doigts dans ses cheveux. Puis il ferma les yeux à son tour en savourant à l'avance la douceur de leur baiser. Mais il les rouvrit tout à coup quand elle lui mordit légèrement les lèvres avant de suivre leur contour du bout de sa langue.

Ce qui eut pour effet d'augmenter le besoin impérieux qu'il éprouvait pour elle. Il en était d'ailleurs le premier surpris. Mais où est-ce que Katie Garrity avait-elle pu apprendre à embrasser ainsi ? Elle qui prétendait ne pas avoir de temps pour sa vie sociale !

Noah glissa les mains sous son pull pour sentir sa peau douce et remonta le long de son dos jusqu'à ce qu'il trouve la fermeture de son soutien-gorge qu'il défit d'un mouvement rapide. Là, il la sentit rire contre ses lèvres. Il s'immobilisa tandis qu'elle prenait appui sur ses coudes d'un air amusé.

— J'étais sûre que tu étais doué en soutien-gorge.

— Pour les défaire ?

— L'expérience, j'imagine, lança-t-elle d'un ton provocateur.

Oh ! il n'avait jamais fait mystère qu'il aimait les femmes. Et il avait eu plus que sa part d'aventures sans lendemain. Des aventures dont Katie avait été témoin à distance. Pourtant, il ressentait désormais une sorte de honte d'avoir choisi la quantité au détriment de la qualité dans ses relations avec le sexe opposé. A nouveau, l'idée que Katie méritait mieux que lui s'imposa à son esprit.

Il changea alors de position, et elle vint s'asseoir à califourchon sur lui, ce qui rendit son excitation encore plus intenable.

— Peut-être que nous ne devrions pas..., tenta-t-il de dire.

Mais elle posa une main sur sa bouche.

— Je veux savoir à quoi d'autre tu es bon, Noah.

La voix de Katie, tout comme ses doigts qui l'effleuraient, trembla quand elle prononça son nom. Et, avant qu'il ait pu protester une nouvelle fois, sans conviction, elle se débarrassa de son pull et son soutien-gorge. Puis elle garda les bras devant sa poitrine. Quel spectacle…

— Tu es incroyablement belle, dit-il.

Comment avait-il fait pour ne pas s'en rendre compte avant, bon sang ?

— Ecarte tes mains, Katie.

Elle lui obéit et s'offrit à son regard. Il attrapa aussitôt ses seins et l'entendit soupirer de plaisir. Puis il se pencha et embrassa leurs pointes tandis qu'elle essayait vainement de lui enlever son T-shirt. Il l'ôta d'un coup et l'attira contre lui avant de l'allonger sur le canapé et de se coucher sur elle.

— La chambre ! parvint-il à lui murmurer entre deux baisers.

— Ici, Noah, répondit-elle dans un souffle. Tout de suite.

Katie observa Noah se mettre à genoux devant le canapé pour lui enlever son jean et sa culotte d'un seul geste. Elle ne savait pas d'où lui venait ce soudain courage. Oter son pull alors qu'il la regardait ? Cela ne lui ressemblait vraiment pas.

Seulement, quand Noah lui avait dit qu'il avait envie de l'embrasser, tout son univers avait basculé. A quoi bon le nier ? C'était ce qu'elle espérait depuis toujours et elle n'aurait jamais laissé passer cette chance, en dépit de sa timidité. D'ailleurs, si elle lui avait révélé ses craintes et ses doutes, il aurait arrêté. Mais son attirance pour lui était trop forte. Du coup, cela eut le mérite de l'enhardir. Pas question de laisser cette nuit se terminer maintenant.

Elle se mordit la lèvre inférieure en le voyant se débarrasser de son jean et de son boxer. Elle n'avait pas vu son torse nu depuis leur dernière année au lycée. Quelle carrure ! Il était grand, extrêmement musclé, avec des épaules larges et des jambes puissantes. Elle essaya de ne pas regarder trop longuement certaines parties impressionnantes de son anatomie, de peur de perdre ses nerfs.

Au même moment, Katie entendit une petite voix intérieure l'avertir qu'elle commettait une erreur. Noah avait bu, et il était déboussolé par la maladie de sa mère et par les souvenirs de son père. L'idée qu'elle était en train de profiter de la situation lui traversa l'esprit, mais elle la repoussa. Si quelqu'un risquait d'être blessé dans cette situation, c'était bien elle. Pourtant, elle se sentait incapable de lui résister. C'était plus fort qu'elle.

Il sortit alors son portefeuille de la poche de son jean et y prit un préservatif qu'il enfila.

— Tu vas te faire mal si tu continues à te mordre la lèvre.

— Donne-moi quelque chose de plus intéressant à faire avec ma bouche, lui répondit-elle.

Eh bien, comment avait-elle pu dire ça ? Elle était stupéfaite par sa propre audace !

Pour toute réponse, il lui adressa un vrai sourire de voyou et l'embrassa à nouveau tandis qu'il glissait lentement les mains le long de ses hanches avant de s'insinuer entre ses cuisses. Elle prit une grande inspiration. C'était si bon de sentir les mains chaudes et rugueuses de Noah sur sa peau. Il semblait deviner ce qu'elle aimait et la manière dont son corps allait lui répondre, comme si elle avait été faite pour lui. Elle sentit ses doigts virils atteindre le cœur de sa féminité et elle les serra avant de se laisser emporter par le plaisir qu'il lui donnait. Puis elle gémit et se cambra quand il accéléra son rythme.

— Prête, Katie ? lui murmura alors Noah en repoussant la table basse avant de la prendre dans ses bras pour l'allonger sur l'épais tapis en laine.

Là-dessus, il attrapa son visage et chuchota son nom.

— Je te veux tellement.

— Moi aussi, Noah, dit-elle en enroulant les jambes autour de ses cuisses.

Quand Noah entra en elle, Katie se sentit mal à l'aise pendant un instant. Cela faisait si longtemps qu'elle n'avait pas couché avec un homme que c'était presque gênant. Puis, doucement, tout devint parfait. Plus parfait qu'elle ne l'aurait jamais imaginé. Il grogna, l'embrassa et pinça un de ses tétons. C'était plus qu'il n'en fallait pour l'envoyer au septième ciel, et elle eut l'impression d'exploser en mille morceaux en criant son nom avant de plonger le visage dans le creux de sa nuque.

Plus tard, le temps que leurs respirations s'apaisent, il déposa un baiser sur son cœur et releva la tête vers elle.

Katie prit tout à coup conscience de ce qu'ils venaient de

faire. Parce qu'elle l'avait voulu. Et cela allait bouleverser leur amitié. Tout bouleverser, même…

— Finalement, l'expérience est la clé de la perfection, dit-elle en tentant de paraître naturelle et détendue.

— C'est toi qui as créé cette perfection, lui dit-il en écartant tendrement une mèche de cheveux de son visage.

Elle sentit soudain ses yeux se gonfler de larmes avant qu'elle puisse battre des cils pour les lui cacher. Comment rester distante quand il lui disait des choses pareilles ? Quand il la regardait avec quelque chose de plus que du désir dans les yeux, plus que de l'amitié ? Il aurait tout aussi bien pu ouvrir son journal intime et lire toutes les pensées secrètes qu'elle cachait depuis des années.

A ce moment-là, Noah se pencha et attrapa le plaid posé sur le canapé. Puis il l'attira contre lui avant de couvrir leurs corps nus.

— Sur le tapis… J'ai honte que nous ayons fait ça ici. Tu mérites mieux que ça.

Katie lui sourit et déposa mille baisers de sa nuque à son épaule.

— Je me sens parfaitement bien contre toi sur ce tapis.

— Alors tu vas adorer être avec moi dans un lit, dit-il en se levant pour la prendre dans ses bras.

Et elle se laissa conduire jusqu'à sa chambre.

- 3 -

Katie cligna plusieurs fois des yeux et regarda son réveil. 3 h 30. Elle se réveillait tous les jours à cette heure, même quand elle ne travaillait pas. Son horloge interne était si habituée aux horaires extrêmes des boulangers qu'ils étaient devenus naturels pour elle.

Mais, cette fois, il y avait quelque chose de différent. Elle n'était pas seule dans son lit. En se tournant, elle regarda du côté de Noah. Sauf qu'il n'était plus là et que son oreiller était froid. Deux heures s'étaient écoulées depuis qu'il lui avait fait l'amour une seconde fois, avant de la serrer amoureusement contre son torse où elle s'était endormie.

Elle s'assit et passa la main sur son front. C'était exactement le genre de pensées qu'elle devait éviter. Noah ne lui avait pas fait l'amour, ils avaient simplement couché ensemble. Pas question d'oublier cette distinction capitale. Elle savait comment il se comportait. Elle avait entendu assez de commentaires en ville et vu assez de femmes exploser en sanglots après avoir été délaissées.

Pourtant, elle n'aurait jamais cru qu'il se montrerait aussi indélicat avec elle. Partir de cette façon, sans prévenir ! « Aime-les et quitte-les » était peut-être la devise de Noah, mais ils étaient censés être amis, non ? Elle se leva en se sentant courbatue et enfila sa robe de chambre. Allons, peut-être que Noah n'arrivait pas à dormir et qu'il s'était réfugié dans la cuisine. Peut-être qu'il ne s'était pas précipité hors de son lit dès qu'il avait pu fuir sans se faire remarquer.

Katie traversa les pièces plongées dans la pénombre, puis se rendit compte d'une chose : pourquoi retenait-elle son souffle comme ça ?

Hélas, le reste de la maison était aussi vide que son lit. Noah avait redressé la table basse et remit les coussins du canapé en place. Si tous ses muscles ne l'avaient pas tiraillée, elle aurait pu croire que cette nuit n'avait jamais existé. Sans parler de cette odeur virile qu'elle sentait encore sur elle. Inutile de se mentir : elle avait beau avoir rêvé de si nombreuses fois d'être dans les bras de Noah, rien ne l'avait préparée à la réalité et à l'amère déception du lendemain.

Elle jeta un œil à l'horloge et repartit dans sa chambre. Elle n'avait pas le temps de s'apitoyer sur elle-même. On était vendredi matin et sa livraison d'ingrédients pour ses crumbles au café l'attendait à la pâtisserie.

Allez, elle avait déjà une vie bien remplie, et si Noah ne souhaitait pas en faire partie, tant pis pour lui ! Elle aurait juste aimé que cette prise de conscience rende les battements de son cœur un peu moins douloureux.

Quand il descendit de sa jeep, quatre jours plus tard, Noah mourait de chaud. Une bonne douche, voilà ce qu'il lui fallait.

C'était un de ces jours parfaits de début d'été du Colorado, avec un grand ciel bleu et une légère brise. Le temps avait été radieux durant toute sa randonnée. Cela faisait longtemps qu'il ne s'était pas retrouvé seul en pleine nature. A mesure qu'il avait gravi les échelons du service des Forêts, il avait dû passer plus de temps dans des salles de conférences qu'à l'extérieur. Du coup, il avait profité de son changement d'affectation temporaire pour aller inspecter le projet de réaménagement d'un sentier sur le versant éloigné de Crimson Pass. Pourtant, il n'avait pas vraiment pu profiter de ces instants. Parce qu'il n'avait pas cessé d'être hanté par les raisons qui l'avaient poussé à disparaître plusieurs jours. A commencer par son inquiétude quant à la santé de sa mère ou par le souvenir de ce qui s'était passé entre lui et Katie.

Noah secoua la tête. Pourquoi s'étonnait-il ? S'il avait souhaité échapper à ses pensées, il aurait dû savoir que le silence de la forêt n'y était pas propice. Au contraire, il avait l'impression que le bruissement des branches sous la brise amplifiait tous ses sentiments et ses émotions… et presque tous concernaient Katie. La façon dont elle penchait la tête quand elle lui souriait, celle dont elle avait entrouvert la bouche quand il était entré en elle et la douceur de ses gémissements. Il était littéralement obsédé par des images d'elle. Pire : il avait même l'impression de sentir son parfum vanillé sous celui des pins qui l'entouraient.

Il aurait d'ailleurs dû lui parler avant de partir. Bon sang, il avait même essayé de lui laisser un message, mais il n'avait pas réussi à aligner deux mots. Elle valait mieux que des phrases aussi convenues et des excuses peu convaincantes. Pour autant, même si la force de son désir était écrasante, il n'aurait pas dû y céder. Katie voulait bien plus qu'il ne serait jamais capable de lui offrir. Autant être lucide…

Peut-être avait-il filé comme un lâche afin de leur prouver à tous les deux que, malgré toutes ses bonnes intentions, il ne pouvait pas changer ? Seulement, elle n'était pas une aventure d'une nuit, même s'il l'avait traitée comme telle. Résultat : les regrets avaient été ses plus fidèles compagnons pendant ces quatre jours en montagne. Katie avait toujours su voir en lui, mieux que la plupart des gens.

Noah se sentit soudain accablé par l'angoisse d'avoir ruiné leur amitié. Allez, il devait une explication à Katie, et c'était la première chose qu'il ferait ce matin, après s'être rendu présentable.

Soudain, une voix se fit entendre dans son dos.

— Est-ce que tu sens aussi mauvais que ton allure le laisse supposer ?

Noah se retourna et vit son ami Logan Travers descendre les marches de la maison où il vivait avec son épouse,

Olivia. Logan tenait un mug de café dans une main et un rouleau de feuilles dans l'autre : certainement les plans de ses nouveaux projets de rénovation.

— Probablement, répondit Noah en prenant son sac à dos à l'arrière de la jeep tandis que Tater sautait à terre.

L'animal courut vers Logan et lui présenta son ventre pour se faire caresser.

— Tu as rendu quelqu'un vraiment content en partant quelques jours.

Noah braqua son regard sur Logan avant de réaliser qu'il parlait de Tater.

— Merci de m'avoir prêté ton garage-appartement, lui dit-il en posant sur la pelouse le reste de ses affaires qu'il devait aérer avant d'aller s'installer chez sa mère. Je ferai mes bagages plus tard avant de partir pour la ferme. Elle va m'arracher les yeux en me voyant débarquer à la dernière minute.

— L'opération est pour demain ? lui demanda son ami.

Il acquiesça d'un signe de tête.

— J'ai annulé mes rendez-vous, alors si tu as besoin de compagnie dans la salle d'attente…

— Inutile, lui répondit-il en essayant de paraître détendu.

Même s'il devait faire un effort pour ignorer les émotions qui lui serraient la gorge à l'idée de l'interminable opération qu'allait subir sa mère.

— Nous ne ferons qu'…

— Attendre ?

— Oui, dit-il prenant son sac à dos. C'est gentil à toi de me proposer ça, mais tu as sans doute bien mieux à faire que de passer ta journée à l'hôpital.

Logan s'empressa alors de répliquer :

— Nous sommes amis, Noah. Mes frères pensent comme moi. Et pas seulement quand il s'agit de regarder un match ou de boire des bières. Si tu as besoin de quoi que ce soit, nous serons là pour toi.

— Merci.

Noah baissa la tête. Penser à ce qui l'attendait était déjà

assez difficile… Pas la peine d'y ajouter la présence de ses amis. Eux qui ne voyaient en lui que le garde forestier sympathique et solitaire. Une image qu'il avait volontairement cultivée pour garder les autres à distance. A une place où ils ne pourraient pas lui faire de mal et où lui ne pourrait pas les décevoir. Seulement, pourquoi aurait-il dû rester seul quand la vie devenait compliquée ?

— Je t'appellerai pour te donner de ses nouvelles demain. Si tu veux passer à un moment, ça me fera très plaisir.

— Je le ferai, mon gars, répondit Logan en posant une main sur son épaule.

Noah attendit que son ami lui dise des platitudes comme « Tout va bien se passer » où d'autres phrases du même genre. Ces phrases qu'il avait fini par ne plus pouvoir supporter pendant la maladie de son père. Mais Logan se contenta de se baisser pour dire au revoir à Tater et de rejoindre sa voiture.

Une fois seul, Noah grimpa les escaliers qui menaient à son appartement et poussa un long soupir. Il aurait voulu pouvoir retourner se réfugier dans la forêt et oublier tout ce qui allait arriver. Mais sa mère avait besoin de lui. Il lui devait bien ça. D'ailleurs, il avait promis à son père de protéger leur famille dix ans plus tôt. Or, jusqu'à ce jour, il n'avait pas fait tellement plus que de réparer la gouttière ou d'effectuer de menus travaux. Mais cela allait changer. D'ailleurs, durant ces quelques jours seul, il avait compris qui il voulait avoir à ses côtés pour traverser cette épreuve.

Noah poussa la porte de Life is Sweet, la pâtisserie de Katie, quarante-cinq minutes plus tard et respira à pleins poumons l'odeur riche du café et des pâtisseries. La foule du matin n'était plus là, mais plusieurs tables étaient encore occupées par des couples et des familles.

Crimson était comme une petite cousine de la grande ville d'Aspen qui se trouvait à proximité. C'était une destination touristique assez prisée, notamment du fait qu'elle était nichée au creux de la vallée la plus pittoresque de l'Etat. La pâtisserie de Katie était appréciée non seulement par les locaux, mais aussi par tous ceux qui y venaient grâce aux commentaires laissés sur Internet.

Il posa alors les yeux sur Katie, penchée sur un présentoir de cookies et de brownies près de la caisse. Elle portait une jupe en denim bleu qui frôlait ses genoux, des chaussures turquoise qui la grandissaient de quelques centimètres, un T-shirt blanc et un tablier à fleurs noué autour de sa taille. Subitement, il ressentit l'envie pressante de caresser ses courbes divines. Mais cela aurait été parfaitement déplacé. Surtout après la manière dont il l'avait quittée.

Elle avait relevé ses cheveux en un chignon dont s'échappaient quelques mèches rebelles. En s'approchant, Noah sentit l'odeur de son shampoing, ce qui réveilla aussitôt son désir.

— Salut, lui chuchota-t-il en faisant glisser un doigt le long de sa nuque.

— Qu'est-ce que… ? dit-elle en se retournant.

Prestement, elle attrapa son doigt pour le plier brutalement, ce qui le fit grimacer.

— Ce n'est que moi, Microbe.

— Je sais très bien que c'est toi. Tu ne manques pas d'air, franchement ! Remballe tes excuses bidon et arrête de m'appeler Microbe. Tu t'es comporté comme un salaud, nous étions amis et maintenant…

A ces mots, Sa voix se brisa, et elle lui lâcha la main pour se retourner vers ses gâteaux.

— C'est Lelia qui s'occupe du service aujourd'hui. Si tu veux quelque chose, adresse-toi à elle.

— C'est à toi que je veux parler.

Hélas, elle était déjà passée de l'autre côté du comptoir et le dévisageait, les bras croisés.

Noah baissa la tête. Oh ! il savait bien qu'il avait tout gâché en partant sans un mot, mais il n'avait pas pensé que Katie serait aussi fâchée. Elle avait perdu toute la douceur qui la caractérisait. La femme qui lui faisait face n'était plus qu'une boule de colère dirigée vers lui.

— Laisse-moi t'expliquer, tenta-t-il.

Mais elle l'interrompit aussi sec :

— Je te connais, Noah. Mieux que personne. Tu n'as rien à m'expliquer. Et j'aurais dû le voir venir. Merci pour la leçon.

— Tu te trompes, répondit-il en se rapprochant.

Deux employées derrière le comptoir et pas mal de clients avaient commencé à les regarder mais qu'importe…

— Etre avec toi…

— Stop ! s'exclama-t-elle Je refuse de discuter de ça ici.

— Je ne partirai pas tant que tu ne m'auras pas parlé.

Katie soupira de frustration, attrapa Noah par le bras et le traîna sans ménagement jusqu'à la cuisine. Elle s'était préparée pour cette conversation durant les quatre derniers jours. Elle s'était même demandé si Noah n'allait pas faire comme si rien ne s'était passé. Et peut-être que cela aurait été préférable. A vrai dire, se préparer de façon abstraite était une chose, mais l'avoir en face d'elle en était une autre.

Son cœur et sa fierté avaient sans doute été froissés par la manière dont il était parti, mais son corps avait aussitôt réagi quand il avait caressé sa nuque. En tout cas, jusqu'à ce qu'elle manque de lui casser le doigt. Pas de doute : elle allait devoir veiller à ce que cet échange soit bref si elle ne voulait pas fondre de désir sous ses yeux.

Une fois les portes refermées, Katie lâcha Noah et se réfugia derrière l'îlot de travail en métal au centre de la pièce et le regarda. Il avait l'air nerveux. Non, impossible : Noah n'était jamais nerveux, et encore moins avec les femmes.

— Je suis désolé, déclara-t-il.

Comme s'il ne savait pas quoi dire d'autre…

— Très bien, répondit-elle en rangeant les ustensiles qui se trouvaient devant elle, histoire de se donner une contenance.

— Très bien ?

— Oui, très bien. Tu es désolé et tu n'as pas envie que je sois fâchée contre toi, dit-elle avant de laisser tomber avec fracas une énorme paire de pinces.

Zut, quelle idiote ! Le temps de se pencher pour les ramasser, Katie lâcha :

— Tu m'as présenté tes excuses, je les ai acceptées. Tu peux y aller maintenant.

— Et si je ne veux pas partir ?

— Tu n'avais pourtant pas l'air d'avoir envie de rester très longtemps, l'autre nuit, dit-elle en posant l'ustensile dans l'évier. Combien de temps as-tu attendu pour filer en douce à partir du moment où je m'étais endormie ? Dix minutes ?

A ces mots, Noah leva les yeux au ciel puis répondit :

— Je n'ai pas filé en douce. Tu devais te lever tôt, et je ne voulais pas te réveiller.

Joignant le geste à la parole, il se pencha en appuyant ses mains sur le plan de travail. Ce qui laissa apparaître les muscles de son torse sous son T-shirt noir.

— Et tu savais que je devais partir en montagne pendant quelques jours.

Brusquement, Katie sentit sa bouche devenir sèche. Bon sang, ce qu'elle pouvait s'en vouloir de ne pas savoir comment lui résister ! Les cheveux de Noah étaient encore humides, et elle pouvait sentir l'odeur épicée de son shampoing. Il avait pris le soleil pendant sa randonnée, ce qui donnait à sa peau des reflets cuivrés. Il avait aussi une petite coupure sur la joue comme s'il s'était griffé.

Pourtant, à quoi bon le nier ? Malgré la colère, elle avait envie de tendre la main pour le toucher et l'aider à se débarrasser du poids qui semblait peser sur ses épaules. Autant le faire partir avant que ses résolutions ne s'écroulent comme un gâteau mal cuit.

— J'ai compris. Mais tu m'as déçue…

Noah sembla frémir quand elle prononça ce mot, mais

elle reprit tout de même, en se forçant à le regarder dans les yeux :

— Je suis surtout furieuse contre moi. Je te connais et je sais comment tu traites les femmes. J'aurais dû savoir que ce ne serait pas différent avec moi.

— Tu es différente…

— Non ! l'interrompit-elle en levant la main. Nous sommes amis depuis bien trop longtemps pour que tu me mentes. C'était le temps d'une nuit, et c'était bien.

Il haussa un sourcil.

— Très bien, même, ajouta-t-elle. Et c'était sans doute ce dont j'avais besoin pour retrouver confiance en moi.

— Confiance en toi ?

— Oui.

Soudain, Katie eut comme un déclic. Ça y est, elle savait comment elle pouvait apaiser les choses entre eux sans lui avouer ses sentiments.

— Ça faisait… longtemps que je n'avais pas couché avec un homme. Et j'étais un peu stressée à l'idée de ce qui allait se passer dans la chambre. Désormais, j'ai retrouvé confiance.

Noah fronça les sourcils puis répliqua :

— Tu veux dire que je n'étais qu'une sorte de répétition ?

— Exactement, en attendant de réellement trouver le bon.

— Ça ne t'a pas semblé réel ? dit-il avec un regard inflexible qu'elle ignora.

— Ce qui est réel, c'est que je veux un compagnon et une famille, répondit-elle en se mordant les lèvres. Et que le sexe ne me suffit pas. Même si c'est formidable.

— Et c'est tout ce à quoi je suis bon ?

— Tu ne veux rien d'autre, que je sache…

Noah ne répondit pas et continua à la dévisager tandis qu'un flot d'émotions semblait traverser son regard. Elle prit alors une grande respiration et poursuivit :

— Tu es dans une période difficile. D'ailleurs, je suis passée voir ta mère hier.

— Je l'ai appelée avant de venir ici, répondit-il d'un ton las. Elle me l'a dit.

— Elle s'inquiète pour toi et pour Emily. Elle a peur que cette épreuve vous affecte trop durement.

Noah passa les mains sur son visage puis souffla :

— Tu as déjà rencontré le fils d'Emily ?

— Davey ? Oui.

— Alors tu sais qu'Em a déjà sa part de problèmes à gérer.

— Ce sera votre cas à tous les deux d'ici à demain.

— Nous nous en sortirons. Et je suis désolé, Katie. Je crois que je décevrai toujours ceux à qui je tiens le plus.

A ces mots, elle sentit comme un pincement au cœur. Le pauvre, il avait l'air tellement affecté… Le temps de faire le tour de l'îlot, elle lança :

— Je vais bien, Noah, vraiment. Mais je dois retourner derrière le comptoir, il va y avoir déjà assez de ragots comme ça.

— Maman prépare des lasagnes ce soir. Elle a insisté pour que nous dînions en famille avant son opération, dit-il en levant la main comme pour la caresser avant de renoncer. Tu ne veux pas te joindre à nous ? Pour elle, tu fais partie de la famille.

— Je ne peux pas, répondit-elle avec un petit sourire gêné. J'ai un nouveau rendez-vous ce soir.

Elle le vit se raidir, mais il lui retourna son sourire.

— Tu mérites quelqu'un de bien, dit-il avant de fermer les yeux.

Quand il les rouvrit, il portait de nouveau son masque. Celui du Noah qu'il montrait aux autres, celui qu'elle n'appréciait pas, avec ces rires faux et ces claques dans le dos.

— Si celui-là te manque de respect, il aura affaire à moi, lança-t-il.

Là-dessus, il se retourna et partit, la laissant seule dans cette cuisine.

Katie resta immobile un long moment et tâcha de se

ressaisir. Allons, elle était trop âgée pour des fantasmes d'adolescente. Elle s'était accrochée à sa passion secrète pour Noah pendant des années. Résultat : elle était restée seule, rien de plus. Elle méritait vraiment quelqu'un de bien. Même si elle avait envie de croire qu'il pourrait être cet homme, il était clair qu'il n'était pas intéressé.

Et il était temps qu'elle construise sa vie.

- 4 -

— Tu veux un autre verre de lait ? Ou plus de salade ?

Voyant sa mère à moitié levée de son siège, Noah s'empressa de répondre :

— Reste assise, maman.

Bon sang, comme c'était difficile de contenir l'angoisse qui le possédait depuis qu'il avait déposé son sac de couchage dans son ancienne chambre à l'étage.

— Tu n'aurais pas dû te donner tant de mal, surtout la veille de ton opération, ajouta-t-il. Tu dois te reposer.

Elle balaya ses propos d'une main puis dit :

— J'aurai tout le temps de me reposer pendant ma convalescence. Et je veux prendre soin de vous deux.

Soudain, sa voix se brisa, et elle s'essuya les yeux :

— C'est ma façon de vous remercier d'avoir mis vos vies entre parenthèses pour moi. Je suis désolée de vous faire subir tout ça.

A ces mots, Noah sentit une douleur sourde s'emparer de sa poitrine. Sa mère, Meg Crawford, était la personne la plus forte qu'il connaissait. Elle avait toujours été celle qui structurait leur famille. L'amour et la dévotion qu'elle avait vis-à-vis de son défunt mari étaient devenus légendaires en ville. Elle était restée aux côtés de son époux tout au long de son cancer du pancréas, jusqu'à ce que la mort le lui prenne.

Noah le reconnaissait volontiers : elle lui avait montré comment il fallait prendre soin des siens, et de quelle manière ! Du coup, aussi difficile que cela soit pour lui d'être de retour dans cette maison, il devait bien ça à sa mère. C'était même trop peu.

Il regarda alors sa sœur qui s'occupait du jeune enfant assis tranquillement à sa droite. Quelque chose n'allait pas avec Emily depuis qu'elle était revenue à Crimson avec son fils. En principe, elle aurait dû assurer à leur mère que tout allait bien se passer. C'était le rôle d'Em. Pourtant, elle n'en fit rien. Pourquoi un tel changement, elle qui avait toujours été protectrice et optimiste ?

— Nous voulons être ici, maman. Ce n'est pas un problème, tu n'es pas un problème, lui dit-il alors.

Oh ! cette réponse était pour le moins convenue, il le savait, mais c'était le mieux qu'il pouvait faire sans éclater en sanglots comme un enfant.

Le chirurgien les avait rassurés quant à l'issue de l'opération, mais quelque chose pouvait toujours mal se passer.

— Tout ira bien, répéta-t-il en se forçant à sourire. N'est-ce pas, Em ?

Celle-ci releva la tête quand il la pinça sous la table. C'était le code qu'ils avaient mis au point pendant la messe et les repas familiaux. L'instant d'après, elle dirigea le même regard bleu que leur père, d'abord sur lui puis sur leur mère. Et répondit enfin :

— Evidement ! Tu vas t'en sortir, maman. Nous allons tous nous en sortir ensemble. Et nous sommes très heureux de passer l'été dans le Colorado. La famille de Henry doit être dans le Nantucket maintenant. La plage est super, à part tout ce sable, n'est-ce pas, Davey ? dit-elle en ébouriffant les cheveux de son fils.

— Je peux aller jouer maintenant, maman ? lui demanda celui-ci tout en fixant son assiette.

Noah regarda son neveu de quatre ans. Ce petit ressemblait à son père… Il n'avait rencontré son beau-frère, Henry Whitaker, qu'une seule fois, le jour de leur mariage, à Boston, quatre ans plus tôt. C'était de lui que Davey tenait ses cheveux sombres. Ses yeux, par contre, étaient exactement ceux d'Emily. Et son sourire… Tiens, cela lui rappelait qu'il n'avait pas vu son neveu sourire une seule fois depuis son arrivée. Et celui d'Emily n'était pas vraiment convaincant quand elle fit remarquer à son fils qu'il avait à peine touché les boulettes de viande que sa grand-mère lui avait préparées.

— J'aime pas les boulettes ! marmonna-t-il en faisant passer plusieurs fois son regard sombre de sa mère à son assiette.

— Tout le monde n'aime pas les boulettes, intervint gentiment Meg. Je pense que tu peux aller jouer, Davey. Si tu as faim plus tard, je pourrai te faire un sandwich au fromage ou te donner un bol de céréales.

Le petit garçon sauta de sa chaise avant que sa mère n'ait pu dire un mot.

— Il pourrait se nourrir uniquement de céréales, de pain et de fromage, soupira cette dernière. On ne va pas gâcher.

Noah récupéra l'assiette de son neveu. Il n'allait pas contredire sa sœur. Tout le monde adorait les boulettes de leur mère.

— Quand tu étais petite, tu ne voulais rien manger d'autre que des beignets de poulet et du raisin. Les enfants passent par des étapes, ma chérie.

— Ce n'est pas une étape, maman, et tu le sais très bien. Tu sais que…

A ces mots, Noah se figea, la fourchette devant sa bouche.

— Qu'est-ce qu'elle sait ? Qu'est-ce que je ne comprends pas ? Est-ce que Davey voudrait retourner chez vous ?

— Non, répondit Emily en éclatant d'un rire triste.

— Alors que se passe-t-il ? Je ne l'ai pas vu depuis l'été dernier, mais il a changé. Est-ce que tout va bien entre toi et Henry ?

— Non, Noah, loin de là.

En voyant le visage impassible de sa sœur, Noah sentit sa gorge se nouer. Emily était toujours vive et de bonne humeur d'habitude. Peu importe la raison qui la poussait à afficher cette sérénité artificielle, il se passait quelque chose de grave, c'était certain.

— Davey a commencé à prendre du retard dans son développement. Depuis un an, il a des difficultés sensorielles et des troubles du langage et du comportement. Je voulais l'emmener voir un médecin spécialisé pour comprendre ce qui lui arrivait et pouvoir l'aider rapidement, car il est capital d'intervenir au plus vite dans ce genre de… Enfin, peu importe ce que c'est. Mais Henry s'y est opposé.

— Pourquoi ? lui demanda-t-il.

Même s'il n'allait sûrement pas aimer la réponse de sa sœur.

— Il pense que Davey le fait exprès. Il a d'ailleurs commencé à le punir et à lui crier après en permanence pour le forcer à se comporter comme les autres enfants. Mais il n'est pas comme les autres, Noah. Toi aussi, tu t'en es aperçu, n'est-ce pas ?

— Je vois que tu aimes Davey, Em, répondit-il d'un ton apaisant. Et que tu es une mère merveilleuse. Mais que vas-tu faire pour ton mariage ? Tu aimes aussi Henry, non ?

— Je ne sais plus ce que je ressens. Et je n'ai aucune idée de ce qui se serait passé si nous étions restés. Henry va se présenter au Congrès l'année prochaine. Les Whitaker sont comme les Kennedy, mais sans les scandales sexuels. Comme ils sont parfaits, ils demandent que tous ceux qui les entourent le soient aussi. Et Davey est… Bref, Henry n'a pas supporté de le voir changer. Je devais l'emmener loin de tout ça. Pour le protéger. Notre divorce a été prononcé le mois dernier.

Quoi ? Noah eut du mal à en croire ses oreilles. Emily et Henry, divorcés ? Ni une ni deux, il se tourna vers leur mère et lança :

— Tu étais au courant ?

— Seulement depuis quelques semaines.

— Et aucune de vous deux n'a eu envie de m'en parler ?

Les deux femmes qu'il aimait le plus au monde échangèrent un regard coupable.

— Nous savions que tu avais tes propres problèmes et que ça allait être difficile pour toi de venir t'installer ici cet été. Nous ne voulions pas ajouter à ton angoisse, Noah. Nous souhaitions simplement te protéger.

A ces mots, il se leva d'un bond de sa chaise et marcha jusqu'au plan de travail en granit de la cuisine auquel il s'agrippa de toutes ses forces.

— C'est moi qui suis censé vous protéger, dit-il en se tournant pour les regarder. Papa m'a demandé de prendre soin de vous.

— Noah, lui dit sa mère d'un ton si tendre qu'il faillit tomber à genoux. Ton père n'a jamais voulu dire…

— Ne me dis pas ce qu'il a voulu dire, l'interrompit-il. C'est à moi seul qu'il a parlé.

Noah sentit brusquement son cœur se serrer. Il se souvenait de chaque mot de cette ultime conversation comme si c'était hier. Des infirmiers venaient tous les jours à la maison : ils avaient même installé un véritable hôpital dans le bureau. C'était à cause de ces souvenirs sombres qu'il n'était presque jamais revenu. Tout, dans ce lieu, de l'odeur qui y flottait jusqu'au rayon de lumière qui traversait la lucarne de la cuisine, lui rappelait l'agonie de son père. Lui qui pensait pouvoir cacher son malaise sous de bonnes excuses — son travail, ses voyages, et ses visites à ses amis. Mais il était désormais clair que Katie n'était pas la seule à avoir percé à jour sa lâcheté.

— Je suis là, leur dit-il alors d'un ton ferme. Et je ne suis pas près de partir. Alors ne me cachez plus rien et n'essayez plus de me protéger. Si nous voulons nous en sortir, nous devons le faire ensemble !

Noah vit aussitôt sa mère se lever et venir vers lui, les yeux embués de larmes. Il sentit son habituelle envie de fuir, mais il ne bougea pas et la prit dans ses bras. Puis il regarda sa sœur et pointa son doigt vers elle.

— Allez, viens. Je sais que tu en meurs d'envie.

Emily poussa un petit bruit, quelque chose entre un éclat de rire et un sanglot, puis courut vers eux pour se joindre à leur accolade.

Noah le reconnaissait sans difficulté : il avait fait

de nombreuses erreurs dans sa vie mais, au moins, il essayait d'en retenir les leçons. Et la première était de ne plus s'enfuir dès qu'il y avait un problème. Alors autant commencer par du sérieux.

— Je veux que tu m'en dises plus sur Davey, dit-il la joue posée sur les cheveux miel d'Emily. Et de quelle manière je peux l'aider.

Il sentit sa sœur acquiescer avant qu'elle se mette à trembler en pleurant doucement. Les pleurs de sa mère étaient encore plus discrets, mais il les sentit tout de même. Alors il resserra l'étreinte de ses bras autour des deux femmes.

— Nous pouvons tout vaincre ensemble, dit-il en levant les yeux vers le plafond.

Pourvu que ce soit vrai !

Avec un sourire, Katie regarda l'homme assis au volant à côté d'elle et lança :

— J'ai vraiment passé une bonne soirée.

— Moi aussi. Merci pour ce dîner.

— C'était une bonne idée de choisir un restaurant en dehors de la ville. Nous avons pu avoir un peu d'intimité ainsi, même si tout le monde semblait te connaître.

Matt Davis, professeur de natation et directeur adjoint du lycée local, lui rendit son sourire en ouvrant sa portière.

— Je te raccompagne à ta porte.

Pas de doute, c'était un homme bien. Et ils avaient ri et discuté facilement. Matt n'était pas à Crimson depuis longtemps. C'était un Californien d'origine, passionné d'escalade et une connaissance de son amie Olivia, l'épouse de Logan Travers. Celle-ci avait donné son numéro à Matt. Il était plutôt mignon, dans le genre voisin craquant. De taille moyenne, musclé avec des cheveux châtains et des yeux verts à se damner. Il avait été athlète semi-professionnel dans sa jeunesse. On sentait que c'était un homme sain et responsable, même si certaines de ses blagues lui avaient fait comprendre qu'il ne prenait pas la vie trop au sérieux.

Oh ! elle l'aimait bien, beaucoup plus que le dingue qu'elle avait rencontré à Aspen, la semaine précédente. Et, même si elle ne sentait pas son estomac se serrer comme lorsqu'elle apercevait Noah, c'était sans doute pour le mieux. Pas question de se laisser emporter par une passion capable de lui faire perdre la tête. Elle cherchait un homme avec qui construire un foyer. Ce n'était peut-être que leur premier rendez-vous, mais Matt Davis avait vraiment du potentiel.

Il ouvrit la portière à Katie pour qu'elle descende de voiture. Quelle galanterie ! Voilà qui lui vaudrait des points supplémentaires. Comme elle avait laissé la lumière du porche allumée, ils s'arrêtèrent en dessous après avoir grimpé les marches. Pendant un instant, elle se demanda si elle n'allait pas l'inviter à boire un verre. Oh ! elle n'avait pas l'intention de pousser cette soirée trop loin, non, mais Matt s'était vraiment montré gentil. Pourtant, quelque chose la retint, mais elle ne voulut pas réfléchir trop longtemps au fait que Noah avait été le dernier homme à entrer dans sa maison. Peut-être était-ce pour cela qu'elle ne voulait pas voir ses souvenirs de cette nuit se dissiper…

— Merci encore, dit-elle en se contentant de lui tendre la main.

Pas question de lui donner l'impression d'être le genre de femme qu'elle n'était pas. Il la serra avec un regard amusé. Il avait vraiment l'air gentil.

Encore ce mot, « gentil ».

— J'espère que nous pourrons nous revoir, dit-il sans lâcher sa main.

Au même moment, un chien aboya tout près de la maison.

Katie se raidit avant de se retourner pour sonder les ténèbres qui enveloppaient sa maison. Elle connaissait cet animal…

Matt recula, visiblement intrigué par sa réaction.

— Mais si tu ne…

— J'adorerais te revoir ! se dépêcha-t-elle de répondre.

Elle vit alors son visage s'illuminer à ces mots.

— Alors je t'appellerai, lança-t-il en se rapprochant.

Elle ferma instinctivement les yeux puis les rouvrit subitement. Des poubelles venaient de s'écrouler dans un fracas assourdissant. Et Matt fit un bond en arrière.

— Ce n'est sans doute qu'un ours, dit-elle en sondant à nouveau l'obscurité. Ils peuvent être très agaçants parfois, dit-elle en parlant fort.

— Un ours, vraiment ? Euh… Tu veux que je jette un œil ? lui demanda-t-il d'un air peu assuré.

Elle secoua la tête. Il fallait du temps pour s'habituer à la faune sauvage qui s'aventurait la nuit dans les jardins de cette bourgade en montagne, surtout pour ceux qui venaient d'une grande ville. De plus, elle n'avait aucune intention de laisser Matt découvrir ce qui se cachait dans son jardin.

— Tout va bien, assura-t-elle en croisant les bras. Je garde la poubelle ménagère dans le garage, il ne trouvera rien dans celles qui sont dehors. Je ferais mieux d'y aller, je dois commencer tôt à la pâtisserie demain matin.

— J'ai passé une excellente soirée, Katie. On se rappelle. Rentre vite chez toi ! dit-il en inspectant le jardin.

Matt attendit qu'elle ait ouvert sa porte pour regagner sa voiture. Elle lui fit un dernier signe quand il démarra. Dès qu'il disparut, elle tapa du pied sur le porche et s'exclama d'un ton exaspéré :

— Tu peux sortir maintenant !

Quelques secondes plus tard, Tater grimpa les marches en remuant la queue. Katie lui caressa la tête, et la chienne s'allongea aussitôt pour lui présenter son ventre.

— Tu ne manques pas d'air, décidément ! gronda-t-elle en faisant glisser ses doigts dans la fourrure soyeuse du labrador.

Voir l'animal la fit aussitôt penser à Noah. A quoi bon le nier ? Même submergée par la colère, elle le désirait toujours. Ce qui la rendait encore plus pathétique… Du coup, elle se força à redresser les épaules et à paraître détendue tandis que celui-ci se rapprochait du porche et posait ses bras sur la barrière en bois.

— Tu as peur de venir plus près ? lança-t-elle.

— Je devrais ? répondit-il d'une voix rauque qui la fit immédiatement frémir.

L'obscurité donnait à leur échange un caractère intime qu'elle essaya d'ignorer. Allons, elle se sentait plus forte que la semaine précédente et aussi décidée à laisser derrière elle son stupide coup de cœur d'adolescence. Le fait que ce même coup de cœur avait volontairement parasité un premier rendez-vous prometteur ne devait pas la détourner de la résolution qu'elle venait de prendre.

— Que fais-tu ici, Noah ?

— Je te protège.

Katie éclata de rire en entrebâillant sa porte :

— D'un homme adorable que je semble vraiment intéresser ? Excuse-moi si j'ai oublié de te dire merci.

Elle avait encore la main sur la poignée quand il la rejoignit et attrapa son bras.

— Je suis désolé, lui chuchota-t-il. Je voulais vraiment juste m'assurer que tu allais bien.

— Pourquoi est-ce que ce ne serait pas le cas ?

— Je ne sais pas, dit-il en passant la main dans ses cheveux blonds.

Ce qui lui rappela aussitôt ce qu'elle avait ressenti quand elle-même avait fait ce geste.

— Je me suis mal comporté, finit-il par soupirer. Je t'ai dit que je ne pourrais pas te donner ce que tu veux. Nous le savons tous les deux. Mais… tu es si seule ici.

Katie sentit une douleur lancinante envahir sa poitrine quand il prononça ces derniers mots. Puis, elle soupira à son tour et leva les yeux vers ceux de Noah, remplis d'une tendresse et d'une sympathie qui lui mirent les larmes aux yeux. Il savait. Il savait quelle était sa plus grande peur, celle que personne ne connaissait, car elle l'avait enfouie au plus profond de son cœur. Aussi occupée soit-elle, à la fin de la journée, elle était toujours seule. Seule et terrifiée à l'idée que, si elle ne se rendait pas utile, elle serait rejetée. C'était irrationnel, certes, mais elle ne pouvait pas s'empêcher de le penser. Sans sa pâtisserie et sa tendance à proposer son aide à tous ceux qui en avaient besoin, où en serait-elle ? Qui voudrait d'elle et qui l'aimerait si elle n'avait rien à offrir ?

Noah l'avait-il vraiment compris ? Et si c'était bien le cas, comment oserait-elle encore affronter son regard ?

— Depuis combien de temps n'as-tu pas vu tes parents ? lui demanda-t-il en faisant les cent pas le long du porche.

— Deux ans. Ils faisaient escale à Denver. Papa venait de faire un triathlon en Europe.

— Ils ne sont pas venus à Crimson ?

— Non, papa était impatient de reprendre son travail. Sa société de coaching a pris beaucoup d'ampleur ces dernières années. Il continue à courir, mais il passe beaucoup plus de temps à entraîner l'élite des athlètes désormais.

Comme il persistait à la regarder d'un air atterré, Katie continua :

— Papa et maman ne sont pas revenus depuis l'enterrement de ma grand-mère.

— Donc personne de ta famille n'a vu toutes les améliorations que tu as apportées à la pâtisserie, ni constaté ton succès ?

— Life is Sweet marchait déjà très bien du temps de grand-mère.

— Mais pas comme maintenant. Tes parents n'en savent rien ?

Katie haussa les épaules puis répondit :

— Ils voulaient que je vende la boutique et la maison après les funérailles. Maman n'a jamais apprécié que je travaille à la pâtisserie, tu le sais bien, dit-elle en posant une main sur son ventre. Elle pensait que ce n'était pas une bonne chose que je sois près de toutes ces tentations. Car c'était le meilleur moyen pour que je redevienne grosse.

— Tu n'as jamais été grosse.

Elle faillit sourire, mais toutes les années qu'elle avait

passées à avoir honte, face à sa mère qui surveillait tout ce qu'elle mangeait, lui revinrent à l'esprit.

— Tu ne te souviens pas de mon arrivée à Crimson. Quand tu as commencé à sortir avec Tori, j'avais déjà perdu du poids, à la demande de mes parents.

— Je me souviens parfaitement de toi et je ne t'ai jamais vue comme ça.

Elle se retint de soupirer. Etait-ce si étonnant qu'elle soit tombée amoureuse de Noah à l'époque ? Elle se mordit les lèvres afin de garder intacts les barrières fragiles qu'elle venait à peine de construire.

— Tu ne m'as même jamais vue vraiment.

Comme si tu avais besoin de me le rappeler…

Voilà ce que songea Noah tandis que les mots de Katie restaient suspendus entre eux. Allez, il valait mieux partir, et tout de suite. C'était stupide d'être venu sur un coup de tête chez elle. Pourtant, il savait bien qu'elle avait un rendez-vous. Comment osait-il perturber sa vie ?

— Je suis un crétin, Katie-Microbe, s'esclaffa-t-il avant de cesser en voyant qu'elle ne le contredisait pas. Mais je ne mentais pas en te disant que je ne voulais que ton bonheur. Je suis venu parce que… Mais ça n'a pas d'importance. Je veux être un meilleur ami, si tu m'y autorises.

Il ferma les yeux un instant et serra les poings.

— Même si ça veut dire que je dois faire une enquête sur tous tes rendez-vous.

Katie leva un sourcil interrogatif. Bon sang, elle était si mignonne qu'il dut se retenir pour ne pas la toucher.

— Matt Davis est quelqu'un de bien, finit-il par lâcher.

— Comment connais-tu son nom ?

— Je me suis renseigné… Et je suis désolé d'avoir interrompu votre soirée. Et aussi d'avoir à toujours te demander des excuses, dit-il avec un petit sourire. Bonne nuit, Katie.

Puis il passa à côté d'elle pour descendre les marches. C'est là qu'il l'entendit lancer :

— Noah ?

Il se retourna. Son prénom semblait tellement plus doux dans la bouche de Katie… On y sentait une tendresse qui lui donnait envie de la prendre dans ses bras. Et de la supplier de ne pas perdre espoir en lui.

— Je prierai pour ta mère demain, dit-elle en serrant ses bras autour d'elle.

Comme si, elle aussi, essayait de se retenir.

— Et pour toi.

Pour toute réponse, Noah hocha rapidement la tête puis s'enfonça dans la pénombre. Impossible de rester là et de la laisser voir des larmes envahir ses yeux. A quoi bon le nier ? La gentillesse de Katie lui faisait perdre toutes ses défenses et désirer des choses qu'il ne pourrait jamais avoir. Et encore maintenant, tandis qu'il longeait les rues désertes en compagnie de Tater, il avait envie de partir en courant. Les sentiments qu'il avait éprouvés chez sa mère un peu plus tôt le tiraillaient encore, et c'était en partie ce qui l'avait poussé à se rendre chez Katie.

Quand Emily et sa mère s'étaient couchées, la ferme était devenue si silencieuse qu'il avait senti son esprit s'emballer. Impossible de rester tranquille. A quoi bon se mentir ? Il avait toujours fait tout son possible pour éviter de penser à la dernière décennie en se plongeant dans son travail, en restant entouré d'amis, en multipliant les aventures. Oh ! il était toujours partant pour passer un bon moment… Tant que cela n'impliquait pas de s'engager. Et c'était justement ce comportement qui venait de gâcher sa relation avec Katie. Tout comme sa mère, elle attendait plus de lui. Elle connaissait les démons qui le hantaient, et cela avait été plus facile de la tenir à distance que de s'imaginer décevoir ses attentes.

Hélas, Noah devait se rendre à l'évidence : il ne pouvait pas fuir plus longtemps. Il était relié à cette ville et à ces deux femmes par un lien invisible et indestructible. Même s'il était loin d'être sûr d'avoir en lui ce qu'il fallait pour devenir celui dont elles avaient besoin, il était plus que temps d'essayer.

- 5 -

Le matin suivant, le jour se leva bien trop tôt. Noah eut l'impression d'être en pilotage automatique tandis qu'il conduisait sa mère à Denver avec Emily et Davey. Meg brancha la radio sur sa station favorite, et ils restèrent tous silencieux tandis que la musique remplissait l'habitacle. Il s'attendait qu'Emily lance un sujet de conversation mais, quand il la regarda dans le rétroviseur central, il s'aperçut qu'elle prêtait toute son attention à son fils qui jouait sur son iPad.

D'ordinaire, la route sinueuse qui menait à la grande ville l'apaisait mais, cette fois, il ne voyait même pas le paysage.

Sa mère tricota tranquillement jusqu'à leur arrivée à l'hôpital. Elle avait déjà passé les visites préopératoires, et rempli tous les papiers ; son admission ne fut qu'une formalité. Ils restèrent avec elle jusqu'à ce qu'on l'emmène en salle d'opération.

Noah sentit d'ailleurs sa gorge se nouer quand elle l'embrassa sur la joue.

— Je t'aime maman, lui dit-il quand sa chaise roulante franchit les portes.

Elle lui fit un petit signe, accompagné d'un sourire joyeux, avant de disparaître. Puis Emily se serra contre lui, et il passa le bras autour de ses épaules.

— Elle va s'en sortir.

Mais la réponse de sa sœur lui fit l'effet d'un coup de poing.

— Je sais que tu as aussi peur que moi. N'agis pas comme si ce n'était pas le cas.

Il soupira et ferma les yeux en laissant ses émotions le traverser. S'il les testait, il saurait peut-être jusqu'à quel point il pouvait les supporter. Et, quand ce fut au tour de la peur de le submerger, en menaçant de lui faire perdre le contrôle, il la repoussa à nouveau.

— Je fais comme si je ne doutais pas de voir maman s'en tirer, Em. Parce que je ne peux pas envisager autre chose pour l'instant.

— Je comprends, répondit-elle d'une voix douce. Nous allons nous en sortir.

— J'ai besoin d'aller faire pipi, les interrompit Davey.

Le petit garçon se tenait juste à côté d'eux, les bras ballants, en fixant les carrés de linoléum qui recouvraient le sol de l'hôpital.

— Allons-y, bonhomme, lui répondit sa mère.

Noah vit sa sœur lui adresser un sourire peu convaincant. Là-dessus, elle voulut attraper la main du petit mais celui-ci s'écarta. Il prit alors le chemin de la salle d'attente : sa sœur et son neveu le retrouveraient là-bas.

Quelqu'un se leva en le voyant approcher. Bon sang, mais c'était Jason Crenshaw !

— Que fais-tu ici ? lui demanda Noah.

— Où pourrais-je être d'autre ? Meg est ce que j'ai de plus proche d'une mère. Et tu es comme un frère pour moi. Alors bien sûr, je suis là.

Noah sentit son cœur se serrer. Jason était son meilleur ami depuis l'école primaire, toujours assis à côté de lui, année après année. Impossible de dire combien de contrôles en classe il avait réussis en copiant sur lui. Jason était intelligent et motivé, le rêve de tout professeur et l'exact contraire de ce qu'il était, lui. Mais ils avaient noué un lien que ni le temps ni leurs erreurs ne semblaient pouvoir rompre.

Tout comme Katie, Jason savait ce qu'il cachait derrière le rôle de bon copain qu'il se donnait. Mais, contrairement à elle, il ne lui en voulait jamais de sa légèreté. Et ils trouvaient toujours du temps pour une activité physique à l'extérieur — de l'escalade en automne ou du snowboard en hiver.

Néanmoins, Noah avait volontairement réduit leur communication à des e-mails depuis son arrivée. Jason avait été élevé par un père célibataire alcoolique et avait passé de nombreuses soirées et week-ends chez eux, si ce n'est plus quand son père se faisait arrêter pour conduite en état d'ivresse. Leur relation aurait dû le pousser à s'appuyer sur Jason. Mais l'idée de confier son chagrin à quelqu'un était au-dessus de ses forces. Peut-être avait-il fait de la peine à Jason en oubliant de le prévenir. Encore un mauvais réflexe auquel il devrait remédier pendant son séjour à Crimson.

— Je suis désolé de ne pas t'avoir…

— Ne t'excuse pas, s'empressa de répondre son ami. Tu dois gérer cette situation de la façon qui te convient le mieux. Mais, d'une manière ou d'une autre, je serai là.

Noah sourit puis répondit :

— Merci.

— Comment se porte ta mère ? lui demanda Jason en s'asseyant à ses côtés dans la salle presque vide à cette heure matinale.

— C'est une battante, comme toujours. Elle est heureuse de nous avoir chez elle, Emily et moi, même pour une raison aussi horrible.

— Emily est là aussi ?

— Elle est arrivée avec son fils la semaine dernière.

— Et son mari, le politicien ?

Au même moment, une voix résonna dans la salle d'attente :

— J'ai entendu dire que c'était toi le politicien du coin désormais.

Jason et Noah levèrent la tête. Ils aperçurent Emily qui venait vers eux, suivie de Davey qui refusait toujours de tenir la main de sa mère.

— Salut, Em ! s'exclama Jason en se levant d'un bond pour lui tendre la main.

Sans le vouloir, il percuta le ventre d'Emily qui s'était penchée pour le serrer dans ses bras.

Noah cacha son sourire tandis que sa sœur se frottait le ventre en grognant.

— Pardon, Em. Je suis si content de te voir, même dans des circonstances aussi tristes, lui marmonna Jason en tendant un de ses longs bras pour lui tapoter maladroitement l'épaule.

Jusqu'à ce qu'elle finisse par le repousser.

Noah se sentit désolé pour son ami. Tout le monde savait que Jason était amoureux de sa sœur depuis leur adolescence. Mais elle l'avait toujours vu comme l'un des amis encombrants de son frère. Néanmoins, tout était toujours possible, même s'il avait du mal à imaginer sa sœur si vivante et sophistiquée avec un provincial comme Jason. Emily avait toujours voulu plus que ce qu'offrait Crimson. Mais la vie ne suivait pas toujours le chemin qu'on espérait. Et les cernes qui entouraient les yeux de sa sœur le lui rappelaient.

— Je suis touchée que tu sois là, Jason, lui répondit Emily d'un ton pour le moins affecté. Et félicitations pour ton succès aux élections. Je suis certaine que tu seras un excellent maire.

— La campagne vient juste de démarrer, mais je suis prudemment optimiste, répondit celui-ci en rougissant.

— Nous connaissons ce sentiment.

Noah vit alors sa sœur lui adresser un regard appuyé.

— C'est ton fils ? demanda alors Jason en se baissant pour se mettre à hauteur de Davey.

Noah vit les yeux d'Emily s'agrandir. Bizarre... Pourquoi une telle réaction ?

— Comment t'appelles-tu, bonhomme ?

— Dis bonjour à M. Crenshaw, dit-elle d'une voix tendue.

A nouveau, Noah aperçut le regard impuissant que lui

lançait Emily pendant que Davey se cachait derrière les jambes de sa mère. Il était temps d'intervenir.

— Ah, tiens, Jason, parle-moi un peu de ta campagne. Je pourrais peut-être te donner un coup de main pendant que je suis en ville.

Celui-ci se redressa, et Emily en profita pour s'éloigner avec Davey et lui proposer de jouer aux Lego à l'autre bout de la salle. Voyant ce petit manège, il soupira :

— Elle ne m'aime vraiment pas. Quelque chose en moi l'a toujours repoussée.

— Ça n'a rien à voir avec toi. Elle doit faire face à de nombreux problèmes en ce moment.

— Lesquels ? Elle va bien ? Est-ce que ce crétin de la côte Est la traite mal ? l'interrogea-t-il.

D'un ton bien trop intense, d'ailleurs.

Noah ferma les yeux un instant. C'était la dernière conversation qu'il avait envie d'avoir. De toute façon, il n'était pas question de dévoiler l'intimité d'Emily.

Il rouvrit les yeux, prêt à donner une excuse et à changer de sujet, quand un mouvement attira son attention. Katie s'avançait vers eux, un panier de pique-nique à la main. Elle portait une robe bleu pâle qui lui arrivait au genou. Très simple, mais incroyablement sexy. Ses cheveux étaient attachés mais quelques mèches rebelles caressaient sa nuque. Ils se regardèrent, et elle lui adressa un petit sourire doux, comme si elle s'excusait. Alors il se leva pour l'accueillir tandis qu'il sentait son cœur s'emballer.

— Je suis désolée de ne pas avoir pu venir plus tôt, dit-elle en levant son panier. Je voulais apporter…

Sans même lui laisser le temps de finir sa phrase, Noah attrapa le panier, le posa à terre et la prit dans ses bras. Il enfouit son visage dans ses cheveux et s'enivra de ce parfum sucré qui n'appartenait qu'à elle. Il se sentit aussitôt apaisé et soudainement plein d'espoir — pour lui comme pour sa mère. Et tout le reste s'évapora, même le regard vide de sa sœur devant les attentions trop marquées de Jason. Il saurait gérer tout cela. Car la seule chose qui comptait pour le moment, c'était que Katie n'avait pas cessé de croire en lui.

Katie essaya de calmer les battements de son cœur tandis que la chaleur du corps de Noah traversait le tissu fin de sa robe d'été. Elle n'était pas sûre de venir à l'hôpital après la manière dont s'était terminée leur dernière conversation. Mais elle connaissait la famille Crawford depuis toujours et elle n'était pas du genre à laisser tomber un ami dans le besoin, même si cela mettait ses émotions à rude épreuve. Et puis de qui se moquait-elle ? Elle n'aurait jamais pu se tenir à l'écart. Les gens dans le besoin, c'était sa spécialité. Elle était arrivée exceptionnellement tôt à la pâtisserie ce matin afin de préparer des scones et des sandwichs pour l'occasion. Pour elle, la nourriture était comme une preuve d'amour, et elle était toujours prête à offrir son cœur sur un plateau… ou dans un panier.

Pourtant, Noah posa le pique-nique à terre comme s'il s'en moquait. Et il l'attrapa comme si elle était un rocher au milieu de la tempête. Dire qu'elle avait tenu ce rôle pendant des années alors que lui voyait l'existence seulement comme une fête sans fin. Seulement, maintenant qu'elle s'était enfin décidée à passer à autre chose, c'était lui qui voulait plus. C'était le monde à l'envers !

Mais combien de temps cela allait-il durer ? Autant être lucide. Même si le souffle brûlant de Noah sur sa nuque lui faisait tourner la tête, elle savait déjà comment tout allait se passer. Meg se remettrait complètement de l'opération, c'était certain. Noah retournerait alors à sa vie sans contrainte en la laissant derrière lui à la fois elle et Crimson, une fois encore.

Katie ne faisait pas d'illusions : Noah était resté ami avec beaucoup de femmes avec qui il était sorti. Car il aimait sincèrement les femmes. Toutes les femmes, même, mais il était incapable de s'engager auprès d'une seule. Quand cela devenait sérieux, il passait à autre chose. Pourtant, les bonnes relations qu'il gardait avec ses anciennes petites amies étaient étonnantes. A vrai dire, il était impossible de rester fâché contre lui bien longtemps puisqu'il ne pouvait pas s'empêcher d'être lui-même. Mais autant garder à l'esprit la vraie nature de Noah. Inutile de croire que ce qui s'était passé entre elle et lui signifiait quoi que ce soit.

Quand elle s'aperçut que Jason et Emily les fixaient, Katie le repoussa, attrapa le panier au sol et le tint devant elle comme un bouclier. Puis elle se demanda une chose : est-ce qu'il y avait une raison particulière à cette démonstration d'affection ? Pourvu qu'il ne soit rien arrivé…

— Tout va bien ? Ils vous ont dit quelque chose ?

— C'est encore trop tôt. Le médecin nous a prévenus que l'opération durerait au moins cinq heures. Merci d'être venue. Ça compte… énormément pour moi.

Katie déglutit difficilement. Seigneur, comment avait-cru pouvoir tenir son cœur à l'abri de cet homme ? Quelle que soit sa volonté de soutenir Noah et sa famille, elle jouait un jeu dangereux.

— Je voulais au moins vous apporter de quoi manger. Il y a le petit déjeuner et le déjeuner là-dedans.

— Katie, je…

— Par petit déjeuner, tu veux dire quelque chose que tu as cuit ce matin, j'imagine, intervint Jason.

Comme s'il avait senti que ce moment était difficile pour elle. Elle apprécia infiniment ce geste. Jason était l'un des hommes les plus gentils qu'elle connaissait.

— Scones à la cannelle et à l'orange, répondit-elle en souriant tout en ouvrant le couvercle du panier.

— Merci, lui dit Noah en l'attrapant pour le donner à Jason. Voilà, Jase. Donne-nous une minute s'il te plaît.

Jason s'éloigna, et Katie croisa aussitôt les bras sur son ventre. Et, maintenant, comment faire pour tenir Noah à distance ?

— Tu n'avais pas besoin d'apporter les repas, lui dit-il.

— Tu as mangé quelque chose aujourd'hui ? lui demanda-t-elle en levant un sourcil.

Il la dévisagea un instant avant de secouer la tête.

— Tu dois garder tes forces pour ta mère, fit-elle remarquer. Elle va avoir besoin de toi.

Noah leva les yeux au plafond puis soupira :

— J'ai besoin de… Non, tu as raison, comme d'habitude.

— Josh et Logan ont prévu de passer plus tard. Ils ne veulent pas que vous restiez seuls dans cette salle, toi et Em.

— Logan me l'a dit, mais ils n'ont pas à faire ça.

— Ce sont tes amis, Noah. Ils veulent être là, insista-t-elle. Je suis heureuse que Jason soit venu, ta famille compte beaucoup pour lui. Je ne suis passée que pour vous déposer le panier, je dois aller à Denver chercher…

— Reste.

Katie sentit ses lèvres s'entrouvrir quand il prononça ce mot. Comme si elle voulait attraper le souffle chaud de Noah.

— Tu ne veux pas…

— Je ne veux pas de ton pique-nique, Katie, dit-il en passant une main dans ses cheveux. C'est adorable et généreux de ta part, et je suis sûr que ça nous fera du bien durant les heures à venir. Mais ce que je veux… ce dont j'ai besoin…

Il plongea les yeux dans les siens, et elle faillit faire un pas en arrière devant l'intensité de ce regard bleu. Mais il tourna la tête ailleurs.

Noah repoussait ses émotions, comme toujours…

— Reste, s'il te plaît, chuchota-t-il.

— D'accord.

A ces mots, Katie eut alors l'impression de voir toute la tension qui le possédait s'envoler tandis qu'il lui faisait un immense sourire. Il passa un bras autour de son épaule et la guida vers les chaises où il s'était assis avec Jason, comme s'il craignait qu'elle essaie de s'échapper s'il ne la tenait pas.

Seulement, elle n'aurait pas pu s'enfuir, même si elle l'avait voulu. Pas maintenant qu'il lui avait laissé entrevoir un instant ce qu'il cachait sous son apparente désinvolture.

Même si elle devait se retrouver avec le cœur brisé, cela ne changeait rien à l'affaire. Parce que sa place était ici. Ce moment de vulnérabilité ne faisait pas de Noah un homme qui souhaitait fonder une famille. Mais, s'il acceptait ce qu'elle était capable de lui offrir sur l'instant, ce serait déjà beaucoup. Elle pourrait reprendre sa vie quand tout cela serait derrière eux, trouver quelqu'un de bien et être aussi heureuse que possible. Mais, pour l'instant, elle allait suivre son cœur.

Et son cœur avait toujours appartenu à Noah.

- 6 -

Quand le médecin apparut, presque quatre heures plus tard, la salle d'attente était encore pleine de monde. Jason était toujours là et aidait Emily et son fils à terminer une imposante structure en Lego. Logan et Josh étaient arrivés une heure plus tôt et faisaient les cent pas dans le couloir. Chaque fois qu'un membre du personnel traversait les portes de la salle de chirurgie, tout le monde se figeait et toutes les conversations s'arrêtaient. Jusqu'ici, aucune nouvelle de Meg.

Katie devait bien l'avouer : elle avait cru que Noah la laisserait pour se joindre à ses amis. Il tenait toujours le rôle de plaisantin du groupe et il devait avoir pas mal de tension à évacuer après autant d'attente. Mais il était toujours resté à ses côtés ou lui avait demandé de l'accompagner quand il avait eu besoin d'aller marcher un peu. Même quand il fixait le plafond en silence, ses amis avaient renoncé à essayer d'engager une conversation.

Elle haussa les épaules devant le regard interrogateur que Jason lui lança de l'autre bout de la salle. Elle n'avait encore jamais vu Noah aussi calme. Malheureusement, elle n'était pas du genre à combler le silence avec des propos légers. Quand elle changea de position, elle sentit Noah attraper son poignet comme dans un étau.

— Où vas-tu ? lui demanda-t-il en resserrant encore davantage son étreinte.

— Nulle part, j'avais juste besoin de décroiser les jambes. Mon pied n'avait plus de circulation.

— Donne-le-moi, dit-il en se penchant.

— Arrête ! s'exclama-t-elle en repoussant sa main.

Elle se sentit alors rougir en levant les yeux. Seigneur, tout le monde les regardait.

— Noah, qu'est-ce que tu fais ?

Il avait l'air perdu. Mais répondit :

— Donne-moi ton pied pour que je le masse.

— Au milieu de l'hôpital ? Tu es devenu fou ?

Bizarrement, il sembla considérer sérieusement sa question.

— Je ne sais pas, Microbe. Mais je peux te dire que rester ici à attendre sans rien faire perturbe sérieusement ma santé mentale.

Sans comprendre ce qui lui arrivait, Katie posa alors la main sur la joue légèrement rugueuse de Noah. Sans se soucier de ceux qui les regardaient.

— Noah, nous aurons bientôt des nouvelles.

Soudain, comme si elle l'avait invoqué, un homme vêtu d'une blouse bleue franchit les portes qui les séparaient des salles d'opération. Noah et Emily se précipitèrent à sa rencontre.

— Comment va-t-elle ? lui demanda-t-il aussitôt.

— Et quand pourrons-nous la voir ? ajouta Emily.

— Votre mère est quelqu'un de fort, leur répondit le médecin en regardant toutes les personnes qui s'agglutinaient derrière eux sans faire de commentaire. L'opération a été un succès. Nous avons fait un premier scanner et il semblerait que nous ayons pu enlever toute la tumeur sans endommager son système nerveux. Nous allons encore procéder à une biopsie et nous devrons refaire un scanner quand les tissus auront dégonflé. Bien sûr, elle devra faire quelques séances de rayons afin que toutes les cellules cancéreuses soient détruites. Mais tout s'est passé au mieux de nos espérances.

Des applaudissements retentirent, et Katie vit les épaules de Noah s'élever et s'abaisser tandis qu'il soupirait de soulagement. Logan et Josh vinrent lui donner une accolade. Quant à Emily, elle riait et pleurait en même temps.

— Pouvons-nous la voir ? redemanda-t-elle au chirurgien.

— Oui. Ils sont en train de la transférer au service de neurologie. Suivez-moi, mais les enfants ne sont pas admis, ajouta celui-ci en regardant Davey.

— Je reste avec lui, proposa aussitôt Jasson. Nous ne pouvons pas nous arrêter au milieu d'un édifice en Lego aussi important de toute manière.

Emily sembla sur le point de refuser mais Noah la prit par la main.

— C'est l'affaire de quelques minutes, pas plus, lui dit-il.

La sœur de Noah prit alors une grande inspiration puis lâcha, manifestement à contrecœur :

— Merci.

Là-dessus, Katie les regarda partir. Allez, il ne lui restait plus qu'à rassembler ses affaires et à s'en aller avant leur retour. Même si cela ne semblait pas légitime, elle avait aimé être là pour Noah quand il avait eu besoin d'elle. Mais désormais sa mère était sortie d'affaire, et elle avait rempli sa mission.

Elle vit alors Noah dire quelque chose au médecin et faire marche arrière pour revenir vers elle avec une expression indéchiffrable. Là, il attrapa son visage.

Noah avait un regard à la fois doux et agité, comme s'il ne parvenait pas à démêler ses sentiments.

Katie ouvrit la bouche pour parler, mais il la couvrit de ses lèvres et lui donna un baiser tendre et possessif qui ne laissait plus de place au doute.

— Merci de m'avoir aidé à supporter cette journée.

Après ces quelques mots, il repartit, et un silence étrange s'abattit sur la salle d'attente.

Katie sentit les regards de Josh, Logan et Jason posés sur elle. Elle secoua la tête et ferma les yeux.

— Je ne veux pas en parler, dit-elle en évitant leurs regards avant de rassembler ses affaires et de se diriger vers l'ascenseur.

*
* *

Katie regarda l'horloge accrochée derrière le comptoir de la pâtisserie quand elle entendit frapper à la porte avec insistance. Elle avait fermé depuis plus d'une heure et elle était seule dans la boutique vide.

Elle ressentit l'envie impérieuse d'ignorer le groupe de femmes agglutinées devant l'entrée. Mais cela n'aurait fait que repousser l'inévitable. En fait, elle était même étonnée qu'elles aient mis si longtemps à venir. Alors elle déverrouilla la serrure et leur ouvrit en affichant un sourire figé.

— Pourquoi ai-je l'impression que les trois sorcières de Macbeth me rendent visite ?

— Jolie référence, j'ai toujours aimé Shakespeare ! dit Sara Travers, la femme de Josh, en entrant en premier.

Nathalie Donovan la suivit. C'était une autre de ses meilleures amies, mais aussi l'épouse de Liam.

— Il te reste des brownies ? demanda cette dernière. Nous allons avoir besoin de chocolat pour cette conversation.

— Il reste une assiette sur le présentoir, répondit Katie.

A vrai dire, elle avait anticipé leur visite.

Le dernier membre du trio était Millie Travers, qui s'était mariée avec le cadet des frères Travers, Jake.

— Olivia te fait dire de ne pas faire attention à Nathalie, dit-elle à Katie en la prenant dans ses bras. Si elle ne souffrait pas de nausées matinales, elle serait là aussi.

— La pauvre, murmura Katie en suivant Millie jusqu'à la table où s'étaient installées leurs amies. Je lui enverrai un message tout à l'heure pour voir si je peux lui apporter quelque chose.

Tout à coup, voyant que tout le monde la regardait, elle décida de ne pas faire semblant d'ignorer la raison qui les avait poussées à venir.

— Ce n'était pas ma faute, déclara-t-elle en regardant Sara et Millie qui étaient toujours plus conciliantes que Nathalie.

Qui fut bien sûr la première à répondre.

— C'est ça. Donc tes lèvres sont juste tombées sur les siennes ?

— Je ne partagerai pas mes gâteaux si tu commences à être méchante, lui répondit-elle.

Millie éclata de rire tandis que Sara leur apportait des verres d'eau puis lança :

— Ce n'était sans doute qu'une réaction due au stress. Vous n'avez jamais été autre chose que des amis, avec Noah, mais il a eu une journée difficile.

— J'ai vu des dizaines de gens mourir de stress quand je travaillais à la nurserie, intervint Nathalie tout en prenant une part de brownie. Et ils n'embrassaient pas fougueusement leurs amis dans les couloirs.

Katie se sentit brusquement rougir puis bafouilla :

— Ce n'est pas ce qui s'est passé. C'était… A vrai dire, je n'en ai aucune idée.

— Une réaction au stress ! insista Millie.

— Une erreur ? ajouta Sara d'un ton doux.

— Un baiser de l'homme dont tu es amoureuse depuis le lycée, dit Nathalie en léchant le chocolat sur son doigt avant de le pointer vers Millie et Sarah. Vous êtes peut-être arrivées récemment à Crimson, mais vous ne pouvez pas ignorer les sentiments de notre belle pour Noah, l'éternel homme-enfant.

Un homme-enfant. Katie sursauta presque à ces mots mais elle ne se donna pas la peine de contredire Nathalie. Seigneur, c'était vraiment pathétique… Tout le monde était au courant de son coup de foudre alors que lui ne l'avait jamais remarqué. Et, même s'il avait voulu se caser, Noah ne jouait pas dans la même catégorie qu'elle. Une autre réalité qu'elle avait volontairement ignorée quand il l'avait prise dans ses bras. Noah était sorti avec des femmes extrêmement belles et à la mode. Et elles ne manquaient jamais dans une ville branchée comme Aspen.

— Je suis une imbécile, murmura-t-elle en prenant sa tête dans ses mains.

— Josh dit que Noah t'a embrassée, reprit Sara. Et la manière dont il m'a décrit la scène était assez éloquente…

— Que t'a-t-il dit ? demanda aussitôt Katie.

Trop vivement, sans doute.

— Eh bien…, commença-t-elle avec un petit sourire. Il a dit que c'était un peu fou et que personne ne l'avait vu venir.

— Ils doivent penser que je suis une allumeuse.

Ses trois amies éclatèrent de rire en même temps.

— Tu es la femme la plus sage de Crimson, la rassura Millie.

— Seulement de l'extérieur.

Katie secoua la tête. Parfois, elle détestait cette réputation de petite sainte. La pression qu'elle ressentait en essayant de correspondre à ce que les autres attendaient d'elle avait parfois de quoi la rendre folle.

— Si vous saviez ce que je pense et ce que je ressens réellement à l'intérieur…

— C'est-à-dire ? demanda Nathalie en haussant un sourcil.

— J'aimerais mettre Noah dans mon lit, répondit-elle en prenant une part de gâteau. Encore une fois.

— Encore une fois ? s'exclamèrent-elles en même temps.

Katie ignora la chaleur qu'elle sentait monter à ses joues. Non seulement parce qu'elle leur avait révélé son secret, mais aussi parce qu'elle pouvait encore sentir les mains viriles de Noah sur son corps.

— Nous n'avions rien prévu la première fois, expliqua-t-elle. Et, vu sa réaction, je sais désormais que c'était une erreur.

— Laisse-moi deviner, intervint Nathalie. Il a paniqué ?

— Il a disparu dans la forêt pendant plusieurs jours. Il n'a pas réussi à gérer.

— L'idée que Noah se fait d'une relation au long cours, c'est un second rendez-vous.

Millie posa alors la main sur celle de Katie.

— Et, toi, tu es prête à fonder une famille quand tu

trouveras celui qu'il te faut. C'est même la raison du projet *Caser Katie.*

Celle-ci haussa un sourcil. D'où sortait cette histoire ?

— Je suis un projet ? C'est déprimant…

— Pas si ça t'apporte l'avenir dont tu rêves, dit Sara.

— A moins que tu aies changé d'avis, ajouta Nathalie. Je croyais que tu avais fait le deuil de tes sentiments pour Noah. Tu sais bien qu'il n'est pas du genre à se marier. Il n'apprécie que le sexe, rien de plus, Katie.

— J'ai compris, admit celle-ci au bout d'un moment. Mais si vous aviez vu à quel point il semblait seul et perdu à l'hôpital. Il a besoin d'autre chose que d'une succession d'aventures. Il a besoin de…

— Toi ? lui demanda Sara.

Elle aurait voulu répondre mais Nathalie la devança :

— Non ! Il a besoin de grandir et de prendre ses responsabilités. Tu l'as attendu pendant des années et il s'aperçoit tout à coup que tu es là quand il est obligé de passer tout l'été à Crimson à cause de sa mère malade. Ça fait un peu trop de coïncidences à mon goût.

— Mais si elle tient à lui, c'est peut-être l'occasion dont ils avaient besoin ? lança Millie d'un air songeur. Peut-être est-elle celle dont Noah a besoin.

— Bien sûr ! reprit Nathalie. N'importe quel homme aurait une chance folle d'être avec Katie. Mais il ne la mérite pas.

Au même moment, Katie décida qu'il était temps de donner son point de vue :

— Arrêtez de parler comme si je n'étais pas là. Je connais Noah par cœur. Et je sais qu'il n'est pas un pari sur le long terme. Mais il est important pour moi, et je ne peux pas l'ignorer. De toute façon, ça n'a pas d'importance car il m'a tellement mise sur un piédestal qu'il serait bien incapable de gérer quelque chose de sérieux entre nous.

— Est-ce que ça implique d'autres baisers, voire plus ? plaisanta Sara en lui faisant un clin d'œil.

— Ou bien des rendez-vous avec d'autres hommes ?

lui demanda Millie. Parce qu'Olivia a de grands espoirs pour Matt Davis.

Pour toute réponse, Katie haussa les épaules puis se leva pour déposer son assiette vide dans l'évier avant de répondre :

— Matt est un chouette type. Je lui ai dit que j'étais partante pour sortir à nouveau avec lui.

— Et Noah ?

Elle secoua la tête.

— Plus de baisers, ni rien d'autre. Vous avez raison, je cherche autre chose. Quelque chose que Noah ne souhaite pas, et qu'il ne serait pas capable de m'offrir d'ailleurs.

Millie sembla sur le point de la contredire mais Nathalie prit la parole avant elle :

— Je suis heureuse que nous soyons d'accord. Alors quel homme vas-tu choisir pour évincer Noah de la partie ?

— Je vais m'occuper de Noah, répondit Katie en éteignant la lumière du comptoir.

Millie se leva et la prit un instant dans ses bras.

— Est-ce que par hasard tu serais libre pour garder Brooke samedi soir ? lui demanda-t-elle tout de suite après avec un sourire plein d'espoir. Jake et moi, nous devons aller à Denver. Sara et Josh ont une réunion de famille, et avec Olivia qui ne se sent pas bien…

Katie ne put que hocher la tête puis dit :

— J'adorerais la garder. Nous ferons une soirée de filles.

— Et tu es toujours d'accord pour nous aider pour le brunch de dimanche au ranch ? l'interrogea Sara.

— Bien sûr, répondit-elle. Je viendrai avec Brooke pour vous livrer, ça va lui faire plaisir.

— Merci, ma chérie, lui dit Millie en la reprenant dans ses bras. Je ne sais pas ce que nous ferions sans toi.

— J'espère que tu n'auras jamais à le découvrir, répondit-elle à Sara en prenant une enveloppe sur le comptoir. Au fait, est-ce que je peux te confier ça ? C'est la participation du Life is Sweet à la vente aux enchères que tu présides pour le festival du jour des Fondateurs.

Nathalie en profita alors pour lancer d'un air gourmand :

— Des cartes cadeau pour la pâtisserie ? Peut-être une année de brownies gratuits livrés devant ma porte ?

— Ce ne sont que des petits bons d'achat, dit Katie en éclatant de rire. Ainsi qu'un cours de cuisine pour six personnes, si jamais tu voulais apprendre à les faire toi-même, Nathalie.

— Je me fais une fierté d'aider ton commerce, répondit-elle d'un air moqueur.

— Sauf que Katie t'offre ses brownies la moitié du temps, lui fit remarquer Millie avec un sourire entendu. Merci Katie, nous pouvons toujours compter sur toi.

Celle-ci hocha tristement la tête. Cet hommage mérité la réconfortait, d'habitude. Mais, cette fois, cela lui serra le ventre. Néanmoins, pas question d'en dire un mot à ses amies. Elle était le roc immuable et chaleureux de leur groupe. Pas question de leur donner des raisons de s'inquiéter. Pour elle, cette impression d'être un fardeau, et encore plus quand il s'agissait d'émotions, était insupportable !

Un peu plus tard, manifestement rassurées à l'idée qu'elle ne s'engageait pas dans une voie sans issue avec Noah, ses trois amies lui dirent au revoir et la laissèrent seule.

Katie termina de vérifier que tout était bien à sa place, puis fixa les gâteaux rangés dans la vitrine réfrigérée. Pour la première fois depuis des années, elle eut envie de l'ouvrir et de se gaver de cookies jusqu'à l'indigestion.

La seconde d'après, elle fit volte-face, sortit et verrouilla la porte avant de s'éloigner à pied du centre-ville de Crimson. Elle suivit la piste cyclable qui longeait la rivière. Certes, cela lui prendrait plus de temps pour rentrer chez elle, mais elle espérait que le bruit familier du cours d'eau apaiserait ses émotions.

Pour sa part, elle ne s'était jamais sentie dans son élément dans cette petite ville. Pas plus qu'au sein de sa famille, d'ailleurs. Quand elle et ses parents avaient emménagé à Crimson, son père participait encore à des triathlons et à d'autres courses de fond réservées aux plus grands athlètes. Sa mère, Monica, ne s'était dédiée qu'à son époux, sans porter beaucoup d'intérêt à la pâtisserie familiale, pas plus qu'à sa mère, douce et modeste, qui la dirigeait.

Katie retint un soupir. Ni son père ni sa mère n'étaient parvenus à accepter le fait qu'elle n'ait pas hérité de leurs capacités physiques ou de leurs besoins d'adrénaline. Résultat : elle avait commencé à manger pour oublier son impression d'être une incapable, bien qu'elle ne l'ait pas compris à cette époque. Tout ce qu'elle savait, c'était qu'elle se sentait à sa place quand elle cuisinait avec sa grand-mère, que ce soit à la maison ou à la pâtisserie.

Seulement, quand son poids était devenu un problème trop évident pour que sa mère continue à l'ignorer, celle-ci l'avait menacée de lui interdire d'aller à Life is Sweet afin de ne plus être tentée.

Katie avait alors appris à dominer son goût prononcé pour le sucre et prit conscience que cela faisait d'elle une meilleure apprentie pâtissière. Quand elle ne passait pas son temps à s'empiffrer, elle appréciait mieux les goûts et les parfums. Le temps qu'elle passait à la pâtisserie préoccupait toujours sa mère mais, en la voyant perdre du poids, celle-ci n'avait plus vraiment eu d'arguments pour la contraindre à s'en tenir éloignée.

Oh ! même si le miroir ne reflétait plus des kilos disgracieux, Katie avait toujours l'impression d'être cette petite fille potelée et joufflue. Elle avait cessé de manger pour offrir ses gâteaux à ses amies, ou pour des bonnes causes. Mais, quand ses émotions devenaient incontrôlables, elle avait gardé le réflexe de se tourner vers la nourriture.

Une raison de plus de se tenir à distance de Noah. Elle aimait garder le contrôle de ses émotions, même si cela lui pesait parfois d'être toujours de bonne humeur et prête à rendre service. Mais c'était la voie qu'elle s'était choisie. Si elle s'en écartait, tout allait devenir compliqué.

Or Katie aimait les choses simples.

- 7 -

Noah resta deux nuits à l'hôpital avec sa mère avant qu'elle ne le renvoie. Confortablement installée contre plusieurs oreillers, celle-ci baissa son magazine de jardinage et lança :

— Je t'aime, mon chéri. Mais tu me rends nerveuse à tourner en rond dans cette chambre.

Comme à son habitude, elle s'était réveillée tôt, même à l'hôpital. Son visage avait repris des couleurs, on lui avait enlevé les bandages qui entouraient sa tête, et la cicatrice de l'opération commençait déjà à pâlir.

— Je ne tourne pas en rond, répondit-il en s'immobilisant aussitôt.

— Et une bonne douche te ferait du bien, ajouta-t-elle en cornant le coin de son magazine.

Noah eut un sourire. Les piles de magazines posés au pied du lit de sa mère étaient l'un des souvenirs les plus nets de son enfance. Tous avaient des pages cornées qu'elle ne rouvrait jamais. Elle les avait collectionnés pendant des années. Mais, le lendemain de la mort de son père, elle avait entièrement vidé leur chambre, emballé les vêtements pour les donner et envoyé les piles de magazines au recyclage. Il l'avait regardée faire en silence, bien trop submergé par son propre chagrin pour penser à l'aider.

Il allait répliquer qu'il pouvait très bien rester encore, mais cela ne servait à rien.

— C'est d'accord, finit-il par dire. Je vais faire un

aller-retour à Crimson. Mais je ne veux pas que tu restes seule trop longtemps.

— Emily vient de m'envoyer un message. Elle est en route avec Davey et elle a pris une chambre à Denver pour la nuit. Je m'inquiète vraiment pour elle, ajouta-t-elle en baissant son magazine.

— Elle va bien, répondit-il sans y croire. Et tu dois garder tes forces pour guérir.

— Tous mes scanners sont excellents, et mon docteur est ravi de mes progrès. Ils vont me laisser sortir dans quelques jours, et tu auras tout le temps pour me couver quand nous serons à la maison.

Noah leva les yeux au plafond et protesta :

— Je ne te couve pas.

— Je ne vais pas mourir, mon grand, lui dit-elle en souriant. En tout cas, pas tout de suite.

— Ne plaisante pas avec ça. Et je sais que tu vas t'en sortir. Tu dois t'en sortir.

— Je crois surtout que tu fais tout pour éviter de retourner à Crimson.

Il partit dans un grand éclat de rire. Qui sonnait faux, même à ses propres oreilles.

— C'est ridicule. Je ne veux pas te laisser seule, c'est tout.

— Emily m'a parlé du baiser, répliqua sa mère.

Quoi ? Une fois remis de sa surprise, il rétorqua :

— Emily ferait mieux de s'occuper de ses problèmes.

— Tu m'as dit qu'elle allait bien il y a à peine une minute. Et puis Katie est une vraie amie, reprit sa mère en refusant de se laisser distraire. Elle se fait du souci pour toi…

— Mais je suis bien trop instable pour la mériter.

— Je n'ai pas dit ça.

A ces mots, Noah vint s'asseoir au coin de son lit :

— Mais tu le penses. Moi, je le pense, alors ce doit être le cas pour tout le monde.

— Tu es mon fils, Noah. Et je pense que tu mérites tout ce que tu espères de la vie.

— Merci maman, répondit-il en se penchant pour prendre sa main.

Sa mère avait les ongles courts et des mains que des années de travail à la ferme avaient rendues rugueuses. Peut-être était-ce pour cela qu'il n'avait jamais apprécié les femmes aux mains délicates et parfaitement manucurées. Tiens, Katie aussi avait des mains habituées à travailler. Féminines, certes, mais pas délicates à cause de son travail quotidien à la pâtisserie.

— La seule question, c'est : est-ce que tu veux Katie ?

— Si tu m'avais demandé ça il y a deux semaines, je t'aurais répondu qu'elle était la meilleure amie de Tori pendant toute notre scolarité et que je n'avais jamais pensé à elle de cette manière. Et depuis…

— Tu es mon fils, répéta-t-elle. Mais tu n'as aucun goût en matière de femmes.

— Je n'ai pas ramené de femme à la maison depuis Tori. Alors comment peux-tu connaître mes goûts ?

Noah vit sa mère hausser les épaules et répondre :

— C'est une petite ville. Et même un petit Etat quand il s'agit de commérages. J'ai encore des amis à Boulder et j'entends certaines choses.

Il ne put s'empêcher d'écarquiller les yeux et de s'écrier :

— Tu me surveilles ?

— C'est la mission d'une mère. Et à la mort de ton père…

— Ça n'a rien à voir avec le type de femmes que je fréquente, insista-t-il presque durement.

Le temps de reprendre sa lecture, sa mère finit par lâcher d'un ton neutre :

— Mon chirurgien m'a invitée à dîner.

— Tu plaisantes ? dit-il en se levant d'un bond tout en sentant une panique sourde l'envahir.

Sa mère ? Sortir avec un autre homme que son père ? Non, impossible !

— Tout ça va forcément à l'encontre des règles en vigueur entre patient et médecin. Je vais me plaindre à l'hôpital et lui botter les…

— J'ai envie de sortir avec lui, Noah, se contenta-t-elle de répondre.

Il secoua la tête. Pas possible, il devait rêver !

— Pourquoi ferais-tu une chose pareille ?

— Voilà plus de dix ans que ton père nous a quittés. Il était toute ma vie. Sans toi et Emily, je ne sais pas si j'aurais pu continuer. Mais je n'ai pas été avec un homme depuis tout ce temps.

A ces mots, Noah grimaça.

— Maman, je ne peux pas avoir ce genre de conversation avec toi !

— Fais un effort, lui répondit-elle avec une impatience inhabituelle chez elle.

A cet instant, aussi difficile que cela soit pour lui, il réalisa que cette situation l'était tout autant pour sa mère. Il lui devait bien plus que ce qu'il lui offrait sur le moment. Et il était ici pour la soutenir. Pas question de l'oublier.

— Je suis désolé, finit-il par dire en venant s'asseoir sur la chaise près du lit. Si tu veux sortir avec ce médecin, ça ne me pose pas de problème, et ce sera pareil pour Emily.

— Merci, mon cœur. C'est gentil, mais ce n'est pas ce que j'essaie de te dire. Nous avons tous été terriblement affectés par la disparition de ton père. Et j'ai passé trop d'années avec un fantôme pour seul compagnon. Emily souhaitait juste partir le plus vite possible et toi…

— J'essaie, maman, l'interrompit-il avant qu'elle n'ait pu nommer les démons qui le hantaient. J'allais demander Tori en mariage. Je voulais passer ma vie avec elle. Avant qu'elle me trompe, en tout cas. Je pense que mes réticences à m'engager dans une relation sérieuse viennent plus du fait que j'ai trouvé ma petite amie les jambes autour du cou de… Non, pas question de parler de ça avec toi !

Meg éclata de rire.

— Je suis peut-être ta mère, mais je suis aussi une femme. Et je sais parfaitement ce que les adolescents font à l'arrière des voitures.

Noah ne put s'empêcher de froncer les sourcils :

— Comment sais-tu que je les ai découverts dans une voiture ?

— C'est une petite ville, répéta-t-elle. Ne laisse pas la mort de ton père ou ce qui s'est passé avec Tori t'empêcher de croire en l'amour et en tes capacités à le trouver.

— Je crains que mon CV ne parle de lui-même.

— Je ne peux pas t'empêcher de penser le pire de toi-même, répondit-elle en soupirant. Mais ce n'est pas ainsi que je te vois. Et ce n'est pas non plus le cas pour Katie, je pense.

A ces mots, il secoua la tête et répondit sans hésiter :

— Elle devrait. Je n'ai pas été correct avec elle.

— Tu ne peux pas changer le passé, dit alors sa mère en fermant les yeux. Mais tu peux choisir ton avenir.

Noah réfléchit un instant puis se pencha pour l'embrasser sur le front.

— Tu as toujours été aussi maligne ?

— Oui, répondit-elle en lui faisant un clin d'œil. Va parler à Katie et emmène Tater faire une balade. Je suis très bien ici et je t'appellerai si j'ai besoin de quoi que ce soit.

— Je reviendrai…

— Demain, finit-elle à sa place.

Il sourit. Ce n'était pas maintenant qu'il allait changer sa mère ! Quand elle avait quelque chose dans la tête…

— Je t'aime, maman.

— Moi aussi, mon chéri.

Il marcha jusqu'à la porte et se retourna.

— Et ton séduisant docteur a intérêt à bien te traiter. Je le pensais vraiment quand j'ai parlé de lui botter les fesses si ce n'était pas le cas.

Le sourire amusé de sa mère à l'esprit, il sortit de l'hôpital et prit le chemin des montagnes.

— Tu dînerais avec moi ?

A ces mots, Katie fit volte-face. Elle agrafait une

annonce sur le panneau d'affichage communal, en face de sa pâtisserie, en prévision de la fête du jour des Fondateurs.

Noah fit mine de protéger son visage et lui sourit :

— Tu pourrais peut-être ranger ton arme avant de me répondre.

Elle baissa le bras qui tenait l'agrafeuse.

— Comment se porte ta mère ? lui demanda-t-elle en ignorant sa question.

Une chose était sûre : il semblait moins stressé et bien moins fatigué que la dernière fois où elle l'avait vu, à l'hôpital. Pire : il était presque parfait. Il portait son uniforme du service des Forêts, une chemise grise qui dessinait admirablement ses pectoraux ainsi qu'un pantalon vert olive qui mettait en valeur ses jambes musclées.

Seigneur, elle devait immédiatement arrêter de penser à ce corps divin…

L'instant d'après, comme s'il avait lu dans ses pensées, il eut un sourire amusé et répondit :

— Elle va bien. Elle se remet plus vite que prévu et elle est impatiente de rentrer à la maison. Ils pensent la laisser sortir samedi.

— Tu es resté à l'hôpital tout ce temps ?

Il acquiesça.

— Elle a fini par en avoir assez de ma présence et elle m'a renvoyé à la maison. Comme j'ai de la paperasse à rattraper, je me suis dit que j'allais t'acheter une douzaine de cookies avant de m'y mettre.

Katie hocha la tête puis se contenta de dire :

— Leila tient le comptoir, elle pourra s'occuper de toi. Je dois encore accrocher quelques annonces le long de la rue principale.

— Ça t'embête si je te tiens compagnie ?

Au prix d'un effort surhumain, elle retint un frisson qui menaçait de parcourir tout son corps.

— Volontiers, dit-elle en lui tendant une pile d'annonces. Tu prends ce côté de la rue, moi l'autre, et nous nous retrouvons au coin.

Avant qu'il ait pu protester, Katie traversa la rue en manquant de se faire renverser par une voiture qui passait par là. Elle entendit Noah l'appeler, mais elle ne se retourna pas et entra dans une boutique de vêtements de sport. Elle discuta quelques instants avec le propriétaire et passa à la boutique suivante en prenant volontairement son temps. Peut-être que Noah allait se lasser et la quitter pour rejoindre son bureau.

Hélas, il l'attendait au coin de la rue, adossé contre un lampadaire, le regard levé vers le ciel. Il portait ses habituelles lunettes de soleil et ses cheveux dorés bouclaient sur sa nuque. Combien de temps allait-elle devoir se répéter qu'il ne l'intéressait plus avant que son corps ne l'accepte ?

— Te faire renverser par une voiture est un moyen un peu extrême de m'éviter, lui dit-il en s'approchant.

— Ce n'était pas mon intention, répondit-elle en prenant les annonces restantes qu'il lui tendait.

Elle sentit alors ses doigts virils l'effleurer son poignet et elle recula vivement. Il fallait que cela cesse ou elle allait devenir folle.

— Qu'est-ce que tu veux, Noah ?

— Tu ne m'as pas répondu pour le dîner, lui dit-il avec ce sourire enjôleur qu'elle connaissait si bien.

Ce sourire aux pouvoirs diaboliques qu'il faisait aux femmes qu'il rencontrait dans les bars. Ce sourire qui lui ouvrait facilement le chemin de leurs cœurs et de leurs lits. Mais cela ne marcherait avec elle, même si ses doigts de pied s'étaient recroquevillés sur eux-mêmes.

— C'est non.

Sans sourciller, Katie passa à côté de lui et descendit du trottoir… Avant qu'il ne la rattrape en la prenant par le bras.

— Tu mens, affirma-t-il.

— Pourquoi ?

Katie se retint de ne pas frissonner. Comment garder la tête froide s'il la dévisageait comme ça ?

— Parce que tu me veux.

Elle se mordit furtivement la lèvre puis rassembla toutes ses forces pour secouer la tête et lancer :

— Waouh ! Ton ego ne cessera jamais de me stupéfier.

— Et je te veux encore plus, ajouta-t-il en se penchant si près qu'elle sentit son souffle sur sa joue. C'était si bon entre nous. Je n'ai pas réussi à arrêter de penser à toi depuis. Ta manière de me toucher… Tes gémissements quand je…

— Stop ! dit-elle en le repoussant.

Bon sang, elle était furieuse que son corps se soit enflammé à ces mots ! Le temps de poser les affichettes contre sa poitrine comme si elles pouvaient protéger son cœur, elle ajouta :

— Je ne supporte plus ce jeu ! Et quelle importance si je te désire ? Toutes les femmes avec qui tu as couché, et n'oublie pas que je les connais presque toutes, te désirent encore. Tu as un don, c'est injuste, mais tu n'en es pas moins un homme-enfant.

Noah eut l'air d'être désarçonné par cette réponse, c'était le moins qu'on puisse dire.

— Un homme-enfant ? répéta-t-il en se raidissant. Qu'est-ce que ça veut dire ?

— Nous en avons déjà parlé. Tu veux passer de bons moments et, moi, je veux construire un avenir. Je ne vais pas nier que tu m'attires. Même les femmes de quatre-vingts ans et les bébés sont sensibles à ton charme. Mais je veux plus. Et la seule manière de l'obtenir, c'est de passer à autre chose. Or je ne vois pas comment j'y arriverai en retournant dans ton lit.

— Je t'ai invitée à dîner, Katie. C'est un vrai rendez-vous. Je ne cherche pas une amie avec des avantages. Je pourrais trouver ça partout…

Katie se raidit, fronça les sourcils, et il passa aussitôt la main dans ses cheveux d'un air confus.

— Reprenons au début. Je raconte n'importe quoi.

Il ôta ses lunettes de soleil, et elle se sentit comme emportée par l'intensité de son regard bleu. Elle n'aurait pas pu bouger même si elle l'avait voulu.

— Accepterais-tu de dîner avec moi, s'il te plaît, Katie Garrity ? lui demanda-t-il avec un sourire bien plus hésitant et empli d'espoir.

— Non, répondit-elle dans un soupir.

La tête de Noah partit alors en arrière comme si elle l'avait frappé. Elle s'attendait à ce qu'il s'en aille. Après tout, il appréciait les femmes enjouées et un peu faciles. Elle aurait voulu l'être. Et pas uniquement à cause des sentiments qu'elle nourrissait pour lui, mais parce que c'était sa nature de rendre les gens heureux. Seulement, son instinct de conservation refusait de la laisser succomber au charme de Noah. Elle s'était promis d'aller de l'avant et c'est ce qu'elle allait faire.

Katie leva les yeux. Sans bouger, sans dire un mot, celui-ci continuait à la dévisager comme si elle était une énigme qu'il devait résoudre.

— Je vais continuer à sortir avec Matt. Toi et moi, nous sommes des amis, Noah. Ça fait des années et ça a toujours bien fonctionné.

— Vraiment ? répondit-il en attrapant une mèche de ses cheveux qui s'était échappée de son chignon. Je ne suis pas certain…

Elle allait répliquer, mais une voix retentit brusquement dans son dos :

— Comme c'est mignon !

Tandis qu'elle sentait son cœur faire un bond, Katie vit Noah retirer la main, remettre ses lunettes de soleil et se retourner. Il lança alors à la femme qui leur souriait :

— Salut Tori ! Bienvenue à Crimson…

Autant le dire tout net : Noah avait autant envie de revoir son ex-petite amie que d'être accroché au versant d'une montagne pendant une tempête. Cette image convenait d'ailleurs parfaitement au moment présent tant la tension entre les deux femmes semblait palpable. Katie avait été l'ombre et la meilleure amie de Tori durant toute leur jeunesse. Certes, Katie l'avait soutenu lors de leur rupture mais, étant donné qu'il avait surpris Tori en pleine action avec un de ses équipiers de football, celle-ci pouvait-elle vraiment en vouloir à son ex-meilleure amie ? D'après le peu qu'il savait, elles ne s'étaient pas parlé depuis des années.

Sur le moment, il regretta de ne pas avoir posé la question plus tôt à Katie. Seulement, il y avait tellement de choses auxquelles il aurait dû porter plus d'attention. Elle avait toujours été là, et il n'avait jamais envisagé que cela pourrait changer. Comment se sentirait-il si elle ne faisait plus partie de sa vie ?

Autant voir les choses en face. Il ne comptait pas renoncer à elle, quand bien même cela aurait sans doute été la meilleure chose à faire. Sa mère avait raison : il n'avait peut-être pas montré le meilleur de lui-même jusqu'à maintenant, mais il pouvait encore changer son avenir. Pour cela, il devait parvenir à convaincre Katie avant qu'il ne soit trop tard. Il avait vu la manière dont Matt Davis la regardait la nuit de leur rendez-vous. Pour autant, de son point de vue, Katie était à lui et elle le serait toujours.

Noah vit alors celle-ci poser les yeux sur lui, puis sur son ex.

— Combien de temps restes-tu en ville ?

Il fronça les sourcils. Elle ne pouvait pas réellement croire qu'il avait encore des sentiments pour elle ?

— Au moins un mois, répondit Tori d'un air amer sans lâcher son ancienne meilleure amie du regard.

Noah dut résister à son envie de s'interposer entre elles. Car ce qu'il n'avait pas oublié, c'est que Tori pouvait se montrer vicieuse quand elle était blessée.

— Je redécore une maison à Aspen. Et mon client est assez riche pour exiger que je sois sur place pendant toute la durée des travaux. J'en profite pour passer du temps avec mes parents.

Il la regarda alors approcher et poser une main sur son bras. C'est là qu'elle lui lança un regard appuyé avant de dire :

— J'ai beaucoup pensé à toi et à ta mère depuis mon arrivée. J'ai tellement de souvenirs des moments merveilleux que nous avons partagés tous les deux ici.

Katie toussa à ces mots, et Tori lui lança un regard noir.

— Buvons un verre un de ces jours pendant que je suis là, reprit-elle. Il y a tant de choses sur cette nuit que tu ignores et que j'aimerais t'expliquer.

Noah repoussa la main de Tori. Tiens, ses ongles étaient longs et parfaitement manucurés.

— J'en ai vu bien assez pour toute une vie, Tori. Laissons le passé là où il est.

Elle se mordit les lèvres, le coin de sa bouche faisant une moue qu'il avait trouvée irrésistible, autrefois. Désormais, cela lui donnait un air de manipulatrice.

— Si c'est ce que tu souhaites. Mais nous pouvons toujours boire un verre.

Il sentit brusquement Katie faire demi-tour dans son dos. Mais il ne comptait pas la laisser s'échapper.

— Je suis vraiment occupé en ce moment. Peut-être plus tard.

Là-dessus, il fit volte-face sans laisser à son ex le temps de répondre et se mit à courir pour rattraper Katie.

— Que t'arrive-t-il ? lança-t-il une fois à sa hauteur.

— Rien, dit-elle d'un ton sec. Mais tu viens juste de prouver que j'avais raison. Voilà à peine une minute que j'ai repoussé ton invitation, et tu conviens déjà d'un rendez-vous avec ton ex.

Ils étaient de nouveau devant la pâtisserie, et il l'attrapa par le bras à l'instant où elle ouvrait la porte.

— Je n'en ai rien à faire de Tori, et tu le sais très bien. Je voulais juste lui échapper sans avoir droit à une scène. Et je ne lui ai pas donné de rendez-vous. Un rendez-vous, c'est quand je vais chercher une femme chez elle pour l'emmener dîner. Et c'est ce que je veux avec toi.

Noah sentit son cœur se serrer. Katie semblait totalement perdue, comme si la simple idée de dîner avec lui la déchirait. Et ce n'était pas ce qu'il voulait. Il voulait une chance de la rendre heureuse, pas lui faire plus de mal.

— Je n'ai pas confiance, finit-elle par répondre.

Au même moment, une jeune fille passa la tête par la porte et dit :

— Katie ? J'ai Marian Jones en ligne, elle a oublié de commander un gâteau pour la fête qu'elle organise pour la retraite de son mari. Elle voudrait quelque chose pour demain.

— J'arrive, Leila.

Katie ferma les yeux un instant. Quand elle les rouvrit, son expression était redevenue complètement neutre.

— Je dois y aller Noah. Nous sommes amis et depuis si longtemps… Ne gâchons pas tout.

Noah voulut parler mais elle leva la main.

— Dis à ta mère que je passerai la voir dès qu'elle sera rentrée chez elle.

L'instant d'après, elle se hissa sur la pointe des pieds et l'embrassa sur la joue. Une seconde plus tard, elle avait disparu à l'intérieur. Alors il posa ses doigts là où ses lèvres l'avaient touché, comme s'il pouvait encore sentir leur douceur. Ce baiser avait le goût d'un au revoir. Hélas, même s'il se refusait à l'accepter, Noah ne savait pas comment changer cela.

- 8 -

Il faisait un grand soleil quand Katie grimpa les marches de la ferme de la famille Crawford la semaine suivante. Emily apparut un instant plus tard, vêtue d'un vieux T-shirt et d'un pantalon de survêtement. Incroyable, la sœur de Noah arrivait à être élégante même dans une tenue toute simple. Autant le dire tout net : s'il n'y avait pas eu tant de tristesse dans son regard bleu, Katie aurait été jalouse de cette femme.

Emily était dans la classe en dessous de la leur mais elle ne s'était jamais vraiment liée avec les autres élèves. Même avant que Jacob Crawford tombe malade, il était évident qu'Emily était destinée à bien plus que cette ville ne pouvait lui offrir. Après le drame, Katie avait eu l'impression que la quête de la sœur de Noah pour s'échapper de Crimson était devenue frénétique.

Mais, désormais, elle était de retour, tout comme Noah.

Katie devait bien l'admettre : cela l'inquiétait de voir à quel point elle ne semblait pas être à sa place. Et elle-même ne connaissait que trop bien ce sentiment.

— Entre, lui dit Em avec ce qui aurait dû être un sourire. Noah n'est pas là. Il est…

— A Boulder, termina Katie à sa place. Il m'avait parlé de ce rendez-vous.

En fait, ils ne s'étaient pas revus depuis qu'ils étaient tombés sur son ex-petite amie. Elle voulait rendre visite à Meg, mais elle ne se sentait pas encore prête à l'affronter, lui. Néanmoins, comme la secrétaire du service des Forêts passait tous les jours à la pâtisserie pour acheter un muffin et un café, celle-ci lui avait donné sans difficulté l'emploi du temps de Noah pour la semaine.

— Et tu as choisi ce jour pour passer à la maison ? reprit Emily en haussant un sourcil.

Katie se sentit brutalement rougir et parvint à articuler :

— Eh bien, j'ai pensé… Il m'a semblé que… Oui.

— La plupart des femmes se jettent aux pieds de Noah sans qu'il ait à lever le petit doigt, dit Em en la fixant.

— J'ai été témoin de ce phénomène plus d'une fois.

— Il a besoin d'un défi plus stimulant.

Katie secoua vigoureusement la tête avant de répondre :

— Je n'essaie pas du tout de le défier.

— Mais ça revient au même. Et ça lui fera du bien.

— Nous ne sommes que des amis, Em.

Katie leva les yeux. Elle était venue ici quelques fois ces dernières années et elle avait toujours trouvé que cette maison reflétait l'amour de cette famille unie. Mais, aujourd'hui, cet endroit semblait bien trop silencieux.

— Je l'ai vu t'embrasser.

Katie haussa les épaules.

— Il était… inquiet pour votre mère. C'était une réaction émotionnelle, et je me trouvais là.

— Mon frère n'a jamais eu la moindre réaction de ce genre. Ce n'est pas dans son caractère.

— Ce n'est pas vrai, s'exclama-t-elle.

Sans comprendre pourquoi elle ressentait le besoin de le défendre, à vrai dire.

— Il est trop sensible, et ça le terrorise. C'est toujours dans ces moments-là qu'il prend ses décisions les plus stupides. S'il parvenait à gérer ses sentiments…

Elle s'interrompit en remarquant le regard d'Emily.

— Si quelqu'un pouvait l'aider à y parvenir, dit Em avec un petit sourire d'espoir.

Katie fit non de la tête avant de dire :

— Je ne peux pas être cette personne.

— Tu ne peux pas ou tu ne veux pas ?

— C'est la même chose, et je ne suis pas venue ici pour parler de ça. Je tiens à Noah comme à toute votre famille, mais nous ne sommes que des amis.

Sur ce, Katie prit une grande inspiration. Allez, il était temps de changer de sujet…

— Comment se porte ta mère ? Si je tombe au mauvais moment…

— Elle se sent bien et elle sera ravie de te voir, dit Emily en marchant vers le fond de la maison. Noah a descendu son lit dans le bureau de papa afin qu'elle n'ait pas à monter les escaliers. Mais elle lui a demandé de le remonter d'ici la fin de la semaine. Ça ne fait que trois jours qu'elle est rentrée de l'hôpital, et elle voudrait que tout redevienne normal.

La sœur de Noah s'arrêta alors devant une porte close et redressa les épaules avant de poser sa main sur la poignée en soupirant. Katie ne put s'empêcher de demander :

— Comment vas-tu Em ?

— Qu'est-ce que Noah t'a raconté ? lui demanda celle-ci aussitôt d'un air méfiant.

— Rien, il respecte ta vie privée. C'est moi qui te le demande.

— Tout est parfait, répondit-elle d'un ton sarcastique. Mon mariage est terminé. Je n'ai pas de travail et aucun projet puisque j'ai arrêté mes études pour jouer les potiches auprès de mon époux. Et me voilà de retour dans la ville que j'ai toujours voulu fuir, sans amis, sans argent et forcée de vivre sous le toit de ma mère. Je dois me battre contre mon ex-mari pour que mon fils reçoive le traitement dont il a besoin pour soigner un problème que je ne comprends même pas.

Katie sentit son cœur se serrer en entendant ce triste récit et dit :

— Emily, je suis désolée…

— Ne sois pas désolée ! s'écria Emily en repoussant sa main. S'il y a une chose que je ne peux pas supporter pour l'instant, c'est la pitié. Je suis sûre que toute la ville parle de cette fille qui se croyait trop bien pour Crimson et qui est revenue la queue entre les jambes.

— Je ne pense pas que ce soit le cas et je n'éprouve aucune pitié à ton égard. Je me rappelle la manière dont tu t'es occupée de ton père. Tu es forte, tu t'en sortiras.

Emily braqua son regard bleu embué de larmes sur elle.

— Tu ne me connais pas du tout.

— Peut-être pas, mais j'aimerais beaucoup. Figure-toi que je dois aider à organiser la fête du jour des Fondateurs : mon amie Olivia qui préside le comité a des nausées matinales. C'est son premier bébé.

— Olivia Wilder ? La femme du maire qui s'est enfui de la ville ?

Katie hocha la tête et répondit :

— Ils ont divorcé, et elle a épousé le plus jeune fils Travers, Logan.

— Celui qui a perdu un frère jumeau ? Je croyais qu'il s'attirait toujours des ennuis !

— Les gens changent… Logan est revenu en ville pour le mariage de son frère aîné et il a rencontré Olivia. Ils s'apportent beaucoup l'un à l'autre. Lui dirige une entreprise de construction prospère et elle le centre communautaire.

— C'est une vraie renaissance pour eux deux, résuma Emily.

— Les habitants de Crimson sont bien plus compréhensifs que tu le penses. C'est une ville vraiment accueillante, pour peu que tu t'impliques…

— Ne me pousse pas trop Katie. Je suis heureuse que tu aides Noah, mais je n'ai pas besoin qu'on me sauve.

Katie fit la moue. Emily avait bel et bien besoin d'aide, mais était-elle prête à l'admettre ?

— J'essaie juste de t'aider à participer aux événements pendant que tu es en ville.

— J'y réfléchirai, et j'apprécie ton offre, répondit-elle en soupirant à nouveau avant d'ouvrir la porte. Je vais te donner mon numéro. Tu m'enverras un message pour me prévenir de la prochaine réunion, et nous verrons.

Un instant plus tard, Katie entrait avec Emily dans la chambre de Meg. Celle-ci s'écria aussitôt :

— Katie ! Quelle bonne surprise !

— Je suis navrée de ne pas avoir pu venir plus tôt, madame Crawford. Vous avez bonne mine.

La mère de Noah lui sourit et posa le livre qu'elle tenait.

— Ne t'excuse pas. Je sais que tu n'arrêtes jamais de travailler à la pâtisserie. Ta grand-mère serait si fière de toi. Je suis si fière de toi.

Katie sentit les larmes lui monter aux yeux. Cela faisait si longtemps que personne ne lui avait fait un compliment. Le problème, c'était que tout le monde s'attendait à ce qu'elle s'occupe parfaitement de la pâtisserie et qu'elle aide en plus tous ceux qui en avaient besoin. Sa grand-mère avait tenu ce rôle, et elle l'avait repris sans se poser de question. Récemment, pourtant, elle avait réalisé que gérer le commerce familial et être une voisine corvéable à souhait ne la satisfaisait plus tellement. Seulement, entendre Meg lui dire que sa grand-mère aurait été fière d'elle rendait toute leur valeur à ses interminables heures de travail. Cette dernière avait été la personne la plus importante de sa vie. Voilà pourquoi elle était prête à tous les sacrifices pour se montrer à la hauteur de son héritage.

Katie sourit en retour et répondit :

— D'après ce qu'on m'a dit, c'est vous qui méritez des félicitations. Votre rétablissement est spectaculaire. Noah et Emily sont aux anges de vous voir récupérer aussi vite.

Meg balaya ses compliments d'un revers de la main.

— Ils se font beaucoup trop de souci. Surtout Noah, quand bien même il ne l'admettra jamais. Maintenant, dis-moi ce que tu m'as apporté.

— Qu'est-ce qui vous fait croire que j'ai apporté quelque chose ? répondit-elle en riant.

— Parce que Life is Sweet, ce n'est pas que le nom de ton magasin. C'est ce que tu es. Tu rends la vie plus douce pour ceux qui t'entourent.

Katie sentit l'émotion la gagner mais fit un clin à Meg pour masquer son émotion puis lança :

— Que diriez-vous de roulés à la cannelle ?

— Mes préférés ! s'exclama Mme Crawford en lui prenant la boîte des mains. Comment fais-tu pour te souvenir de ce qu'aiment les gens ?

— Vous n'êtes pas tout le monde, madame Crawford.

— Appelle-moi Meg, répondit celle-ci en se tournant vers sa fille.

Emily s'était en effet absentée quelques instants et venait de regagner la chambre.

— Regarde, Em ! s'exclama Meg. Katie m'a apporté des gâteaux.

— J'espère que tu as l'intention de les partager, maman.

Une voix grave venait de résonner dans leur dos.

Katie laissa tomber son téléphone qu'elle tenait à la main et entendit l'écran se briser.

— Flûte ! s'exclama-t-elle en se penchant avant de se retourner.

Noah était adossé à l'encadrement de la porte. Que faisait-il ici ?

— Je croyais que tu passais la journée à Boulder ! ne put-elle s'empêcher de dire.

— Tu surveilles mon emploi du temps, maintenant ?

— Katie est mon invitée aujourd'hui, Noah, déclara Meg Crawford. Et tu lui dois un nouveau téléphone.

— Ce n'est rien et c'est ma faute, s'empressa de dire Katie.

— C'était clairement la faute de Noah, intervint Emily.

— Parce que je suis rentré à la maison ? dit celui-ci d'un air incrédule avant de rester silencieux un instant. Je suis désolée, Katie. Et je serai ravi de t'offrir un nouveau téléphone si tu acceptes de me regarder dans les yeux.

Elle leva aussitôt le regard vers lui. Comment osait-il la provoquer devant sa mère et sa sœur ?

— Noah, pourrais-tu aller faire chauffer de l'eau pour mon thé ? demanda alors Meg.

— Emily peut s'en occuper, se contenta-t-il de répondre.

Pendant ce temps, Katie fit glisser les doigts sur l'écran de son portable. Brisé, comme son cœur depuis que Noah était revenu à Crimson.

— Je vais voir ce que fait Davey, dit alors Emily. Ne laissez pas Noah manger tous les gâteaux !

— Il n'en aura pas un seul tant qu'il n'aura pas fait ce que je lui ai demandé, insista Meg en fronçant les sourcils.

— Très bien, grommela-t-il.

L'instant d'après, Noah sortait de la chambre derrière sa sœur. Une fois seule avec Meg Crawford, Katie en profita pour déclarer :

— Il faut que j'y aille.

— Mais tu viens juste d'arriver !

— Je n'étais venue que pour vous déposer les gâteaux et parce que…

— Tu pensais que Noah ne serait pas là… C'est mon fils et je l'aime. Mais ça ne veut pas dire que j'ignore ses façons de faire.

Katie écarquilla les yeux. Voilà une réponse à laquelle elle ne s'attendait pas. Une fois remise de sa surprise, elle parvint à bredouiller :

— Oh ! il ne voulait pas briser l'écran de mon téléphone.

— Il ne veut pas non plus briser ton cœur.

— Mais il le pourrait, dit Katie en fermant les yeux.

— Ou le combler…

A ces mots, Katie secoua la tête avant de se pencher vers Meg pour lui faire une bise. Pas question d'imaginer qu'elle pourrait faire confiance à Noah !

— Je ne peux pas prendre ce risque, finit-elle par répondre. Je passerai vous revoir bientôt. J'espère que vous serez assez en forme pour participer aux activités le jour de la fête et qu'Emily viendra nous donner un coup de main pour l'organisation.

— Ça lui ferait du bien. Tu fais du bien à toute notre famille, Katie.

— Prenez soin de vous, Meg.

Ni une ni deux, Katie sortit de la chambre et longea le couloir. Elle entendit alors Noah refermer un placard de la cuisine. C'était le moment de s'esquiver le plus discrètement possible. Hélas, elle venait à peine de poser le pied sur l'escalier du porche quand la porte d'entrée claqua.

Et la voix de Noah retentit dans son dos :

— Nous sommes passés d'amis à amants, et désormais tu me fuis ? J'ai l'habitude d'être celui qui déçoit tout le monde mais, là, je comprends pour la première fois ce qu'ils ressentent.

Autant le dire tout net : si Noah avait été volontairement blessant, c'est parce que le malheur aimait la compagnie. Et, à cet instant, il se sentait malheureux et en colère. Même si cette colère était dirigée contre lui-même. Il avait terminé sa réunion à Boulder plus tôt et s'était dépêché de rentrer pour éviter les bouchons. Quand il avait vu la voiture de Katie garée dans l'allée devant la maison, il s'était senti heureux. Il n'imaginait pas une meilleure manière de passer l'après-midi que de s'asseoir à l'ombre du porche avec une bière sur la balancelle en tenant la main de Katie.

Hélas, de toute évidence, elle ne s'attendait pas à le voir revenir si tôt. Inutile de se voiler la face : Katie qui l'avait toujours accueilli avec un sourire ne voulait pas le voir. Pire : elle avait essayé de s'éclipser pour l'éviter.

Oh ! oui, il se sentait en colère. Mais en la regardant, interdite, devant lui, tandis que le vent d'été faisait voler ses cheveux soyeux sur ses épaules, Noah se demanda s'il n'avait pas été trop loin. Tout ce qu'il souhaitait, c'était se rapprocher d'elle. Seulement, chaque fois qu'il disait quelque chose, il ne faisait que l'éloigner un peu plus. C'était à devenir fou !

Les poings serrés, Katie lui répondit alors :

— Je suis venue voir ta mère. Ça n'a rien à voir avec toi.

— Je ne te crois pas, répliqua-t-il.

— Tu as pris ce verre avec Tori ? lui demanda-t-elle en fronçant les sourcils.

— Je ne le ferai pas si ça te contrarie.

— Ça ne me regarde pas.

Noah prit une grande inspiration puis lâcha :

— Mais ce que tu penses compte pour moi, que cela te regarde ou pas. Tu l'as dit toi-même, nous sommes amis.

Et bien plus, même si elle refusait de l'admettre. Lui n'avait aucun mal à le reconnaître : ses sentiments pour elle avaient changé. Avec Katie, il se sentait vivant. Sinon, il ne réagirait pas aussi intensément en la voyant ! Elle était si belle... Sa chemise bleue mettait en valeur à la fois la rondeur de ses seins et la finesse de sa taille. Il savait à quel point sa peau était douce sous ce tissu. C'était d'ailleurs ça qui le rendait fou. Il connaissait sur elle des choses que lui seul avait comprises. Les autres la voyaient comme quelqu'un de fiable, une pâtissière et une commerçante attentionnée sur qui ils pouvaient compter en toutes circonstances. Mais Noah voulait davantage de la femme passionnée qui l'avait provoqué et lui avait rendu chacun de ses baisers et de ses caresses. Il aurait voulu pouvoir faire disparaître la distance qui les séparait et poser les lèvres sur son cou.

Cette seule idée suffit d'ailleurs à éveiller mille fantasmes dans son esprit. Mais la voix de Katie le ramena à la réalité :

— Amis. Nous sommes amis, Noah.

— Si c'est tout ce que tu veux me donner, parvint-il à articuler malgré le désir qui le déchirait.

Katie ramena ses cheveux sur le côté puis souffla :

— Alors j'ai besoin de ton aide.

— Tout ce que tu veux, répondit-il en faisant un pas vers elle. Pour la fête des Fondateurs ? A la pâtisserie ? Quelque chose chez toi ?

— Doucement, Noah.

Il rougit et passa la main dans ses cheveux.

— J'ai besoin que tu m'apprennes à nager.

Il ne put s'empêcher de froncer les sourcils. En voilà une drôle d'idée !

— Tu sais très bien nager. Je t'ai vue dans les sources chaudes.

— Je parle d'un lac, précisa-t-elle. Je ne suis pas retournée au réservoir depuis ma crise de panique pendant le triathlon où mon père m'avait inscrite pour mes douze ans.

— Pourquoi maintenant ? lui demanda-t-il.

Noah sentit tout de suite qu'il n'allait pas apprécier sa réponse. Trop tard, il avait posé sa question.

— Matt m'a invitée sur son bateau pour la fête nationale. Avec un groupe d'amis, il doit aller à Hidden Canyon.

Il se mordit les lèvres pour ne pas laisser échapper un grognement quand Katie prononça le nom de ce type.

— Il est professeur de natation, non ? Pourquoi tu ne lui demandes pas ?

— Et si je paniquais à nouveau ? demanda-t-elle. Je me sens malade rien qu'à l'idée d'approcher de l'eau. Je ne veux pas qu'il me voie comme ça.

— Tu veux que je t'aide à vaincre ta peur afin que tu puisses sortir avec un autre ?

A ces mots, Katie tourna les talons et se dirigea vers sa voiture avant de répondre :

— Ce n'est pas grave, je me débrouillerai seule.

— Attends, Katie ! dit-il en lui courant après. Evidemment que je t'aiderai.

Malheureusement, cela ne suffit pas à ce qu'elle s'arrête.

— Oublie ça, lâcha-t-elle. Je n'aurais jamais dû te demander ce service, c'était stupide. Je ne pourrais pas cacher longtemps à Matt qui je suis vraiment. Et je n'ai même pas de maillot de bain.

— Laisse-moi t'aider, insista-t-il en se penchant pour la forcer à le regarder. Nous y arriverons, promis.

Les yeux de Katie se remplirent tout à coup d'espoir.

— Je voudrais être une fille drôle, qui aime passer du temps avec les copains de son ami.

— Mais j'ai une condition, répondit-il en continuant à cacher sa frustration et sa contrariété.

— Quoi ? dit-elle en écarquillant les yeux.

Noah fit alors un sourire et répondit :

— Il faudra que tu portes un maillot une pièce le jour de la fête nationale. Mais, pendant mes leçons, je conseille un bikini.

— Pourquoi ?

— C'est pour ton bien, expliqua-t-il. Tout le monde va au réservoir sauter depuis les falaises le 4 juillet. Tu ne voudrais pas perdre ton haut devant tout le monde ?

Katie place une main devant sa bouche avant de s'exclamer d'un air horrifié :

— Oh non ! J'avais oublié le saut depuis la falaise.

— Rien ne t'y oblige, la rassura-t-il.

— Pour être celle qui prépare les sandwichs en les attendant ? Je suis lasse d'être la maman poule de cette ville. Je veux sauter du plus haut rocher, ou du second…

— Ah, voilà la Katie que je connais ! s'écria-t-il. Nous pourrions y aller jeudi quand il y a moins de monde, qu'est-ce que tu en penses ?

— Ce serait fantastique ! Merci, Noah, lui dit-elle en s'installant au volant.

Tout en la regardant partir, Noah essaya de se convaincre que c'était un petit pas. Cela étant, aider Katie à charmer un autre homme n'allait pas forcément le mener dans la bonne direction. Mais cela lui permettrait de passer plus de temps avec elle. Ce qui était déjà quelque chose.

Katie n'avait pas besoin de devenir plus aventureuse ou de changer. Pour sa part, il la trouvait absolument parfaite comme elle était. Il aurait simplement aimé ne pas avoir mis autant de temps à en prendre conscience.

- 9 -

— Tu es certain de vouloir faire ça ?

— Absolument. Passe-moi ce pied de micro !

Noah se trouvait dans le parc du centre-ville. Il était grand comme un pâté de maison et recouvert en bonne partie par des tables de pique-nique avec une grande pelouse ouverte d'un côté et une aire de jeu pour les enfants de l'autre. Il aidait Jason à installer la scène temporaire pour le concert qui ouvrirait les festivités et attirerait les touristes et les locaux pour le festival.

— Merci, mec. Je sais que tu jongles déjà entre ton travail et ta mère. Ça compte vraiment pour moi que tu sois venu.

Noah ne répondit pas et continua à installer les haut-parleurs.

— Katie s'est vraiment impliquée avec le comité.

— Emily me l'a dit, mais ce n'est pas pour ça que je suis là.

— Mouais…, fit son ami d'un air ironique.

Noah poussa un soupir. A quoi bon nier l'évidence ?

— D'accord, ce n'est pas la seule raison pour laquelle je suis là, admit-il. Je déteste rester dans cette maison.

— Ta mère se porte bien ?

— Oui, elle est incroyable, comme toujours. Elle m'a fait promettre de remonter son lit à l'étage demain. Et elle a un rendez-vous galant avec son médecin la semaine prochaine.

Jason hocha la tête avant de faire remarquer :

— Elle a mené une vie très solitaire depuis la mort de ton père.

— Je ne l'ai vraiment compris que depuis mon retour. Ne te trompe pas, je suis heureux de passer du temps avec elle et Emily. Em et moi, nous avons toujours été très proches. Mais, depuis qu'elle est revenue, je n'ai aucune idée de ce qu'elle pense. Elle est bouleversée par son divorce et par les problèmes de son fils, mais elle refuse de m'en parler.

Noah vit son ami hausser les épaules et déclarer :

— Certaines choses prennent du temps. C'est à cause de ta sœur et de ton neveu que tu ne veux pas rester à la maison ?

— Non, pas du tout. J'aime ce garçon. Il est excentrique mais d'une manière intéressante, et Tater l'adore. Ce sont les souvenirs que j'ai là-bas qui posent un problème. La manière dont j'ai laissé tomber mon père et toutes les erreurs que j'ai commises. Ce que je ne supporte pas, c'est de me rappeler que je n'étais pas là quand Papa avait besoin de moi.

— Tu es là désormais, fit remarquer son ami.

Noah ne put s'empêcher de rire.

— Tiens, c'est aussi ce qu'a dit Katie.

— Elle est intelligente, répondit Jason en étalant un épais tapis oriental sur la scène.

— Assez pour ne plus vouloir de moi en tout cas. Et je ne peux pas laisser faire ça.

— Pourquoi maintenant ? l'interrogea Jason. Katie fait partie de ta vie depuis toujours. Elle t'a supporté toutes ces années, et tu réalises soudainement qu'elle est merveilleuse ?

Noah se mordit la lèvre. Il est vrai que cet argument ne plaidait pas en sa faveur…

— Oui, répondit-il en l'aidant à dérouler le tapis. Enfin, non. Je ne comprends plus rien. Tout ce que je sais, c'est que, maintenant que je la vois vraiment, je ne peux pas renoncer à elle.

— Elle vient au concert avec Matt Davis.

Quoi ?

— Tu en es sûr ? répliqua-t-il. Comme elle œuvre pour le comité, je pensais qu'elle serait là pour travailler.

— Et que tu aurais pu tenter ta chance ?

— Ne te moque pas de moi, tu es censé être de mon côté.

— Je suis de ton côté, dit Jason en sautant de la scène. Tu es persuadé d'avoir laissé tomber ton père et ta culpabilité te hante depuis des années. Et, si tu fais du mal à Katie ce sera encore pire, pour vous deux. Alors ne t'engage pas sur cette route.

Noah leva les yeux au ciel puis soupira :

— Mais j'ai besoin d'elle. Et je la veux, même si je ne la mérite pas.

— Alors réfléchis bien et sois prudent. Il reste encore beaucoup d'affaires à décharger avant que la foule n'arrive, ajouta Jason en regardant son camion.

— Alors mets-moi au travail. Quelles que soient mes raisons d'être là, je suis une main-d'œuvre bon marché.

— Que le ciel te bénisse !

Noah travailla sans prendre de pause pendant les deux heures suivantes. Il aida le groupe à installer leurs instruments et posa des poubelles tout autour des pelouses. Il croisa de nombreuses anciennes connaissances et se sentit heureux d'avoir de leurs nouvelles. Et apparemment, tout le monde le voyait comme le fils prodigue, revenu à Crimson pour prendre soin de sa mère. Il essaya de tempérer leurs compliments. A vrai dire, il était tenté de leur dire à quel point il devait se rattraper depuis la maladie de son père.

Quand le concert commença enfin, il était épuisé émotionnellement et décidé à se cacher derrière la scène pour regarder le spectacle. Ce qui ne lui ressemblait pas puisqu'il n'avait jamais raté une fête. Etre toujours entouré, c'était la meilleure manière qu'il avait trouvée pour éviter de penser à ses problèmes. Mais, ce soir, il avait désespérément besoin de solitude.

En traversant la foule, Noah aperçut tout à coup Katie et Matt Davis allongés sur une couverture en compagnie d'un autre couple. Avec son gilet jaune, elle était d'une beauté aussi radieuse que le soleil d'été. Il serra les poings en voyant Matt poser son pull sur les épaules de Katie. A quoi bon le nier ? Il ne supportait pas qu'un autre homme la touche, même d'une manière aussi innocente. Hélas, tout ce qu'il pouvait faire, c'était rester là et garder l'espoir. Peut-être prendrait-elle conscience que ses sentiments étaient réels.

— Arrête de me fixer !

Les bras croisés sur sa poitrine, Katie dévisagea Noah.

Sentir son regard sur elle lui avait presque fait oublier qu'elle sortait avec un autre ce soir. Il était assis seul à l'arrière de la scène, le visage dans la pénombre de la nuit tombante.

— Comment se passe ton rendez-vous ? lui demanda-t-il d'un ton doux sans la regarder dans les yeux.

Après quelques ballades, le groupe jouait des morceaux plus rythmés, et elle pouvait voir les gens danser sous la lumière chaude des projecteurs. Mais la chaleur qu'elle avait ressentie venait du regard de Noah. Elle l'avait tout de suite vu quand elle s'était installée sur la pelouse au début du concert, mais elle avait pensé qu'il allait rejoindre Jason et ses amis. Au lieu de quoi, il s'était isolé, ce qu'il ne faisait jamais !

— Il se passerait bien mieux si je n'avais pas la sensation d'être observée, dit-elle en s'avançant d'un pas pour voir le visage de Noah. Pourquoi restes-tu seul ? Jason est là avec Josh et Sarah et tout un groupe d'amis à toi.

— Je ne suis pas d'humeur à rejoindre un groupe ce soir, dit-il en se levant pour regarder la scène mais sans sortir de l'ombre. Vous n'avez pas dansé ?

Katie haussa les épaules puis dit :

— Matt n'aime pas ça.

— Contrairement à toi. Tu veux que je t'invite, Microbe ?

Elle se mordit la lèvre. Que faire ? Son corps la suppliait de laisser Noah la faire virevolter entre ses bras puissants.

— Non, répondit-elle en serrant les dents. Pourquoi me regardes-tu tout le temps ?

— Parce que tu es belle, répondit-il simplement.

Katie sentit un frisson brûlant la parcourir. Et elle se mit à trembler de la tête aux pieds. Une sensation qu'elle n'éprouvait qu'en présence de Noah. C'était dangereux et excitant. Elle aurait dû détester cela. Seulement, il l'attirait et lui faisait oublier toutes ses belles résolutions, son rendez-vous et son plan de vie.

— J'essaie de passer à autre chose, finit-elle par dire.

— Et tu veux que je te laisse partir ? répondit-il en s'avançant soudainement pour la prendre dans ses bras et la serrer tout contre lui. Quand je te vois avec lui, j'ai le sentiment que tu es à moi.

— Ce n'est pas le cas, lâcha-t-elle sans grande conviction.

A quoi bon se voiler la face ? Elle se sentait grisée par le contact du corps viril de Noah.

Le groupe entama alors une chanson plus lente qui parlait d'un amour perdu. Le baiser que Noah déposa subitement sur son épaule lui donna la chair de poule.

— Tu as besoin de ton pull, dit-il en la serrant plus fort dans ses bras tout en ondulant légèrement comme s'ils dansaient.

Juste eux deux, la nuit et la musique.

Katie leva les yeux au ciel. Bon sang, elle n'était vraiment qu'une fille facile. Non, ce n'était pas vrai. Ce genre de situation ne lui arrivait qu'avec Noah. Toute sa volonté semblait s'évaporer avec la brise fraîche de la nuit tandis qu'il la faisait tourner dans ses bras. Soudain, il se pencha pour l'embrasser, et le peu de raison qu'elle avait encore s'envola. Elle se moquait de savoir si c'était mal et si elle allait devoir en payer le prix à la fin. Seul cet instant comptait ainsi que l'homme qui lui faisait chavirer le cœur.

— Non, finit-elle pourtant par dire en le repoussant légèrement. Tu ne me veux pas.

A ces mots, Noah éclata de rire.

— Je te veux si fort, Katie.

La seconde d'après, le tonnerre des applaudissements la ramena à la réalité.

— Non, répéta-t-elle en faisant deux pas en arrière. Pas de la même manière que moi. Tu l'as dit toi-même.

— Mais je peux changer pour toi.

Katie le reconnaissait sans difficulté : elle voulait faire confiance à Noah. Mais que ferait-elle s'il ne réussissait pas ? Elle savait pertinemment ce qu'on pouvait ressentir en étant rejeté par ceux à qui on tenait le plus. Elle avait passé presque toute sa vie d'adulte à se remettre de la douleur de ne pas être celle que ses parents auraient voulue. Avec Noah, ce serait encore pire.

— Nous ne le saurons jamais si tu ne me donnes pas une chance, fit-il alors remarquer.

Inutile de mentir : elle avait aimé cet homme presque toute sa vie. Mais c'était plus facile de le faire en secret que de prendre le risque de le voir découvrir tout ce qu'elle essayait de cacher. Ses doutes, ses peurs et ses moments de colère ou de mesquinerie.

Noah avait d'elle la même image parfaite que le reste de la ville. Celle qu'elle avait cultivée tout au long de ces années et qui désormais lui pesait comme un fardeau. Voilà pourquoi elle souhaitait prendre un nouveau départ avec Matt, un homme qui n'avait aucune idée préconçue à son sujet. Elle pouvait être n'importe qui avec lui — sauvage, impétueuse ou même égoïste ! Même si rien chez lui ne réveillait en elle son côté animal comme le faisait Noah.

Elle voulait quelqu'un qui la verrait telle qu'elle était vraiment, et pas seulement comme une amie fidèle ou une commerçante généreuse. Seulement, savait-elle réellement qui elle était sous ces étiquettes ? Et si Noah se rendait compte qu'il ne l'aimait pas, finalement ? Cela ferait plus que lui briser le cœur, cela anéantirait son âme.

Le temps de prendre une grande inspiration, Katie finit par dire :

— Je dois y aller. Matt et les autres m'attendent.

— Katie, lui dit alors Noah d'une voix sourde.

Comme s'il retenait tout ce qu'il aurait voulu lui dire.

— Je ne veux pas ruiner notre amitié, lui dit-elle. Elle est trop importante pour moi.

Sur ces mots, elle se retourna et s'enfuit. Impossible de le regarder une seconde de plus sans se jeter dans ses bras.

Katie passa les jours suivants dans la cuisine de son magasin à préparer ses commandes. Elle eut tout juste le temps de terminer une dernière fournée de cupcakes avant de se précipiter à la réunion du comité. Pourtant, malgré toute son envie de soutenir Olivia, ce dont elle avait vraiment besoin, c'était d'une sieste. Entre son travail, la fête et ses nuits sans sommeil à penser à Noah, elle était épuisée.

Tout en s'empêchant de bâiller, elle entra dans la Maison des associations. Il fallait absolument qu'elle puisse voir son amie avant la réunion.

Olivia l'attendait justement à l'accueil.

— Katie, tu es notre sauveur ! Je ne sais pas ce que nous aurions fait sans toi.

— Justement, je voulais t'en parler.

Katie fit la grimace. Elle ne refusait jamais de rendre un service et ne revenait pas non plus sur sa parole une fois qu'elle l'avait donnée. Du coup, l'idée de laisser tomber Olivia lui noua l'estomac. D'autant plus que son amie avait l'air si pâle !

— Ça ne peut pas attendre ? les interrompit Logan en apparaissant tout à coup au coin de la pièce.

— J'ai encore du temps, intervint Olivia en posant la main sur le bras de son compagnon.

— Tu dois aller à l'hôpital !

Katie écarquilla les yeux. Que venait de dire Logan ?

— A l'hôpital ? Tout va bien avec le bébé ?

— Oui, répondit Olivia même si Logan semblait penser le contraire. C'est un rendez-vous de routine. Je dois juste faire une prise de sang. Mais les nausées ne s'améliorent pas.

— Et elles durent toute la journée maintenant, ajouta son compagnon en lui prenant la main.

— Filez, leur dit Katie en donnant une accolade à Olivia.

— Mais si tu as besoin de…

— Ça peut attendre.

Inutile de se focaliser sur cette sieste alors qu'Olivia traversait des moments terribles !

— Je vous déposerai un dîner devant votre porte, ajouta-t-elle.

— Tu en fais déjà tellement…

— Mais nous t'en sommes reconnaissants, dit Logan malgré le regard désapprobateur de sa compagne. Allons, ma chérie, tu as besoin de manger autre chose que des crackers, et je sais qu'elle cuisine comme un chef. Katie, tu peux rester avec elle le temps que j'aille chercher la voiture au parking ?

Katie hocha la tête.

— Bien sûr.

Ni une ni deux, Logan embrassa Olivia sur le front et courut jusqu'à la porte.

— Il se fait trop de souci, dit Olivia quand il disparut.

— Il t'aime, répondit Katie en prenant le bras de son amie. Est-ce que Millie sait que tu vas à l'hôpital ?

— Pitié, ne dis rien. Je te promets de t'envoyer un message si l'examen révèle quoi que ce soit d'inquiétant. J'aime déjà tellement ce bébé. Je sais qu'il ne faut pas s'attacher autant si tôt dans la grossesse. Que je ne suis plus toute jeune et que beaucoup de choses peuvent encore arriver…

— Ne raconte pas n'importe quoi.

Olivia avait trente-deux ans. Avec Logan, ils formaient un couple atypique, mais ils étaient parfaits l'un pour l'autre.

— Je suis sûre que les résultats de tes examens seront excellents.

— Tu as raison.

Une fois dehors, elles se dirigèrent vers la voiture d'Olivia. Logan se précipita pour ouvrir la portière. En voyant tout l'amour dans le regard qu'il posait sur sa femme, Katie sentit son cœur se serrer.

Elle leur fit signe jusqu'à ce qu'ils disparaissent, puis se retourna vers la Maison des associations. Là, elle eut l'impression que son cœur s'était arrêté de battre.

Tori Woodward se tenait sur le trottoir en face d'elle.

Elle retint un soupir. La dernière chose dont elle avait besoin, c'était bien d'une confrontation avec son ex-amie.

— Salut, Tori, lui dit-elle en la contournant.

Comme toujours, Tori était parfaitement élégante, avec son jean de marque, son chemisier en soie et ses sandales à talons hauts.

Katie contempla ses chaussures qui faisaient partie de sa tenue de travail. Celles qu'elle portait aujourd'hui étaient violettes et absolument ridicules face aux sandales délicates de Tori.

— Je suis en retard pour la réunion du comité du festival, lui dit-elle. Ravie de t'avoir revue.

Hélas, Tori fit un pas de côté pour lui bloquer le passage.

— Bien sûr que tu as une réunion, sainte Katie. Je vois que tu joues toujours les martyrs pour t'insinuer dans les bonnes grâces des autres. Mais est-ce qu'un seul d'entre eux soupçonne qui tu es réellement ?

Katie se figea à ces mots.

— Je suis toujours moi-même, dit-elle d'un ton qu'elle aurait voulu plus ferme.

— Mouais. Et tu es aussi quelqu'un qui n'hésite pas à détruire le grand amour de sa supposée meilleure amie.

Katie déglutit difficilement. Il aurait été si simple de penser que Tori parlait du présent et de l'évolution de sa relation avec Noah. Mais ce n'était pas le cas.

— C'est toi qui l'as trompé, Tori. Tu as fait ce choix.

— Noah n'aurait jamais rien su si tu ne lui avais pas donné ce mot.

— Le message qu'il a reçu n'était pas signé.

— Arrête de jouer à l'idiote, répondit Tori en soulevant ses lunettes de soleil pour poser son regard vert sur elle. Tu étais la seule au courant de mon aventure avec Adam.

— Comment peux-tu l'affirmer ? Si tu étais autant attachée à Noah, tu n'aurais pas été voir ailleurs.

Tori leva la main pour l'interrompre puis admit :

— J'avais dix-huit ans et j'étais stupide, je te l'accorde. Et surtout de t'avoir fait confiance. Tu étais déjà amoureuse de lui à l'époque, et tu ne supportais pas qu'il m'aime, moi.

— J'étais heureuse pour toi, rétorqua Katie. Mais ce n'était pas juste pour lui.

— Il n'était pas lui-même cette année-là. Son père venait de tomber malade !

— Il allait te demander en mariage !

— Exactement. Et j'aurais dit oui. Nous étions heureux ensemble et Noah était mon premier copain, tu le savais. Oui, tu le savais parce que tu étais ma meilleure amie. Je voulais être sûre que c'était le bon. Et j'ai cru que tu le comprendrais.

Katie secoua la tête, croisa les bras puis répondit :

— Non, je n'ai jamais compris pourquoi tu avais eu besoin de coucher avec un autre. C'était mal, tout comme me demander de te couvrir.

— Alors pourquoi ne lui as-tu pas dit directement, au lieu de le laisser le découvrir de cette manière ?

Soudain, Katie faillit lui dire la vérité. A quoi bon le nier ? Elle n'aurait pas pu supporter d'être celle qui aurait fait du mal à Noah. Elle craignait même que Tori ne lui en fasse porter la responsabilité. Elles étaient devenues amies pendant la première année de lycée quand la famille de Tori avait emménagé à Crimson. Son père dirigeait l'un des hôtels les plus luxueux d'Aspen, et Tori se conduisait comme si cela la rendait meilleure que les autres adolescents de Crimson. Elle était snob, mais elle était aussi belle, sociable et très sûre d'elle.

Katie, pour sa part, avait eu l'impression qu'on avait braqué un projecteur sur elle quand Tori l'avait choisie comme meilleure amie. Mais, désormais, il était évident que c'était parce que son manque de confiance la rendait facile à manipuler. Tori lui lançait des petites piques sur son poids ou son manque de style ! Et dire que, pendant tout ce temps, elle avait fait des pieds et des mains afin que sa soi-disant meilleure amie ne l'abandonne pas. Ce qu'elle avait pu être bête !

— Tu ne sais pas si c'est moi qui ai écrit ce message, insista-t-elle.

— Tu continues à nier après autant de temps ? s'écria Tori. Que pensera Noah en apprenant que sa chère Katie-Microbe est celle qui lui a brisé le cœur ?

Katie déglutit difficilement en sentant la panique l'envahir. Tori avait trompé Noah, certes, mais elle se rappelait à quel point il avait été en colère en découvrant ce message anonyme. Ces quelques mots qui l'avaient incité à aller surprendre sa fiancée avec un autre.

— Pourquoi fais-tu ça, Tori ? parvint-elle à articuler Tu veux le récupérer ? C'est pour cela que tu es revenue ?

Tori ferma les yeux un instant comme si elle réfléchissait.

— Non, je n'ai plus aucune envie d'être la femme d'un garde forestier, dit-elle en tapotant ses lèvres nacrées avec l'un de ses longs ongles. Mais j'aurais bien refait un tour dans son lit par nostalgie. Il était déjà tellement doué à l'époque… Ce doit être formidable aujourd'hui !

Katie se raidit. Et en voyant les sourcils de Tori se froncer, elle réalisa qu'elle était tombée dans son piège.

— Tu as couché avec lui.

— Je ne voulais pas…, bafouilla-t-elle.

— Voilà pourquoi je vais lui dire. Tu m'as trahie, et personne ne peut s'en tirer indemne.

— C'était il y a dix ans.

Cette fois, c'est presque en criant que Tori répondit :

— Ça n'a pas d'importance. Pour cette ville, je suis le diable qui a brisé le cœur de Noah et toi l'ange qui a ramassé les morceaux. Mais nous sommes toutes les deux responsables de la douleur qu'il a éprouvée.

— Personne ne pense que tu es…

— Noah le pense. Comme tous ses amis. Même ma mère me rappelle à chaque Noël le nom de celui que j'ai laissé partir. Je le mérite peut-être, mais je ne suis pas la seule.

Katie baissa la tête. Tori avait commencé à sortir avec Noah dès la première année du lycée. Pour sa part, elle avait toujours trouvé qu'il l'aimait beaucoup trop. Par ailleurs, Tori voulait toujours qu'ils soient ensemble, tous les trois, sans doute pour prouver à Noah qu'elle n'était pas une fille hautaine, comme le pensait tout le monde. Mais Katie, elle, savait que c'était le cas. D'ailleurs, plus ses sentiments pour Noah grandissaient, plus elle avait de mal à regarder Tori le mener en bateau.

Oui, c'est vrai, elle avait peut-être utilisé ce qu'elle savait pour les séparer, mais elle était persuadée que c'était la bonne chose à faire. Noah était au fond du trou, cet été-là, et il s'accrochait à cette relation avec une petite amie égocentrique et superficielle qui ne risquait pas de l'aider à gérer la culpabilité qu'il ressentait après la mort de son père.

Mais est-ce que Noah comprendrait ses raisons ? Comprendrait-il pourquoi elle ne lui avait jamais révélé qu'elle était l'auteur de ce message ?

— Ne fais pas ça. J'ai toujours été une amie fidèle avec toi. Et ce message n'aurait rien changé à l'avenir de ta relation avec Noah.

— Je ne dirai rien, répondit Tori au bout d'un moment.

Katie ne put s'empêcher de soupirer de soulagement. Mais elle l'entendit ajouter :

— Mais je suis là tout l'été et je peux changer d'avis. Qui sait ? A n'importe quel instant, je pourrais décider de te jeter sous un bus comme tu as fait avec moi.

— Je nierai. Tu n'as aucune preuve.

— Tu ne le feras pas, lui répondit-elle d'un air condescendant. S'il te confronte, tu ne lui mentiras pas. Le petit Microbe n'en sera jamais capable.

Katie se sentit frémir. Oh ! ce surnom. Noah avait

commencé à l'appeler ainsi après avoir entendu sa mère la réprimander parce qu'elle avait mangé des gâteaux à la pâtisserie. Elle s'était sentie tellement gênée, laide et nulle. Mais Noah l'avait prise dans ses bras et lui avait chuchoté qu'elle n'était pas plus grosse qu'un microbe. A côté de sa taille et de sa carrure, elle s'était tout à coup sentie légère et minuscule.

Au cours des années, c'était devenu un clin d'œil à ce qui avait fondé leur amitié. Seulement, entendre Tori prononcer ce mot lui donnait envie de courir chez elle pour avaler un plateau de brownies d'un seul coup.

Le temps de rassembler le peu de forces qui lui restait, Katie se força à dire :

— Je dois aller à ma réunion. Et je suis désolée que tu sois toujours en colère. Mais tu devrais réfléchir envers qui tu dois réellement diriger ton animosité. Et ce n'est pas moi.

— N'en sois pas si sûre, répondit Tori en remettant ses lunettes de soleil.

Là-dessus, elle se retourna en faisant claquer ses talons sur le bitume.

Katie serra les poings et prit sur elle pour contenir la douleur et la peur qui menaçaient de l'envahir. Tout ce qu'elle souhaitait encore, à cet instant, c'était de pouvoir manger et dormir. Mais elle grimpa les marches et poussa la porte de la Maison des associations. Elle avait des responsabilités et beaucoup de ses amis dépendaient d'elle. Et, quel que soit ce qu'elle désirait pour elle-même, elle ne supportait pas l'idée de les laisser tomber.

- 10 -

Noah tapotait le volant du bout des doigts sans pouvoir s'empêcher d'observer le profil de Katie.

C'était un jour idéal pour se baigner, scandaleusement chaud pour une fin de mois de juin. Le ciel était si bleu qu'on aurait cru voir une carte postale d'un pays exotique.

Il avait emprunté une petite barque au Crimson Ranch afin de pouvoir emmener Katie au bout du réservoir, là où l'eau serait un peu plus chaude que près de la cascade qui l'alimentait. C'était une journée parfaite en dehors du fait qu'elle avait à peine prononcé deux mots depuis leur départ, une heure plus tôt.

— Nous y sommes presque, dit-il en s'engageant sur le chemin de terre qui zigzaguait entre les montagnes.

— OK, se contenta-t-elle de répondre.

— Tu te sens nerveuse ? demanda-t-il en posant la main sur son genou.

— Un petit peu, répondit-elle en repoussant sa main mais sans cesser de regarder par la fenêtre. Pardon, je suis épuisée et pas de très bonne compagnie.

Noah haussa les épaules puis répondit :

— J'aime toujours ta compagnie, Microbe.

— Noah, le reprit-elle d'un ton sec.

— Désolé, c'est l'habitude. Je ne t'appellerai plus comme ça. Mais tu sais que ça a toujours été gentil.

Katie fit la moue puis répliqua :

— Je n'aime pas ce surnom.

— Tu es toujours sûre de vouloir le faire ?

A vrai dire, il ne comprenait pas ce qui passait. Mais si l'idée de nager la stressait autant, ce n'était peut-être pas la peine d'insister.

— Si tu veux faire demi-tour, vas-y, dit-elle en se massant les tempes. Je ne sais pas ce que j'ai aujourd'hui, mais je comprendrais que tu ne veuilles pas rester avec moi.

Noah arrêta la voiture alors qu'ils étaient presque au réservoir.

— Ecoute-moi, dit-il en se tournant pour la regarder en face. Je me fiche de ton humeur. Heureuse, triste, en colère sans raison. Ça arrive et je prends le tout. Nous sommes amis, Katie. Tu m'as vu dans les pires moments de ma vie. Plus j'y repense, plus je réalise que je ne t'ai jamais vue autrement que douce, généreuse et prête à aider. Alors je dois pouvoir supporter un après-midi de mauvaise humeur sans tourner les talons. Fais-moi un peu confiance.

Katie le regarda comme si elle voulait le contredire puis le désarçonna en lui demandant tout à coup :

— Tu crois que tu aurais été heureux avec Tori ?

Il fronça les sourcils puis demanda en retour :

— Pourquoi cette question ?

— C'est bizarre de la voir revenir en ville pour aussi longtemps. Ça me fait me demander…

— Arrête, l'interrompit-il. Je n'ai aucune envie de revenir dans les bras de mon ex, si c'est ce qui te perturbe.

— Ce n'est pas ça. Mais, si les choses s'étaient passées différemment cet été-là, tu l'aurais demandée en mariage.

— J'étais quelqu'un d'autre à cette époque. Jeune et fou de douleur, répondit-il en laissant son regard errer vers le ciel azur. Au final, Tori et moi avons choisi des directions très différentes dans nos vies. Qui sait si un mariage aurait pu y résister ?

— C'était peut-être mieux que vous vous soyez séparés, alors ? Je veux dire, avec le recul ?

Noah laissa échapper un rire triste. A vrai dire, il était

surpris par l'amertume qu'il ressentait encore au bout de tant d'années.

— Difficile de te le dire. Mais je n'ai aucun regret que Tori ne fasse pas partie de ma vie.

Au même instant, il sentit lui revenir en mémoire les souvenirs de la douleur qu'il avait ressentie, le coup de poignard de la trahison alors qu'il était déjà submergé par le chagrin. Tout le monde savait ce que Tori faisait mais personne n'avait eu le courage de lui dire. Il n'y avait eu que ce stupide message anonyme, laissé sous son essuie-glace.

Il se raidit et sentit Katie poser la main sur son bras.

— Merci de m'avoir répondu. Je sais que c'est difficile pour toi de parler de cette période.

— Est-ce que ça t'a aidé ? dit-il en se tournant à l'instant où elle se mordait les lèvres pour réfléchir à sa réponse.

— Oui, répondit-elle au bout d'un moment.

Alors il prit sa main, embrassa l'intérieur de sa paume et redémarra.

— Alors ça en valait la peine. Et, mauvaise humeur ou pas, nous allons le faire ! Tu n'as rien à craindre. Je suis là, Katie.

— Tu ne te rends pas compte, dit-elle dans un souffle.

Noah secoua doucement la tête.

— Katie.

— Nous allons le faire, s'empressa-t-elle de dire. Je vais le faire.

Quand elle le regarda, il eut le souffle coupé en croisant ses doux yeux, si lumineux.

Elle parlait certainement de nager mais il avait envie de croire que cette simple phrase voulait dire davantage. Mais il devait être patient. Alors il acquiesça et se concentra sur la route.

Debout près de la voiture, sa serviette autour d'elle, Katie regarda Noah mettre à l'eau la barque qu'ils avaient apportée. Qui aurait cru que le moment le plus difficile en allant nager avec Noah aurait été de se déshabiller pour enfiler son maillot de bain devant lui ?

— Tourne-toi.

— Je t'ai déjà vue nue, lui dit Noah avec ce sourire de charmeur qu'il maîtrisait si bien. Je pense pouvoir supporter un bikini.

— Je ne portais pas de bikini et il faisait sombre chez moi. Ça n'a rien à voir au grand jour, dit-elle en lui prenant la combinaison de surf qu'il lui tendait. Tourne-toi, je n'ai pas envie que tu me regardes pendant que je transforme en saucisse.

— L'eau est plutôt bonne aujourd'hui. Tu n'en as même pas besoin, répondit-il en riant avant de froncer les sourcils. Tu trembles déjà alors qu'il fait plus de trente degrés. Que t'arrive-t-il ?

— Les nerfs, dit-elle en serrant sa serviette autour d'elle. Je claque des dents.

Noah la rejoignit et posa ses mains chaudes sur elle.

— Rien ne t'oblige à faire ça. Si ça gêne Matt que tu n'aimes pas nager ou naviguer, alors il n'en vaut pas la peine. Sois toi-même.

Katie secoua la tête puis déclara :

— Mais je ne veux plus être cette personne. Ça ne te semble pas grave parce que tu n'as jamais eu peur de rien. Mais j'en ai assez d'être terrifiée et de vivre cachée.

Il se pencha jusqu'à ce que leurs yeux soient au même niveau et ôta ses lunettes.

— Il y a un millier de choses qui me font peur, alors qu'à toi, non. Ne pas être droguée à l'adrénaline comme le sont tes parents ne signifie pas que tu es moins bien qu'eux. Tu as des amis qui tiennent à toi, un commerce en plein essor et tu es un membre important de notre communauté.

— Je suis disponible parce que je n'ai pas de vie, répondit-elle.

Malgré tout, les mots de Noah l'avaient touchée, difficile de le nier.

— Et faire du bateau un 4 juillet va remplir ta vie ?

— Peut-être en commencer une. Matt a connu mes parents en Californie, c'est là où il a fait ses études et il s'est même entraîné avec mon père pour un triathlon.

— Ce n'est pas Logan et Olivia qui te l'avaient présenté ?

— Si. Mes parents lui avaient dit que nous n'aurions pas grand-chose en commun puisque je suis une pantouflarde, dit-elle d'un ton faussement léger. Mes propres parents pensent que je suis pantouflarde.

— Tes parents se trompent.

Katie haussa les épaules puis répondit :

— Je voudrais me prouver à moi-même que je suis plus que ce qu'ils croient.

A ces mots, Noah l'embrassa sur le front.

— Je t'attends au bateau. Nous allons nager aujourd'hui.

Quand il se retourna, Katie posa sa serviette et enfila la combinaison. Puis elle se regarda dans le rétroviseur et soupira. Quelle horreur, elle ressemblait à un croisement entre un bébé phoque et un pneu. Le tissu souple lui collait comme une seconde peau. Certes, elle était plus couverte qu'avec son maillot, mais cela dévoilait bien plus ses formes qu'à l'accoutumée.

Heureusement qu'elle faisait cela avec Noah avant d'aller naviguer avec Matt et ses amis. Elle allait pouvoir prendre confiance et pas uniquement dans l'eau. Elle marcha jusqu'au ponton. *Allons, inutile de se sentir gênée face à lui.*

— Bon sang, s'exclama-t-il avec un regard appréciateur. Je n'avais encore jamais vu personne d'aussi sexy en combinaison.

Elle balaya ses compliments d'un revers de la main en se sentant rougir.

— Vraiment, Katie. Sexy à en mourir.

— Arrête, lui dit-elle en attrapant sa main pour le rejoindre à bord. Amis, nous sommes amis.

— Il y a différents styles d'amis, répondit-il avec un sourire provocateur.

— Nous n'avons pas besoin de dire à l'autre qu'il est sexy. C'est notre style qui veut ça.

— Si tu le dis, lui chuchota-t-il au creux de l'oreille.

Ce qui la fit frémir, et pas qu'un peu.

— Toujours nerveuse ?

Katie sentit comme un sourire dans la voix de Noah et alla s'asseoir sur l'un des sièges arrière.

— Je suis sur un bateau, murmura-t-elle. Sur un lac.

— Un réservoir pour être précis.

— Je vais aller nager, et tu me distrais pour que je n'aie pas peur.

— Et ça marche ?

— Je n'ai pas froid, c'est un bon début.

Sur ce, Noah lança le moteur et s'éloigna de la rive. Le réservoir était calme, presque plat, et ils ne croisèrent que quelques rares barques de pêcheurs avec des hommes âgés à leur bord. Durant les week-ends des vacances, le parc serait bondé de tentes et de camping-cars. De nombreux bateaux traverseraient le lac en trombe en tirant des skieurs.

Le Colorado était peut-être un Etat enclavé, mais il y avait assez d'amoureux de la nature à proximité des montagnes pour que la fréquentation des cascades et des lacs explose. Pourtant, aussi appréciés que soient ces lieux durant l'été, Katie s'était toujours débrouillée pour éviter l'eau depuis sa mauvaise expérience d'enfant. Dire qu'elle avait failli se noyer était sans doute exagéré, mais c'était ce qu'elle avait ressenti.

Certes, cette peur de l'eau était irrationnelle, mais jusqu'à présent elle n'avait eu aucune raison de s'y confronter. Elle se concentra sur sa respiration tandis que leur bateau prenait de la vitesse.

— Tu n'as rien à craindre, lui dit Noah en étendant son bras pour lui prendre la main.

— Tu devrais garder tes mains sur le volant et les yeux sur la route, lui cria-t-elle en le repoussant. Enfin, sur l'eau.

Katie l'entendit rire par-dessus le bruit du moteur. Puis elle se récita ses recettes favorites pour ne pas regarder la rive s'éloigner : c'était un bon moyen de penser à autre chose. Après ce qui lui sembla être une éternité, elle vit Noah ralentir l'allure et entendit des vagues frapper la coque. Seigneur, dire qu'elle flottait sur une canette de soda géante ! Ce n'était pas très rassurant, loin de là.

— Nous sommes au milieu, dit-elle le souffle court. Quelle est la profondeur ici ?

— Dans les quatre-vingt-dix mètres…

Elle déglutit difficilement. *Quatre-vingt-dix mètres ?*

— L'eau est à vingt-deux degrés, ce qui est très chaud pour cette époque de l'année.

— Qu'est-ce que c'est que ces choses ? dit-elle en pointant des points noirs mouvants sous l'eau.

— Des poissons de dix centimètres. Et ne t'inquiète pas, ils ne viendront pas te chatouiller.

— Tout m'inquiète, dit-elle en se levant pour se rapprocher du bord. Mais si je veux réussir à le faire…

— Minute, petite sirène, répondit Noah en l'attrapant par la taille. Ce n'est pas ici que je voulais te donner une leçon de nation.

Katie écarquilla les yeux puis lança :

— Alors que faisons-nous là ?

— Nous essayons de te donner une chance de t'habituer à l'eau.

— Je veux en finir au plus vite et m'éloigner de l'eau.

— Que sais-tu sur Hidden Valley ?

— Que c'est grand, sombre et que ça me terrifie.

Noah eut un petit sourire puis commença à expliquer :

— Le barrage est le plus vieux de cet Etat, il a été construit dans les années 1940, sous Roosevelt. Il possède des générateurs hydro-électriques et fournit de l'électricité à plus de cinquante mille foyers. C'est donc un peu plus qu'un lieu de détente.

Eh bien ! Quel puits de science !

— Pourquoi en connais-tu autant ? demanda-t-elle.

— L'histoire du Colorado m'a toujours intéressé, comme tout ce que nous avons développé à l'intérieur des forêts.

La plupart des gens pensent que c'est juste un lac, mais c'est beaucoup plus…

Katie hocha la tête puis ajouta :

— Mon père avait l'habitude de venir ici pour nager après les gros orages, quand l'eau était encore agitée. C'était ce qu'il avait de plus proche de la mer pour s'entraîner pour ses triathlons.

— Mais bien plus froid.

— Il aimait ça. Il pensait que ça le rendait plus fort. Et aussi que ça me rendrait plus forte…

Noah lui jeta un regard puis lui lança :

— C'est ici que tu as paniqué ?

— Non, au lac de Dillon. L'été où ils avaient décidé que j'étais devenue trop grosse et que je devais m'entraîner pour le triathlon junior. J'avais douze ans et je commençais à avoir des formes…

— Je comprends, répondit-il gentiment.

Katie retint un soupir puis lâcha avec un semblant de sourire :

— Ma mère a toujours eu une silhouette de petit garçon et faisait quarante-cinq kilos toute mouillée. Moi, j'étais une amazone mutante par rapport à elle et à mon père. Ce n'est jamais bon quand une pré-adolescente porte des jeans plus grands que ceux de son père.

Elle marqua une pause puis reprit :

— Les seules courbes que mon père approuvait étaient les muscles et je n'en avais pas. Ils aidaient à organiser la compétition et j'avais couru, nagé et fait du vélo pendant tout l'été pour les rendre fiers. Mais je m'étais entraînée à la piscine de l'école. Je n'avais pas réalisé à quel point l'eau libre pouvait être différente. Et il y avait tellement d'enfants, tous bien plus sportifs que moi. Quand la cloche a retenti, tout mon groupe a couru vers l'eau. Dès que j'ai plongé, j'ai paniqué. J'avais beau avoir des lunettes, je ne voyais rien, et les autres passaient en dessous et au-dessus de moi. J'essayais de continuer, je pouvais entendre mon père m'encourager et je voulais finir. Mais plus je m'éloignais, plus la panique me paralysait. J'ai essayé de me mettre debout pour reprendre mon souffle, mais je n'avais plus pied. Puis le second groupe de nageurs est arrivé, et je n'ai pas pu continuer.

Katie fixa l'eau noire, et toute la scène lui revint. La panique la submergea quand elle se rappela les coups qu'elle avait pris chaque fois qu'elle avait tenté de relever la tête. Le moment où elle avait bu la tasse jusqu'à ce qu'elle ne parvienne plus à sortir la tête de l'eau. Quand Noah posa ses mains sur ses genoux, elle se rendit compte qu'elle avait commencé à trembler.

— Respire, mon cœur, lui murmura-t-il. Je te promets de faire attention à toi aujourd'hui.

— J'ai dû faire signe pour que le bateau de secours vienne me chercher. Ils m'ont hissée à bord, il a fallu deux hommes pour le faire, et j'ai aussitôt vomi. J'ai dû attendre que la course soit terminée pour qu'ils me ramènent et j'ai eu l'impression d'avoir déçu tout le monde, dit-elle en secouant la tête. Mon père n'arrivait pas à me regarder. Il était un sportif mondialement reconnu, et sa fille ne parvenait même pas à nager deux cents mètres.

Noah eut un sourire rassurant puis répondit :

— Tu as paniqué, ça arrive à tout le monde. L'adrénaline a parfois des effets curieux.

— Peu de temps après, mon père s'est vu proposer de diriger un centre d'entraînement en Californie juste après la reprise de l'école, dit-elle en se tordant les doigts. Et maman a suggéré que je serais mieux avec grand-mère.

— Je croyais que tu avais choisi de rester à Crimson.

Katie vit la surprise se peindre sur le visage de Noah. Bien sûr, c'était ce qu'il pensait, car c'était ce qu'elle avait toujours raconté.

— C'était moins gênant de dire ça que d'expliquer que mes parents m'avaient laissée tomber. Bien sûr, grand-mère était merveilleuse, et j'adorais vivre avec elle.

Katie se pencha alors le long de la coque et plongea sa

main dans l'eau. Elle était translucide entre ses doigts et absolument pas terrifiante.

— Je me rappelle que tu allais voir tes parents pendant les vacances d'été et d'hiver.

— Au début, c'était bizarre, expliqua-t-elle. Nous connaissions tous la raison pour laquelle ils m'avaient laissée, mais personne ne voulait en parler. Puis j'ai commencé à leur préparer des barres énergétiques pour leur centre d'entraînement. Ça a beaucoup plu à mon père. Il était fasciné par l'idée d'avoir le carburant le plus précis possible pour le corps. Et c'est la seule chose qui me lie encore à eux.

— Katie, tu n'as pas à…

Sans laisser à Noah le temps de finir sa phrase, elle insista :

— Je ne laisserai pas un unique accident d'enfance me définir. Ce jour dans l'eau a été un tournant décisif pour moi, et pas d'une bonne manière. Il faut que je le dépasse, aussi stupide que ça puisse être.

— Ce n'est pas du tout stupide, lui dit-il d'un air contrarié. Allons nager.

- 11 -

Comment ne pas s'incliner devant le courage de Katie ?

Noah coupa le moteur en laissant le bateau dériver jusqu'à la petite crique proche des falaises situées à l'ouest du réservoir. Quand ils furent près de la rive, il ôta son T-shirt et sauta dans l'eau pour attacher le bateau à la branche d'un arbre mort.

— Tu peux venir, on a pied ici.

Katie le fixa un instant avant de froncer les sourcils.

— Décidément, c'était une idée stupide. Et, en plus, je ressemble à une saucisse.

Elle fit glisser ses mains le long de la combinaison, et Noah regretta que ce ne soient pas les siennes.

— Tu es la saucisse la plus mignonne que j'ai jamais vue.

Pour toute réponse, elle poussa un grognement, et cela le fit sourire.

— Je me sens ridicule. Comment peut-on être assez stupide pour avoir peur d'entrer dans de l'eau qui n'arrive qu'aux genoux ?

— Ne dis pas ça. Tu es tout sauf stupide.

A ces mots, Noah se pencha et s'aspergea le torse et les bras avec de l'eau fraîche. Il se sentait brûlant et pas uniquement à cause de la chaleur ou des rayons implacables du soleil. Katie avait dû vivre avec le rejet de ses parents, mais elle continuait d'avancer. A vrai dire, il ne s'était jamais douté des vraies raisons pour lesquelles elle vivait avec sa grand-mère. Il devait bien le reconnaître : il avait été un piètre ami.

Il ne pouvait même pas imaginer être abandonné par les siens, car cela n'aurait pas pu arriver dans sa famille. C'était lui qui s'était éloigné quand sont père était tombé malade. A partir du moment où le voir dans cet état était devenu insoutenable.

Katie pensait qu'il n'avait peur de rien, pourtant, c'était loin d'être le cas. Il avait peur de tous les sentiments forts. Mais le fait qu'elle lui fasse confiance lui donnait l'espoir. Peut-être parviendrait-il à changer avant qu'il ne soit trop tard. Pour eux deux.

— Tu ne fais que retarder l'instant. Viens dans l'eau.

— Je sais, admit-elle en passant ses jambes par-dessus le rebord tout en se balançant doucement.

— Ce n'est pas profond, tu ne crains rien.

Oui, Noah voulait qu'elle le croie, et pas seulement sur l'instant. Il avait peut-être échoué dans de nombreux domaines, mais il était déterminé à la protéger. Peu de gens le prenaient au sérieux, et ils avaient de bonnes raisons de le faire, à vrai dire. Bien sûr, il était doué dans son métier et avait des responsabilités importantes au sein du service des Forêts. Seulement, personne parmi ses connaissances, collègues ou amis ne lui faisait confiance dès qu'il s'agissait d'émotions ou de sentiments. Katie, elle, l'avait fait et cela avait rempli une partie du vide qu'il ressentait. Il avait perdu trop de temps pour se rattraper, mais c'était terminé.

L'instant d'après, il marcha dans l'eau et se positionna à côté d'elle. Oh ! il était bien tenté de l'éclabousser, de faire quelque chose pour alléger la tension qu'elle ressentait. Mais ce moment était important pour elle, et il respectait cela.

— Prends ma main, lui dit-il. Je ne te lâcherai pas.

La nervosité de Katie sembla s'apaiser quand elle attrapa ses doigts avant de sauter brutalement dans l'eau.

— C'est froid ! dit-elle en reprenant son souffle.

— Tu vas t'habituer.

Katie serrait sa main très fort, comme si sa vie en dépendait. Autant le dire tout net : c'était ce qu'il avait ressenti de plus intense et de plus agréable depuis des années.

— Et maintenant ? dit-elle en se raidissant.

— Nous allons avancer un peu. Aussi profond que tu pourras le supporter.

— Je suis une mauviette.

— Tu es en train de le faire. Ça fait de toi une dure à cuire.

— Je n'ai jamais été décrite comme ça, dit-elle en lui souriant.

Enfin un sourire !

Une minute plus tard, elle avait de l'eau jusqu'à la taille. Elle s'arrêta et ferma les yeux.

Noah sentait bien qu'elle essayait de rassembler ses forces et de chasser ses démons. L'eau froide lui arrivait jusqu'aux hanches, ce qui n'était pas plus mal car voir Katie si vulnérable réveillait ses instincts masculins.

Tout doucement, il lui lâcha la main. Et elle ouvrit grand les yeux en le voyant reculer.

— Que fais-tu ? Tu ne peux pas me laisser.

— Suis-moi, lui dit-il s'aventurant plus loin.

Elle acquiesça d'un signe de tête presque imperceptible.

— Tu peux le faire, lui assura-t-il avant de plonger.

Bon sang, c'était vraiment froid.

Noah refit surface et sourit en s'apercevant qu'elle s'était avancée jusqu'à ce que l'eau frôle sa poitrine. Mais c'était dommage que cette combinaison la couvre si efficacement. Là-dessus, il battit énergiquement des jambes jusqu'à ce qu'il soit assez loin pour ne plus avoir pied.

— Nage, Katie, lui cria-t-il.

Celle-ci jeta un œil à la rive, puis leva les bras et plongea. Mais, dès que son visage toucha l'eau, elle se cabra et se mit à tousser, des cheveux mouillés collés sur le visage. Elle les repoussa d'un air aussi effrayé qu'agacé.

Noah sentit aussitôt son cœur se serrer.

— J'arrive. Nous allons essayer plus lentement.

— Non, laisse-moi une minute ! répondit-elle tandis que des gouttes d'eau glissaient sur ses sourcils.

Il n'aurait pas pu dire s'il s'agissait de l'eau du lac ou de larmes de panique.

— Tu n'as pas besoin de mettre ta tête sous l'eau.

— Bien sûr que si.

Les lèvres de Katie bougeaient comme si elle essayait de se convaincre. Puis elle se lança à nouveau, mais plus doucement, et il se recula un peu tandis qu'elle nageait vers lui. Il n'aurait pas dû être surpris qu'elle nage si parfaitement une fois lancée. Si c'était son père qu'il lui avait appris, il avait dû s'en assurer. Et elle le rejoignit en quelques brassées. Elle sortit alors la tête de l'eau et regarda autour d'elle.

— Je l'ai fait ! s'exclama-t-elle en claquant des dents. J'ai nagé.

— Comme une vraie sirène, s'écria-t-il en lui prenant la main pour l'attirer vers lui.

Une fois contre elle, Noah laissa Katie enrouler les jambes autour de sa taille.

— Comment te sens-tu ?

— Terriblement émue, mais dans le bon sens du terme cette fois, dit-elle avant de l'embrasser sur la joue. Merci, Noah.

Il prit sur lui pour ne pas baisser la tête et s'emparer de ses lèvres pulpeuses. Pas question de profiter de la situation et de la fragilité de Katie. Il était son ami et il se sentait heureux de pouvoir lui apporter du soutien. Alors, au prix d'un effort surhumain, il la repoussa.

— Le premier arrivé à la rive ! la défia-t-il.

Sans hésiter, Katie plongea sous l'eau en même temps qu'elle lançait le top départ.

Avec un grand éclat de rire, Noah s'essuya les yeux et partit à sa poursuite.

*
* *

— Je veux encore nager !

— Il est temps que tu remontes dans le bateau, ma belle. Tes lèvres sont en train de devenir bleues.

Katie leva les yeux vers Noah qui la regardait s'entraîner, penché par-dessus le bastingage. Elle posa alors les mains sur sa bouche et réalisa qu'elle ne sentait plus ses lèvres. Alors elle le rejoignit et posa un pied sur l'échelle de leur embarcation avant de s'extraire de l'eau. Il l'avait emmenée à différents endroits du réservoir afin qu'elle se sente en confiance partout. Elle avait ôté sa combinaison pour cette dernière baignade, car elle ne la porterait pas le 4 juillet. Et elle était bien trop grisée par l'adrénaline pour se sentir encore embarrassée en maillot devant Noah.

Celui-ci la prit par la main pour l'aider à retrouver son équilibre et grimaça.

— Ta peau est glacée. Tu dois être à mi-chemin de l'hypothermie. Je n'aurais jamais dû te laisser te baigner aussi longtemps.

— Je vais b-b-bien, répondit-elle en claquant des dents si fort qu'elle avait du mal à parler.

— Il faut que tu te couvres, dit-il en enroulant une serviette autour d'elle.

Là-dessus, Katie s'effondra dans l'un des fauteuils.

Elle se moquait d'être gelée. Elle l'avait fait. Elle avait vaincu sa peur de l'eau. C'était comme si elle venait de poser un premier pied sur une terre inconnue.

— C'était s-super bien.

— Arrête d'essayer de parler, insista-il en prenant une autre serviette pour lui sécher les cheveux. Tu trembles si fort que tu vas finir par te casser une dent.

Noah frotta sa tête avec la serviette. C'était si agréable… Mais au fait, est-ce qu'on ne conseillait pas de réchauffer les gens en hypothermie en faisant du peau à peau ? La simple idée de se lover contre le large torse de Noah sembla la réchauffer de plusieurs degrés. Elle voulut en rire mais, avec ses tremblements, le son ressembla bien plus à un hoquet.

— Qu'est-ce qu'il y a de si drôle ? demanda-t-il en écartant des mèches collées sur son visage.

Katie secoua la tête sans pouvoir s'empêcher de continuer à sourire.

— Je me sens heureuse.

— Je suis si fier de toi Katie, lui dit-il en s'agenouillant devant elle. Et je suis sûr que ton père le serait aussi s'il n'était pas aussi insensible.

Elle haussa un sourcil.

— Je le suis moi aussi, mais j'apprends à ne plus être, ajouta-t-il en se penchant si près que leurs lèvres se touchèrent presque. Voilà pourquoi je ne vais pas t'embrasser.

— Tu ne vas pas le faire ? s'étonna-t-elle.

Mais se sentait-elle plus déçue que soulagée ? Difficile à dire !

Déçue ! lui criait son corps. Katie attendit que la voix de la raison lui fasse part de son soulagement, mais celle-ci cessa de fonctionner quand elle plongea les yeux dans le regard si intensément bleu et familier de Noah.

— Je te veux, continua-t-il en secouant la tête d'un air doux. Tu le sais. Mais tu dois choisir. Je ne peux pas te faire de promesses, et mes antécédents ne sont pas glorieux.

Elle laissa échapper un soupir, et il lui sourit.

— Mouais.

Là-dessus, il fit glisser un doigt le long de sa lèvre inférieure. Elle devait s'être réchauffée car ce simple contact fit réagir tout son corps.

— Tu as un projet de vie auquel je ne corresponds pas. Et je vais essayer de faire ce qu'il faut pour respecter ça.

Non ! aurait-elle voulu crier. *Embrasse-moi. Sois à moi !* Mais elle ne dit rien. Nager était une chose, mais risquer son cœur demandait un courage qu'elle ne possédait pas encore.

— J'ai apporté le déjeuner, lui dit-elle en essayant de lui cacher son trouble.

Katie vit pourtant quelque chose traverser le regard de Noah, mais il ne dit rien et se releva.

— Est-ce que tu te réchauffes ?

Oh ! pas autant qu'elle l'aurait souhaité, loin de là. Cependant elle acquiesça en souriant avant de sortir un sandwich de son sac.

— Crudités-poulet, dit-elle en lui tendant.

— Mon préféré. Et toi, que prends-tu ?

— La même chose, c'était plus simple à préparer. J'ai aussi apporté des chips, des fruits et de la limonade maison.

Comme il restait immobile en fixant son sandwich, elle le dévisagea.

— Quelque chose ne va pas ?

— C'est mon sandwich préféré, mais je sais que, toi, tu ne l'aimes pas, répondit-il les sourcils froncés.

— Ce n'est pas vrai, dit-elle en fouillant dans le sac pour lui cacher son regard.

— C'est la recette de ta grand-mère ? s'enquit-il.

— Bien sûr.

— Alors je suis sûr que tu ne l'aimes pas. Je m'en souviens depuis nos déjeuners au lycée.

Katie secoua la tête :

— Je ne le déteste pas. Pourquoi est-ce qu'une histoire de sandwich te perturbe autant ?

— Parce que tu commences une nouvelle vie, dit-il en lui retirant le sac des mains. Et tu dois apprendre à t'occuper de toi en priorité, même quand il s'agit de préparer un sandwich.

Tout à coup, elle se sentait plus nue que si elle s'était pavanée devant lui en bikini.

— Ça n'a pas une grande importance.

— Faux, répliqua-t-il en prenant une chips directement sur ses cuisses. Tu crois que je ne vois rien et, la plupart du temps, tu as raison. Mais nous sommes amis depuis plus de dix ans, et je sais que tu fais toujours passer les besoins des autres avant les tiens.

— Tu dis ça comme si c'était mal, répondit-elle d'une voix mal assurée.

Comme la fois où sa mère l'avait surprise la main dans la boîte à cookies, quand elle avait onze ans.

Noah soupira, attrapa ses mains et les tint jusqu'à ce qu'elle le regarde.

— Ce n'est pas le cas, mais je veux être certain que tu penses à toi en premier, dit-il en lui souriant tendrement. Tu ne crois peut-être pas que je saurais prendre soin de toi, mais l'homme que tu choisiras devra toujours te faire passer d'abord. Tu es parfaite comme tu es.

Oh ! Katie aurait voulu croire qu'il disait vrai. Mais ce n'était pas ce que lui démontrait son expérience de la vie. Elle n'avait même pas été assez bien pour ses propres parents. Et, malgré tout l'amour que lui avait prodigué sa grand-mère, elle était loin d'être certaine qu'il avait été inconditionnel. Et pour cause : dès que ses parents avaient quitté Crimson, elle avait fait en sorte de se rendre indispensable, travaillant à la boutique, après l'école, les week-ends et pendant les vacances. Bien sûr, elle adorait cela. Mais si elle ne l'avait pas fait ? Si elle s'était rebellée et avait rejeté l'héritage de sa grand-mère ? Si elle n'avait pas été là quand quelqu'un avait eu besoin d'aide ? Si elle ne leur avait pas donné le meilleur d'elle-même ? Est-ce que les autres ne l'auraient pas laissée tomber comme ses parents l'avaient fait ?

Katie fit la grimace. Noah ne pourrait jamais comprendre à quel point sa peur de l'abandon était profondément enracinée dans son cœur. Malgré toutes les épreuves qu'avait endurées sa famille, il avait toujours pu compter sur l'amour et le soutien des siens. Alors elle se força à sourire, retira ses mains et attrapa son sandwich.

— Tu as gagné ! A l'avenir, je changerai de garniture.

Noah l'observa un instant et ouvrit le sandwich qu'elle aurait dû manger.

— J'espère que c'est vrai. Sinon, gare à toi.

Elle apprécia qu'il n'insiste pas plus, et ils retrouvèrent leur ancienne camaraderie pour le reste de l'après-midi.

*
* *

Quand ils revinrent enfin au ponton, elle laissa échapper un bâillement.

— Fatiguée ? demanda-t-il en attachant le bateau.

— Epuisée, admit-elle. Mais j'étais déjà fatiguée ces derniers jours. J'espère que je ne couve pas quelque chose. Il me reste tellement à faire pour le jour des Fondateurs.

— C'est exactement ce dont je te parlais, dit-il en lui tendant la main pour l'aider à descendre. Tu travailles trop. Et tu fais la part des autres en plus de la tienne.

Katie ne put s'empêcher de faire la moue. Encore cette conversation !

— Olivia est enceinte, répondit-elle. Ce n'est pas comme si elle m'avait délégué ses responsabilités pour aller se promener.

— Tout ce que je dis, c'est que tu comptes aussi.

— J'ai compris, soupira-t-elle en enfilant ses sandales avant de rejoindre le 4x4.

C'était le seul moyen d'éviter que Noah continue à lui faire la leçon.

Si ces mots l'irritaient tellement c'est parce qu'ils étaient vrais. Elle en faisait trop, elle acceptait toujours plus de commandes alors que la saison touristique commençait. Avec le travail supplémentaire que lui demandait la fête, elle était débordée. Pourtant, cela l'énervait que Noah le lui fasse remarquer. Les gens l'appréciaient pour son implication, et on ne l'avait encore jamais critiquée pour cela.

— Ne sois pas en colère contre moi. Je veux juste que tu fasses plus attention à toi.

Katie hocha la tête. Noah s'inquiétait vraiment et il ne disait rien de plus que ce qu'elle avait pensé la semaine d'avant.

— Je pourrais demander à Leila de s'occuper des petites commandes, avança-t-elle. Elle a été formée dans une pâtisserie réputée de San Francisco et elle sait se débrouiller dans une cuisine.

A vrai dire, elle n'avait jamais partagé ses responsabilités à Life is Sweet depuis la mort de sa grand-mère. Mais elle ne pouvait plus tenir ce rythme.

— Bonne idée, dit-il en lui ouvrant la portière.

— Tu as besoin d'aide avec le bateau ? Je ne voudrais pas te laisser tout le travail…

— Je m'en occupe, répondit-il en tapotant le fauteuil. Tu as bien dû nager deux kilomètres, tu mérites de te reposer.

L'habitacle de la voiture, garée au soleil, était chaud et Katie lutta pour ne pas s'endormir tandis que Noah montait le bateau sur la remorque. Sur la route du retour, elle sentit ses paupières devenir si lourdes qu'elle ne put plus cacher son épuisement plus longtemps.

— Ferme-les, lui dit-il doucement.

Elle soupira de soulagement et s'endormit aussitôt.

Katie se réveilla dans son lit. Vu la lumière qui filtrait à travers les rideaux, c'était certainement le matin. Elle se souvint vaguement de leur arrivée chez elle : Noah l'avait portée jusqu'à sa chambre. Elle se frotta les yeux et se leva. Puis elle trouva son sac à pique-nique, son portefeuille et son téléphone, posés sur le comptoir de la cuisine à côté d'une assiette recouverte d'un film plastique. Il y avait un mot posé dessus.

« Je ne suis pas le seul à avoir des préférences. Merci pour cette super journée. N. »

Elle défit l'emballage et découvrit un sandwich au beurre de cacahuète et à la banane. Il avait même enlevé la croûte…

C'était normal qu'il connaisse ses goûts au bout de tant d'années. Elle essaya alors de se convaincre que Noah et elle pourraient rester amis, même si elle essayait de tomber amoureuse d'un autre homme.

Peut-être que ce serait plus facile une fois que Meg irait mieux et qu'il ne serait plus là en permanence ?

Elle l'espéra très fort. Sinon, elle allait avoir un très gros problème.

- 12 -

Le temps que Noah se présente au bureau du service des Forêts et qu'il rende le bateau au Crimson Ranch, il était déjà presque l'heure de dîner. Quand quelqu'un était malade ou avait un problème à Crimson, les plats tout préparés s'accumulaient comme une manne tombée du ciel. Désormais, il y avait assez de lasagnes, de ragoûts et de soupes dans le congélateur de sa mère pour les trois prochains mois. Emily et lui décongelaient un plat chaque soir tandis que leur mère écrivait des mots de remerciements pour les repas, les fleurs et toutes les marques de soutien qu'elle avait reçus.

Seulement, la maison était vide quand il rentra. Et la voiture de sa mère que conduisait Emily n'était pas dans le garage. Avec un peu de chance, elle était allée chercher un dîner à emporter. Car personne ne voulait plus entendre parler de lasagnes.

Sa mère passait la plupart de ses après-midi à lire ou à faire des mots croisés dans le fauteuil du patio, mais il ne l'y trouva pas et grimpa aussitôt au second étage. Elle se remettait très vite depuis son retour et était presque redevenue elle-même. Hélas, son état pouvait se dégrader à tout moment.

Noah fit la grimace. Le cancer du pancréas qui avait emporté son père avait été si fulgurant…

— Maman, où es-tu ? cria-t-il en courant jusqu'à la chambre principale.

La porte était close, et il l'ouvrit violemment avant de croiser le regard de sa mère dans le miroir du placard.

— Que se passe-t-il ? dit celle-ci en se retournant. Tu vas bien ?

Il leva une main tout en essayant de reprendre son souffle et de calmer les battements de son cœur.

— Evidemment, je vais bien. C'est toi qui m'inquiètes. Et puis d'abord, pourquoi es-tu habillée comme ça ?

Elle portait une jupe longue à fleurs et une blouse vaporeuse. Un collier de perles ornait son cou, cadeau de son père pour son quarantième anniversaire, juste avant qu'il ne tombe malade. Sa tête était recouverte d'un turban de soie qui cachait la cicatrice sur le haut de son crâne. Mais il avait tellement l'habitude de la voir porter une simple casquette… Difficile de s'habituer à ce qu'elle soit aussi féminine. Elle s'était même maquillée, ce qui ne lui était pas arrivé depuis des années. Tout à coup, il se sentit soupçonneux.

— Où est Emily ? C'est son tour de préparer le dîner.

— Je suis désolée, mon chéri. Est-ce que j'ai oublié de te le dire ?

Noah fronça les sourcils puis demanda :

— De me dire quoi ?

— J'ai un rendez-vous ce soir, répondit-elle avec un immense sourire.

Elle tournait en rond, et il sentit sa mâchoire s'affaisser. Sa mère virevoltait comme si elle était une jeune fille ou une princesse de dessins animés.

— Je t'avoue que je suis un peu nerveuse, dit-elle en se retournant pour se regarder à nouveau dans le miroir. J'aurais voulu que mes cheveux repoussent plus vite. J'ai peut-être quelques rides mais j'ai toujours eu de beaux cheveux.

Noah eut l'impression que sa tête allait se mettre à tourner.

— Où est Em ?

— Elle est allée à Aspen retrouver un vieil ami qui y est venu passer ses vacances. Elle a emmené Davey et c'est un grand pas pour eux deux. A part pour aider Katie pour des petites choses concernant les festivités, ta sœur n'a quasiment pas quitté la ferme depuis son arrivée.

Noah se passa une main sur le visage puis lança :

— Maman, ça ne fait même pas une semaine que tu es rentrée de l'hôpital. Tu ne penses pas que tu devrais y aller plus doucement ?

— Je me sens très bien. Comme si quelque chose en moi reprenait vie. Ça semble idiot, n'est-ce pas ?

C'est ce qu'il aurait pensé quelques jours plus tôt. Mais il était celui qui avait aidé Katie à vaincre sa terreur de l'eau, et les mots de sa mère firent vibrer une corde sensible. Ils avaient tous été traumatisés par la mort de son père et avaient tous mis leur vie entre parenthèses d'une manière ou d'une autre.

Il réalisa soudain à quel point la trahison de Tori, juste après la disparition de son père, l'avait poussé à se couper de ses émotions et à se protéger. Il donnait peut-être l'impression de ne chercher que des aventures et des relations légères, mais c'était un mensonge qui devait cesser.

Même si voir sa mère sortir avec un autre homme lui était difficile, il ne lui enlèverait jamais le droit d'essayer de se sentir à nouveau vivante. Elle méritait ce qui pourrait la rendre plus heureuse.

Meg prit son rouge à lèvres et ajouta une seconde couche. Alors Noah marcha vers elle, la prit dans ses bras et l'embrassa sur la joue. Une délicieuse odeur envahit alors ses narines. C'était le parfum qu'elle portait déjà quand il était enfant. Dire qu'elle n'en avait pas mis depuis son deuil !

— Tu n'as pas besoin de maquillage pour être belle maman. Je suis sûr que papa aurait voulu que tu le fasses et que tu te sentes à nouveau heureuse.

— Je l'aimerai toujours, lui dit-elle avec des yeux embués de larmes.

— Je sais.

— Il était fier de toi, Noah.

Il se raidit et voulut s'écarter, mais elle le retint par les poignets.

— Je sais que tu ne le crois pas, mais il voyait déjà en toi l'homme que tu allais devenir. N'en doute jamais.

— Je ne doute pas de sa vision mais de ma capacité à l'atteindre, se contenta-t-il de dire.

— Si seulement tu pouvais…

Au même moment, La sonnette de la porte d'entrée les interrompit. Noah eut un sourire et déclara :

— Je pense que c'est pour toi.

Sa mère reposa son rouge à lèvres et s'essuya les yeux.

— Je ne comprends pas pourquoi je me sens aussi nerveuse. Ce n'est qu'un dîner, dit-elle en le reprenant un instant dans ses bras. Viens avec moi que je te présente John.

Ils descendirent les escaliers ensemble, et Noah alla ouvrir la porte tandis que sa mère rassemblait ses affaires. Mais il se sentit vraiment troublé en se retrouvant face à son médecin en tenue de ville, sans masque ni blouse blanche. Celui-ci portait un pantalon treillis et une chemise colorée d'une marque de sport bien connue.

— Docteur Moore, dit Noah sans bouger.

Autant l'avouer : il n'avait jamais pris le rôle d'homme de la maison après le décès de son père, mais il se sentait soudainement très protecteur envers sa mère.

— Appelez-moi John, je vous en prie, lui répondit l'homme avec un sourire tendu. Est-ce que Meg est prête ?

— Presque, dit-il en sortant sous le porche. Où allez-vous ce soir, les jeunes ?

Noah aperçut alors Tater surgir pour renifler longuement le médecin qui la gratta derrière les oreilles.

— Il y a un nouveau restaurant qui a ouvert près de la voie rapide entre ici et Aspen. Le propriétaire est l'un de mes patients.

Au même moment, Meg apparut, et le regard du médecin s'illumina.

— Tu es très belle ce soir, lui dit-il doucement avant de regarder Noah.

Celui-ci avait haussé un sourcil.

— Ramenez-la moi à une heure raisonnable, répondit-il. Elle a encore besoin de repos.

— Noah ! l'interrompit sa mère sans pouvoir s'empêcher de rire. Il est médecin, tu n'as pas besoin de lui faire la leçon.

— Je ferai attention à elle, le rassura néanmoins John.

Celui-ci ne parlait pas seulement de sa santé, on le devinait.

— Amusez-vous bien dans ce cas.

Noah laissa sa mère l'embrasser. L'instant d'après, elle et son cavalier rejoignirent leur voiture. C'était une autre nuit d'été parfaite, rafraîchie par une légère brise. Dans le ciel, les splendides nuances de rose et d'orange ne cessaient de s'intensifier. Il les regarda partir tandis que Tater posait la tête sur ses jambes.

— Je ne suis pas le seul à avoir été privé de dîner, hein, ma belle ?

Ils rentrèrent dans la maison, et il versa des croquettes dans le bol de l'animal.

Tandis que sa chienne mangeait, Noah contempla la cuisine vide. Il aurait pu finir des restes, mais il avait perdu son appétit. D'ordinaire, il adorait la solitude quand il ne sortait pas avec des amis. Une des choses qu'il appréciait dans son travail, c'était de pouvoir se perdre dans le silence de la forêt. Même s'il était quelqu'un de très sociable, il ressentait parfois le besoin d'être seul pour recharger ses batteries. C'était aussi l'une des excuses qu'il utilisait pour ne pas s'engager dans une relation. Il ne voulait pas qu'une femme empiète sur sa vie privée. « Déterminé à rester célibataire », disait Katie de lui. Et si, auparavant, cela lui semblait un privilège, il prenait désormais conscience d'une chose : le prix à payer, c'était sa solitude.

Cela lui fit un choc. Alors il sortit son téléphone et commença à envoyer des messages. Tout à coup, la dernière chose qu'il souhaitait, c'était de rester seul.

*
* *

— Pourquoi sommes-nous ici le week-end le plus bondé de l'année ? se plaignit Liam en manœuvrant son hors-bord pour contourner un énième groupe de petits bateaux sur le réservoir de Hidden Canyon.

Noah baissa le rebord de sa casquette tout en regardant les nombreuses embarcations qui les entouraient.

— Parce que Noah harcèle Katie ! répondit Nathalie, l'épouse de Liam, avec un large sourire.

Il lui lança un regard noir.

— Et pour m'apprendre à faire du wakeboard, intervint le fils de neuf ans de Nathalie.

— Tu as été un champion, lui dit Noah en lui ébouriffant les cheveux.

— J'aurais très bien pu t'apprendre, protesta Liam en se tournant vers son beau-fils.

— Il est meilleur que toi, répondit le petit garçon en haussant les épaules.

— Pan dans les dents ! fit Liam.

— Tu as bien d'autres talents, mon cher époux, lui dit Nathalie en lui frottant les épaules.

Noah laissa son regard s'attarder sur ses amis. Nathalie et Liam étaient sortis ensemble au lycée, puis avaient passé dix ans à se détester. Mais, quand Liam était revenu à Crimson à la fin de l'année précédente, il avait été la preuve vivante que l'argent ne pouvait pas acheter le bonheur. Même s'il était devenu un entrepreneur reconnu et richissime, c'étaient ses retrouvailles avec Nathalie qui l'avaient profondément changé. Liam avait alors compris qu'il y avait bien plus que les affaires dans la vie.

Noah devait bien l'admettre : il enviait son ami. Ce genre d'amour était un cadeau rare offert par la vie.

Soudain, il se redressa d'un bond.

— La voilà !

Ça y est, il avait aperçu Katie. Elle portait un minuscule

maillot deux pièces à tomber à la renverse et ses longs cheveux étaient remontés en queue-de-cheval.

Surtout, ne pas s'affoler…

— Il y a beaucoup trop de personnes sur ce bateau, je ne suis même pas sûr que ce soit légal, fit-il remarquer.

— Tu veux que je leur dise de rentrer ? lui demanda Liam en riant. Ou tu te rappelles le nombre d'amis que nous faisions monter sur mon bateau quand nous étions au lycée ?

— C'est un miracle que nous n'ayons jamais coulé, dit-il en continuant à fixer l'immense jet aux couleurs vives qui aurait eu sa place sur les plages de Californie. Jusqu'à quel point pouvons-nous nous rapprocher sans qu'ils nous repèrent ?

Nathalie regarda Austin.

— N'écoute pas ce qu'ils disent. Tu ne feras jamais les bêtises que ces deux-là ont fait. Et puis, d'abord, pourquoi espionnons-nous Katie pendant son rendez-vous ?

Le plus calmement du monde, Noah répondit :

— Tu sais bien ce qu'elle ressent quand elle est près de l'eau. Je veux juste être certain qu'elle va bien.

— Donc tu n'essaies pas de saboter son rencard ?

Il fit la grimace. Oh ! il n'en voulait pas à Nathalie de ses soupçons. Même si Katie et lui n'étaient que des amis, il désirait être le meilleur ami qu'elle n'ait jamais eu.

— Personne ne mérite plus d'être heureuse que Katie, lui répondit-il en se rasseyant tandis que Liam se rapprochait de leur bateau. Et je veux m'assurer qu'elle l'est.

— Avec Matt ? demanda Nathalie. A mon avis, elle l'apprécie vraiment. Ça pourrait devenir sérieux avec un peu de chance.

— Nath, arrête le troisième degré, lui dit gentiment Liam.

Noah massa sa nuque douloureuse depuis le matin. Et le petit Austin lui tendit un bonbon.

— Tu en as plus besoin que moi, lui dit le garçon.

— Merci, répondit-il tout en soutenant le regard perplexe de Nathalie. Je ne gâcherai pas son rendez-vous, promis.

— Très bien, dit-elle au bout d'un moment. Mais ça n'explique toujours pas pourquoi nous sommes ici.

A vrai dire, Noah ne le comprenait pas lui-même. Une partie de lui espérait que Katie l'apercevrait de loin avant de prendre conscience qu'ils auraient dû être ensemble. Il plissa les yeux tandis qu'ils se rapprochaient pour identifier les passagers du bateau de Matt. Il vit la jeune fille qui travaillait à la pâtisserie, Leila, ainsi que trois hommes, certainement des amis de Matt, tous minces et musclés.

Noah devait bien l'avouer : il avait énormément apprécié la journée qu'ils avaient passée au réservoir. Et il avait voulu être celui qui l'aiderait si elle avait peur. Celui qui lui rendrait confiance en elle-même et lui ferait comprendre qu'elle valait bien plus qu'elle ne le croyait. Et, maintenant, Katie riait aux blagues de Matt en levant la tête tandis que ses longs cheveux balayaient ses épaules.

Noah sentit son pouls s'accélérer devant cette scène et ne ressentit qu'une furieuse envie d'envoyer Matt Davis au tapis d'un coup de poing.

— Nous devrions y aller, dit-il tout à coup. Tu as raison Nath, c'est stupide de la surveiller. Katie peut très bien s'occuper d'elle toute seule.

— Pas question ! se plaignit Austin. Tu m'as promis que nous sauterions de la falaise.

— Tu lui as promis quoi ? répliqua Nath en s'étouffant.

Du coin de l'œil, Noah aperçut alors quelqu'un jeter à l'eau une immense chambre à air en forme de boudin derrière le bateau de Matt, ce qui mobilisa aussitôt son attention. Katie était en train de fermer son gilet de sauvetage tandis que Matt aidait Leila à ajuster le sien. Puis Katie sourit à quelque chose que dit l'un des hommes mais ses poings étaient serrés contre ses cuisses.

Tu n'as rien à leur prouver, Katie.

Tout ce qu'il espérait, à cet instant, c'était que ses mots atteindraient son cœur.

Pourtant, elle et Leila grimpèrent sur le tube coloré

et s'y installèrent à demi couchées avant que Mat ne les repousse loin du bateau.

Noah regarda le ciel parfaitement bleu et immobile, c'était un jour parfait pour ce genre d'activité. Après tout, lui-même venait de passer du bon temps dans l'eau en apprenant à Austin à tenir sur sa planche de wakeboard. Oh ! Katie avait pris confiance en elle, mais il ne s'attendait pas qu'elle se porte volontaire pour quelque chose d'aussi violent. Car, selon le conducteur du bateau, le tubing pouvait être amusant ou violent.

Alors que le bateau de Matt prenait de la vitesse au milieu du lac, Nathalie vint le rejoindre.

— Est-ce que Katie est en train de faire du tubing ? dit-elle d'un air incrédule.

— Oui.

— Tu l'as emmenée nager la semaine dernière, exact ?

Noah acquiesça tout en grognant quand le tube disparut à un endroit où le lac formait comme un coude.

— Elle n'a plus peur ?

— Tout va bien, répondit-il surtout pour se rassurer lui-même. Elle peut le faire.

Puis il sentit son estomac se serrer quand le hors-bord réapparut.

— Cet imbécile ferait bien de ralentir, bougonna-t-il. Il va beaucoup trop vite.

— On peut aller à la falaise maintenant ? demanda alors le petit Austin.

— Dans une minute, répondit Nathalie par réflexe.

Noah sentit que son amie retenait sa respiration quand le tube rencontra la vague d'un autre bateau et s'envola dans les airs. Les deux femmes tinrent bon, et Matt accéléra encore avant de faire un grand virage. Le tube dérapa à la surface de l'eau en rebondissant violemment sur les vagues laissées par le bateau. La seconde d'après, la corde se retendit et ils repartirent à pleine vitesse.

— Ils viennent vers nous, murmura Nathalie.

— Il les emmène à la limite du réservoir, dit Noah en secouant la tête.

Le barrage en béton s'étendait sur la rive opposée de la falaise. C'était là que l'eau de la rivière s'écoulait dans le réservoir, et une rangée de bouées flottantes prévenait les navigateurs et les nageurs que cette zone était interdite.

— Liam, rapproche-toi du barrage.

Tandis que son ami s'exécutait, Noah s'assit dans l'un des fauteuils en compagnie de Nath, et Austin vint les rejoindre.

— Est-ce que c'est Katie ? demanda-t-il.

Nathalie se tourna vers son fils avec un sourire forcé.

— Oui, c'est une sacrée casse-cou, n'est-ce pas ?

A cet instant, Noah ne put s'empêcher de remarquer :

— C'est bien trop rapide quand le réservoir est aussi bondé.

Soudain, ce qu'il redoutait arriva : un jet-ski fit un demi-tour serré devant le hors-bord de Matt et cala en leur coupant le chemin. Noah serra les dents au moment où le bateau se mit à zigzaguer et où il vit les hommes à bord s'amuser de la conduite imprudente de Matt. La bouée heurta alors une nouvelle vague, s'éleva dans les airs et retomba en éjectant Leila qui refit surface aussitôt grâce à son gilet de sauvetage.

Noah vit rouge en voyant Matt et l'un de ses amis rire de la situation et recommencer à accélérer au lieu de ralentir. Il refit un grand virage et enchaîna avec un virage beaucoup plus serré qui projeta la bouée et Katie à une hauteur vertigineuse.

Mais, cette fois, seule sa veste de sauvetage refit surface.

Le temps de crier à Liam d'arrêter le bateau, Noah se jeta immédiatement à l'eau.

- 13 -

Pendant quelques secondes, Katie ne sentit plus rien à part la sensation de flotter dans l'air. Puis la surface de l'eau la frappa avec une telle force que cela expulsa tout l'oxygène de ses poumons. Alors elle battit des jambes et atteignit la surface juste avant d'étouffer.

Mais elle recommença à couler et réalisa que son gilet de sauvetage avait été arraché quand elle avait brutalement touché l'eau. Malgré la peur qui se mit aussitôt à l'étreindre, elle se concentra sur ses mouvements en luttant contre la réverbération aveuglante du soleil. Matt allait sûrement venir la chercher d'ici quelques secondes, mais elle ne pouvait pas le voir tant les vagues des nombreux bateaux ne cessaient de la déstabiliser. Puis elle sentit son cœur s'emballer tandis qu'elle luttait contre une crise de panique avant d'apercevoir un éclair jaune.

Son gilet de sauvetage.

Débrouille-toi pour l'atteindre.

Hélas, ses bras pesaient des tonnes chaque fois qu'elle les sortait de l'eau. *Tu peux le faire*, se répétait-elle. Et la voix dans sa tête ressemblait à celle de Noah. Noah qui la rassurait et lui faisait croire qu'elle pouvait maîtriser cette terreur qui la possédait depuis si longtemps. Elle pouvait presque l'entendre l'appeler.

Soudain, Katie crut avoir une hallucination. Comme par enchantement, Noah venait d'apparaître devant elle, au sommet d'une vague, son gilet de sauvetage à la main.

— Attrape, lui cria-t-il.

Ce qu'elle fit. L'instant d'après, ses bras puissants se refermaient autour d'elle.

— Je te tiens, mon cœur, lui dit-il contre son oreille d'une voix tremblante. Tu m'as fait une de ces peurs…

Katie ouvrit la bouche, mais aucun son n'en sortit. La terreur et la panique possédaient encore son esprit comme les vagues qui persistaient à la déséquilibrer.

— Concentre-toi sur moi, lui dit-il.

Elle fixa le regard bleu de Noah, sa peau tannée par le soleil et sa barbe naissante. Il lui caressa la joue, mais cette simple pression lui fit mal.

— Tu as déjà un hématome en train de se former. Encore une minute et Liam sera là avec le bateau.

— Katie, tu vas bien ?

Elle leva la tête. C'était la voix de Nathalie. Pourquoi son amie était-elle sur ce bateau ? Pas possible, elle devait rêver !

— Où est Leila ? parvint-elle à articuler.

— Elle va bien.

— Et Matt et le bateau ?

— Mettons-nous à l'abri, puis nous nous occuperons de Matt Davis, lui répondit Noah les lèvres serrées.

Tiens, pourquoi le sentait-elle se raidir, tout à coup ?

— Aide-moi, murmura-t-elle. Je ne pense pas que je pourrais me hisser à bord.

— Soulevez-la, commanda-t-il en la tenant face à l'échelle. Grimpe en même temps qu'ils te tirent, Microbe.

Katie ignora la douleur et s'accrocha à la barre de métal pendant qu'on la prenait sous les bras pour l'aider à monter à bord. Elle tituba dès qu'elle fut debout et vit Nathalie se précipiter pour la soutenir par la taille. Non, elle n'avait pas rêvé : son amie était bien à bord.

Celle-ci l'aida à s'asseoir et recouvrit ses épaules d'une serviette.

— Tu vas bien ? lui redemanda-t-elle.

Katie se sentit honteuse. Malgré tous ses efforts, il avait encore fallu qu'on vienne la secourir dans l'eau.

— Tout va bien, répondit-elle dans un souffle.

Même si c'était un mensonge.

Le temps de reprendre son souffle, elle aperçut alors Liam et Austin qui lui adressa un immense sourire.

— C'était tellement cool, mademoiselle Katie. Vous avez dû vous envoler au moins à six mètres de haut, dit-il en se hissant sur ses doigts de pied la main en l'air. Puis vous êtes retombée d'un coup dans l'eau.

Elle put lui rendre son sourire maintenant qu'elle était en sécurité. Tout son corps la faisait souffrir, mais elle l'avait fait !

— Vous êtes tombée de si haut que ça a arraché votre gilet. Mes amis ne me croiront jamais.

— Austin, ça suffit ! dit Nathalie d'un ton ferme.

Katie posa la main sur sa joue douloureuse.

— Je portais la veste la plus large parce que Leila est si menue qu'elle avait besoin de celui pour femme. J'ai cru que je l'avais suffisamment serré, mais il a dû glisser par-dessus ma tête au moment de l'impact.

— L'impact, répéta Noah d'un air écœuré. Mais à quoi jouait-il en allant à une telle vitesse ?

— N'en fais pas toute une histoire, Noah, vraiment.

Il allait répondre quand le bateau de Matt les rejoignit.

Elle entendit alors les autres personnes à bord lui crier :

— Super Katie ! Quelle chute, tu as tout déchiré !

— Tu nages jusqu'à nous pour nous rejoindre ? lui cria Matt.

Leila se tenait à côté en affichant un immense sourire, et Katie se sentit encore plus froussarde.

Elle prit une longue inspiration au moment où Noah lançait d'un ton furieux :

— Tu n'es vraiment qu'un conn…

— Nous retournons au ponton, l'interrompit alors Liam. Nous vous retrouverons là-bas.

Matt acquiesça en continuant à sourire.

Puis Katie sentit Nath lui prendre la main :

— Tu es sûre que tu ne veux pas…

— Ne dis rien, je t'en prie, répondit-elle en la dévisageant ainsi que Noah. Personne n'était au courant pour ma peur de l'eau.

— Ça n'a pas d'importance, lui cria Noah par-dessus le bruit du moteur. Il n'aurait jamais dû aller si vite.

Elle était d'accord avec lui mais elle n'allait pas alimenter sa colère en le reconnaissant.

Le trajet jusqu'à la rive dura quelques minutes et laissa à Katie le temps de faire le point sur ce qui s'était passé. Elle s'en voulut de s'être laissé convaincre par Matt et ses amis de monter sur cette bouée. Elle aimait bien Matt mais, plus elle le fréquentait, plus elle s'apercevait qu'il était accro à l'adrénaline, lui aussi. Et, quelle que soit son envie de s'adapter à son monde, elle voyait bien que quelqu'un comme Leila avait beaucoup plus de choses en commun avec lui. Toutes les conversations à bord avaient tourné autour des meilleurs coins pour faire du VTT ou de l'escalade. Deux sports que Leila mourait d'envie d'essayer et dont elle-même ne voulait pas entendre parler.

Noah sauta à l'eau entre deux embarcations pour attacher la corde du bateau que lui tendait Liam. Tandis qu'il bandait les muscles de ses bras, elle eut l'impression de défaillir à nouveau.

Seigneur, elle était pathétique…

L'instant d'après, Austin sauta à son tour. Katie se retrouva alors seule avec Nath.

— Pourquoi étiez-vous là ? lui demanda-t-elle. D'ordinaire, Liam déteste la foule.

— Noah s'inquiétait pour toi.

Katie ne put s'empêcher de froncer les sourcils.

— Pourquoi ? Il ne pensait pas que je pouvais m'en sortir ?

— Non, parce qu'il tient à toi, répondit Nathalie avec un sourire en coin. Je ne l'avais encore jamais vu comme ça. Il nous a fait traverser tout le lac pour te retrouver. Et pas parce qu'il ne croyait pas en toi. Il voulait juste te protéger. Comme un ami, nous a-t-il dit. Mais c'était plus, beaucoup plus…

Katie soupira et regarda Noah qui était en train de parler avec Liam et Austin sur le ponton.

— C'est l'été où je devais l'oublier. Je n'ai aucun avenir avec lui, Nath.

— Tu en es vraiment sûre ? demanda son amie. Les gens changent. Parfois, il suffit qu'ils ouvrent les yeux pour prendre conscience de ce qui est devant eux, T'avoir vue avec un autre homme puis manquer de te noyer a sûrement eu cet effet sur notre ami Noah.

Katie réfléchit. Oui, elle avait voulu se libérer de l'amour qu'elle lui portait. Elle voulait plus que ce qu'il lui offrait, et sa frustration faisait peser un poids de plus en plus difficile sur leur amitié. Mais si Nathalie avait raison ? Si elle avait abandonné trop tôt ? Avec un peu de chance, il s'intéressait enfin à elle que parce qu'elle commençait à lui échapper…

Elle jeta un œil au bateau de Matt pendant que celui-ci l'arrimait à une branche devant l'aire de pique-nique. Et elle ferma les yeux pour ne pas être tentée de comparer son physique à celui de Noah. Matt était très mignon, mais elle réagissait tout autrement quand elle regardait Noah.

— Ça va mal finir.

Katie ouvrit les yeux en entendant Nathalie. Alors que Matt finissait de nouer la corde, Noah marchait vers lui, tous ses muscles tendus par la colère. Elle se leva aussitôt en tenant sa serviette autour d'elle pour rejoindre le ponton. Seigneur, qu'allait-il faire ?

— Tu es un abruti sans nom ! cria Noah en poussant Matt des deux mains.

L'autre, plus petit de dix bons centimètres, trébucha et perdit son éternel sourire.

— Eh, qu'est-ce qui te prend ?

— Tu as mis deux femmes en danger comme un crétin sans cervelle.

— Et tu es qui, le garde-côte ? répondit-il en s'avançant jusqu'à ce que leurs torses se touchent. On s'amusait, grand-père.

Noah eut l'air de ne pas en croire ses oreilles quand il entendit cette réponse :

— S'amuser ? lui cracha-t-il presque au visage. Tu as failli tuer Katie !

Soudain, on sentit de la colère se peindre sur les traits de Matt.

— Elle prenait du bon temps…

— Elle a peur de l'eau, l'interrompit-il.

A ces mots, Katie arriva juste derrière eux et se figea. Et, de nouveau, elle se sentit honteuse. Mais elle devait intervenir.

— Je vais très bien, déclara-t-elle.

— C'est vrai ? lui demanda Matt en faisant un pas en arrière. Pourquoi ne m'as-tu rien dit ?

— Ce n'est pas…

Elle s'interrompit. Comment pouvait-elle nier quelque chose qui faisait tellement partie d'elle, quand bien même elle aurait voulu être quelqu'un d'autre ?

— Je m'amusais, finit-elle par dire.

— Tu plaisantes ? lança Noah.

— C'est moi qui ai voulu faire ça, Noah. Personne ne m'a obligée à monter sur cette bouée.

— Il n'aurait jamais dû conduire aussi vite !

Matt en profita alors pour déclarer :

— Je suis désolé. Tu aurais dû me faire signe de ralentir, Katie.

Elle vit alors Noah se pencher vers elle pour lui murmurer :

— Tu n'as rien à prouver. Sois toi-même, Katie. Tu n'as besoin de rien de plus.

Ces mots la bouleversèrent. Tout ce qu'elle avait espéré de l'existence, c'était d'être aimée pour ce qu'elle était par quelqu'un, sans avoir rien à prouver. Pourtant, elle passait son temps à faire l'inverse, comme s'il lui manquait quelque chose. Elle s'était répété qu'elle commençait une nouvelle page de sa vie alors qu'elle n'avait fait que changer de masque. Elle en avait tellement assez de rester sur la touche qu'elle s'était entêtée à vouloir devenir quelqu'un qu'elle ne serait jamais.

— Très bien, dit alors Matt en contournant Noah, désormais je saurais que tu n'es pas une femme d'action.

Il avait parlé d'une voix douce mais elle y percevait tout de même comme une forme de déception.

— Allons déjeuner. Après, tu pourras rester sur le bateau pendant que nous sauterons de la falaise.

Noah gronda et se pencha pour la regarder dans les yeux avec une intensité qu'elle ne lui avait encore jamais connue.

— Tu ne retournes pas là-bas avec lui, lui murmura-t-il.

Katie se mordit les lèvres et fixa Matt un instant.

— Je suis venue avec eux, Noah. Et je ne veux pas qu'ils pensent que cette histoire m'a secouée.

— Qui prête attention à ce qu'ils peuvent bien penser ?

— Moi, souffla-t-elle.

A ces mots, Noah se redressa et tourna les talons.

— Liam, j'en ai eu assez pour aujourd'hui. Je vous retrouve en ville, lui cria-t-il en commençant à grimper la colline vers le parking.

— Waouh, c'était intense ! dit Matt en se passant la main dans le cou. Je crois que j'ai besoin d'une bière. Tu as apporté le déjeuner, n'est-ce pas ?

— Dans la glacière, sur le bateau, répondit Katie.

— Chouette, répondit-il en posant une main sur son épaule avec un sourire de petit garçon. C'était une sacrée chute.

Katie regarda alors quelques mètres plus loin, là où était attaché le bateau de Liam. Et, quand Nathalie haussa un sourcil, la question que semblait lui poser en silence son amie la toucha en plein cœur.

Allez, il était temps de réagir :

— Je ne retourne pas au bateau avec toi, dit-elle d'une voix forte.

— Comme tu veux, répondit Matt en haussant les épaules. Nous pouvons quand même garder la nourriture ?

— Bien sûr.

— Katie, tu veux que je vienne avec toi ? lui demanda alors Leila.

— Non reste, lui répondit-elle en souriant. Amuse-toi et prends ta journée demain. Nous nous verrons à la pâtisserie mardi.

La jeune femme tapa dans ses mains d'un air joyeux.

— Vraiment ? Tu me donnes mon lundi ? Tu es la meilleure patronne au monde.

Katie fit la moue. La meilleure patronne, la meilleure amie, le meilleur membre du comité… Tant qu'il s'agissait de faire passer les besoins des autres avant les siens, elle était une vraie experte.

Mais qu'en était-il de ses désirs à elle ? Si elle devait admettre la vérité, elle avait tellement perdu l'habitude de s'occuper d'elle qu'elle n'y faisait même plus attention. Puis son regard se tourna vers la colline.

— Prends ça, lui dit alors Nathalie en lui tendant une paire de sandales. Ce sera plus facile pour l'ascension.

— Je suis désolée de vous avoir causé autant de problèmes aujourd'hui, répondit-elle en les enfilant.

— C'était une super journée. Tu n'imagines pas à quel point j'ai apprécié de voir Noah Crawford se ridiculiser devant une femme. Surtout quand il s'agit de toi, ajouta-t-elle en lui faisant un clin d'œil. Allez file, avant qu'il ne t'échappe…

— Merci Nath, dit-elle en l'embrassant avant de partir.

— Katie ?

Celle-ci regarda par-dessus son épaule.

— Ton amerrissage va entrer dans l'histoire. C'était épique.

Epique. Jamais ce mot ne lui avait été associé auparavant. Malgré la douleur qu'elle ressentait, elle adora l'idée d'avoir été épique, même s'il s'agissait d'une chute. Et, tout en riant, elle grimpa la colline au pas de course.

- 14 -

Noah était assis sur le parking. Allez, il fallait qu'il essaie de retrouver son calme. Sa voiture était restée au soleil toute la journée, et la température de la cabine était étouffante. Il apprécia pourtant de s'y enfermer et verrouilla les portes comme si cela pouvait l'empêcher de dévaler la colline et d'aller enlever Katie sur le bateau de Matt.

Cela ne le regardait pas. La partie rationnelle de son esprit le savait, mais il avait cessé de penser à l'instant où elle avait été en danger. Et l'entendre minimiser l'incident devant Matt lui avait donné l'impression d'être un crétin hyper-protecteur. Bon sang, lui et Liam avaient fait des choses bien plus dangereuses pendant des années sur l'eau et sur les pistes ! Autant le reconnaître : la dynamique de groupe avait toujours eu raison de son sens commun. Mais cela n'avait jamais été le cas de Katie. Même durant les vacances d'été, elle était la seule à garder un comportement responsable, à s'assurer que ses amis rentraient toujours chez eux en un seul morceau. C'était sans doute pour cette raison qu'il l'avait négligée pendant si longtemps. Il s'était donné tellement de mal pour échapper à la souffrance qu'avait provoquée la mort de son père… Résultat : Katie, toujours si stable et si douce, en était devenue invisible.

Mais, désormais, il ne voyait plus qu'elle. Et il avait envie de partager avec elle les plus minuscules détails de ses journées pour se rattraper de ne pas avoir compris plus tôt à quel point elle était merveilleuse. Seulement, il n'en valait pas la peine, inutile de se voiler la face. Du coup, il ne lui en voulait pas de le rejeter. C'était un juste retour des choses, et il lui devait pour le moins de réagir en homme.

Noah soupira longuement et mit le moteur en route. Au même moment, des coups résonnèrent du côté passager. En tournant la tête, il vit Katie le fixer à travers la vitre. Il la baissa aussitôt et passa la main dans ses cheveux.

— Je voulais juste te dire merci.

Il voyait sa poitrine se gonfler comme si elle avait du mal à reprendre son souffle. Il dut prendre sur lui pour ne pas garder les yeux fixés sur ses seins qui menaçaient de s'échapper de son haut de maillot de bain.

— Merci d'être venu à mon secours. Et pour avoir été là quand j'ai eu besoin de toi.

— Tu n'avais pas besoin de moi. Tu t'en serais sortie toute seule, tu avais presque atteint ton gilet quand je t'ai attrapée. J'ai surréagi et j'en suis désolé, dit-il en laissant échapper un rire amer. Tu sais parfaitement prendre soin de toi.

— Et de tous les habitants de cette ville, pendant que j'y suis ajouta-t-elle d'un air amusé.

Il leva les yeux vers elle.

— J'ai détesté que tu portes un bikini aujourd'hui.

— C'est un tankini qui ne montre que deux centimètres de peau entre le haut et le bas.

— Ça laisse un accès, répondit-il d'un air irrité.

Mais sans pouvoir s'empêcher de sourire quand elle éclata de rire.

Se savoir capable de faire autant rire Katie lui donna un sentiment de supériorité ridicule. Seulement l'idée qu'un autre homme puisse toucher son corps et connaître la passion sauvage qui se cachait sous son visage d'ange le remit en colère.

— Que fais-tu Katie ? Pourquoi es-tu ici alors que tu t'amusais tellement sur le lac ? demanda-t-il.

Elle redressa les épaules comme si elle cherchait à rassembler son courage.

— Déverrouille la portière, Noah.

Pas de doute : quelque chose avait changé dans le ton de Katie, et Noah sentit son pouls s'accélérer. Il lui ouvrit mais ne la regarda pas s'installer. Il était déjà bien trop conscient de sa présence. Même après avoir plongé dans le réservoir, elle sentait toujours délicieusement bon. Ce qui eut le mérite de le faire frémir des pieds à la tête. Alors il posa les mains sur le volant, par crainte de ne pas pouvoir s'interdire de la toucher.

— Tu m'as demandé de choisir, dit-elle d'une voix douce. Et je t'ai choisi.

A ces mots, Noah fut pris d'un vertige comme si tous ses désirs les plus secrets venaient de lui être offerts sur un plateau. Il se tourna vers elle, les mains toujours posées sur le volant. Pas question de gâcher ce moment en la poussant trop loin. Ni, surtout, de la faire souffrir en retrouvant ses vieux réflexes.

— Redis-le, lui demanda-t-il d'une voix si posée que cela la fit sourire.

Katie ramena les jambes sous elle et se pencha vers lui. Puis elle attrapa son visage et s'avança, les yeux plongés au fond des siens, jusqu'à ce qu'elle puisse presque toucher sa bouche.

— Je nous ai choisis, fit-elle en frottant les lèvres contre les siennes.

Mais en hésitant, comme si elle craignait qu'il la repousse.

C'était pourtant la dernière chose qu'il aurait faite.

Noah prit alors Katie par la taille et l'attira sur ses genoux en la serrant contre son torse nu. Il explora son dos avec les mains tandis que leur baiser s'intensifiait et qu'il glissait la langue dans sa bouche. Il la sentit enfoncer les ongles sous ses omoplates, et cette sensation décupla son plaisir. C'était ce qu'il avait toujours voulu, et il ne le comprenait que maintenant.

Brusquement, un long sifflement se fit entendre en même temps qu'on tapait sur la portière.

— Il y a des chambres pour ça ! lança quelqu'un avant d'éclater de rire.

Katie, toujours pendue à son cou, rit aussi doucement contre lui. Noah lui releva le menton et vit ses lèvres pulpeuses encore humides et gonflées par leur baiser. Il aurait voulu la prendre, là, dans la cabine de sa voiture, en plein jour. Il avait l'impression d'être redevenu un adolescent, léger et irresponsable, dont le seul souci était de trouver le moyen de la déshabiller le plus vite possible. Et cette idée le fit sourire.

— Je vais te ramener chez toi tout de suite, dit-il en souriant encore plus quand elle fronça les sourcils. Je viens avec toi et je vais rester avec toi, Katie. Toute la nuit.

— Oh ! fut le seul mot qu'elle parvint à lui dire.

Puis elle se rassit sur son siège, baissa la tête et enfouit le visage entre ses mains.

— Que se passe-t-il ? lui demanda-t-il en démarrant.

Katie attendit qu'ils soient sortis du parking pour relever la tête et lui répondre.

— Des gens nous ont vus… tu sais… nous embrasser. Et s'ils m'avaient reconnue ? Ou toi ? Ou même nous deux ?

— Je me moque qu'ils nous aient vus, dit-il en lui prenant la main. Je veux que tout le monde sache que tu es avec moi, Katie. Et je t'embrasserai dans tous les coins de cette ville s'il le faut. D'ailleurs, il y a même beaucoup d'autres choses que nous pourrions faire.

Sans lui lâcher la main, il commença alors à lui raconter toutes les choses coquines qu'il comptait faire avec elle — à Crimson, dans la forêt et dans chaque pièce de sa maison.

Quand Noah gara enfin sa voiture devant chez elle, Katie éprouvait un désir si fort que la tête lui tournait. Il avait passé toute la route à lui susurrer les détails de ce qu'il allait lui faire subir tout en traçant des cercles dans la paume de sa main.

Ils rirent en courant jusqu'à la porte. Elle l'avait verrouillée en partant le matin car il y avait beaucoup de vacanciers en ville, mais son sac et ses clés étaient restés sur le bateau de Matt.

— Heureusement, j'ai mes clés de secours ! s'exclama-t-elle en soulevant une pierre sous laquelle elles étaient cachées.

Mais c'est le moment que choisit Noah pour la faire tourner sur elle-même et s'emparer de ses lèvres.

Ils restèrent ainsi plusieurs minutes à s'embrasser passionnément. Il tenait sa promesse : il était bien en train de montrer qu'elle était à lui devant toute la ville. Ou du moins, devant les personnes âgées qui habitaient le quartier. Il la prit alors dans ses bras, et elle s'enroula automatiquement autour de sa taille.

— Donne-moi les clés, lui souffla-t-il.

Elle ne sut pas comment il parvint à atteindre la serrure sans la lâcher mais, une seconde plus tard, la porte était ouverte.

— Tu as des talents incroyables, dit-elle en riant.

— Tu n'imagines même pas…

Etant donné ce qu'elle savait de lui, il pouvait bien avoir raison.

Katie n'avait aucun mal à l'admettre : sa première fois avec Noah avait été incroyable. Mais ce qui se passait en ce moment même était nouveau. Ils s'étaient choisis, et cela faisait toute la différence. Elle avait essayé de se convaincre que ce qui se passait entre eux était purement physique mais, désormais, elle ne craignait plus de lui ouvrir son cœur. Qu'importe ce qui arriverait, c'était le moment de lui révéler tout ce qu'elle ressentait pour lui.

Noah ferma la porte d'un coup de pied et la porta dans sa chambre. Il se pencha pour pousser les coussins et la laissa tomber sur le lit avec une telle force qu'elle rebondit. Ce qui la fit palpiter encore davantage.

— Dis-moi que tu as de quoi nous protéger, lui murmura-t-il en la rejoignant.

Les mains viriles de Noah s'aventurèrent le long de son ventre, vers son haut de maillot de bain. Puis il posa la bouche sur son nombril avant de remonter en déposant mille baisers.

— Dans la table de nuit, parvint-elle à articuler malgré le désir qui montait en elle.

— Parfait. Maintenant, lève le bras.

Katie s'exécuta, et il lui ôta son haut avant de fouiller dans le tiroir de la table de nuit. Puis il se rassit tout en la dévorant des yeux.

— Est-ce que quelqu'un a pensé à te dire à quel point tu étais belle aujourd'hui ?

Normalement elle aurait dû se sentir intimidée d'être aussi vulnérable, mais l'intensité du regard de Noah lui donna confiance. Alors elle prit un air mutin et leva les yeux au ciel.

— L'un des amis de Matt m'a dit que j'étais la pâtissière la plus sexy qu'il ait jamais rencontrée. Est-ce que ça compte ?

— Je vais tuer ce type, répliqua-t-il en attrapant son visage avant de se pencher vers elle. Tu es la plus belle chose que j'aie jamais vue.

Sur ces mots, Noah posa les lèvres sur les siennes mais, quand elle voulut l'embrasser, il se recula légèrement et il laissa courir la bouche le long de sa mâchoire, puis de sa gorge et s'arrêta sur ses seins.

— Si belle, répéta-t-il en happant son téton.

Katie se cambra en gémissant tandis qu'il continuait à lécher et à mordiller ses seins tout en faisant glisser son maillot le long de ses jambes. Seigneur, il allait la rendre folle ! Elle posa les mains sur son dos pour mieux sentir ses muscles. Elle voulait explorer tout son corps, rester ainsi et ne jamais laisser la réalité revenir dans leurs vies. Elle n'avait jamais rien connu d'aussi bon et elle en voulait encore plus. Alors elle dénoua lentement la ceinture du maillot de Noah et le fit glisser.

Il la libéra quelques instants et déchira l'emballage du préservatif. Puis il se coucha sur elle en se calant entre ses cuisses. Ce qui suffit à la faire frémir.

— Oui, Noah, pitié…

Katie se moquait de le supplier. Elle avait tellement besoin de lui. Il l'embrassa langoureusement mais redressa la tête à l'instant où il entra en elle. Leurs regards plongèrent l'un dans l'autre, ce qui décupla leur plaisir. Elle sentit une larme couler du coin de son œil jusqu'à l'oreiller. Alors il l'embrassa, et elle enroula ses jambes autour de ses hanches en le serrant de toutes ses forces. Et le gémissement qu'il laissa échapper la fit frissonner de plaisir.

La seconde d'après, elle sentit une onde de chaleur grandir dans le creux de ses reins, devenir incontrôlable et exploser en brûlant tout ce qui se trouvait sur son passage tandis que Noah enfouissait le visage dans sa nuque en criant son prénom.

C'était la plus belle chose qu'elle ait jamais entendue.

Ils restèrent immobiles pendant de longues minutes. La chaleur du corps rassurant de Noah donna à Katie l'impression d'être lovée dans un cocon. Puis il repoussa les mèches qui couvraient son visage, laissant les doigts glisser lentement pour étaler ses cheveux le long des draps. Les baisers qu'il lui donnait désormais étaient doux comme des nuages qui auraient effleuré sa peau. Elle n'osait plus bouger de peur de briser le charme. De peur qu'il disparaisse à nouveau.

— Toute la nuit, je serai là, lui dit-il comme s'il pouvait lire ses pensées.

Puis il commença à lécher le lobe de son oreille, et elle se tortilla sous lui.

— Par contre, si tu continues à bouger comme ça, je ne réponds de rien.

Tandis qu'elle riait, Noah se leva et s'isola quelques minutes dans la salle de bains avant de revenir. Katie resta là à fixer le plafond, bien qu'elle ait rabattu les draps sur son corps nu. Il les souleva, vint s'allonger à ses côtés et l'embrassa. Juste au moment où elle bâillait.

— Pardon, je suis tout le temps fatiguée en ce moment.

— C'est à cause du lac, dit-il en la prenant dans ses

bras. Nager est déjà assez fatigant, mais tes cascades de superhéroïne auraient épuisé n'importe qui.

— Nathalie m'a dit que c'était épique, répondit-elle en bâillant encore.

— Tout ce que je sais, c'est que ça a failli me causer une crise cardiaque épique, lança-t-il en embrassant son épaule. Comment se porte ton corps après ta course folle ?

Katie haussa les épaules puis répondit :

— Ma joue est encore sensible, j'ai un bleu au menton et mes bras me font toujours mal. Et ce sera sans doute pire demain. Mais ça va.

— Juste ça va ?

— Je suis épuisée aussi, dit-elle tandis qu'il embrassait son cou. Mais surtout merveilleusement comblée et très heureuse.

— Moi aussi. Dors maintenant, Microbe.

— Est-ce que…

— Je serai là à ton réveil, s'empressa-t-il d'ajouter d'un ton rassurant. Je garde toujours des vêtements propres dans la voiture pour me changer quand nous allons courir, avec Jason. Je ne vais nulle part, promis.

Katie aurait été incapable de dire si ce furent ces mots qui lui donnèrent confiance ou la conviction dans la voix de Noah quand il les prononça. Peut-être était-ce simplement à cause de l'immense fatigue qu'elle ressentait. Cet épuisement chronique, même en prenant en compte son emploi du temps surchargé, commençait à l'inquiéter. Elle avait pourtant toujours travaillé de longues heures depuis des années, mais les dernières semaines avaient été bien plus difficiles que d'ordinaire.

Tout en s'endormant elle décida de prendre rendez-vous chez son médecin de famille. Mais elle ne le dirait pas à Noah. Inutile de l'inquiéter pour rien après ce qui était arrivé à sa mère. Pour l'instant, faire la sieste était tout ce dont elle avait besoin. Alors elle s'assoupit, heureuse de sentir la chaleur des bras de Noah autour d'elle.

- 15 -

Noah perçut la surprise de Katie dans son ton quand elle entra dans la cuisine.

— Tu es encore là ? dit-elle d'une voix encore embrumée par le sommeil.

Ce qu'elle était mignonne avec sa nuisette aux motifs floraux, si fine qu'il pouvait presque voir au travers.

— Je te l'avais promis, répondit-il en prenant sur lui pour cacher sa contrariété.

Comment avait-elle pu douter de lui ?

— Ça me rend heureuse, dit Katie en venant l'embrasser.

Il sentit toute sa réticence s'envoler à l'instant où il plongea le visage dans ses cheveux. Elle sentait la vanille et… lui.

Pas de doute : Katie était bien avec lui et il était avec elle.

— Tu sens merveilleusement bon, ne put-il s'empêcher de dire. Toujours. Tu as l'odeur de…

La maison.

Il sentit son cœur se serrer à ce mot. C'était vrai, même s'il ne le réalisait que maintenant. Katie lui avait toujours donné cette impression.

— Tu as l'odeur des gâteaux frais, répondit-il à la place.

— Mélangée à une bonne dose d'eau du lac, grimaça-t-elle. Mon bleu est en train de devenir noir.

— Matt est un crétin.

Katie lui sourit en se versant un verre d'eau.

— J'aurais pu dire la même chose de toi il y a encore quelques semaines.

— Je n'apprends pas vite, dit-il en jouant avec le nœud

de sa nuisette. Comment se fait-il que ce simple bout de tissu m'excite autant ?

— Avant que tu n'ailles trop loin, sache que je suis affamée, dit-elle en le repoussant. Préparons quelque chose.

— C'est fait ! lança-t-il en embrassant le haut de ses seins.

— Comment ? dit-elle en regardant la cuisine vide.

Juste à ce moment-là, la sonnette de la porte d'entrée retentit.

— Livraison, lui susurra-t-il au creux de l'oreille.

— Les restaurants de la ville ne livrent pas pendant les vacances, ils sont bien trop occupés.

La sonnette retentit à nouveau. Noah se redressa avant d'expliquer :

— J'ai fait jouer mes relations à la brasserie. Tu devrais t'habiller, sinon notre repas sera froid avant que nous le touchions.

— Il y a des frites de patate douce ? demanda-t-elle en se frottant l'estomac.

— Bien sûr, ce sont tes préférées.

— Alors, je te revaudrai ça, dit-elle avec un immense sourire.

Joignant le geste à la parole, Katie écarta les pans de sa nuisette une seconde pour lui montrer ses seins.

— Mais plus tard.

— Oublie le repas ! répondit-il en s'avançant.

Mais elle rit et partit en courant vers la chambre.

— Va ouvrir la porte, plutôt !

Quelques minutes plus tard, Noah sortait les boîtes isothermes du sac. C'est là qu'elle revint dans la pièce vêtue d'un débardeur et d'un legging noir. Ses cheveux flottaient en vagues sur ses épaules, et il aperçut une bretelle de soutien-gorge violet quand elle bougea. Est-ce qu'elle avait toujours porté de la lingerie en dentelle ? Quel idiot il avait été toutes ces années ! Il allait devoir rattraper tout le temps perdu.

*
* *

— Je n'arrive pas à croire à quel point je suis affamée, lui dit-elle en prenant des assiettes.

Le temps pour eux de s'asseoir devant leurs frites et leurs hamburgers, Noah alluma la bougie posée au centre de la table et baissa la lumière de la cuisine.

— C'est romantique, dit-elle d'une voix un peu plus basse que d'ordinaire.

Effectivement, il y avait quelque chose de charmant dans ce dîner improvisé. Cela faisait chaud au cœur !

— Mais ce n'est pas un vrai rendez-vous, fit-il remarquer. Je vais t'inviter pour de vrai et faire une réservation dans le meilleur restaurant d'Aspen.

— Je me fiche de ce genre de choses. Cette soirée est parfaite.

— Je trouve aussi. Mais tu mérites d'être traitée comme une princesse, et je veux être l'homme qui le fera.

Noah vit Katie se figer tout à coup. Eh bien ? Pourquoi ce changement ?

— Que se passe-t-il ? demanda-t-il.

— Rien, nous sommes en train de rater le feu d'artifice. J'espère que tu n'avais pas promis à ta mère et à ta sœur de les y emmener.

— Non, ma mère avait un rendez-vous galant ce soir, répondit-il en haussant les épaules devant son regard surpris. Son chirurgien… C'est leur second dîner cette semaine. Elle l'apprécie vraiment.

— Et ça ne te pose pas de problème ?

— Non, dit-il en soupirant tout de même. Papa aurait voulu qu'elle soit heureuse, alors moi aussi.

A ces mots, elle fit le tour de la table et vint s'asseoir sur ses genoux tout en lui volant une frite.

— Tu es un homme bien, Noah Crawford, déclara-t-elle en l'embrassant sur la joue avant de croquer le bâtonnet orange vif.

Noah eut un sourire en coin puis lança :

— Tu le penses vraiment ou c'est juste un prétexte pour te rapprocher de mon assiette ?

— Les deux.

Il éclata de rire, puis regarda sa montre. L'heure approchait. Plus question de traîner.

— J'ai une surprise pour toi. Je m'occupe de la vaisselle pendant que tu vas mettre un pull. Nous avons dix minutes.

— Où allons-nous ? Je dois me changer ou peut-être me coiffer ?

— Ni l'un, ni l'autre, c'est une soirée privée. Fais-moi confiance.

Il avait prononcé ces mots d'un ton léger, mais il avait senti une tendresse immense étreindre son cœur quand elle avait acquiescé avant de rejoindre sa chambre. Cela faisait très longtemps que quelqu'un qui comptait pour lui ne lui avait vraiment fait confiance. Bien sûr, sa mère disait toujours qu'elle comptait sur lui. Mais, même après son opération, elle était presque entièrement autonome.

Il fit la vaisselle et jeta les boîtes à la poubelle. Le temps que Katie le rejoigne, il se sentait aussi stressé que pendant son adolescence.

— Je suis prête ! Et toi, serais-tu nerveux ? lui demanda-t-elle d'un air amusé.

— Bien sûr que non, répondit-il en essuyant ses mains moites sur son short. J'espère juste que tu apprécieras ce que j'ai préparé.

Katie devait bien l'avouer : elle n'avait jamais vu Noah dans cet état, surtout avec elle. Il était toujours si sûr de lui. Il prenait rarement la vie au sérieux, et encore moins ses relations avec les femmes — pas depuis Tori en tout cas.

En parlant de Tori… Que penserait Noah si celle-ci mettait à exécution ses menaces ? Si elle lui révélait la vérité sur leur rupture ?

Katie chassa cette idée de son esprit. Peut-être n'était-ce pas si grave que cela. De l'eau avait coulé sous les ponts, et ce n'était pas elle qui avait triché ou qui lui avait brisé le cœur. Il comprendrait forcément ! En fait, il valait mieux le lui dire elle-même afin de pouvoir lui expliquer ses raisons. Elle ne voulait que le protéger. Tori pouvait bien l'accuser de l'avoir voulu pour elle, ce n'était pas vrai. Elle n'aurait jamais cru que Noah pourrait lui appartenir un jour.

Mais désormais, c'était le cas.

Elle le laissa attraper sa main pour l'emmener vers la porte en caressant doucement ses doigts. Elle lui dirait tout le lendemain.

Au même moment, une petite voix dans sa tête la traita de lâche, mais pas question de gâcher cette soirée.

— Où allons-nous ?

Noah lui fit faire le tour de la maison et s'arrêta.

— Là-haut.

Une échelle était posée contre la gouttière où le toit du porche rejoignait celui de la maison.

— J'ai vérifié, on voit parfaitement les montagnes depuis là-haut. Le feu d'artifice commence dans cinq minutes.

Katie ne put s'empêcher d'ouvrir grand la bouche. Quelle idée de génie !

— Je n'y aurais jamais pensé.

— Monte, ma chérie.

Sans se faire prier, elle attrapa les bords de l'échelle, ses bras toujours douloureux après l'épisode de la bouée.

— Si tu as besoin de t'arrêter, fais une pause, lança Noah dans son dos. Je me moque de rater le feu d'artifice, j'ai une bien plus belle vue d'ici.

Elle baissa la tête et le vit lui sourire. Alors, en faisant attention à ne pas tomber, elle roula légèrement des hanches et l'entendit aussitôt partir dans un grand rire. Elle comprenait pourquoi les femmes appréciaient autant Noah : il lui donnait l'impression d'être la seule qui comptait. Comme si chaque partie d'elle était désirable, comme s'il ne pouvait jamais s'en rassasier. Seulement, méfiance : ces sentiments pouvaient changer en un clin d'œil. Surtout si elle prenait ce qui se passait entre eux trop au sérieux. Allons, elle devait simplement profiter de ces moments.

Katie se hissa sur le toit et attendit que Noah la rejoigne. Le quartier était calme et plongé dans l'obscurité. A quelques pâtés de maisons de là, elle pouvait entendre une ballade un peu rock et sentir l'odeur des hamburgers grillés — quelqu'un faisait un barbecue. A l'ouest, il y avait le centre-ville de Crimson illuminé par les lumières des lampions de la fête nationale. Et à l'est de sa maison, les montagnes de Crimson, à peine visibles dans la pénombre, comme une ligne qui traversait le ciel.

— C'est superbe, lui dit-elle quand il posa un pied sur le toit.

— Nous n'y sommes pas encore, répondit-il en lui indiquant la plus haute partie de la maison. Tu peux encore grimper un peu ?

A vrai dire, elle se sentait mal à l'aise d'aller aussi haut. Mais le toit n'était pas trop raide et elle n'eut pas de difficulté à le gravir avec ses chaussures de gym. D'ailleurs, comme Noah braquait sur elle son regard bleu presque indigo dans la nuit, elle se sentit en sécurité avec lui et retrouva son courage.

— Passe en premier, lui dit-elle. A mon tour de profiter de la vue.

Noah éclata de rire et entreprit d'escalader la partie du toit qui menait à la cheminée. Katie le suivit en imitant ses gestes. Une fois en haut, elle vit une couverture étalée sur le faîte du toit ainsi qu'une glacière fixée à la cheminée par une corde d'escalade.

— Quand as-tu fait tout ça ? lui demanda-t-elle en s'asseyant tout en s'époussetant les mains.

— Pendant que tu faisais la sieste. Tu dors toujours si profondément... Je me suis dit que ça ne te réveillerait pas.

A ces mots, il sortit un pot de glace et lui tendit une cuillère.

— Comment..., bredouilla-t-elle.

— J'ai soudoyé le livreur pour qu'il fasse un détour par le magasin. J'espère tu aimes toujours la framboise.

Aussitôt, Katie plongea sa cuillère dans le pot. La glace avait toujours été son dessert favori, car cela n'impliquait pas le moindre effort de sa part.

— Tu es plus attentif que je ne croyais, dit-elle la bouche pleine.

Noah se pencha et l'embrassa en léchant un peu de glace restée au coin de sa bouche.

— Heureux que tu l'aies remarqué.

Il y eut soudain un grand sifflement, puis le ciel s'embrasa juste devant la montagne. Katie poussa un cri de joie.

— C'est incroyable vu d'ici !

Puis la traîne d'une fusée zébra la nuit et une nuée d'étincelles dorées tombèrent du ciel. Suivies par de nouveaux sifflements et explosions de toutes les couleurs. Alors Noah se rapprocha d'elle et passa un bras autour de ses épaules. La montagne offrait un décor majestueux aux lumières et à la musique du feu d'artifice du 4 juillet.

Katie était toujours prise par le spectacle quand elle sentit Noah couvrir sa nuque de baisers légers. Et, malgré la fraîcheur de la nuit, son corps se réchauffa aussitôt. Puis elle gémit quand il mordit le lobe de son oreille.

— Tu ne regardes pas !

— Tu es beaucoup trop perturbante.

— Si tu n'arrêtes pas, je vais perdre mon équilibre et tomber du toit.

— Je te tiens, dit-il en la serrant pour le lui prouver.

Avant de l'embrasser une dernière fois et de recommencer à regarder le spectacle.

Katie ne se souvenait pas d'avoir jamais été aussi heureuse. Pendant des années, elle avait tenu le stand de Life is Sweet pour le 4 juillet. Elle regardait les couples passer bras dessus, bras dessous, en se sentant terriblement envieuse. Et encore plus quand toutes ses amies étaient tombées amoureuses alors qu'elle était toujours seule.

— D'habitude je regarde le feu d'artifice en rangeant

le stand, lui dit-elle d'une voix douce. Je suis heureuse que les deux lycéens qui font leur stage chez moi cet été aient accepté de le tenir pour gagner un peu d'argent. Au fait, tu n'étais pas revenu à Crimson pour la fête nationale depuis des années.

Noah haussa les épaules puis répondit :

— Normalement, je suis toujours de garde pendant les vacances. Toute l'équipe se mobilise, avec les campeurs qui restent dans la forêt pendant ce week-end.

— Et pourquoi n'es-tu pas là-bas cette année ?

— J'avais quelqu'un de bien plus important à protéger.

Katie sourit et l'embrassa juste à l'instant où le grand final commençait. Ils se tournèrent tous les deux vers les rubans de lumière chatoyante. Elle sentit alors les centaines de détonations faire trembler son corps. Ou peut-être était-ce juste les battements de son cœur qui résonnaient tandis que les barrières qui l'encerclaient étaient en train de s'écrouler.

- 16 -

Le lundi matin, Katie se trouvait face au lavabo des toilettes de la Maison des associations. Bon sang, elle avait eu des haut-le-cœur toute la matinée. Impossible de garder quoi que ce soit dans l'estomac. Que lui arrivait-il ?

En levant la tête, elle aperçut tout à coup Emily Whitaker dans la glace. Malgré son divorce et les troubles de comportement de son fils, celle-ci ressemblait toujours à une femme parfaite de la haute société avec son tailleur et son collier de perles.

— Ne t'approche pas trop, lui dit-elle en marchant jusqu'au lavabo pour se laver les mains et se rafraîchir le visage.

Katie se regarda alors dans le miroir et grimaça. Sous la lumière des néons, sa peau semblait encore plus pâle et les cernes qui entouraient ses yeux encore plus sombres. Elle était à faire peur !

— Je pensais juste que j'étais fatiguée de toutes les heures supplémentaires que j'avais dû faire à la pâtisserie pour les festivités. Mais je crois que j'ai dû attraper un virus.

— Tu es enceinte.

Katie garda la main posée le distributeur de papier et se retourna vers Emily tandis que des gouttelettes d'eau coulaient toujours sur son visage. Elle, enceinte ? Mais quelle idée ?

— Non, je ne suis pas enceinte.

Emily leva les yeux au plafond.

— Tu en es certaine ? Parce que Noah n'arrête pas

d'insister pour que je participe plus à l'organisation de la fête parce que tu es épuisée, dit-elle en lui tendant un mouchoir. Et j'ai vu tout ce que tu mangeais pendant les réunions.

— Je ne…

Katie s'interrompit. Oui, elle s'était sentie tout le temps affamée ces derniers jours, mais elle avait mis cela sur le compte de tous les engagements qu'elle devait tenir.

— Ne le prends pas mal, ajouta alors Emily, mais je ne me rappelle pas que tu n'aies jamais été aussi… généreuse.

Katie baissa le regard vers ses seins. Elle écarquilla les yeux et ferma aussitôt un bouton de plus à sa chemise. Seigneur, sa poitrine avait effectivement changé de volume !

— C'est peut-être ce nouveau soutien-gorge ? parvint-elle à bafouiller.

— C'est un nouveau soutien-gorge ?

Katie se passa nerveusement une main dans les cheveux.

— Je… Attends… Ça ne veut pas dire…

Elle inspira profondément, sa respiration s'étant soudainement bloquée.

— Tu es sûre que tout va bien, Katie ? demanda alors Emily.

Katie posa les mains sur la porcelaine froide du lavabo en ignorant le fait qu'elles tremblaient légèrement. Puis elle compta les jours dans sa tête.

— C'est impossible, nous nous sommes toujours protégés, dit-elle en sentant la nausée l'envahir à nouveau.

— Aucune protection n'est infaillible. C'est le bébé de Noah ?

Mécaniquement, Katie hocha la tête. Mais elle était trop troublée pour réfléchir. Un bébé. Elle portait un bébé !

— Evidemment… S'il y a un bébé… Il faut que je passe un test de grossesse.

— Noah va être papa, dit Emily en esquissant un sourire. Au moins je ne serai plus la catastrophe de la famille.

Katie se redressa et se tourna vers Emily.

— Surtout, ne dis rien. A personne !

— Tu ne vas pas le dire à Noah ? s'étonna Ema.

— Il n'y a rien à dire tant que je n'aurai pas vu mon médecin, répondit-elle en se mordant les lèvres. Je ne veux pas… Notre relation vient à peine de commencer et je ne veux pas qu'il panique si j'ai simplement attrapé un virus. C'est le premier matin où je vomis et ce n'est peut-être rien.

— Il tient à toi.

— Mais il n'est pas… Nous ne sommes pas…

Katie essuya alors une larme qu'elle sentit perler au coin de son œil. Tout ça allait trop vite pour elle…

— Je lui ai dit que je voulais fonder une famille. Et s'il pensait que je l'avais piégé ? Je ne sais pas s'il est déjà prêt. Comment pourrait-il l'être ?

— Et toi, tu l'es ? lui demanda Emily d'une voix douce.

Katie tenta de calmer sa respiration. Etrangement, l'angoisse qui lui serrait la gorge sembla s'atténuer, et elle se sentit soudainement sûre et apaisée.

— Oui, répondit-elle. Oui, je suis prête, si je suis enceinte. J'aimerai ce bébé de tout mon cœur et je lui donnerai tout ce que j'ai de meilleur à offrir.

Emily eut alors un grand sourire, fit deux pas vers elle et la prit dans ses bras.

— Toutes mes félicitations, dans ce cas. Devenir mère est le travail le plus merveilleux et le plus difficile au monde.

Katie ouvrit la bouche pour lui répéter que rien n'était encore certain, mais y renonça. Puis elle laissa courir ses mains sur son ventre et elle sut.

— Je vais devenir mère, murmura-t-elle en regardant Emily.

Et elle soupira.

— Mon frère a de la chance de t'avoir, Katie. Tu es sans doute la meilleure chose qui lui soit jamais arrivée.

En entendant la porte des toilettes claquer subitement, Katie sursauta. Elle alla l'ouvrir pour regarder dans le couloir mais ne vit personne. Pourtant, quelque chose avait fait bouger cette porte.

— Bizarre, déclara Emily en la rejoignant.

— Tu crois que quelqu'un nous écoutait ?

— Mais non, quelle idée ! Il n'y a que les gens du comité, à cette heure. Allez, file à la pharmacie, je te remplace à la réunion d'aujourd'hui. Si tu me donnes tes notes, je pourrai vérifier avec tout le monde où nous en sommes. Organiser les choses est l'un de mes rares talents.

Katie hésita. Elle n'aimait pas dépendre des autres. Cela lui donnait l'impression de ne pas être à la hauteur de ce qu'on attendait d'elle, d'être faible et inutile. Même si elle avait conscience que c'était une séquelle de son enfance.

— Ce serait génial, finit-elle par répondre. Jason sera là aussi, il peut répondre aux questions.

A ces mots, elle ne put s'empêcher de faire la grimace. Lui et Emily étaient en froid, il ne fallait pas l'oublier. Mais celle-ci répondit malgré tout :

— Fort bien. Quant à toi, tu devrais…

— Aller dans une pharmacie à Aspen où personne ne pourra me reconnaître, l'interrompit Katie en levant la main. Puis chez mon médecin, si le test est positif. Tu me promets de ne rien dire à Noah ?

— Promis.

Elles se dirent au revoir, puis Katie sortit de la Maison des associations sous la lumière dorée du matin. Cette journée allait changer sa vie. De cela au moins, elle était certaine. Pourvu que cela ne lui coûte pas Noah.

Trois jours avant la fête des Pères fondateurs, Noah sortit au volant de son break du centre du service des Forêts et prit la route du centre-ville. Durant presque toute la nuit il avait lu des rapports sur des adolescents qui avaient organisé une fête près d'une piste de randonnée très fréquentée.

Il avait passé la soirée de la veille avec Katie, comme la plupart des soirs depuis le 4 juillet. Ils alternaient les soirées chez elle et les dîners chez sa mère. Et il s'était même rendu avec elle à un barbecue chez John Moore. Ce fameux docteur qui était en train de devenir le petit ami de sa mère.

Cela lui avait paru si étrange de voir un autre homme dans la cuisine de ses parents, en train d'aider sa mère à couper les légumes ou d'aller chercher quelque chose dans le garage. Logan et Olivia étaient également présents maintenant qu'elle se portait mieux, ainsi que Jake et Millie. Autant le dire tout net : le docteur se sentait parfaitement à l'aise avec eux. Et sa mère irradiait de bonheur.

Noah comprenait ce sentiment, étant lui-même incapable de ne pas sourire comme un idiot chaque fois qu'il regardait Katie. A quoi bon le nier ? Il l'aimait. Il était même fou amoureux d'elle. Il ne lui avait pas encore dit, mais il comptait le faire le soir même. Comme promis, il avait fait une réservation dans le meilleur restaurant d'Aspen. Pendant trop longtemps, il avait pris sa relation avec Katie à la légère. Il l'avait considérée comme acquise et il était déterminé à lui montrer à quel point il avait changé.

Mais elle était devenue légèrement distante. Et si elle n'avait pas confiance dans la solidité de ses sentiments ? Elle était plus calme et parfois son regard semblait perdu comme si elle se trouvait à des milliers de kilomètres. Quand il l'avait interrogée à ce propos, elle lui avait répondu qu'elle était simplement fatiguée… Mais pas sur le même ton que d'ordinaire. Et puis il y avait cette façon dont Katie s'était cramponnée à lui quand ils avaient fait l'amour. Comme si elle craignait qu'il puisse disparaître d'un moment à l'autre.

Pas de doute : elle n'avait pas encore assez confiance en lui pour croire qu'il ne la quitterait jamais. Allez, il devait absolument lui dire ce qu'il ressentait pour qu'elle se détende. La simple idée de parler de ses sentiments lui donnait la chair de poule, mais il était amoureux d'elle. Il n'avait pas ressenti cela depuis longtemps, peut-être jamais, même. Et il se sentait prêt à prendre le risque d'ouvrir son cœur à nouveau.

Une fois chez lui, Noah prit une douche rapide et acheta un bouquet de fleurs. Impossible de résister à l'envie de faire un crochet par la pâtisserie. Une nuit sans elle et il éprouvait le besoin de la voir. Il ne put s'empêcher de rire. Que penseraient ses amis s'ils pouvaient le voir en ce moment ? Mais il s'en moquait bien. Il comprenait enfin pourquoi certains de ses copains semblaient si ravis que leurs femmes les mènent par le bout du nez. Rien ne comptait plus que de pouvoir prendre Katie dans ses bras.

La pâtisserie était bondée par les habitués et par une foule de touristes d'été. Et les deux jeunes filles derrière le comptoir se bousculaient pour parvenir à prendre les commandes. Mais Katie n'était pas à leurs côtés. Bizarre… D'habitude elle était toujours en première ligne pendant les heures d'affluence.

Noah salua quelques connaissances puis se rapprocha de la vitrine du comptoir.

— Elle est derrière ? demanda-t-il à Leila.

— Hum, je crois, répondit la jeune fille en évitant son regard tout en se penchant pour prendre un gâteau sur le présentoir. Mais elle est très occupée ce matin. Voulez-vous que je lui dise que vous êtes passé ?

— Je le lui dirai moi-même, répondit-il en lui montrant le bouquet. Personne n'est trop occupé pour recevoir des fleurs, n'est-ce pas ?

Sans attendre la réponse de Leila, il poussa doucement la porte de la cuisine dans l'intention de surprendre Katie en la prenant dans ses bras.

Mais ce fut lui qui eut une surprise, car celle-ci n'était pas seule. Elle et Tori se tenaient face à face devant l'évier en inox. Katie secouait la tête d'un air désemparée tandis que Tori lui parlait.

Noah s'avança vers elles en sentant une colère sourde l'envahir. Pourquoi son ex-petite amie ne laissait-elle pas

Katie en paix ? Puis il se figea à la seconde où il entendit deux mots terribles. « Enceinte » et « menteuse ».

Au même instant, le regard de Katie rencontra le sien et il vit une tempête d'émotions traverser ses yeux noisette : l'amour, les regrets, la culpabilité. Il secoua la tête à son tour comme si le déni pouvait effacer la scène qui se déroulait devant lui.

Puis Tori se tourna aussi, et ses yeux s'agrandirent en l'apercevant.

— Ce n'est pas ce que j'avais prévu, dit-elle d'une voix troublée. Mais j'imagine que le secret n'en est plus un désormais. Qu'est-ce que tu as entendu exactement, Noah ?

— Bien assez, répondit-il sans desserrer les dents.

Il avait toujours trouvé son ex parfaite quand ils étaient ensemble. Mais désormais, son bronzage impeccable et son maquillage excessif laissaient entrevoir le fait qu'elle en faisait un peu trop. Et, comme la dernière fois, elle essayait de lui gâcher la vie.

Elle acquiesça légèrement et se rapprocha d'un pas.

— Alors, tu sais que je ne suis pas la seule à t'avoir fait du mal, cette fameuse nuit.

Noah secoua la tête. Encore cette histoire de rupture !

— Tu étais en train de t'envoyer en l'air avec l'un de mes amis !

Tori baissa les yeux avant d'admettre d'une petite voix :

— C'était stupide. Une aventure sans importance avant que tu me demandes de t'épouser. Je sais que tu allais faire ta demande avant notre remise de diplômes.

— Mais je ne l'ai pas faite.

— A cause d'un message anonyme, cracha-t-elle presque. Et, désormais, tu sais qui l'a écrit. Oui, c'était ta précieuse et si parfaite Katie-Microbe. Tu pensais qu'elle avait toujours voulu ton bien, mais ce qu'elle souhaitait réellement, c'était nous séparer pour t'avoir à elle seule.

Quoi ? Mais à quoi rimaient toutes ces bêtises ?

Soudain, Noah vit Katie fermer les yeux et faire non de la tête.

— Et maintenant que tu es coincé avec elle, elle ne veut toujours pas te dire la vérité. Avec un peu de chance, ça fait partie d'une sorte de plan tordu…, poursuivit Tori en se tournant vers Katie.

— Bien sûr que non, répondit celle-ci d'une voix tremblante. Je ne voulais pas… Ce n'est pas…

Noah n'en croyait pas ses yeux. On aurait dit qu'elle rapetissait à mesure qu'elle parlait tout en croisant les bras sur son ventre. Un bébé grandissait dans le ventre de Katie. Son bébé. Il sentit ses genoux fléchir.

— Sors d'ici Tori, dit-il en pointant la porte. Ça ne te regarde plus.

— Je comprends, répondit-elle de cet air faussement innocent qu'il ne connaissait que trop bien. Mais elle n'est…

— Va-t'en ! cria-t-il avec un geste vif qui envoya à terre plusieurs plateaux de cuisson qui retentirent avec fracas.

Katie sursauta, et Tori sembla aussitôt bien moins sûre d'elle. Noah n'en revenait pas lui-même. Il ne cédait pourtant jamais à la colère. Même quand il avait découvert la trahison de Tori, il avait encaissé le choc. Mais cette fois, il semblait incapable de contenir les émotions qui le traversaient. Il avait l'impression qu'on venait de lui inoculer un virus qui rongeait son cœur, et la douleur était insupportable.

— Je voulais juste que tu saches que je n'étais pas la seule à t'avoir déçu, lui dit Tori avant de sortir de la cuisine.

Quand ils furent seuls, Katie commença à parler d'une voix presque inaudible.

— Je suis désolée Noah.

Il sentit qu'elle faisait un pas vers lui, mais il garda les yeux fixés au sol.

— Je n'ai jamais voulu…

— Ne fais pas ça ! lui dit-il en levant une main.

Il ne supportait pas l'idée qu'elle puisse le toucher. Il se maîtrisait déjà à peine mais, si elle le touchait, tout serait fichu.

— Tu es enceinte ? parvint-il à lui demander au prix d'un énorme effort.

Car il sentait l'amertume et la panique lui serrer la gorge.

— Et le bébé est de moi ?

Il l'entendit hoqueter avant de répondre :

— Oui.

Noah baissa les yeux. Il avait voulu lui faire mal avec ces mots, pour qu'elle ressente une minuscule partie de la douleur qu'il ressentait. Mais, maintenant qu'il l'avait fait, il n'éprouvait pas le moindre soulagement. C'était pour cela qu'il s'était caché derrière un mur pendant si longtemps. A cause de cette abominable douleur qui lui tordait les boyaux. Celle qu'il avait ressentie quand ses parents lui avaient finalement révélé la maladie de son père. Quand il était déjà trop tard.

— Depuis combien de temps ?

— Environ sept semaines, répondit-elle.

Il l'entendit commencer à ramasser les plateaux.

— Ça devait être la première fois que nous nous sommes vus.

— Nous nous sommes protégés.

Katie laissa échapper un petit rire triste.

— C'est ce que j'ai dit à ta sœur, mais ce n'est…

A ces mots, Noah se retourna et l'attrapa par les bras en la soulevant de terre. Les plateaux résonnèrent à nouveau.

— Comment ça, quand tu l'as dit à ma sœur ? cria-t-il en la forçant à le regarder. Emily sait pour le bébé ? Tu l'as dit à ma sœur avant de te donner la peine de me prévenir ? Qui d'autre est au courant ?

Les yeux de Katie s'agrandirent.

— Personne d'autre. Ce n'est pas ce que tu crois, Noah. Elle m'a entendu vomir un matin et elle l'a deviné.

— Quand ? dit-il en serrant ses poignets plus fort.

Il devait vraiment prendre sur lui pour s'empêcher de la secouer.

— La semaine dernière.

Noah relâcha Katie aussi soudainement qu'il l'avait

attrapée. Le cœur battant à toute vitesse, il marcha jusqu'au fond de la pièce, puis revint vers elle.

— Pourquoi Tori est-elle au courant ?

— Elle nous a entendues, Emily et moi. Je l'ignorais avant qu'elle ne fasse irruption tout à l'heure.

— Et le message ? l'interrogea-t-il en se souvenant de la deuxième dose de venin que Tori avait crachée.

Elle hocha la tête, ferma les yeux, puis les rouvrit.

— C'est moi qui te l'ai laissé.

Noah secoua la tête. Cette journée était en train de virer au cauchemar !

— Pourquoi ne m'as-tu rien dit ? souffla-t-il.

— Je ne sais pas. J'avais peur que tu rejettes la faute sur le messager. C'était stupide.

— Et tu n'as trouvé aucune occasion d'y faire allusion depuis huit ans ? lui demanda-t-il d'une voix inflexible alors que tout son corps tremblait.

Katie poussa un long soupir avant de dire :

— J'aurais dû le faire. Je le voulais. Mais je n'avais pas confiance en…

— Moi.

Elle leva alors les yeux au ciel avant de dire :

— Je ne peux que te dire à quel point je suis désolée. Je regrette tellement.

— Parce que c'était mal ou bien parce que j'ai tout découvert ?

Elle voulut répondre mais il l'en empêcha :

— Ça n'a plus d'importance désormais. Tu es enceinte.

Soudain, Noah prit conscience d'une chose et se passa une main sur le visage.

— Bon sang Katie ! Tu étais enceinte quand tu es tombée de la bouée et quand nous sommes montés sur le toit.

— Je ne le savais pas, protesta-t-elle d'un air désemparé.

Il sentit son cœur se serrer. Le matin même, il aurait tout fait pour la consoler. Mais plus il restait en face d'elle, plus il avait l'impression de s'éloigner. Elle l'avait ramené à la vie, mais il aurait dû savoir que cela ne durerait pas.

— J'aurais dû être avec toi, Katie. Quand tu as passé le test, chez le médecin, j'avais le droit de savoir.

— J'allais te l'annoncer, dit-elle d'une voix suppliante. Ce soir pendant le dîner. Je voulais que ce soit spécial.

— Aussi spécial que lorsque ma sœur l'apprend une semaine avant moi ?

Noah se mordit la lèvre. Inutile de se mentir. Il se montrait injuste alors qu'il avait lui-même prévu d'avouer à Katie ses sentiments au cours du même dîner. Lui dire les mots « Je t'aime » en le pensant vraiment. Mais, désormais, il se sentait amèrement soulagé de ne pas lui avoir révélé ses sentiments plus tôt.

— Ce n'est pas ce qui était prévu, Katie. Bon sang, je ne sais pas comment faire pour être père.

Il la vit pâlir quand il prononça ces mots.

— Je veux cet enfant, Noah, affirma-t-elle. Je sais que ce n'était pas prévu, mais c'est un don du ciel. Je veux devenir mère et je veux notre enfant.

— Je le veux aussi Katie, mais j'ai besoin de temps pour me faire à l'idée. Un temps que tu aurais dû me donner.

— Je sais…

Il l'interrompit à nouveau d'une main.

— Mais je suis sûr d'une chose, dit-il avec l'impression de ne plus rien éprouver.

Il détesta la lueur d'espoir qu'il vit traverser son regard. Comme il détestait d'avoir cru que quelqu'un lui faisait finalement confiance.

— Je veux ce bébé, finit-il par dire. Mais je ne veux plus de toi.

- 17 -

Katie s'effondra comme si Noah l'avait frappée. Mais la douleur physique n'était rien en comparaison de celle qui avait transpercé son cœur quand il avait prononcé ces mots.

Elle le méritait. Elle n'aurait jamais dû attendre pour lui annoncer. Pourtant, malgré ce qu'il pensait, c'était bien la peur qui l'avait retenue. La peur qu'il ne veuille pas d'elle ou du bébé. Et qu'il se sente obligé de rester avec elle.

Mais c'était encore pire.

— Je t'aime Noah, murmura-t-elle. Et je n'ai jamais voulu te faire de mal.

— Ce n'est pas suffisant, répondit-il.

Pas suffisant ? Alors qu'elle n'avait rien d'autre à lui offrir que son amour…

— Je ne peux pas…

A ces mots, Noah passa la main dans ses cheveux.

Il avait l'air aussi brisé qu'elle. Mais toujours avec cet air fort et séduisant dans son uniforme. Elle aurait voulu s'accrocher à cette force mais elle pouvait sentir le mur invisible qui les séparait désormais. Elle avait été témoin de la manière dont la trahison de Tori et la mort de son père l'avaient réduit en miettes. Elle l'avait vu construire autour de lui des défenses infranchissables et faire comme si tout allait bien.

Maintenant, c'était elle qu'il abandonnait.

— Mais je veux être impliqué, dit-il d'un ton ému.

Encore que ses yeux bleus restaient aussi froids que de la glace.

— Quand ton prochain rendez-vous chez le médecin est-il prévu ?

— Dans trois semaines.

Katie le vit froncer les sourcils comme s'il ne la croyait pas.

— Il souhaite seulement que je fasse des analyses de sang. Tout se passe bien avec la grossesse, Noah. Je n'aurai pas besoin de le voir régulièrement durant les semaines à venir.

— Très bien, dit-il en hochant la tête. Envoie-moi un message avec la date et l'heure. Je viendrai.

A ces mots, Noah lui tourna le dos et sortit de la cuisine. Katie sentit ses jambes se dérober sous elle et elle tomba à genoux. Seigneur… Il voulait bien du bébé, mais pas d'elle. Elle venait de perdre l'amour de sa vie et son meilleur ami. Qu'est-ce qui était le pire ? Difficile à dire. Car, même si ses sentiments pour Noah avaient évolué et s'étaient renforcés, il avait toujours fait partie de sa vie. Maintenant, elle se retrouvait seule, mais aussi liée à lui par ce bébé qu'elle portait dans son ventre. Comment pourrait-elle élever un enfant avec un homme qui la haïssait ?

Un son aigu résonna alors dans la pièce, et elle réalisa que c'était elle qui l'avait poussé. Elle ne leva pas la tête quand Leila entra dans la pièce. De toute manière, elle était incapable de comprendre les mots qu'elle lui disait. La seule image qui emplissait son esprit, c'était la colère et la douleur sur le visage de Noah.

Plus tard, peut-être quelques minutes ou bien des heures, un bras se glissa autour de ses épaules.

— Allons-y ma chérie.

C'était Nathalie, qui l'aidait à se relever.

Katie ne put s'empêcher de sangloter et lâcha :

— Nath, j'ai tout gâché.

— Chhhh, murmura son amie. Une chose à la fois, allons rejoindre la voiture.

Katie s'accrocha à Nathalie et se laissa emmener sous

le soleil chaleureux des matins d'été du Colorado. Elle qui avait toujours eu du mal à s'appuyer sur les autres ! Une fois dans la voiture, elle s'effondra sur le siège. Nathalie lui attacha sa ceinture. Puis elle croisa le regard si compréhensif d'Olivia.

— Katie, Qu'est-ce qui s'est passé ? Tu vas bien ?

Elle secoua la tête en recommençant à pleurer.

— Ramenons-la chez elle, dit Nathalie à Olivia en refermant la portière. Nous lui ferons boire quelque chose de fort et nous mettrons tout cela à plat.

— Peux pas, dit Katie d'une voix à peine audible.

— Nous ne le dirons à personne, lui assura Nath.

— Je suis enceinte.

Olivia appuya tout à coup sur les freins, et Katie sentit sa ceinture de sécurité écraser sa poitrine. Mais elle aurait aimé pouvoir arracher son cœur qui n'était plus que douleur.

Aucune de ses amies ne prononça un mot, mais elle les vit échanger un long regard.

— Du thé, dans ce cas, dit doucement Olivia. Ou du jus d'orange, c'était comme de l'eau pour moi pendant mon premier trimestre.

— J'aime les milk-shakes.

— Tu veux que nous nous arrêtions pour acheter de la crème glacée ? Nous pourrions faire tous les milk-shakes dont tu auras envie.

Cette conversation désinvolte aida Katie à sortir du brouillard qui l'entourait.

— J'ai de la glace à la vanille et des framboises à la maison.

— Milkshake à la framboise pour tout le monde, lui répondit Nathalie en souriant.

Katie fit un pâle sourire. Elle aurait dû leur en dire plus et leur expliquer les circonstances. Mais tout devait être plutôt évident. Ses amies savaient comment on faisait les bébés, après tout. De plus, elle avait besoin de temps pour rassembler les débris de son cœur avant de pouvoir parler.

Une fois chez elle, Katie parvint à sortir du van et à

atteindre sa porte sans aide en gardant à l'esprit les mots de Nathalie — une chose à la fois. Mais se déplacer était encore difficile et, quand elle franchit le pas de la porte, toutes ses forces l'abandonnèrent à nouveau. Elle s'écroula sur son canapé en repliant ses genoux sous elle pour se rouler en boule, tandis qu'Olivia la couvrait d'une couverture.

En fermant les yeux, elle entendit le bruit étouffé de la conversation de ses amies dans la cuisine, puis celui du mixer. Quelques minutes plus tard, quelque chose de frais caressa son front. Elle se redressa, prit le verre des mains de Nath et but une longue gorgée. Elle se sentait si glacée à l'intérieur que le milk-shake lui sembla tiède en comparaison. Mais il adoucit son estomac et ses émotions.

— Nos bébés seront amis, dit Olivia en lui caressant les cheveux.

— Je n'ai jamais voulu que ça arrive.

— Tu n'as pas besoin de nous le dire à nous.

— Je veux que vous compreniez que c'était un accident, dit-elle en les regardant l'une après l'autre. Mais je veux ce bébé. Je l'aime déjà tellement.

— Bien sûr que tu l'aimes.

Katie via alors Nathalie grimacer.

— Et Noah ?

— Ce n'est pas un secret que je l'aime. Mais il ne veut plus de moi.

— C'est impossible, dit son amie en secouant la tête. J'ai vu comment il a réagi sur le lac. Il t'aime, ma chérie.

— Je le savais depuis une semaine, murmura-t-elle. J'avais peur de le lui dire, et Emily m'a vue malade et elle a deviné. Mais son ex-petite amie nous a espionnées pendant que nous parlions. Puis Tori est venue à la pâtisserie aujourd'hui pour me menacer de révéler à Noah un autre secret que je ne lui avais pas dit. C'était déjà assez grave, alors avec la grossesse en plus... Il ne me pardonnera jamais.

— Il reviendra vers toi, lui dit Olivia. Après tout, tu étais sur le point de le lui dire.

— Tu ne comprends pas. Quand le père de Noah est

tombé malade, il a été le dernier à l'apprendre. Il avait eu une année difficile, et ses parents s'inquiétaient de sa réaction face au cancer. Quand Noah a fini par le découvrir, son père n'avait plus que quelques semaines à vivre.

— C'est une coïncidence regrettable, reconnut Nathalie. Mais pas insurmontable.

Katie secoua la tête puis répondit :

— Ça l'est pour Noah. Et pour moi aussi d'une manière différente. J'ai passé presque toute mon enfance à avoir l'impression d'être une obligation désagréable pour mes parents. Et je n'accepterai jamais d'être un fardeau indésirable pour Noah. Il m'a clairement dit que ce n'était pas ce qu'il souhaitait. Mais, s'il veut réellement faire partie de la vie du bébé, je l'accepterai et je ne lui en demanderai pas plus.

— Et s'il décide qu'il veut plus ? l'interrogea Olivia en posant son verre. Aujourd'hui, il a reçu un choc. Il s'en remettra et avancera. Il tient à toi. Et ses sentiments ne se sont pas évaporés en un instant.

— Il tient à moi en tant qu'amie. Peut-être que ça aurait évolué vers autre chose si nous avions eu plus de temps. Je ne sais pas.

Comme un sanglot menaçait de l'étrangler, elle fit une pause puis reprit :

— Je l'ai aimé pendant une bonne moitié de ma vie. J'ai essayé de le nier et de faire taire mes sentiments quand j'ai compris qu'ils n'étaient pas réciproques. Mais je veux être aimée comme je l'aime. Et non parce que je porte un enfant ou parce que je suis facile à vivre. Je veux être aimée pour tout ce que je suis. Comme ce que vous partagez avec Liam et Logan. Je veux le grand amour, je le mérite.

— C'est vrai, Katie, répondit Olivia.

— Sans l'ombre d'un doute, ajouta Nath.

Le temps de finir son milk-shake d'une traite comme si c'était un whisky, Katie lâcha :

— Et je ne suis pas sûre que Noah soit capable d'un tel amour. Je le croyais, mais si vous aviez vu la manière dont il m'a regardée tout à l'heure… Il n'y avait rien dans ses yeux, pas la moindre émotion. Il m'avait effacée.

— Nous serons toujours là pour toi, quoi qu'il arrive, lui dit Nathalie en lui tapotant le genou.

— Merci d'être venues me sauver quand je me suis effondrée. Et pardon si je vous ai privées de quelque chose d'important.

— Rien n'est plus important que les amis, lui répondit Olivia.

Katie sentit son cœur se gonfler devant tant de gentillesse puis se tourna vers Nath et lui dit :

— Je peux garder Austin ce week-end afin de te remercier. Si toi et Liam…

Nathalie leva aussitôt sa main.

— Jeune fille, tu ferais mieux de te taire avant que je ne me mette en colère. Tu n'as pas besoin de me rendre un service pour être mon amie.

— Je pensais juste…

— Tu en fais bien trop pour les autres, ajouta Olivia. Pour toute cette ville, même. Mais tu ne dois rien à personne.

Katie hocha tristement la tête puis avoua :

— C'est ce que m'a dit Noah.

— Il se comporte sans aucun doute comme un imbécile, mais je suis d'accord avec lui sur ce point. Tu as une place ici, Katie. L'attention que tu portes aux autres est merveilleuse, mais ce n'est pas pour ça que nous t'aimons. Nous sommes tes amies. Nous t'aimerons quoi que tu fasses.

Katie répéta cette dernière phrase. C'est ce qu'elle avait rêvé d'entendre toute sa vie, sans jamais s'autoriser à croire qu'elle le méritait.

— J'aime ce que vous dites, déclara-t-elle en relevant la tête pour regarder l'horloge.

Allez, peut-être était-il temps de se remettre au travail…

— Je dois retourner à la pâtisserie. Il y a tellement à faire et tout le monde doit se demander où je suis passée.

— Tu n'es pas obligée.

— Cette pâtisserie fait partie de moi, exactement comme participer à la communauté. J'aime contribuer.

— Mais accepte quand même de ne pas toujours devoir être en première ligne, insista Nathalie.

— D'autant que je me sens mieux et que je peux reprendre une partie de l'organisation de la fête, ajouta Olivia. Je suis désolée de t'avoir demandé de me remplacer à cause de ma grossesse alors que nous affrontions la même chose.

— Je vais bien.

Quand Nathalie leva les yeux au ciel, Katie lui prit la main.

— C'est vrai. Je suis allée chez le médecin et tout se passe au mieux alors que, toi, tu as eu une vraie alerte. C'est différent, dit-elle à Olivia.

— Les saignements ont disparu, lui répondit-elle en souriant. Mais Logan continue de pousser de petits cris pour que je reste au lit.

Katie sourit en imaginant un géant comme Logan Travers en train de pousser de petits cris.

Quoi qu'il en soit, avoir un enfant allait forcément affecter son investissement à la pâtisserie. Comment allait-elle pouvoir trouver un équilibre ? Cette idée la rendit nerveuse, et elle la repoussa en repensant au conseil de Nathalie — une chose à la fois.

— Merci à vous deux, dit-elle en se levant après avoir écarté la couverture. Je ne sais pas comment j'aurais fait pour me remettre debout sans vous.

— Tu n'es pas seule, lui dit gentiment Olivia.

— Pour la première fois depuis longtemps, vous êtes parvenues à m'en persuader, répondit-elle en se penchant pour les prendre dans ses bras l'une après l'autre.

— Les hommes de Crimson ne comprennent pas rapidement mais, la plupart du temps, ils finissent par faire ce qui est bien. Noah tient à toi, Katie.

Celle-ci acquiesça en sentant les larmes lui monter aux yeux. Elle ne croyait toujours pas qu'il l'aimait suffisamment pour essayer d'arranger les choses entre eux. Et elle ne supportait pas l'idée qu'il fasse partie de sa vie uniquement par obligation. Quel que soit l'amour qu'elle lui portait, cette relation à sens unique ne lui suffisait plus. C'était une certitude désormais.

— Rangeons ta cuisine et je te reconduirai à la pâtisserie si tu le souhaites vraiment, déclara Olivia.

Trente minutes plus tard, Katie entrait dans Life is Sweet en sentant une pointe de honte lui nouer l'estomac. Heureusement, la partie café de la boutique était presque déserte, et seuls deux clients patientaient devant le présentoir. Hélas, il y avait bien plus de monde quand Tori et Noah avaient fait irruption. Elle détestait l'idée d'être la cible des commérages de la petite ville.

Elle passa derrière le comptoir et nettoya une miette collée à la vitrine par réflexe. Leila et une autre jeune fille, Suzanne, se tournèrent alors vers elle.

— Tout va bien, lui demanda Leila ?

Katie songea à mentir et à faire semblant de prendre à la légère ce qui était arrivé, mais elle renonça. Autant être honnête !

— Non… et de loin. Mais cela finira par aller mieux. Je ne sais pas ce que vous avez entendu, mais je suis désolée pour ce drame. Vous ne devriez pas avoir à supporter ça au travail.

— Vous plaisantez ? répondit Suzanne, une petite étudiante brune originaire de Crimson. Je donnerais tous mes pourboires pour voir Noah Crawford entrer dans cette boutique chaque jour. Il est un peu vieux, mais…

Elle s'arrêta de parler quand Leila lui donna un coup de coude.

— Tout ce que nous avons entendu depuis ici, ce sont les plateaux. Rien de votre conversation, ou si peu. Promis.

Katie regarda Suzanne qui secouait la tête pour confirmer, puis se tourna vers deux clients qui venaient d'entrer dans la pâtisserie.

Elle sentit alors une partie de la tension qui rigidifiait ses épaules s'envoler. Pas question de laisser des gens apprendre la nouvelle de sa grossesse jusqu'à ce qu'elle se sente prête à en parler. Cette pensée à l'esprit, elle demanda à Leila de la suivre dans l'arrière-boutique.

Après avoir franchi les portes battantes, elle se figea aussitôt. Toute la cuisine avait été nettoyée et une fournée de muffins parfaits était en train de refroidir sur le plan de travail.

— Je sais que la cuisine est ton domaine privé, lui dit aussitôt Leila. Mais nous avons eu un moment creux et je ne voulais pas que tu rentres au milieu de ce désordre. J'espère que j'ai bien fait.

Katie se mordit les lèvres en sentant son émotion la submerger. Etaient-ce les hormones de la grossesse ? Elle allait apprendre beaucoup sur elle-même au cours des neufs prochains mois. Il n'empêche : c'était une adorable attention !

— Merci du fond du cœur, Leila. Et c'est une des raisons pour laquelle je souhaitais te parler, dit-elle en laissant glisser la main sur le marbre froid du plan de travail. Je suis enceinte.

Leila laissa échapper un hoquet de surprise. Effectivement, elle n'avait peut-être pas entendu cette dispute avec Noah depuis la salle principale.

— C'est pour ça que Noah était aussi en colère ? Parce qu'il n'est pas de lui ? continua Leila d'un ton étrangement amer.

— Comment ? dit Katie en clignant plusieurs fois des yeux. Non, évidemment que c'est son enfant, je n'ai pas fréquenté…

Elle se tut en remarquant que Leila s'était subitement détendue et qu'un sourire perçait sur ses lèvres.

— Alors félicitations, lui dit la jeune femme. Tu feras une mère merveilleuse.

— A qui pensais-tu ? A Matt ?

Leila baissa le regard.

— J'ai remarqué qu'il passait te chercher après le travail

depuis quelques jours, lui dit Katie d'un ton doux. Est-ce que ça signifie que…

— Je me sens si mal à ce sujet, répondit-elle en cachant son visage dans ses mains. Voler le petit ami de ma patronne.

— Ce n'est pas mon…

— Mais je l'aime vraiment beaucoup. Et nous avons tellement en commun. Et…

— Je suis heureuse pour toi, Leila. Matt est quelqu'un de bien, mais il n'est pas pour moi. Si tu l'apprécies, tu as ma bénédiction. D'autant plus que tu apportes beaucoup à cette ville.

Leila baissa ses mains.

— Tu le penses vraiment ? Tu n'es pas fâchée ?

— Non, pas du tout. En fait, si je t'ai parlé du bébé, c'est parce que je vais devoir déléguer des responsabilités à la pâtisserie. Et j'espérais que tu accepterais d'être ma première responsable officielle.

— Sérieusement ? dit Leila en bondissant presque.

— Oui. Tu devras faire plus d'heures et tu commenceras à te former à la gestion. Et je pense que nous allons faire une super équipe.

— Je n'arrive pas à y croire ! dit la jeune fille en se penchant pour prendre Katie dans ses bras. J'ai hâte de partager la nouvelle avec Matt. J'avais tellement peur d'être renvoyée pour ne pas te l'avoir dit plus tôt.

Katie sentit son cœur se serrer en pensant au prix qu'elle payait pour avoir attendu avant de prévenir Noah.

— Je ne ferai jamais ça. Laisse-moi quelques semaines pour te donner les détails des responsabilités de ton nouveau poste. Il faut d'abord que j'en finisse avec l'organisation de cette fête, et nous avons deux commandes de gâteaux de mariage pour le même week-end.

— Bien sûr. Mais quelque chose m'intrigue. Noah n'est pas heureux pour le bébé ? lui demanda-t-elle doucement.

— C'est compliqué.

C'était la seule réponse que Katie put donner sans laisser ses émotions la submerger à nouveau.

- 18 -

— Tu te souviens du bon vieux temps quand la vie n'était pas aussi compliquée ? demanda Noah à Jason tout en l'aidant à charger des bottes de foin dans son camion, tôt le premier jour du festival.

Celui-ci déposa une dernière botte avant de se gratter la tête de sa main gantée.

— La vie a toujours été compliquée, tu étais juste bien trop enfermé dans ton petit monde pour le remarquer.

— Je n'ai jamais été enfermé, voulut-il répliquer.

Mais autant être honnête. Jason avait raison.

Avant cet été, Noah avait toujours vécu sans attache. Il faisait bien son travail mais, quand les choses devenaient trop compliquées, il s'échappait dans les bois pour reprendre des forces. Au lieu de s'investir quand il avait finalement été mis au courant du cancer de son père, il avait laissé sa colère éclater et sa douleur le dominer. Et cela avait gâché les derniers jours qu'ils auraient pu passer ensemble. Il évitait tout ce qui le mettait mal à l'aise au prétexte de vouloir garder les choses amusantes et légères.

Même avec Katie…

Non, elle était différente. N'est-ce pas ?

Il avait essayé avec elle. Essayé d'être présent et constant — en tout cas dans son cœur —, et elle l'avait trahi. Et la douleur était insupportable. Alors autant rester superficiel.

— Alors, qu'est-ce qui s'est passé ?

— Rien, grommela Noah en jetant une nouvelle botte dans le camion bien plus brutalement que nécessaire.

— C'est cela, dit Jason en posant les poings sur ses hanches et en lui adressant son regard d'avocat le plus sévère. Il y a quelques jours, tu étais sur ton petit nuage, et aujourd'hui tu sembles prêt à cracher des flammes sur le premier qui te chercherait.

Noah resta silencieux un moment, réfléchissant à sa réponse, puis décida de dire la vérité à son ami. C'était la meilleure chose à faire, non ?

— Katie est enceinte.

— Waouh ! fit Jason en se rapprochant pour lui donner une tape dans le dos. Félicitations, mec. C'est merveilleux.

— Tu plaisantes ? C'est le contraire de merveilleux.

— Pourquoi ? Il est évident que tu l'aimes. Et elle est folle de toi depuis toujours. Vous deux et un bébé, vous formeriez une famille parfaite.

Tout sonnait faux dans les propos de Jason, et Noah ne savait pas par où commencer.

— Qu'est-ce que tu veux dire par « depuis toujours » ? Katie et moi, nous ne sortons ensemble que depuis cet été.

Jason sembla soudainement gêné.

— Si « fréquenter » signifie ne pas porter de vêtements, alors oui. Cette partie-là est peut-être nouvelle, mais vous avez été amis pendant des années.

— Exactement, amis.

— Parce que tu étais idiot. Et bien trop occupé à tourner autour de la mauvaise femme tandis que la plus douce de toutes t'attendait patiemment pendant tout ce temps.

— Non.

Noah eut soudain l'impression que son monde recommençait à tanguer. Bon sang, est-ce que les choses reviendraient normales un jour ?

— J'étais son ami.

Jason haussa un sourcil et le dévisagea. Ce qu'il pouvait alors l'air soupçonneux !

— Tu fais ça aussi quand tu interroges un témoin ? lui demanda Noah en tirant sur le col de son T-shirt qui lui semblait tout à coup trop ajusté. Parce que c'est vraiment énervant.

— Je ne suis pas un avocat qui plaide, lui répondit Jase d'un ton posé. Et ne change pas de sujet. Si Katie est enceinte, pourquoi n'êtes-vous pas ensemble ? Et pourquoi as-tu l'air aussi malheureux ?

Noah eut un geste d'agacement avant de répondre :

— Elle ne me l'avait pas dit.

— Qu'est-ce que ça signifie ? Elle a déjà accouché et elle a caché le bébé ?

— Ne te fous pas de moi. Il lui a fallu une semaine pour me l'apprendre et uniquement parce que je l'ai entendue se disputer avec Tori. Emily l'avait deviné et, d'une manière ou d'une autre, Tori est parvenue à espionner leur conversation.

Là-dessus, il haussa les épaules comme si cela expliquait tout, mais Jason continuait à le fixer.

— C'était comme si ce qui m'est arrivé avec mes parents recommençait depuis le début. Et je ne pourrai pas le supporter, pas de la part de Katie.

— Tu ne peux pas le supporter ? s'écria son ami. Quel est ton problème ? Ton ego est blessé ?

Non, mon cœur. Voilà ce qu'il voulait répondre, mais il resta silencieux.

— Laisse-moi vérifier si j'ai bien compris, reprit-il en crachant presque ses mots. Tu ne peux pas gérer cette situation, donc tu comptes laisser Katie se débrouiller entièrement seule ? C'est bien ça ?

Noah secoua la tête à nouveau.

— Non pas du tout. J'ai dit à Katie que je voulais être présent pour le bébé. Et que je viendrai aux rendez-vous médicaux.

— Quelle générosité. Tu ne voudrais pas commencer à grandir un peu ? lui demanda Jason en pointant un doigt sous ses yeux. Tu ne t'es jamais demandé si Katie avait peur de te le dire par crainte de ta réaction. Tu te rappelles que cette fille est restée à tes côtés, quoi que tu aies eu à affronter ? Et, ne le prends pas mal, mais tu n'as jamais assuré devant les problèmes.

— Ce n'est pas vrai.

Jason leva une main pour l'interrompre.

— Que s'est-il passé quand tu as découvert que ton père avait un cancer ? Tu lui as à peine adressé la parole les deux derniers mois de sa vie. Et tu as raté ta chance de lui dire au revoir.

Noah posa une main sur sa poitrine en sentant ce souvenir douloureux commencer à le faire suffoquer.

— Puis ta petite amie t'a trompée et c'était terrible, mais…

— C'est Katie qui m'avait envoyé ce message anonyme.

— Un point de plus pour elle, dit son ami. Tu es bien mieux sans Tori. Tu as eu toutes les aventures possibles pendant que Katie t'observait de loin. Si je me souviens bien, elle a toujours été là pour te soutenir quand tout s'écroulait.

Noah secoua la tête puis répondit :

— Elle voulait juste m'aider.

— Parce qu'elle t'aime. Elle connaît les pires aspects de ta personnalité et elle t'aime quand même. Elle croit que tu vaux mieux que ce que tu montres aux autres. Bien sûr qu'elle a eu peur de te le dire. Tu ne lui as jamais donné de raisons de te faire confiance. Ses parents étaient les plus grands égoïstes que la terre ait jamais portés, et pourtant elle n'est que douceur et gentillesse. Mais elle manque de confiance en elle. Là encore, ne le prends pas mal, mais tu as utilisé ça à ton avantage pendant des années. Et, maintenant qu'elle a besoin de toi, tu lui tournes le dos ! Alors avant de me traiter d'abruti, regarde-toi longuement dans le miroir. Je ne serais pas surpris que tu hurles en voyant ton reflet.

Noah sentit sa mâchoire s'affaisser. C'était comme si toutes les œillères qu'il portait et qui le protégeaient depuis des années venaient de se désintégrer. Il avait été stupide. Il l'était toujours. Pire encore, il avait fait du mal à la personne qui comptait le plus pour lui. Tout cela parce qu'il était terrifié à l'idée de faire quoi que ce soit d'autre.

— Tu es sûr de ne pas être un avocat en pleine plaidoirie ? répondit-il. Parce que, si un jury avait entendu tes arguments, il n'hésiterait pas à me déclarer coupable.

— Il n'est pas trop tard, lui dit son ami d'une voix plus douce. Contrairement à une cour de justice, la vie offre des secondes chances.

— Si elle m'en laisse une.

Et l'estomac de Noah se retourna à l'idée qu'il avait peut-être tout fichu en l'air. Comment pourrait-il survivre sans Katie et leur bébé ? Sans une chance de lui prouver à quel point il l'aimait…

A cet instant, il vit Jason lui tendre les clés de son camion.

— Il n'y a qu'un moyen de le savoir.

S'il était possible de travailler tout en dormant, c'était ce que Katie avait fait toute la matinée de la fête du jour des Fondateurs. Il faisait beau, déjà presque vingt-cinq degrés. Ce qui signifiait qu'il ferait terriblement chaud vers midi, quand la fête commencerait. Elle était sur le champ de foire depuis le lever du soleil, à diriger les bénévoles qui assemblaient les stands et à donner des instructions aux vendeurs.

Elle avait déjà vomi deux fois derrière la tente à bière mais, heureusement, personne ne semblait l'avoir remarqué, à part Emily. De toute évidence, celle-ci souhaitait lui parler, mais elle fit en sorte de toujours être occupée et inaccessible. Noah et sa sœur avaient dû aborder le sujet, c'était certain. Elle avait aussi vu Meg, plus tôt : maintenant qu'elle se sentait mieux, celle-ci participait au jury du meilleur gâteau.

Katie se sentit frémir. Que savait la mère de Noah ? Impossible à dire, mais elle préférait l'éviter. En fait, elle ne se sentait pas prête à parler de sa grossesse avec qui que ce soit.

A part Nathalie et Olivia, personne n'était au courant de son état. Et, chaque jour, elle tombait un peu plus amoureuse de l'enfant qu'elle portait dans son ventre, même si son avenir était incertain. Etait-elle prête à admettre à quel point le rejet de Noah l'avait blessée ? Non. La douleur finirait bien par s'alléger. Mais elle connaissait trop le chagrin pour vraiment y croire. Pourtant, cette situation était différente. Quoi que Noah ressente, désormais, ils étaient liés l'un à l'autre pour toujours.

— Tu as une mine affreuse, dit soudain une voix familière dans son dos.

Katie se retourna et se retrouva face à Emily et à Meg.

— Ce qu'elle veut dire, corrigea la mère de Noah, c'est que tu as l'air fatiguée.

— Ce que je veux dire, c'est qu'elle ressemble à un zombie, dit Emily avant de recevoir une tape maternelle.

— Pouvons-nous t'aider, ma chérie ? lui dit Meg d'une voix empreinte de gentillesse et les yeux emplis d'espoir. Tu pourrais rentrer chez toi quelques heures pour t'allonger et grignoter quelque chose.

— Merci, mais je me sens bien et j'ai promis d'organiser le concours de cuisine moi-même. Edna Sharpe et Karen Solanes espèrent toutes les deux remporter le ruban bleu et elles se sont disputées et accusées de tricherie toute la semaine. Il faut que je sois présente pour jouer les médiateurs avant que ça ne dégénère.

— Peu importe. Nous nous inquiétons pour toi, lui dit Meg en la prenant dans ses bras. Je suis aussi tellement heureuse pour toi et Noah.

Katie se raidit un instant, puis se laissa aller dans les bras de Meg. Elle ne l'avait pas encore dit à ses propres parents, mais elle ne s'attendait pas à ce qu'ils soient ravis de devenir grands-parents.

— Il va se calmer, lui dit Meg. Noah a toujours été un peu lent à comprendre…

Emily éclata de rire à ces mots, et sa mère la fusilla du regard.

— Mais il tient à toi et il fera ce qu'il faut faire.

Katie se contraignit à hocher la tête, bien trop effrayée à l'idée de parler et de fondre en larmes devant elles.

— Il faut que j'aille au bout de ce week-end, leur dit-elle après avoir pris une longue inspiration.

— Nous pouvons t'aider, répéta Meg.

— Je dois rester ici.

— Pourquoi ? lui demanda Emily en levant un sourcil.

— Parce que, se contenta-t-elle de dire.

Comment l'expliquer ?

A vrai dire, elle ne voulait pas que les gens la trouvent faible ou incompétente, comme elle s'était sentie toute son enfance.

— Parce que je ne supporte pas de rester seule en ce moment, laissa-t-elle échapper.

— Je vais tuer mon fils de mes propres mains, dit Meg en secouant la tête.

— Ce n'est pas la faute de Noah, répondit-elle aussitôt. Ne soyez pas en colère contre lui en ce moment, il a besoin de vous.

— Tu as besoin de lui ! corrigea Mme Crawford en la reprenant dans ses bras avant de reculer. Promets-moi que tu prendras une pause plus tard. Je m'occuperai de Karen et d'Edna si le ton monte trop haut.

Katie entendit alors le talkie-walkie accroché à sa ceinture. Jason le lui avait donné ce matin afin qu'ils puissent communiquer d'un bout à l'autre du terrain. Elle posa les doigts sur ses tempes. Seigneur, tout allait trop vite. Etre débordée était une chose, mais elle ne pouvait pas se cloner pour être à deux endroits à la fois.

— Tu t'occupes de ce qui se passe ici, et je vais voir ce que veut Jason, lui dit Emily.

— Merci.

— Je t'accompagne, Katie, ajouta Meg en redressant les épaules.

Une nouvelle fois, Katie venait de se faire rappeler qu'elle n'était pas seule. Qu'elle faisait partie d'une communauté qui était là pour la soutenir et pour faire attention à elle, alors que ses propres parents ne l'avaient jamais fait. C'était important. Et si rassurant.

Pourtant, malgré l'aide de Meg et d'Emily, elle dut se précipiter dans toutes les directions à la fois pendant les deux heures qui suivirent. D'autres amis les rejoignirent pour donner un coup de main, mais tout le monde semblait quand même avoir besoin d'elle. Quand ils furent enfin prêts à ouvrir la billetterie, elle sentit sa tête tourner de fatigue.

Elle se tenait près de la table où étaient posées des tartes pour l'une des premières épreuves de cuisine. Ses paupières se fermèrent un instant. Quand elle les rouvrit, elle se sentit chanceler. Et la dernière image qu'elle aperçut avant de s'évanouir, ce fut Noah qui se précipitait vers elle.

La première chose que Noah vit en entrant dans la tente de la cuisine, ce fut Katie en train de vaciller. Il poussa tous ceux qui se trouvaient sur son chemin, sauta par-dessus la table, et plongea par terre à côté d'elle.

— Katie, ma chérie.

Il souleva sa tête du sol et soupira de soulagement quand elle ouvrit les yeux. Ouf, elle allait bien.

— Désolée.

— Ne t'excuse pas, dit-il en repoussant une mèche de cheveux de son visage pâle. Tu t'es fait mal ?

— Non, je n'ai juste pas eu le temps de manger.

Au même moment, Edna, une des plus grandes commères de Crimson, s'empressa de lancer :

— Katie, que t'arrive-t-il ? Tu dois te relever immédiatement jeune fille ! Le concours va démarrer.

— Elle ne va rien juger, Edna, dit-il à la femme qui soutint son regard. Je la ramène à la maison.

— Tu ne peux pas faire ça ? répondit Edna d'un ton si aigu qu'il aurait fait sursauter un régiment. Nous avons besoin d'elle pour le jury. C'est elle l'experte en pâtisserie. Elle départage toujours les finalistes.

— Pas cette année. Elle a bien plus besoin de se reposer que vous n'avez besoin d'elle.

Il entendit alors Katie lui dire :

— Ça va mieux. Tu peux me laisser.

Il plongea alors le regard dans le sien et lui répondit :

— Pas question, Microbe. Je ne te laisserai jamais plus.

Les yeux de Katie s'agrandirent tandis qu'il se penchait pour déposer le plus doux des baisers sur ses lèvres. Bon sang, c'était si merveilleux de la tenir enfin à nouveau dans ses bras. Comment avait-il pu croire une seule seconde qu'il pourrait vivre sans elle ?

Il se retourna vers Edna et le groupe de bénévoles qui s'étaient rassemblés derrière elle.

— Vous devriez tous avoir honte. Katie a travaillé tellement longtemps et tellement dur, et aucun de vous ne prête attention à elle.

Noah croisa le regard de sa mère qui l'encouragea d'un signe de tête.

— Nous devrions tous avoir honte. Katie ne nous doit rien ! Elle nous aide parce que c'est quelqu'un d'incroyable, la meilleure.

Ces mots déclenchèrent une série de gestes d'approbation, alors il continua.

— Mais elle se donne beaucoup trop de mal pour les autres, et nous le savons. Nous profitons tous de sa gentillesse et de la générosité de son cœur. Elle a plus que gagné sa place dans notre communauté. Il est temps que nous arrêtions de trop lui demander.

A ces mots, Noah baissa les yeux vers elle. Si seulement il pouvait lui montrer toutes les choses qu'il n'avait jamais été capable de lui dire, en espérant qu'elle comprendrait. Mais, quand il vit les larmes brouiller sa vision, il comprit qu'il lui devait plus. Elle méritait plus, et il était venu ici pour la retrouver et lui prouver qu'il allait le lui donner.

— Il est temps que je te prouve à quel point tu comptes

pour moi, dit-il en avant de prendre une longue inspiration. Que je te prouve à quel point je t'aime.

Il entendit la foule réunie sous la tente pousser un grand cri ému tandis qu'il scrutait le regard de Katie en attendant sa réaction. Qu'allait-elle dire ?

Celle-ci se mordit les lèvres et tourna le visage.

— Tu n'as pas besoin de dire ça, lui murmura-t-elle.

Noah secoua la tête. Elle pensait sans doute qu'il faisait tout ça à cause du bébé. Seulement, il ne se forçait pas le moins du monde : il désirait cet enfant presque autant qu'il la désirait elle.

— J'ai besoin de le faire. J'aurais dû avoir le courage de voir ce que j'avais en face des yeux depuis toujours, répondit-il en la serrant plus fort dans ses bras. Je t'aime Katie. Je suis amoureux de toi.

Elle ouvrit alors de grands yeux émus. Noah sentit immédiatement l'espoir renaître dans son cœur, aussi lumineux que les feux d'artifice du 4 juillet.

— Je t'aime aussi, Noah, dit-elle en soulevant la tête pour lui rendre son baiser.

— Tu es la clé de tout, Katie. Je te veux. Je veux une famille. Je veux passer le reste de ma vie à te rendre heureuse. Et je ne laisserai plus jamais personne profiter de toi.

Au même moment, il entendit sa mère intervenir :

— C'est vrai, Noah, tu as raison. Katie doit s'occuper d'elle pour une fois. Emmène-la, Noah.

Noah sentit son cœur se gonfler de tendresse. Il aurait voulu embrasser sa mère et lui adressa un sourire reconnaissant. Là-dessus, il se tourna vers Katie et dit à nouveau :

— Viens, on rentre à la maison.

Au bout d'un instant, elle fit oui de la tête et enfouit le visage dans sa nuque en soupirant légèrement. Elle tenta de dire quelque chose mais il s'empressa de répondre :

— Ne parle pas tant que nous ne serons pas arrivés.

J'ai besoin de me remettre du choc de t'avoir vu heurter le sol sous cette tente.

— J'ai juste besoin de manger.

— Nous nous en occuperons aussi, dit-il en l'installant dans la voiture avant de caresser ses lèvres du bout de l'index. Nous nous occuperons de tout ce que la vie nous apportera, ma chérie, ensemble.

— Je t'aime tellement, murmura-t-elle. Et je suis si désolée de t'avoir donné une raison d'en douter.

Noah leva les yeux au ciel. Il lui restait encore une chose importante à dire à Katie :

— C'est moi qui te dois des excuses. J'ai fait tellement d'erreurs ces dernières années, et tu as toujours été là pour m'aider à recoller les morceaux. Mais les choses vont changer. Je vais changer. Je vais devenir l'homme que tu as été la seule à voir en moi. Je t'aime, ma chérie, pour tout ce que tu es et tout ce que je deviens quand je suis près de toi.

Il se souleva alors de son fauteuil et fouilla dans la poche arrière de son pantalon dont il sortit un petit écrin noir.

— Ce n'est pas exactement comme ça que j'avais prévu les choses, mais je ne peux plus attendre.

Les yeux de Katie devinrent immensément grands, et il lui sourit sans chercher à cacher le fait que ses doigts tremblaient tandis qu'il ouvrait l'écrin en velours pour révéler un diamant taillé en carré.

— Je veux être le mari que tu mérites, je veux être le père de notre enfant. Je veux tout ce que tu es, pour toujours. Epouse-moi, Katie, et fais de moi l'homme le plus heureux de Crimson.

— Oui, répondit-elle dans un souffle.

Le cœur envahi par une vague d'émotion, Noah fit glisser la bague à son doigt. Il entendit alors Katie lui dire :

— Je t'aime, Noah. Pour l'homme que tu es. Je veux passer toute ma vie avec toi.

Il se pencha et l'embrassa.

Et, tandis qu'ils traversaient la ville, Noah éprouva

un sentiment de paix qu'il n'avait plus connu depuis son enfance. Sa vie avait retrouvé un sens avec Katie à ses côtés, et il allait profiter de chaque seconde avec elle. Pour toujours.

KAREN TEMPLETON

L'éclat de tes yeux bleus

Traduction française de
JULIA LOPEZ-ORTEGA

Passions

HARLEQUIN

Titre original :
FROM FRIENDS TO FOREVER

Ce roman a déjà été publié en 2010

- 1 -

Perchée sur un tabouret dans une cuisine étouffante du fin fond de la Nouvelle-Angleterre, Lili Szabo laissa échapper un soupir…

Les choses ne se passaient pas du tout comme elle se l'était imaginé. Elle n'avait en effet pas prévu de passer la moitié de la journée en cuisine à éplucher des pommes de terre.

Ni de devoir partager un barbecue en compagnie de ses lointains parents américains dont elle n'avait gardé que de faibles souvenirs. De plus, en tant qu'invitée, elle n'avait pas son mot à dire sur le déroulement et l'organisation de la journée.

— C'est terminé, ma chérie ? s'écria sa tante Magda avec son accent hongrois toujours si marqué, malgré les dizaines d'années passées loin de sa terre natale.

Lili plaqua sur ses lèvres un sourire poli à l'attention de la sœur aînée de sa mère.

— Ne t'inquiète donc pas, je contrôle la situation tout comme ta fameuse salade de pommes de terre ! Profite plutôt de tes invités et laisse-moi terminer les préparatifs toute seule !

— Moi vivante, jamais personne ne sera livré à lui-même dans ma propre cuisine ! rétorqua Magda Vaccaro en redressant la tête fièrement.

Elle arborait une épaisse chevelure blonde savamment crêpée et un maquillage à peu près aussi discret que son accent. Sa tenue vestimentaire habituelle était composée de fuseaux colorés et de chemisiers ajustés, mais pour l'occasion elle avait choisi une robe d'inspiration indienne décorée de perles et paillettes diverses et portée avec des mules à talon ainsi qu'une multitude de bijoux fantaisie qui cliquetaient à chacun de ses mouvements.

En comparaison, Lili se sentait totalement transparente dans sa petite robe blanche toute simple.

L'oncle Benny les rejoignit dans la cuisine et subtilisa au passage un petit-four sur le plateau que préparait Magda. Cette dernière poussa de hauts cris qui suscitèrent les rires de l'assemblée et du principal intéressé, qui adorait taquiner sa femme.

Lili le regarda faire en soupirant. Comme souvent avec eux, elle avait l'impression de se retrouver face à deux enfants et d'être la seule adulte de cette maison.

— Au fait, est-ce que Tony est arrivé ? demanda Benny avec un clin d'œil appuyé à sa femme.

Lili sentit son cœur faire un bond dans sa poitrine. Dans une famille d'origine italienne, il y avait toujours des Tony. Ce n'était pas forcément de *ce Tony-là* qu'il s'agissait.

— Pas encore, soupira sa tante en prenant une mine de circonstance. Le pauvre, il a tellement de mal à remonter la pente depuis la mort de Marissa…

C'était donc de *ce Tony-là* qu'ils parlaient…

Sauf que, depuis le temps, il ne devait plus guère ressembler à celui qu'elle avait connu par le passé. Entre-temps, il s'était marié, avait eu des enfants, trois filles lui avait-on dit. Il avait aussi perdu sa femme, Marissa, décédée moins d'un an auparavant…

D'ailleurs, qu'avaient-ils vraiment partagé tous les deux à l'époque ? Avec le temps, cela devenait de plus en plus difficile à dire…

Lili coupa en quatre la dernière des pommes de terre et la plaça dans le saladier en se surprenant à espérer qu'il ne vienne pas du tout.

*
* *

— Est-ce qu'on est vraiment obligés d'y aller ?

Tandis qu'il tentait de haute lutte d'habiller la remuante Josephine, âgée d'à peine deux ans, qui se tortillait comme une anguille entre ses bras, Tony Vaccaro leva les yeux vers sa fille aînée qui le couvait d'un regard noir à quelques mètres de là.

— Oui, ma chérie, il le faut, expliqua-t-il malgré le peu d'entrain qu'il éprouvait lui-même. De toute façon, cela nous fera du bien de voir un peu de monde et de sortir de chez nous, tu ne crois pas ?

Il était surtout inimaginable de décliner une invitation à la grande fête d'anniversaire de la tante Magda.

Lorsqu'il eut finalement réussi à enfiler une robe à sa chère petite tête blonde, Tony passa la main dans ses cheveux trop longs, tandis que la fillette sautait sur son lit.

— Ne me dis pas que tu comptes lui faire porter *ça* ?

Il soupira en essayant d'immobiliser Josephine pour lui mettre ses chaussures, avant de se tourner vers Claire à la moue éternellement morose. Il n'était pourtant pas dupe et savait reconnaître la douleur derrière ses attitudes renfrognées. Cette souffrance qu'il partageait aussi, mêlée à un profond sentiment d'impuissance.

Sa fille avait perdu sa maman et il n'y avait rien qu'il puisse faire pour l'aider. Les choses étaient ainsi.

Il n'avait rien pu faire non plus pour Marissa lorsqu'elle était tombée malade.

Il n'oubliait pourtant pas les nuages qui avaient traversé leur vie de couple, avant même la maladie. Des problèmes qu'ils avaient occultés tant bien que mal et n'avaient pas pris la peine de résoudre. Jusqu'à ce qu'il soit trop tard.

Sa fille était en train de devenir une jeune fille et il devrait affronter cette métamorphose seul. Son cœur se serra d'émotion.

Une petite main chaude vint chatouiller son cou. Il sourit à Josephine, l'air attendri. Elle avait décidemment le don de lui rendre le sourire à chaque fois qu'il s'enlisait un peu trop dans de sombres pensées.

— Qu'est-ce qui ne va pas avec sa tenue ? demanda-t-il finalement à Claire.

La petite Josephine caressa le satin rouge et les rubans de la robe qu'elle avait choisie et exigée, comme seule une fillette de deux ans au prénom d'impératrice était capable de le faire.

— Elle est jolie ! dit la fillette de sa petite voix zézayante.

Claire jeta un regard consterné à son père.

— Papa, c'est une robe de Noël !

— Oui, et alors ?

— Nous sommes en plein mois de juillet, je te signale. Elle va mourir de chaud et puis tu connais Jojo, elle va encore se faire des taches partout.

— Ce n'est pas si grave, après tout, commenta Tony en maintenant sa fillette le temps de fixer les scratchs de ses baskets roses. De toute façon, elle sera trop petite pour Noël prochain…

Claire leva les yeux au ciel.

— Pff ! Une robe de Noël pour aller à un barbecue en plein été… C'est vraiment trop la honte !

Tony considéra sa fille aînée avec un mélange de stupéfaction et de tendresse. Etait-ce cela que l'on appelait la préadolescence ? Est-ce que d'un jour sur l'autre il se retrouverait face à quelqu'un de différent ? A croire qu'elle essayait les personnalités comme on choisit des vêtements, en les essayant les uns après les autres.

Le psychologue qui les suivait avait dit que c'était un mécanisme normal qui faisait partie du processus de deuil.

— Ne souffle pas ainsi, tu sais que ta mère avait horreur de cela. Si tu veux changer Jojo, je te passe le relais avec grand plaisir, ma chérie ! Au fait, où est Daphne ? Nous sommes déjà en retard !

Claire s'avança jusqu'à la porte en traînant les pieds et toute la misère du monde derrière elle, avant de s'écrier :

— Daph' ! C'est l'heure !

Elle revint vers Tony et il remarqua le discret balancement de ses hanches. Bientôt, elle n'aurait plus rien d'une enfant. Il redoutait tant ces moments-là. Les premiers petits copains, l'adolescence…

— Maman avait acheté cette robe pour moi, expliqua-t-elle alors. Je voudrais la garder pour plus tard, quand j'aurai des enfants, je pourrai la leur montrer, tu comprends ?

Le sol tangua sous les pieds de Tony.

Le problème n'était pas la robe en elle-même. Il comprenait que Claire essayait tant bien que mal de garder le contrôle sur sa vie. Il savait que les habitudes rassuraient les enfants et avait pu remarquer que le moindre changement dans leur routine pouvait les perturber au plus haut point. Alors la perte de leur mère…

Chaque journée passée, malgré les difficultés, était un miracle en soit, il ne devait pas l'oublier.

Il observa Claire occupée à poursuivre sa sœur dans la chambre, un T-shirt et un short à la main.

— Hé, Jojo, laisse-moi te changer !

— Non ! Ma robe ! répliquait la petite Josephine, bien décidée à ne pas se laisser impressionner.

Le téléphone de Tony retentit. Il ne put réprimer une discrète moue en voyant apparaître le nom de sa belle-mère sur l'écran de son portable.

— Bonjour, Tony, est-ce la petite que j'entends crier derrière ? Tout va bien ?

— Oui Susan, tout va bien, un désaccord vestimentaire mineur, rassurez-vous…

— Je vous appelais pour confirmer que nous prenions les filles, demain. D'ailleurs je voulais vous proposer de venir les chercher dès ce soir.

— C'est gentil, mais ce n'est pas la peine que vous fassiez toute la route depuis Boston ce soir.

— Vous savez bien que c'est un plaisir pour nous, Tony. En tous les cas, elles pourront bien rester dimanche soir, non ?

— Eh bien, elles profiteront un peu plus de la piscine… Mais ne les gâtez pas trop tout de même !

— C'est là notre rôle de grands-parents, que voulez-vous ? se défendit Susan. Vous savez, si elles venaient ce soir, nous pourrions aller à l'église demain matin ensemble et ensuite déjeuner quelque part…

— Susan…

— Nous essayons simplement de vous aider, Tony…

Il soupira. Sa belle-mère avait raison, elle et Lou faisaient de leur mieux pour l'aider et puis les filles passaient toujours de bons moments dans leur grande maison, avec le jardin et la piscine… Il n'oubliait pas non plus qu'ils étaient les seuls grands-parents de ses trois filles.

Ses parents étaient morts tous les deux à peu d'intervalle, il y avait près de cinq ans…

— Daph' ! s'exclama Claire alors que la fillette de sept ans entrait dans la pièce. Mais qu'est-ce qui s'est passé ?

— Je dois vous laisser, marmonna Tony, coupant court à la conversation.

— Tony ? interrogea dans le vide la voix de Susan avant qu'il ne referme le clapet de son téléphone.

Il se tourna vers celle de ses filles qui lui ressemblait le plus, avec ses boucles brunes et ses yeux sombres. Son regard pétillant lui fit oublier un instant l'état dans lequel elle se trouvait.

— Daphne, bon sang, mais qu'est-ce…

— J'étais en train d'arroser les tomates et Ed s'est mis à jouer avec le tuyau et s'est roulé dans la terre toute mouillée avant de venir se secouer sur moi, expliqua la fillette le menton tremblant.

Elle était en effet maculée de boue des pieds à la tête. Le chien Ed, croisement de boxer et de berger allemand, à peu près aussi boueux que Daphne, semblait confirmer le récit en haletant, la gueule ouverte en ce qui ressemblait à un large sourire.

— Je vois.

Adressant à son père un regard contrit, elle tendit d'une main couverte de boue quelques enveloppes maculées.

— Le facteur est passé, au fait.

— Merci, dit Tony en s'interdisant de jeter un coup d'œil aux traces de pas que Daphne avait immanquablement laissées derrière elle.

Il passa en revue le courrier d'un œil distrait. L'assortiment habituel de factures et d'annonces promotionnelles, avant de s'arrêter sur une enveloppe avec l'en-tête de son avocat en charge de la succession.

— Est-ce que je vais me changer, papa ?

Il leva les yeux et consulta sa montre.

— Oui, bien sûr, et ne traîne pas, nous devons y aller pour 5 heures.

— Je me dépêche ! répondit Daphne, s'élançant dans le couloir qui menait à sa chambre.

Tony glissa le reste du courrier sous son bras pour ouvrir l'enveloppe. Un petit message semblait accompagner un autre courrier, dans une enveloppe scellée. Le cœur de Tony manqua de s'arrêter lorsqu'il en déchiffra les premiers mots.

« Tony, lut-il silencieusement, tandis que ses mains étaient saisies d'imperceptibles tremblements, Marissa m'avait confié cette lettre à vous faire parvenir après son décès. Neuf mois se sont écoulés depuis cette date, il est sans doute temps que vous sachiez de quoi il retourne. »

Il leva les yeux vers Claire qui semblait avoir abandonné le combat, puisque Josephine était toujours dans sa robe de satin rouge.

— Ma chérie, je vais déposer tout cela dans mon bureau et nous pourrons y aller, d'accord ?

Claire acquiesça.

A peine avait-il quitté la pièce qu'il décachetait la deuxième enveloppe d'une main fébrile.

« … Je regrette tellement d'avoir choisi de t'envoyer

cette lettre qui te semblera d'une grande lâcheté, mais je n'ai pas trouvé la force de t'en parler plus tôt… »

— Papa, tout va bien ?

Il sursauta et se tourna vers Claire à l'entrée de la pièce, portant Josephine sur la hanche et qui le dévisageait d'un œil inquiet.

— Oui, tout va bien, mentit-il avec tout l'aplomb qu'il lui restait, avant de glisser la lettre dans le tiroir de son bureau. Tout le monde est prêt à décoller ?

— Pourquoi as-tu cette drôle de voix ?

— J'ai un chat dans la gorge, répondit-il en évitant son regard.

Il avait eu la faiblesse de croire, neuf mois après le décès de Marissa, que le plus dur était derrière lui. Il semblait finalement que le destin n'avait pas fini de lui jouer des tours.

La petite main de Daphne dans la sienne, Tony avançait sous le soleil de plomb. Le silence pesant n'était entamé que par le crissement des roues de la poussette sur le trottoir, ou le babillage intermittent de Josephine. Dans les branches des érables qui bordaient la route, pas une feuille ne semblait bouger. En plus de la chaleur, une moiteur insoutenable semblait les envelopper comme un film plastique étouffant. Marissa avait toujours détesté ce temps, elle se plaignait que l'humidité faisait frisotter ses cheveux, ce dont elle avait horreur.

Le souvenir vivace traversa l'esprit de Tony, rouvrant aussitôt des plaies loin d'être cicatrisées. Il était sous le choc de la lettre de Marissa qu'il avait à peine eu le temps de parcourir. Lorsque la maison où son oncle et sa tante avaient élevé leurs six enfants fut à portée de vue, il ralentit imperceptiblement le pas. Comment pouvait-il seulement faire cela ? Se rendre à une fête et faire comme si tout était normal alors que son cœur saignait ? Quel autre choix avait-il ? Il ne pouvait tout de même pas faire demi-tour et affronter les questions de ses filles.

Mieux valait faire illusion quelques heures, malgré l'effort surhumain que cela supposait. Les filles pourraient manger tout ce qu'elles aimaient. Ce serait déjà un souci de moins.

L'oncle Benny ouvrit la porte et serra aussitôt Tony dans ses larges bras pour le saluer, tandis que deux chiens, un golden retriever et une petite boule de poils blancs, se précipitaient joyeusement sur les enfants, en remuant frénétiquement la queue.

— Vous voici donc ! s'exclama Benny en assénant une vigoureuse tape dans le dos de Tony. Nous commencions à craindre que vous ne veniez pas !

Tony sourit poliment et détacha Josephine de sa poussette.

— Voilà la charmante petite Jojo ! ajouta Benny en s'avançant vers la fillette qui se cramponna encore davantage à son père. Mon Dieu, regardez comme les deux sœurs sont grandes ! Tous vos cousins sont là-haut, vous devriez aller les rejoindre.

Daphne n'eut pas besoin de se le faire répéter et s'élança aussitôt vers l'escalier, mais Claire de son côté resta en retrait, l'air préoccupé. Tony plaça la main sur son épaule d'un geste protecteur.

— Est-ce que Rudy est venu ? demanda-t-il à son oncle.

— Oui, ils sont là pour la journée, ils ont trouvé quelqu'un pour s'occuper de l'auberge, expliqua Benny en souriant à Claire. Stacey est là, tu sais, ma chérie, et la première chose qu'elle m'a demandé en arrivant était si tu viendrais aujourd'hui.

Claire leva les yeux vers son père, l'air interrogateur.

— Vas-y, mon cœur, va t'amuser, suggéra-t-il doucement.

Il connaissait par cœur ses tourments et les partageait, mais il savait aussi qu'il devait aider sa grande fille à aller de l'avant. C'était une question de survie pour eux tous.

— Tout va bien, Tony ? demanda Benny lorsque Claire partit rejoindre les autres enfants.

— Oui, oui, ça va…

— Tony ?

Il sursauta en entendant cette voix qui lui semblait provenir du fond des âges et se retourna pour découvrir un regard bleu dont il se rappela la clarté. Avant qu'il n'ait eu le temps de reprendre son souffle, Josephine se mit à se débattre dans ses bras pour descendre et s'avança vers cette jeune femme qu'elle n'avait pourtant jamais rencontrée. A la grande stupéfaction de Tony, sa petite fille enlaça les genoux de Lili Szabo avant de lever vers elle son regard pétillant accompagné d'un large sourire.

Il avait l'impression tout à coup que le sol se dérobait sous lui.

- 2 -

— Quelle adorable petite fille ! s'exclama Lili d'une voix qui résonna curieusement dans l'esprit confus de Tony. Est-ce ta fille ?

— Qu'est-ce que tu fais ici ? demanda-t-il d'un ton tellement interloqué qu'il semblait accusateur. Pardon, ce n'est pas ce que je voulais dire, c'est juste que je ne m'attendais vraiment pas…

— Je comprends, ne t'en fais pas, dit-elle en prenant la petite Josephine dans ses bras pour leur plus grand plaisir à toutes les deux.

— Combien de temps cela fait-il ? Douze ans ?

Tony se rendit alors compte que son oncle était parti sans même qu'il s'en aperçoive, sidéré qu'il était par cette apparition imprévue.

Lili sourit et il reconnut son sourire, comme s'il l'avait vue la veille.

— Quatorze ans, précisa-t-elle.

— Bon sang, oui, quatorze ans ! Qu'est-ce qui te ramène donc parmi nous ?

— Ma mère est décédée le mois dernier, expliqua-t-elle d'une voix douce.

— Oh, je suis désolé.

— Nous y étions préparés et ce fut presque un soulagement pour elle, mais j'ai eu besoin de changer d'air un petit temps.

Elle n'avait presque plus d'accent. Beaucoup moins en tout cas que la tante Magda, même s'il restait quelques charmantes intonations hongroises dans son phrasé. Elle était toujours aussi menue, mais sa silhouette s'était considérablement féminisée au fil des ans, pourtant elle restait la jeune cousine Lili qu'il avait connue avec son regard transparent, son grand sourire et ses petites lunettes. Cependant, ses lèvres étaient plus pleines, sans aucun doute, et ses courbes, mises en valeur par une ravissante petite robe d'été, étaient certainement celles d'une femme et non plus d'une enfant.

— Tony, est-ce que tout va bien ?

Une enfant qui avait pourtant réussi à toucher le jeune homme si prétentieux qu'il était à dix-huit ans.

Elle n'avait alors que quinze ans, et son père venait de mourir. Sa famille, des musiciens professionnels, était en tournée en Europe. Elle avait été la seule à lui tenir compagnie, jour après jour, après son stupide accident de skateboard qui l'avait cloué au lit tout l'été, une jambe dans le plâtre. Un accident qui avait aussi réduit à néant ses espoirs d'un rendez-vous galant avec celle qui deviendrait sa femme, quelque temps après, Marissa Pellegrino.

C'était cette dernière qui occupait ses pensées de façon totalement obsessionnelle à l'époque.

— Tu es peut-être au courant que je traverse une période difficile, lança-t-il tout de go, se surprenant lui-même de cet aveu qui ne lui ressemblait pas.

La jeune femme lui adressa un sourire triste, ses yeux bleus le fixaient avec un mélange d'empathie et de chaleur, une candeur qui lui rappelait une nouvelle fois l'adolescente qu'il avait connue et qui lui avait permis de traverser cet été maudit de ses dix-huit ans.

Elle s'avança pour le serrer d'un bras contre elle, en un geste de réconfort. Elle était si douce et forte à la fois. Si généreuse, aussi. Elle ne sentait plus ce mélange de soda au raisin et de chips de l'époque mais un parfum musqué et sucré. Une odeur franche et bien trop dangereuse pour un homme vulnérable comme il l'était.

Lorsqu'elle s'écarta en laissant la main sur son bras

et en lui souriant avec tendresse, une sensation de calme l'envahit. Il avait l'impression qu'elle lui murmurait à l'oreille des mots doux et réconfortants.

« Prends ma main et sors de cette tourmente, je vais t'accompagner vers des rivages plus calmes. »

Tout cela était ridicule.

Elle connaissait ce regard, songea-t-elle en plongeant dans ce qui semblait deux sombres gouffres. C'était le regard d'un homme en train de lutter de toutes ses forces pour ne pas s'effondrer en public.

— Elle doit être un peu lourde à la longue, dit Tony en prenant Josephine dans les bras.

Ce qui la surprenait était qu'elle ne s'était pas attendue à ce que la douleur paraisse aussi vive dans ses yeux, alors que plusieurs mois s'étaient écoulés. Sa peine ne s'était visiblement en rien émoussée.

Pourtant, malgré la tristesse qu'elle ressentait à le voir aussi malheureux, elle ne parvenait à chasser l'émoi qu'avait suscité la vue de Tony entrant dans la maison quelques minutes auparavant. Sa première pensée, au-delà du choc, avait été qu'il était plus grand, plus fort aussi.

Plus séduisant encore.

Elle s'en voulait presque du trouble qu'elle avait éprouvé. C'était tellement égoïste, tellement inopportun.

Ce n'était pas tant leur lien de parenté qui la perturbait, puisqu'elle n'existait que par alliance, celle de Benny et Magda, justement, et qu'ils ne partageaient aucun lien de sang. Mais cela restait tabou, en quelque sorte.

Elle l'avait d'ailleurs ressenti en le serrant dans ses bras un peu plus tôt. Elle savait bien qu'en Amérique c'était monnaie courante de se saluer ainsi et que cela n'avait rien de vraiment intime, et pourtant cela avait provoqué en elle un frisson dérangeant.

Tout aussi dérangeant que les souvenirs de cette époque

où elle se consumait secrètement d'amour pour lui alors qu'elle n'était qu'une adolescente.

— Quel âge as-tu ? demanda Lili en passant la main dans les fins cheveux blonds de la fillette.

— Deux ans, moi ! répondit l'intéressée en levant son pouce et son index.

— Deux ans ? Que tu es grande, dis-moi, et comment tu t'appelles ?

— Jojephine. Je suis zjolie, hein ?

— Oui, ma puce, tu es très jolie.

— Toi aussi, tu es jolie, madame.

— Merci, je suis très touchée, Josephine ! répondit Lili en rougissant.

Une cousine éloignée vint alors saluer Tony et proposa d'emmener Josephine à l'étage avec les autres enfants. Il la confia donc, non sans la couver d'un regard protecteur.

Ils se retrouvaient donc seuls tous les deux. Sans filet.

Finalement, il lui adressa son premier vrai sourire.

— Bon sang, je n'arrive pas à croire que c'est bien toi qui es là ! s'exclama-t-il en hochant la tête.

— C'est pourtant bien le cas.

Même s'ils n'avaient jamais vraiment flirté par le passé, elle avait toujours gardé un souvenir très fort de leur complicité, leurs éclats de rire et leurs conversations de l'époque. Il s'était montré charmant avec elle, la taquinant gentiment sur sa maladresse déjà légendaire. Mais si gentil soit-il, elle ne s'était jamais fait d'illusions. Ses sentiments ne seraient jamais payés de retour. Il y avait Marissa d'abord dont Tony semblait fou et surtout elle-même repartait en Hongrie à la fin des vacances.

Elle avait fini par tourner la page de ce premier amour secret et à sens unique. Elle ne savait pas vraiment quand, ni comment, mais un jour elle s'était rendu compte que son cœur battait moins fort lorsqu'elle pensait à lui. En revanche, le souvenir de leurs échanges, de sa gentillesse et de son humour, lui, n'avait rien perdu de sa vivacité.

— Tu as d'autres enfants, je crois ?

— Oui, deux autres filles, Claire et Daphne. Elles sont là-haut avec tous les enfants, tu les verras tout à l'heure, certainement.

— Ce sera un plaisir, répondit Lili avant d'ajouter d'un air grave. Tony, je suis désolée pour Marissa.

La douleur se lut dans son regard sombre. Comme à son habitude, elle avait mis les pieds dans le plat…

Au moment même où elle s'apprêtait à bredouiller quelques mots d'excuse, elle reçut une vigoureuse accolade qui la fit sursauter. Elle n'eut pas besoin, pourtant, de se retourner pour savoir qui venait l'enlacer ainsi sans ménagement : le nuage de parfum qui précédait sa tante parlait de lui-même.

— Tony, mon cher, te voilà donc parmi nous ! Je suis vraiment comblée pour mon anniversaire !

Lili observa la façon qu'il avait de faire instantanément disparaître toute trace de mélancolie de son regard quand quelqu'un se présentait. Il embrassa chaleureusement sa tante.

— Comme si je pouvais ne pas en être, ma chère !

Magda sourit en serrant Lili contre elle d'un côté tandis qu'elle enlaçait Tony de l'autre.

— Que penses-tu de notre petite Lili, n'est-elle pas devenue une délicieuse jeune personne ?

Lili aurait aimé disparaître dans un trou de souris et elle eut le net sentiment que Tony aussi aurait donné cher pour être ailleurs à ce moment-là.

— En effet, ma tante, je n'aurais pas dit mieux, répondit-il aimablement.

Lili sentit son cœur se mettre à battre plus fort dans sa poitrine en entendant la remarque, pourtant anodine en soit. Tout cela était vraiment déraisonnable, il était temps d'agir avant qu'elle ne redevienne la jeune femme éperdue d'amour qu'elle avait été. Elle profita donc de la diversion pour s'excuser et s'échapper en direction de la cuisine.

— Toi, tu viens avec moi, ordonna Magda à Tony lorsqu'il fit mine de lui emboîter le pas.

— C'est-à-dire que…

— Elle viendra nous retrouver lorsqu'elle sera prête. Lili est un petit chaton qui file se cacher sous un meuble en cas de danger, elle finira bien par en sortir, ne t'inquiète pas.

— Mais je ne m'inquiète pas, je voulais…

— Non, non, viens donc avec moi !

Elle le guida vers la terrasse en le maintenant d'une main ferme, comme si elle craignait qu'il ne lui file entre les doigts, lui aussi. Dehors, cela sentait l'herbe coupée, le barbecue et la bière tiède.

Rudy Vaccaro avançait à leur rencontre. C'était le cousin de Tony le plus proche en âge. Sa large et imposante carrure se planta devant eux et Magda lâcha finalement le bras de Tony, comme si elle le considérait en bonne compagnie, finalement. Les deux hommes avaient passé le plus clair de leur temps ensemble jusqu'au départ de Rudy, il y avait quelques années de cela. Il tendit une bière à Tony, qui l'accepta avec grand plaisir.

— Content de te voir !

— Moi aussi, répondit Tony, mais juste une chose, je t'en prie, ne me demande pas comment je vais.

Il savait que Rudy le comprendrait et respecterait son souhait sans le questionner.

— Certainement pas, lança-t-il alors que Violet, sa charmante épouse les rejoignait.

— Salut toi ! dit-elle en le serrant chaleureusement. Comment ça va, comment vont les filles ?

— Aussi bien que possible, dit-il dans un soupir, comme il sentait les boucles rousses de Violet lui chatouiller le cou.

Sans même s'en rendre compte, il s'était mis à parcourir du regard les convives, à la recherche de… Lili. Il n'aurait su dire pourquoi, d'ailleurs.

— J'ai vu ta petite Josephine à l'instant, elle est vraiment adorable, n'est-ce pas ? Je me demande d'où elle a tiré sa chevelure blonde, en revanche ! ajouta-t-elle sans se douter qu'elle était en train de retourner un couteau dans une plaie fraîchement ouverte.

— Les filles et toi devriez venir passer quelques jours au calme chez nous, suggéra Rudy, offrant du même coup une transition bienvenue.

— Quelle bonne idée, renchérit Violet ! Même si nous sommes souvent complets le week-end, rien ne vous empêche de venir pendant la semaine, tu es en vacances, toi aussi, après tout ! Cela ferait du bien à tes filles et les garçons seraient tellement contents !

— Stacey serait aux anges, avec tous ces enfants dans les parages, dit Rudy en serrant Violet contre lui. Moi qui trouvais que treize ans était un âge difficile, je découvre que ce n'était rien à côté de quatorze ans !

La voix de Rudy sembla s'évanouir dans le lointain au moment où Tony repéra Lili qui avançait sur la terrasse. Comme précédemment, son cœur se mit à battre un peu plus vite et il sentit un nœud se former dans sa gorge.

— Excusez-moi, mais je dois…

« Me faire interner d'urgence. Prendre mes jambes à mon cou. Aller m'enfermer dans les toilettes pour les douze heures à venir… »

Rudy et Violet lui adressèrent un regard interrogateur avant de se tourner en direction de Lili, un large sourire se dessinant au même instant sur leurs visages.

« Bon sang. »

— Au fait, intervint Rudy, pourquoi n'inviterais-tu pas Lili à se joindre à nous ? Elle me disait justement qu'elle n'avait jamais mis un pied dans le New Hampshire.

Tony fixa son ami avec une nuance de stupéfaction dans le regard. Partir en vacances avec Lili ? Autant le jeter dans ses bras tout de go ! Il se contenta de marmonner :

— Oui, oui, nous verrons, merci, Rudy.

Puis il les salua d'un signe de tête et s'avança à la rencontre de Lili.

Tout cela était tellement stupide. Il s'agissait de la petite Lili, bon sang. C'étaient le chagrin, la fatigue et la solitude qui insinuaient des pensées déplacées dans son cerveau malade. Il se jouait un mauvais tour à lui-même, rien de plus.

Il valait mieux tordre le cou à tout cela tant qu'il en était encore temps. Par son attitude sans équivoque, il la mettrait à l'aise et retrouverait les relations franches et saines qu'il avait toujours entretenues avec sa jeune cousine.

Pourtant, plus il s'approchait et plus il sentait le trouble s'immiscer en lui. Le pire était qu'il avait l'impression de voir ce même émoi dans son regard à elle. Comme si elle essayait de lui dire qu'il n'avait pas rêvé, qu'il n'était pas fou, qu'il était bel et bien en train de se passer quelque chose.

Et, au lieu de prendre ses jambes à son cou, il continua d'avancer vers elle…

Lili restait comme figée, le regard tourné vers Tony qui venait à sa rencontre. Elle se répéta qu'elle n'avait rien à craindre, qu'elle se faisait des idées, que tout cela se mélangeait en elle à cause de la fatigue et du dépaysement…

Il avait l'air sombre et préoccupé.

— Pourquoi filer en douce comme ça ? dit-il d'une voix soucieuse.

— Ne sois pas ridicule, je n'ai pas…

Elle ne finit pas sa phrase et se sentait très bête, inquiète surtout. Mais c'était impossible, il ne pouvait pas avoir deviné son trouble.

— Bien sûr que si et j'ai le sentiment que tu es en train de lutter de toutes tes forces pour ne pas t'enfuir de nouveau.

— Tu veux dire que je lutte comme tu as lutté avant de finalement venir me voir ?

Elle rougit discrètement de sa propre audace.

— Tu n'en as pas la moindre idée, murmura-t-il.

C'était impossible. Ce qui était en train de se passer était une pure folie.

Lili regarda autour d'eux, mais personne ne semblait leur prêter la moindre attention. Son regard retrouva celui de Tony et elle sentit son estomac se nouer en le découvrant si vulnérable.

C'est alors qu'il tendit la main pour saisir son poignet et l'entraîner derrière lui jusque dans le jardin.

— Où allons-nous ?

— Là-bas, à l'ombre, répondit-il en pointant un arbre du doigt.

Elle se rappelait ce vieil érable qui avait abrité sous ses branches tous les enfants de la famille, elle-même ne faisant pas exception à la règle. Elle avait pris l'habitude de s'allonger sur le dos afin de contempler la multitude de feuilles frémissant dans le vent. Elle laissait libre cours à son imagination, dans ces moments-là, et plus d'une fois Tony avait été l'objet de ses rêveries.

Très galamment, il étendit sa chemise sur le sol. Il portait un fin T-shirt en dessous, bien suffisant par une si chaude journée.

— Les taches d'herbe sont très difficiles à ravoir, tu sais.

Elle leva vers lui un regard mi-amusé, mi-attendri et il haussa les épaules.

— Chez moi, les hommes, les vrais, s'occupent du linge ! lança-t-il avec humour.

Lili s'assit sur la chemise étendue, après avoir enlevé ses sandales. Tony prit place à côté d'elle et elle reconnut aussitôt son odeur, qui raviva les souvenirs qu'elle avait pris soin d'enfouir au plus profond de son cœur, des années auparavant.

— C'est mieux ici, n'est-ce pas ?

— Beaucoup mieux, en effet. Merci, dit-elle doucement. Je ne me suis jamais sentie vraiment à l'aise au milieu de grandes assemblées.

— C'est ce que j'ai cru comprendre.

— Et toi ?

Il bascula vers l'arrière, s'appuyant sur ses coudes, le regard vers la maison.

— En temps normal, je suis plutôt amateur de ce genre de grandes réunions familiales, mais aujourd'hui tout est différent. Et puis personne ne me laissera me tenir à l'écart du groupe, maintenant… On me surveille comme le lait sur le feu.

— C'est pour cela tu as choisi de t'isoler avec moi ?

— En quelque sorte. Un peu comme au bon vieux temps, tous les deux contre le monde entier.

— C'est ainsi que tu voyais les choses ? Nous deux contre le reste du monde ?

— Je le crois, oui. J'étais furieux d'avoir gâché mon été et tu étais enragée contre ta famille qui t'avait envoyée ici.

— Pas vraiment, je préférais mille fois être ici qu'avec ma famille.

Il sourit. Elle lui avait raconté à l'époque que, malgré la pression familiale, une évidence s'était imposée à elle, lorsqu'elle avait dix ans. Elle n'avait aucun talent pour la musique et ne deviendrait jamais musicienne…

Il avait fallu un peu plus de temps à la famille de Lili pour accepter que tout ce qui constituait le milieu de la musique lui sortait par les yeux.

— Tu te rends compte que tu étais sans doute la seule fillette au monde qui rêvait de ne pas aller au concert !

Lili rit doucement.

— Tu ne crains pas que tout le monde se pose des questions à notre sujet ? demanda-t-elle après un temps de silence.

— Je crois que je préfère encore ça à leurs discussions. Et puis, au moins ainsi, ils nous laissent tous les deux tranquilles, ne serait-ce qu'un moment !

Le vent fit voleter une mèche de ses cheveux qu'elle glissa soigneusement derrière son oreille.

— Ce doit être épuisant de répondre à toutes leurs questions, de faire comme si tout allait bien, j'imagine…

Tony se mit à rire, un rire las et mélancolique.

— On peut dire que tu ne mâches pas tes mots. Tu ne crains jamais d'effaroucher les gens par ta franchise ?

— Comment est-ce que moi je pourrais impressionner

qui que ce soit ? demanda-t-elle. Et puis tu n'as pas répondu à ma question.

— Et je ne compte pas le faire, lança-t-il en portant sa canette de bière à ses lèvres avant de se rendre compte qu'elle était vide. Au fait, tu veux boire quelque chose ?

— Non merci. Alors comme ça tu enseignes au lycée ?

— Oui, je suis professeur d'éducation physique au lycée et j'entraîne l'équipe de football américain, expliqua-t-il. Ce n'était pas exactement comme cela que je voyais ma vie à l'époque, mais j'imagine que c'est le lot de la plupart d'entre nous !

— Tu n'as pas l'air si mécontent que cela de ta situation, pourtant ?

— Je ne le suis plus, mais je ne te cache pas qu'au départ j'ai eu du mal à l'accepter, dit-il en poussant un long soupir. Cette maudite jambe a anéanti tous mes espoirs cet été-là. Finis les projets d'équipe universitaire, sans même parler d'une incursion dans la compétition professionnelle. J'ai revu mes ambitions à la baisse, et aujourd'hui je ne le regrette pas…

Il s'interrompit un instant pour la contempler attentivement.

— Oh Lili, c'est incroyable, mais j'ai l'impression de faire un bond en arrière. C'est comme si rien n'avait changé !

Elle ressentait cette proximité, elle aussi, mais le fait qu'il en fasse ainsi état provoquait en elle un curieux tumulte.

— Je vois ce que tu veux dire.

— Et pourtant il y a bien quelque chose qui a changé…

— Quatorze années se sont bel et bien écoulées !

— Ce n'est pas ça, le temps a passé, bien sûr, mais il y a autre chose. D'ailleurs, tu es toujours aussi ravissante. Et puis je retrouve tes robes de jeune fille rangée !

Elle baissa les yeux vers sa robe.

— Qu'est-ce qui ne va pas avec ma tenue ?

— Oublie cela, je viens de te dire que tu étais ravissante ! Non, c'est autre chose, en toi, qui a changé…

Pourquoi as-tu pris la poudre d'escampette tout à l'heure pour commencer ?

Elle remonta les genoux contre sa poitrine, les entourant de ses bras, comme pour se protéger.

— C'est que… Je ne sais pas ce que tu attends. Moi aussi je me sens aussi à l'aise avec toi que si nous nous étions vus hier, comme si rien n'avait changé, et pourtant plus rien n'est comme avant.

Elle tourna finalement le regard vers lui et il la fixa, perplexe.

— Je crois que je ne vais pas t'être d'une grande aide. Moi non plus je ne sais pas ce que j'attends.

Elle sentit une douleur sourde se répandre dans sa poitrine. Qu'avait-elle espéré qu'il lui réponde ? Que s'était-elle donc imaginé ? Ils n'avaient jamais été autre chose que des amis, le temps d'un été à peine, qui plus est. Il y avait un million d'années de cela. Tony venait de perdre sa femme, la mère de ses enfants. Il devait affronter la douleur et régler au quotidien un nombre incalculable de choses. Il avait certainement autre chose en tête que la lointaine cousine de Hongrie, de passage pour la deuxième fois en quatorze ans…

— Est-ce que ce sont tes filles, là-bas ? demanda-t-elle avec l'espoir de changer de sujet.

Il se redressa, effleurant au passage son épaule.

— Le petit démon aux cheveux bouclés qui joue avec les enfants de Rudy, c'est Daphne. Elle a sept ans et c'est une championne toutes catégories des taches et bêtises en tout genre, elle bat dans ce domaine ses cousins les plus intrépides. Et celle un peu ronde qui porte la casquette et qui fait la tête à côté de Stacey, c'est Claire. Elle aura onze ans dans deux mois.

— Elle paraît plus âgée.

— Le problème, c'est son poids… Depuis la mort de sa mère elle s'est mise à manger de plus en plus. Ma belle-mère passe son temps à me faire des remarques sur son régime alimentaire… Comme si j'étais en mesure de lui refuser une douceur de temps à autre après tout ce qu'elle a traversé…

Lili sentit son cœur se serrer. Elle imaginait à quel point il devait être difficile pour un parent de respecter la frontière ténue qui existait entre le plaisir de l'enfant et l'attention à porter à des règles plus contraignantes. Elle regarda Josephine qui s'élançait sur la terrasse sans regarder où elle mettait les pieds. Claire l'attrapa au vol au moment même où elle trébuchait sur un jouet abandonné au sol et la serra dans ses bras.

— Claire s'occupe beaucoup de Josephine, n'est-ce pas ?

— Oui, un peu trop même. J'ai l'impression qu'elle se sent investie d'une mission auprès de ses sœurs, elle essaye de s'occuper de tout et de tout le monde. Il paraît que c'est courant chez les enfants de son âge, en particulier lorsqu'il s'agit de l'aîné d'une fratrie.

— J'imagine que c'est ce qui nous doit ses regards insistants et désapprobateurs ?

— Ne le prends pas pour toi. Claire fronce toujours les sourcils à tout le monde. Il est difficile de comprendre comment elle peut se montrer aussi directive par moments et l'instant d'après sembler manquer à ce point de confiance en elle.

Spontanément, Lili posa la main sur l'avant-bras de Tony, en un geste de réconfort.

— Il faut lui laisser du temps, il est encore si tôt, murmura-t-elle.

— C'est ce que je me dis.

Prenant soudain conscience du contact de sa peau contre la sienne, Lili ôta sa main et entoura de nouveau ses genoux. Elle releva les yeux pour croiser un nouveau regard noir de Claire.

— Je suis certaine que tu fais du bon travail avec elles, cela se voit tout de suite.

— Il y a pourtant des jours où je doute sérieusement. Une chose est sûre, cependant, c'est que l'on ne pourra pas me reprocher de ne pas avoir fait de mon mieux. Mes enfants... Elles sont toute ma vie, tu sais !

— Je le vois, assura Lili, émue de cette déclaration.

Tony Vaccaro avait peut-être changé, en quatorze ans, mais une chose était sûre, il était toujours quelqu'un de bien.

Cela rendait encore plus amers les derniers regrets qu'elle nourrissait secrètement à son sujet.

Tout en refoulant sa mélancolie, elle observa Tony à la dérobée. Tout en se protégeant d'une main des rayons du soleil, il scrutait le jardin. A la recherche de ses filles sans aucun doute.

— Est-ce que Claire va bien ? Tu ne veux pas aller la voir ?

— Je préfère la laisser tranquille, elle pense encore que je ne l'ai pas vue se servir un deuxième Coca, répondit Tony, touché par la sincère préoccupation qu'il entendait dans la voix de Lili.

Il se souvenait que Lili avait toujours été attirée par les enfants, avec qui elle se montrait toujours très affectueuse et maternelle. D'ailleurs elle était toujours partante pour jouer et rire avec les enfants.

Lorsqu'elle riait, il retrouvait une certaine intonation, comme un léger accent qui persistait dans certaines inflexions de sa voix et qu'il n'avait plus jamais entendu depuis son départ. Il se rendait compte maintenant que ce rire-là lui avait manqué.

— Avec tout ce soda à la caféine, elle ne va pas dormir de la nuit... Et il n'y a rien de pire qu'une insomniaque de dix ans ! lança-t-il en songeant qu'il risquait lui aussi d'avoir du mal à s'endormir ce soir. A part peut-être un insomniaque de trente-deux ans...

Lili cueillit une fleur de trèfle à côté de ses orteils vernis d'un rose acidulé.

— Tony, est-ce que tu veux qu'on parle ? demanda-t-elle, soudain grave. S'il y a bien quelque chose qui n'a pas changé, c'est ma capacité à écouter.

Il se redressa. Elle le prenait par surprise et pourtant

il découvrait à cet instant même qu'il aurait tout donné pour s'ouvrir à quelqu'un des monceaux de souffrance qui l'étouffaient. Mais ce n'étaient ni le lieu ni le moment.

— Raconte-moi plutôt ce que tu as fait pendant ces quatorze années qui nous séparent, proposa-t-il pour changer de sujet.

Lili ne répondit pas, elle attendait sa réponse. Il se tourna vers elle et la regarda un instant.

— Non, Lili, je ne peux pas parler… Pas maintenant, c'est trop tôt encore, je…

— Cela te fait donc toujours aussi mal ?

— Mais qu'est-ce que tu imagines, au juste ?

— Pardonne-moi, souffla-t-elle d'un ton qui lui fit l'effet d'une caresse apaisante et enveloppante, avant de changer de sujet comme il le souhaitait. Au cours de ces dernières années, j'ai essentiellement étudié, j'ai passé deux diplômes de linguistique.

— Vraiment ? C'est très impressionnant !

— Pas vraiment en fait, grâce aux tournées que nous faisions avec mes parents lorsque j'étais enfant, j'avais déjà pu appréhender plusieurs langues. L'université m'a permis de consolider mes connaissances théoriques. J'ai aussi failli me marier.

— Failli, seulement, comment cela ?

— C'était lorsque mon beau-père a quitté ma mère pour une jeune femme de vingt-deux ans…

— Ouh là ! Quand était-ce ?

— Il y a cinq ans.

— J'imagine ce que ta mère a dû ressentir, mais je ne vois pas le rapport avec ton « presque mariage » ?

Elle replaça nerveusement une longue mèche de cheveux derrière son oreille. C'était un geste qu'il lui connaissait déjà à l'époque.

— Ma mère était très affectée du départ de mon beau-père, surtout dans ces conditions. Il était évident qu'elle ne devait pas rester seule pendant cette période difficile de sa vie et j'ai décidé de quitter l'appartement que je partageais avec des colocataires étudiants pour aller vivre chez elle, jusqu'au mariage. J'ai naïvement pensé qu'elle pourrait peut-être venir vivre avec Peter et moi une fois que nous serions installés. Mais mon fiancé ne voyait pas les choses ainsi et a refusé toute idée de cohabitation, même temporaire, exigeant de moi que je choisisse sans délai entre ma mère et lui.

— Quel garçon sympathique !

Lili sourit.

— Le plus drôle dans tout cela, c'est que j'étais en froid avec ma mère à cette époque, mais quand j'ai su qu'elle avait besoin de moi, je n'ai pas eu besoin d'y penser à deux fois. La réaction de Peter a été rédhibitoire pour moi !

— Et depuis, qu'est-ce que tu as fait ? Ne me dis pas que tu t'es occupée de ta mère les cinq dernières années ?

— Je n'avais pas imaginé que les choses tourneraient ainsi, ni qu'elle tomberait malade, bien évidemment. Peut-être que c'était une façon de me préserver après cette séparation, ou bien le fait d'apprendre à redécouvrir ma mère… J'ai beaucoup partagé avec elle à cette époque, nous parlions des heures durant, échangions à propos des films et des livres qui nous avaient plu. Je n'ai jamais eu le sentiment de me sacrifier. J'étais heureuse d'être présente pour elle, et je me sentais en sécurité auprès d'elle, même si cela doit sembler ridicule… Et voilà que, mon indépendance à peine retrouvée, je cours me réfugier chez mon oncle et ma tante, de quoi est-ce que ça doit avoir l'air !

— Il ne faut pas se préoccuper de ce que les gens peuvent penser, Lili. C'est ta vie et c'est à toi de la vivre comme tu l'entends. N'oublie pas que tu as eu l'audace de refuser le chemin tout tracé que l'on t'offrait pour choisir ta propre voie, tu as aussi eu le courage de tenir tête à ton fiancé ! Tout cela fait de toi quelqu'un de courageux et indépendant.

— C'est gentil de me dire cela.

— Je ne dis que ce que je constate. D'ailleurs, je peux aussi te rassurer sur un point : tu n'as rien perdu en te débarrassant de ton égoïste de fiancé ! ajouta-t-il, non sans une certaine malice. Quant à ta mère, j'aurais vraiment aimé la connaître…

— Oh, tu ne sais pas ce que tu dis !

— Vraiment ? Etait-elle du même acabit que Magda ?

— Elle était même pire, murmura Lili sur le ton de la confidence.

— Oh !

Elle éclata de rire devant la mine terrifiée qu'arborait Tony.

— Pour tout te dire, j'ai parfois l'impression de me réveiller d'un long sommeil de plusieurs années et de découvrir que je ne connais plus ce monde dans lequel je vis.

A ce moment-là, sur la terrasse, oncle Benny dut faire un de ces traits d'esprit dont il avait le secret car le rire spectaculaire de Magda résonna soudain. Elle riait tant que Benny dut la soutenir pour qu'elle retrouve son souffle. Il y avait un regard d'une telle complicité entre eux…

— Est-ce que tu crois au coup de foudre ? demanda Tony en les regardant et se rappelant comment le jeune policier qu'était son oncle s'était amouraché de Magda après l'avoir vue sur scène des années auparavant.

Suivant son regard, Lili répondit :

— Le genre de foudre qui te tombe dessus quand tu t'y attends le moins ? Oui, je crois que cela existe, même si cela sort un peu de ce que nous pouvons appréhender de façon logique.

— Je ne suis pas sûr que l'amour et la logique aient grand-chose à voir ensemble.

Les yeux de Lili revinrent se poser sur lui.

— Ah vraiment ? taquina-t-elle gentiment. Quelle trouvaille !

Il sourit et reçut sa plaisanterie comme une douceur sucrée, même s'il savait au fond de lui qu'il était dangereux de savourer ainsi sa présence. Tout semblait trop simple, trop évident.

Et puis il leva les yeux vers sa fille et y lut l'inquiétude, la douleur, toujours présentes. Il se rappela surtout qu'il n'était pas seul au monde et qu'il avait des responsabilités.

Si seulement Marissa avait pu y penser avant de commettre l'irréparable.

— Tu as raison, je ne suis pas quelqu'un de très original. Je ne diffère en rien du commun des mortels !

— Il n'y a pas de mal à cela. Il n'empêche que je reste convaincue que l'amour devrait toujours s'enraciner ainsi, à notre insu, sans que la logique et la raison ne viennent s'en mêler. Il faut qu'il prenne racine de lui-même sans effort.

— Comme la mauvaise herbe, tu veux dire ?

Lili sourit de nouveau.

— Comme des fleurs sauvages, je préfère. Je me suis rendu compte qu'il n'y avait rien de spontané dans ma relation avec Peter. Non pas que j'idéalise une vie de couple sans efforts ni concessions, mais j'aurais cependant dû me rendre compte qu'il n'était pas normal que cela devienne une lutte de chaque instant…, raconta-t-elle avant de se mordre les lèvres, l'air embarrassé. Je suis désolée, je ne sais pas ce qui me prend de t'ennuyer avec mes histoires ridicules !

Benny interrompit leur conversation en appelant tout le monde à table et Tony l'en remercia secrètement. Lili venait de mettre des mots sur un sentiment confus qui l'avait habité ces dernières années. L'impression de devoir lutter au quotidien pour ranimer une flamme de plus en plus ténue entre Marissa et lui. Il s'était dit alors que tous les mariages demandaient que l'on se batte pour ranimer la flamme, même s'il savait bien que quelque chose s'était cassé, depuis que chacune de leurs discussions se terminait en dispute.

Ce qu'il ne savait pas, à l'époque, était à quel point leur couple était déjà proche de la dissolution. Sans cette maudite lettre envoyée par son avocat, il n'en aurait jamais rien su.

— Tu ne viens pas ? demanda Lili qui s'était levée et le regardait droit dans les yeux, ses sandales à la main, un sourire rafraîchissant aux lèvres.

Il avait envie de la serrer dans ses bras, d'étreindre son corps et de se remplir de sa fraîcheur, de sa générosité, de sa bonté. Cette sensation était tellement violente qu'il eut l'impression d'un choc électrique.

Il savait pourtant que cela n'amènerait que davantage de confusions et de larmes. Ce serait injuste.

Il ne pouvait se mentir sur un point : il savait parfaitement ce qu'il attendait de Lili. A la seconde où il l'avait vue il avait imaginé qu'elle pourrait lui offrir ce à quoi il aspirait le plus, au point de le bouleverser totalement.

L'apaisement.

Il avait espéré qu'elle pourrait le libérer de la colère, la douleur et surtout la perspective de l'angoissante et terrible solitude qui planait au-dessus de lui.

— Je te rejoins, lança-t-il en détournant le regard pour ne pas trahir son émotion.

Il eut pourtant le temps de voir la confusion dans son regard. Une pointe de déception, aussi qui, s'il extrapolait un peu, le laissait imaginer ses dispositions à son égard…

Tout cela était bien plus dangereux qu'il ne l'avait d'abord pensé.

- 3 -

Lili finissait de passer un coup d'éponge sur le plan de travail tout en songeant au départ de Tony.

— Est-ce que je t'ai déjà dit que tu en avais fait bien trop ? grommela Benny en rapportant un plat rempli de salade de pommes de terre que personne n'avait touché. Ah, Lili, je n'arrête pas de lui dire que les gens ne mangent plus comme autrefois…

Une fois que tout le monde fut reparti, Lili se retrouva seule avec son oncle et sa tante, leurs deux chiens et de quoi nourrir toute l'Europe de l'Est pour une semaine.

Magda soupira face à la quantité de nourriture qui restait.

— Ce doit être cette chaleur. Pour Thanksgiving, ils avaient beaucoup mieux mangé…, grommela-t-elle avant de lever les yeux vers le plan de travail rutilant. Lili, ma chérie, merci pour ton aide, je n'ai jamais connu une aussi bonne ménagère que toi.

— J'ai toujours aimé cela, tu le sais bien, mettre les choses en ordre m'apaise, je crois !

Magda plissa les yeux.

— Tu es une étrange jeune femme, dit-elle en hongrois, suscitant un soupir agacé de la part de Benny.

— Tu sais bien que je n'aime pas lorsque tu te mets à parler en hongrois.

— Tu n'aimes pas cela ? Eh bien rappelle-toi quand tu m'as connue et que je ne parlais que trois mots d'anglais, tes parents passaient leur temps à parler de moi à toute vitesse. Tout ce que je comprenais, c'était Magda ceci,

Magda cela… Aujourd'hui, c'est à moi de prendre ma revanche.

Lili se mit à rire de ce règlement de comptes.

— Tout ce que je voulais dire, coupa Lili, c'est que j'aime l'ordre et que cela ne me pose pas le moindre problème de faire le ménage. Tout sauf le chaos !

— Ma chérie, ma vie elle-même est un véritable chaos, il faut savoir accepter le désordre ! s'enflamma sa tante.

— Pour ma part je l'ai toujours évité, sous quelque forme que ce soit.

Lili repensa à sa discussion avec Tony un peu plus tôt et à la façon qu'il avait eue de refuser de répondre. Elle aurait pu insister, le pousser dans ses retranchements, mais elle ne l'avait pas fait, car elle redoutait tout ce qui pouvait causer des dissensions.

— Pourtant tu es venue nous rendre visite, remarqua Benny avec humour.

Magda lui donna une petite tape et pour le punir de sa réflexion le poussa de sa chaise pour prendre sa place.

— Quoi ? Tu me chasses de ma propre cuisine ?

— Oui, Lili et moi avons besoin de discuter, figure-toi. Entre femmes !

— Ma tante…

— Pas d'objection, interrompit Magda en pointant un ongle fraîchement verni en direction de Lili, avant de pousser un long soupir. Lorsque tu es venue ici la première fois, je me suis fait du souci à ton sujet. Pour moi tu étais une jeune fille différente, toujours le nez dans tes livres, toujours réservée.

— Tu dis cela parce que je n'ai pas voulu continuer la musique, c'est ça ?

— Bien sûr que non ! Je suis très fière de toi, tu as très bien fait puisque, regarde, maintenant, tu parles cinq langues. Au cours cet été-là, je t'ai vue te transformer de jeune fille timide en jeune femme plus assurée…

« Grâce à Tony. »

— Mais, aujourd'hui, j'ai l'impression de me retrouver

devant la jeune fille réservée d'autrefois et je comprends que ma sœur y est pour quelque chose. Tu t'es totalement sacrifiée pour ta mère…

— Ce n'est pas vrai ! s'exclama Lili.

— Bien sûr que si, ma chérie. Si tu n'avais pas été là, ta mère aurait dû se prendre en main au lieu de se laisser assister pendant les cinq dernières années de sa vie. Bon sang, Lili, tu étais sur le point de te marier ! Elle n'aurait pas dû accepter ton offre et tu n'aurais pas dû accepter de sacrifier ton mariage !

— Ah vraiment ? Tu sembles oublier que j'ai pris conscience que mon fiancé n'était pas l'homme qu'il me fallait. Et que lui de son côté n'a pas semblé manifester de regrets à notre séparation. Il n'avait pas besoin de moi. Maman, si.

— Mais tu as souffert de cette rupture, pourtant ?

— Bien sûr que j'ai souffert, reprit Lili, émue. Qui ne serait pas blessé de découvrir que la personne que vous aimiez n'était pas celle que vous pensiez ? Maman et moi avons dû affronter le même genre de désillusion. De trahison, même si pour mon cas ce n'était heureusement pas aussi grave. Ce qui compte c'est qu'aujourd'hui mon cœur est guéri et que je suis plus forte que jamais.

— Tu crois que les cœurs sont comme des os, qui se consolident après avoir été brisés ?

— Peut-être bien, murmura Lili, un demi-sourire aux lèvres. Quoi qu'il en soit, je pense que les choses ont un sens. Il devait être écrit que nous n'étions pas faits l'un pour l'autre. Sauf que…

— Je me doutais bien qu'il y aurait un « sauf » ! remarqua la vieille dame.

Lili vint s'asseoir à table à côté de sa tante.

— Le jour où maman est morte, je me suis retrouvée dans la cuisine de sa maison et j'ai pris conscience que j'allais avoir trente ans et que je n'avais toujours pas la moindre idée de ce que j'allais faire de ma vie. Tu avais raison tout à l'heure sur un point : je me suis toujours sentie différente, pas à ma place. Depuis mes dix ans, âge où j'ai décidé que je ne faisais pas partie de la grande famille de la musique, ma famille, j'ai toujours été le mouton noir… Et, aujourd'hui, j'ai un peu l'impression d'être restée à quai et de regarder les autres s'éloigner sur le bateau.

— Oh, ma chérie ! s'exclama Magda en plaçant tendrement sa paume sur la joue de Lili, d'un geste si maternel qu'il l'émut aux larmes. Fais-moi confiance, il y aura d'autres bateaux !

Lili sourit.

— J'espère bien !

— Je crois que ce qui te fait défaut aujourd'hui, c'est un but, bien défini.

— Tu as sans doute raison. Jusque-là je me suis focalisée sur mon travail de traductrice, mais cela ne suffit pas à remplir une vie.

— Tu as besoin de te sentir utile, ma petite chérie, c'est naturel.

— J'imagine, oui.

Magda soupira doucement.

— Dans ma famille, tout le monde pensait que j'étais folle de me marier avec quelqu'un que je ne connaissais qu'à peine, raconta-t-elle, nostalgique. Mais il m'a suffi de deux rendez-vous avec Benny pour savoir que c'était un homme bon et surtout qu'il avait besoin de moi. Non pas qu'il me l'ait dit ainsi, mais ce ne sont pas les mots qui comptent. Les mots viennent de la tête, pas forcément du cœur. Ce qui compte, c'est ce qu'il y a au fond de la personne.

Magda remplit un sac avec les assiettes en carton et les couverts jetables et alla le déposer sur le plan de travail avant de tendre deux boîtes en plastique remplies des restes de la fête.

— Ne reste donc pas prostrée comme ça, lève-toi et prends ça !

— Que veux-tu que je fasse avec toute cette nourriture ? J'ai déjà mangé plus que de raison !

— Nous n'avons pas un siège à tenir, tandis que je connais quelqu'un à qui tout cela serait plus qu'utile. Tony…

— Oh non…, répondit Lili en rendant le sac à sa tante. Hors de question que j'aille là-bas sous un prétexte aussi ridicule que celui-là ! Au mieux, il pensera que nous le prenons en pitié…

— Et alors ?

— Ne fais pas l'innocente, Magda. Il vient juste de perdre sa femme, et sa fille me regarde comme si j'étais l'incarnation d'une menace pour elle et sa famille. Je ne me vois pas…

— Tu voulais te sentir utile, interrompit sa tante, je n'ai jamais rencontré quelqu'un qui ait autant besoin d'aide que Tony et les siens en ce moment.

— Tu as raison, mais ce n'est pas de moi qu'ils ont besoin.

— Je n'en serais pas si sûre à ta place, Lili. Crois-tu que personne ne voit ce lien si particulier qui vous lie ? Qui vous a toujours liés, d'ailleurs.

— Je t'en prie, tu sais bien que je suis une sorte de petite sœur à ses yeux, rien de plus ! Une encombrante petite sœur, même !

— Je ne parlais pas de ce que Tony éprouvait pour toi, mais bien de l'inverse. Je suis une femme, moi aussi, et il y a des signes qui ne trompent pas.

Elle observa sa tante avec attention. Elle n'avait jamais parlé à quiconque de ses sentiments pour Tony, d'où sa tante tirait-elle donc une telle assurance dans ses propos ?

— Qu'est-ce que tu veux dire ?

Magda baissa les yeux.

— Tu te rappelles du journal intime que tu tenais à l'époque ?

— Ne me dis pas que tu l'as retrouvé ?

— C'est pourtant bien possible, suggéra Magda. Il se pourrait aussi que j'en aie lu quelques pages, avant de savoir à qui il appartenait, bien entendu. Ce qui te laisse deux options : apporter ces victuailles à Tony ou bien c'est moi qui irai lui apporter de la lecture…

Malgré elle, Lili éclata de rire et saisit les sacs. Elle savait que sa tante ne s'abaisserait pas à ressortir le journal intime d'une adolescente désespérément éprise, mais il était parfois plus simple de ne pas lutter.

— Les clés de voiture ?

Magda sortit le trousseau de sa poche et tendit la clé en souriant.

Une fois au volant de la voiture de sa tante, Lili éclata de rire une nouvelle fois.

Elle venait de se rendre compte que le journal que sa tante menaçait de montrer à Tony était entièrement rédigé en hongrois.

Tandis que Josephine s'ébattait gaiement dans son bain, entourée d'une multitude de jouets flottants, Tony se laissa glisser le long du mur en soupirant. A la seconde où il avait franchi le seuil de sa porte, il était rentré en enfer. Alors que leur chien — qu'ils avaient oublié de sortir en partant — les accueillait joyeusement, il découvrait le carnage qu'il avait fait dans la maison. De la nourriture, des couches, des papiers étaient dispersés aux quatre coins de la demeure.

— Papa ! s'écria Daphne depuis le rez-de-chaussée, le tirant de ses pensées. Tante Magda vient de se garer dans l'allée !

Il se redressa et saisit une serviette dans laquelle il enroula Josephine avant de quitter la salle de bains pour rejoindre le rez-de-chaussée. Que pouvait bien lui vouloir la tante Magda ?

Il eut la surprise de découvrir Lili, qui l'attendait en bas de l'escalier, lestée de deux gros sacs. Elle était là, chez lui, et lui souriait en le regardant de ses grands yeux clairs. Elle était là, dans son entrée avec son nouveau corps de femme aux courbes si troublantes et il ne pouvait pas même lui demander de s'en aller avant qu'il ne soit trop tard…

Pour se rassurer, il eut encore le temps de penser que quoi qu'il en soit, et même selon l'hypothèse hautement improbable qui voudrait que Lili éprouve à son égard le même penchant, rien ne pourrait arriver tant qu'il serait flanqué de ses trois adorables gardes du corps.

Ed aboya mollement.

… Et de son chien de garde !

— Oh, mon Dieu, mais quel chien adorable ! s'exclama Lili en déposant les sacs à ses pieds pour aller caresser l'animal qui tomba aussitôt sous le charme de la jeune femme. Comment s'appelle-t-il ?

— Ed.

— Bonjour, Eddie !

— C'est Lili et pas la tante Magda, en fait, intervint Daphne, un peu tard.

— C'est ce que j'ai vu, confirma Tony en rajustant la serviette autour de Josephine.

Lili se releva et saisit les sacs.

— C'est bien Magda qui m'envoie en revanche, pour vous déposer une partie des restes de la fête.

— Papa, qui est-ce qui…

La voix de Claire s'interrompit net lorsqu'elle découvrit Lili dans le couloir de l'entrée.

— Bonjour, Claire, dit Lili, un sourire attentif aux lèvres.

— Bonjour, Lili, marmonna Claire de mauvaise grâce. Papa, est-ce que tu veux que j'habille Josephine ?

— Tu me liras une histoire, papa ? demanda à son tour Daphne.

— Je suis désolée, je ne voulais pas vous déranger, je vois que vous êtes tous très occupés.

— Tu ne nous déranges pas du tout, dit Tony en confiant Josephine à Claire avant de prendre les sacs des mains de Lili. Entre un moment, je t'en prie.

*
* *

Lili essaya de ne pas s'offusquer de la mine sombre affichée par Claire qui semblait clairement contredire les propos de son père.

— Ecoute, je n'en ai pas pour longtemps, est-ce que tu veux te servir à boire dans la cuisine en attendant que je couche les filles ? Enfin, si tu n'as rien d'autre de prévu, bien sûr !

— Rien de précis, mais je ne vais pas rester longtemps, j'ai promis à Magda de regarder un film avec elle. En revanche, je peux peut-être en profiter pour mettre au frais ce que j'ai rapporté ?

— C'est très gentil ! Tu te souviens de la maison ?

— Oui, c'est par là, c'est ça ?

— Exact ! A tout de suite, alors.

Le cortège composé de Tony et ses trois filles se mit en marche dans l'escalier, tandis que Lili, escortée de son nouvel ami, Ed, prenait le chemin de la cuisine.

La pièce n'avait guère changé depuis l'époque où elle l'avait connue, tenue d'une main de fer par Rhea Vaccaro, la mère de Tony. Au-dessus de l'évier, des essais de peintures de différentes couleurs semblaient indiquer des modifications en perspective.

Elle déposa sur la table les boîtes en plastique remplies de salade de pommes de terre ou de saucisses grillées, puis ouvrit le réfrigérateur.

— Tu es déjà venue chez moi ?

Lili sursauta à la question de Claire. La fillette, toute en rondeurs, la couvait d'un regard toujours aussi suspicieux.

— En effet, il y a très longtemps, répondit-elle en rangeant les victuailles dans un réfrigérateur pratiquement vide. A l'époque, il s'agissait de la maison de tes grands-parents.

— Les parents de papa, tu veux dire ? Maintenant ils sont morts tous les deux.

— Oui, c'est ce que j'ai appris et j'en ai été très attristée. Je les aimais beaucoup, tu sais.

— Je ne m'en souviens presque pas. Daphne n'était pas encore née quand c'est arrivé.

Lili se creusa la tête pour changer de sujet et ses yeux tombèrent sur les essais de peinture sur le mur.

— Je crois que je préfère la deuxième couleur en partant de la droite, et toi ?

Claire suivit le regard de Lili.

— Cela fait des mois qu'elles sont là. C'était avant que maman ne tombe malade, mais papa n'a pas eu le temps de les recouvrir.

— Pourquoi les recouvrir ? Autant en profiter pour repeindre la cuisine, comme c'était prévu, non ?

— Le rouge n'est pas mal.

— J'imagine qu'il vous faudrait du temps pour vous habituer à une nouvelle couleur, ajouta Lili en refermant la porte du réfrigérateur. Mais c'est agréable d'apporter un peu de changement de temps en temps, non ?

— Je ne sais pas, lâcha Claire avec l'air de se demander d'où lui venait une idée aussi saugrenue. Stacey m'a dit que tu venais de Hongrie, c'est vrai ?

— Stacey ? Ah, la fille de Rudy, c'est ça ? dit Lili qui commençait à prier pour que Tony descende les rejoindre. Elle a dit vrai, je suis hongroise.

— C'est drôle parce que tu ne parles pas comme tante Magda, pourtant.

— Sans doute parce que j'ai appris l'anglais quand j'étais encore petite fille.

— Tu vas rester longtemps ?

Ses mots frappèrent Lili plus durement que si la fillette lui avait demandé de partir. C'était la petite fille inquiète et blessée qui parlait, il ne fallait pas l'oublier, songea-t-elle.

— Non, quelques semaines, pas plus.

— Tu as un petit ami en Hongrie ?

L'aspect surréaliste que prenait leur échange frappa Lili qui se mit à rire.

— Non, je n'ai pas de petit ami.

Elle comprenait bien qu'elle représentait sans le vouloir

une menace pour cette fillette qui venait de perdre sa maman. Il était important de la rassurer.

— Ton père et moi sommes de vieux amis, Claire. Ou plutôt nous avons été des amis il y a longtemps, car depuis nous ne nous sommes pas revus ni parlé.

— Vous êtes cousins, aussi.

— Oui, cousins par alliance. Mais rien n'interdit à des cousins d'être amis.

— Tu n'es pas au lit ? interrogea Tony depuis le seuil de la cuisine.

— J'y vais, répondit Claire en sortant de la cuisine. Je peux lire un peu dans ma chambre ?

— Bien sûr, ma chérie, dit-il en la suivant du regard tandis qu'elle regagnait sa chambre. Est-ce que j'ai raté quelque chose ?

— Je crois que ma présence ici la préoccupe sérieusement, hélas.

— Il n'y a pas grand-chose qui ne la préoccupe pas, dernièrement. Elle se montre particulièrement protectrice à mon endroit.

— C'est ce que j'avais cru comprendre. Je dois dire que je me reconnais beaucoup en elle, j'étais comme ça lorsque mon père est décédé.

— Je n'en ai pas gardé ce souvenir. Je me rappelle que tu étais réservée, mais je ne t'ai jamais sentie aussi agressive que l'est Claire.

— De l'eau avait déjà coulé sous les ponts à l'époque de ma venue, répondit-elle sobrement, avant de hocher la tête en direction des essais de peinture sur le mur. Elle semble avoir du mal à accepter les changements, est-ce que je me trompe ?

— C'est peu de le dire. J'ai tout fait pour qu'elle se décide à choisir une couleur, mais la seule chose qui trouverait grâce à ses yeux serait que l'on repeigne à l'identique.

— Sans doute parce que c'est sa mère qui avait choisi les couleurs ?

— Oui, répondit Tony dans un soupir. Je pensais que

cela lui ferait du bien, justement, de continuer ce que Marissa avait entrepris. Je dois être complètement à côté de la plaque !

— Laisse-lui du temps. Laisse-toi du temps, murmura-t-elle timidement. Je ferais mieux d'y aller.

Lili joignit le mouvement à la parole en prenant le chemin de la sortie. Elle tressauta lorsque Tony la retint par le bras.

— Tu m'as fait énormément de bien cet été-là, Lili. Je ne sais pas si tu t'en es rendu compte à l'époque, et je ne t'en ai pas vraiment remerciée, mais je voulais que tu le saches.

Elle laissa leurs regards se rencontrer pendant quelques secondes avant de répondre.

— Tu as su m'écouter, toi aussi, Tony.

— Je n'avais guère d'autre choix, il faut dire, avec ma jambe dans le plâtre j'étais cloué au lit ! plaisanta-t-il gentiment.

— Peut-être… Une chose est sûre, en revanche, si jamais tu as besoin de te confier à nouveau, je suis là, n'hésite pas à te délester de ce qui te tourmente.

— Ne me dis pas que tu n'as rien de mieux à faire qu'écouter les lamentations d'un pauvre homme…

— Je crois que cela dépend avant tout de l'homme en question, répondit Lili qui regretta aussitôt ses paroles.

Il fronça les sourcils puis s'avança vers le réfrigérateur qu'il ouvrit.

— Il y a de quoi alimenter tout un bataillon ici, commenta-t-il avant de se retourner, l'air grave. N'as-tu jamais l'impression que tu es en train de creuser dans du sable et qu'aussi profond que tu ailles il y aura toujours plus de sable pour venir remplir ton trou ?

Quinze ans auparavant, elle avait connu elle aussi le traumatisme de la mort d'un parent et l'effet dévastateur de la perte d'un être cher au sein d'une famille.

— Tony, il faut commencer par chercher de l'aide, pour la maison, pour les filles…

— As-tu seulement idée de ce que gagne un enseignant dans ce pays ? Mes beaux-parents prennent les filles en week-end de temps en temps, ce qui me donne le temps de faire un peu de rangement et de ménage sans être interrompu toutes les deux minutes. D'ailleurs Susan et Lou viennent demain et les garderont jusqu'à lundi soir.

Elle avait l'impression de déceler une pointe de culpabilité dans sa voix. Se rendait-il seulement compte de tout ce qu'il faisait ?

— Papa ? demanda derrière eux une petite voix.

Lili et Tony se retournèrent pour découvrir Josephine, les cheveux en bataille et les yeux pleins de sommeil.

— Mon petit cœur, qu'est-ce que tu fais là ? demanda-t-il en la prenant aussitôt dans ses bras.

— J'ai soif.

Il remplit un verre d'eau et le lui présenta.

— Il fait chaud, ma chérie. Papa va s'occuper de réparer la climatisation.

La fillette avala plusieurs gorgées d'eau, avant de reposer sa tête contre la poitrine de son père et de fermer les yeux. Lili s'attendrit de la voir retrouver aussi simplement un sommeil profond.

— Elle est tellement mignonne, murmura-t-elle.

— Quand elle dort ! répondit Tony à voix basse, un sourire aux lèvres. Je vais la recoucher.

— Bien sûr, cela fait déjà un moment que j'aurais dû y aller, répondit Lili en lui emboîtant le pas avant de se diriger vers la porte d'entrée.

Elle se retourna une dernière fois et surprit le regard de Tony. C'était un regard qu'elle ne lui avait jamais vu, un regard qui trahissait le désir physique. Elle n'était plus une enfant à ses yeux, et elle le comprenait maintenant. Elle avait maintenant des armes et un pouvoir dont elle prenait seulement conscience.

Et ce qui la faisait rougir, ce qu'elle ne se pardonnait pas, c'était le plaisir délicieux qu'elle en éprouvait.

- 4 -

Peu après midi le lendemain, on sonna à la porte de Tony. Il alla ouvrir, escorté de son fidèle Ed, et se retrouva face à Lili, un balai dans une main et un seau rempli de produits ménagers dans l'autre. Il retint son souffle un instant.

Ed, pour sa part, accueillait leur invité surprise avec une frénésie à peine descriptible, qui tranchait avec le silence interrogateur de son maître.

— C'est encore Magda qui t'envoie en mission ?

— Non, pas cette fois ! L'idée m'est venue spontanément hier soir.

Vêtue d'un large T-shirt et d'un short désespérément court, elle lui souriait.

— Quelle idée, si je puis me permettre ?

— Je me suis dit que, comme je n'avais rien de prévu, je pourrais participer à ton grand ménage hebdomadaire. Les filles sont parties, non ?

— Euh oui…

— Parfait, conclut Lili en finissant d'entrer pour se diriger d'un pas décidé vers la cuisine, suivie d'Ed qui semblait enchanté de cette visite.

Un parfum fruité se dégageait d'elle, mais il n'y prêta qu'à moitié attention tant l'essentiel de ses sens était obnubilé par la vision de ses longues jambes mises en valeur par son tout petit short.

— Est-ce que tu ne te prendrais pas pour une sorte de Mary Poppins hongroise, par hasard ?

— J'ai toujours aimé faire le ménage, c'est pas plus compliqué que cela ! répondit-elle avant de disparaître dans la cuisine.

Soudain conscient du ridicule de sa propre tenue, Tony lui emboîta le pas. Il portait un vieux short et un T-shirt avachi et taché.

— Tu as commencé sans moi ? demanda-t-elle depuis la cuisine, une nuance de déception dans la voix.

— Je me suis en effet permis de commencer le travail lorsque les filles sont parties vers 10 heures, ce matin. Je te rappelle que je ne savais pas que tu comptais débarquer chez moi ainsi équipée !

— Bon, il me reste l'étage, j'imagine ?

— Lili, mais enfin qu'est-ce que…

Sans même l'écouter, elle était partie, son balai à la main, à l'assaut de l'escalier. Abasourdi, il resta un moment immobile avant de se lancer à sa poursuite et de la rattraper en haut des marches.

— Lili, un instant, il est hors de question que tu viennes ainsi faire le ménage chez moi !

Ce ne fut qu'en ouvrant la porte de la salle de bains qu'elle s'arrêta enfin et se tourna vers lui :

— Tony, je crains que le chien n'ait fait quelques bêtises dans la salle de bains !

— Trois petites filles vous retournent un intérieur bien plus sûrement que n'importe quel chien. Ce pauvre Ed n'y est pour rien, je le crains !

Ne faisant ni une ni deux, Lili s'empara d'une éponge et d'un spray nettoyant et s'agenouilla devant la baignoire qu'elle entreprit de briquer.

Sidéré, il resta sur le pas de la porte à la regarder. Au bout de quelques secondes, elle se retourna et lui sourit, comme si tout était parfaitement normal.

— Tu n'es pas sensé me regarder faire, tu dois en profiter pour nettoyer de ton côté, je te signale !

— Même si j'ai déjà pris de l'avance dans la cuisine ? Cela ne compte pas ? demanda-t-il, amusé.

— Il n'y a donc rien d'autre à faire dans ta maison ?

— Hélas, il y a toujours quelque chose à faire, dit-il sans pour autant s'exécuter.

Elle termina le récurage de la baignoire en moins de temps qu'il n'en fallait pour le dire et s'attaqua ensuite au lavabo. Il resta là un instant à la contempler, à la fois interloqué et ravi.

— Bon, je crois que maintenant tu en as assez vu, plaisanta-t-elle. Il est temps de passer à autre chose ! Allez, du balai !

Il sourit et finit par s'avouer vaincu, terrassé par son entrain et sa bonne humeur. Il sentait la gratitude l'envahir et lui réchauffer le cœur.

— Merci, Lili, déclara-t-il avec une profonde sincérité. Je suis vraiment touché.

— Je préfère ça ! répondit-elle, un large sourire aux lèvres.

Deux heures plus tard, la maison tout entière avait été nettoyée, aspirée, époussetée, briquée et rangée. Lili retrouva Tony, occupé à récolter des légumes qui n'avaient que trop attendu dans le jardin. Le potager était envahi de mauvaises herbes qu'il arrachait avec vigueur, agenouillé au sol.

— Entre la pluie et les filles, je n'ai pas eu l'occasion de m'en occuper depuis des semaines, c'est une vraie forêt vierge.

Relevant la bordure de son chapeau il s'essuya le front avec le bas de son T-shirt, révélant ainsi d'impressionnants abdominaux.

— Tu trouves tout de même du temps pour faire de l'exercice, on dirait !

Il interrompit son geste et lui adressa un regard interrogateur. C'est alors que Lili se rendit compte qu'elle avait formulé cette dernière remarque à voix haute.

— Dès que j'en ai l'occasion je fais un peu de jogging

ou je travaille avec mes haltères, lorsque le stress est trop fort. Mais je crois que ce qui me permet de rester en forme, c'est de soulever toute la journée un petit paquet de près de deux tonnes, du nom de Josephine !

Lili s'accroupit.

— Est-ce que tu as besoin d'aide ?

— Tu en as déjà fait bien plus que tu n'aurais dû ! répondit-il en se redressant pour contempler les vestiges de son potager. Tu sais, ce jardin, c'était une idée de Marissa. C'était elle qui avait la main verte, pas moi, mais les filles ont voulu que l'on continue à l'entretenir, alors…

— C'est beaucoup de travail, un jardin.

— A qui le dis-tu !

— Est-ce que les filles t'aident un petit peu ?

— Oui, Daphne un peu plus que Claire, mais elles s'en occupent toutes les deux. La psychologue que nous avons consultée après la mort de Marissa a insisté sur l'importance de la continuité, surtout pour les enfants. La majorité des gens déménage après un deuil, en espérant fuir la douleur, mais c'est un faux-semblant. Il faut au contraire apprendre à vivre avec ce trou béant qui menace de vous engloutir. Les changements seront inéluctables, mais il vaut mieux attendre un peu, ne pas se précipiter.

Il balaya le porche du regard avant de se tourner vers Lili.

— Est-ce que tu peux me passer le panier qui est là-bas ? Je crois qu'il est grand temps de ramasser ces tomates.

Elle se leva et attrapa le panier d'osier puis revint vers lui et récolta les nombreuses tomates mûres à point qui faisaient ployer les plants.

— Je vois des montagnes de spaghettis bolognaises dans ton proche avenir !

Tony sourit.

— Je crois que je vais surtout en donner à Magda. Marissa faisait beaucoup de conserves, mais je ne sais pas faire tout cela. Laisse-moi porter le panier, il doit commencer à être lourd.

— Tu sais que tes filles ont de la chance d'avoir un

papa comme toi ? déclara-t-elle, attendrie. Est-ce qu'elles s'en rendent compte, au moins ?

Une moue dubitative aux lèvres, il soupira.

— Faire passer mes filles avant tout le reste, c'est la seule chose que je puisse faire, non ? Si quelque chose n'est pas bon pour elle, alors je n'ai plus qu'à l'oublier. Point.

— Ho ! M'sieur Vaccaro ! s'exclama une voix de jeune homme, de l'autre côté de la balustrade. Vous êtes là ?

— Hollis Miller ? lança Tony. C'est bien toi ?

Un instant après, un adolescent au large sourire apparut au portail.

— Lui-même, m'sieur. Oh pardon, je ne voulais pas vous déranger ! ajouta-t-il en découvrant Lili.

— Entre, je t'en prie, je te présente Lili, on va dire que c'est une cousine de Hongrie. Lili, voici Hollis Miller, un de mes anciens élèves.

Hollis tendit la main à Lili, un large sourire aux lèvres. Elle sourit de sa tenue un peu extravagante avec son pantalon bien trop large sur lequel retombait un maillot de base-ball immense et ses énormes baskets aux pieds.

— J'n'ai pas bien saisi, c'est une cousine ou c'en est pas une, m'sieur ? interrogea Hollis, intrigué par la formulation de Tony.

— Simplement parce que nous sommes cousins éloignés. Pour tout te dire, la sœur de sa mère est mariée au frère de mon père, c'est-à-dire…

— Je vous crois sur parole, m'sieur ! s'amusa le jeune homme avant de se tourner vers Lili. Vous savez qu'il m'a sauvé la vie, m'dame ? Sans lui, je n'aurais jamais eu mon diplôme !

Tony sourit.

— Je t'ai donné un coup de main, c'est sûr, mais de là à considérer que je t'ai sauvé la vie, c'est peut-être un peu exagéré !

— Non, m'sieur, vous ne vous rendez pas compte ! insista Hollis en jetant un coup d'œil au jardin en friche.

Qu'est-ce que c'est que ce jardin, m'sieur ? Vous essayez de faire pousser une forêt tropicale derrière chez vous ?

Lili se retint d'éclater de rire.

— Je sais, je sais, répondit Tony en haussant les épaules.

— Je peux vous aider, si vous voulez. J'ai passé toutes mes vacances depuis que je suis tout petit en Virginie, chez ma tante, une vraie spécialiste du jardin. Alors, si vous avez besoin d'aide, je suis votre homme !

Tony hocha la tête.

— Ce n'est pas une mauvaise idée, je pourrais te payer…

— Vous n'y pensez pas, après tout ce que vous avez fait pour moi ! Je peux passer lundi matin, ça vous va ?

— D'accord, alors en échange tu vas repartir avec des tomates et un ou deux concombres.

Un panier à la main, le jeune homme repartit en les saluant chaleureusement.

— Eh bien, il semblerait que tu disposes maintenant d'un jardinier ! lança Lili.

— On dirait bien ! Au fait, est-ce que tu veux profiter des légumes et rester déjeuner avec moi ?

— Pourquoi pas !

Ils entrèrent dans la maison qui paraissait étonnamment fraîche en comparaison de la fournaise qui régnait à l'extérieur. Ensemble, ils préparèrent le repas composé d'une grande salade, de pain et de fromage.

— Il fait encore chaud. J'aurais dû réparer la climatisation depuis longtemps, s'excusa Tony, c'est un vieux système qui date de mes parents et qui est plutôt compliqué à remettre en marche.

— Ne t'inquiète pas, je n'aime pas vraiment l'air conditionné de toute façon et puis la chaleur ne me dérange pas.

— Est-ce qu'il y a quelque chose au monde qui te dérange ? demanda-t-il soudain.

Elle lui jeta un regard interrogatif.

— Quelle drôle de question !

— Je ne voulais pas te mettre mal à l'aise, c'est juste

que je n'ai jamais connu quelqu'un d'aussi positif que toi, tu sembles t'accommoder de tout.

— Cela n'a pas toujours été le cas, mais, avec un peu de pratique, on arrive toujours à apprendre à faire au mieux avec les cartes que l'on a en main.

— C'est pour cela que tu es venue, pour prendre le temps de t'adapter à la nouvelle donne ?

— Je ne sais pas. Peut-être, même si je ne m'attends pas à recevoir une révélation majeure sur le sens de ma destinée, simplement parce que je suis ici. Je sais cependant qu'il va bien falloir que je décide de ce que je veux faire de ma vie, un jour ou l'autre.

Comme si ses paroles faisaient écho à ses propres interrogations, Tony inspira profondément.

— Tu as bien une idée de ce qui te plairait ?

— Pas le début du commencement d'une. Je crois simplement que j'ai envie de compter, de mettre ma pierre à un édifice, quel qu'il soit.

— Tu veux devenir célèbre ?

Elle se mit à rire.

— Oh que non !

Il plongea son regard dans le sien, gravement, cette fois-ci et Lili sentit un frisson parcourir sa peau.

— En tous les cas, je tiens à te dire que je suis heureux que tu sois là. Tu comptes pour moi, par ta simple présence.

Elle rougit.

— Je me sens gênée, c'est ridicule…

— Ne sois pas gênée. Tu sais, hier, juste avant de venir chez Magda, j'ai reçu une lettre de Marissa. Une lettre qu'elle avait confiée à notre avocat pour qu'il me la fasse parvenir après son décès.

Lili sentit son sang se glacer dans ses veines.

— De quoi s'agissait-il ?

— C'est difficile à dire… En fait, elle y avouait avoir eu une liaison, il y a quelques années de cela.

— Oh, Tony ! C'est pour cela que tu ne voulais pas parler, chez Magda ?

— En partie, oui, mais je me rends compte que c'est un secret trop lourd à porter pour moi. Je savais que tout n'allait pas au mieux dans notre couple, c'est sûr, mais je n'imaginais pas…, lança-t-il avant d'enfouir son visage dans ses paumes. Bon sang, tu veux savoir le pire ?

Elle chercha son regard et fut saisie par la souffrance qu'elle y trouva.

— D'après les éléments qu'elle me donne, il semblerait qu'il y ait une possibilité que Josephine ne soit pas de moi.

- 5 -

Tony n'avait pas imaginé que cet aveu lui ferait autant de bien. Il avait senti que Lili pourrait le recevoir, car, dans son monde où plus grand-chose n'était sûr, il avait deux dernières certitudes : celle que Lili ne le prendrait pas pour un fou et ne s'empresserait pas d'aller raconter sa vie à tout le reste de la famille.

— Oh mon Dieu, Tony, murmura Lili, sous le choc. Est-ce que tu es vraiment sûr de cela ?

— Tout ce dont je suis sûr, c'est que les dates pourraient coïncider. Elle voyait quelqu'un d'autre à la période où Josephine a été conçue, asséna-t-il en tapant du poing sur la table, ce qui fit sursauter le chien assoupi.

— Est-ce qu'elle dit elle-même dans son courrier que Josephine n'est peut-être pas ta fille ?

— Oui. De toute façon, il va falloir que je fasse des tests, je ne vois pas d'autre option.

Lili lui prit la main doucement.

— Tout ira bien, Tony…

— Tu n'en sais rien ! s'exclama-t-il en libérant sa main. Personne n'en sait rien. Tout le monde me dit toujours que tout ira bien, alors que c'est faux !

Elle croisa les bras, mais ne sembla pas affectée par sa réaction.

— Pardon, reprit-il. Je n'ai pas à te parler sur ce ton, je suis un peu à bout.

— Ne t'inquiète pas, c'est déjà oublié.

Il eut un sourire résigné.

— C'est incroyable comme on peut relire l'histoire d'un autre œil après coup, hein ? Bien sûr, nous nous disputions, souvent au sujet de broutilles, mais aujourd'hui je me demande si elle ne se sentait pas enfermée dans une vie qui ne lui convenait plus.

— Qu'est-ce qui ne lui convenait plus, à ton avis ?

— Si seulement je le savais. Marissa ne me disait jamais ce qui n'allait pas de but en blanc, c'était un peu comme si elle attendait de moi que je le devine tout seul. Elle savait parfaitement dans quoi elle se lançait avec moi. Elle aurait pu deviner que je n'allais pas me transformer en un brillant homme d'affaires du jour au lendemain. Son père, Lou, avait bien suggéré que j'aille travailler avec lui dans leur restaurant, mais cela n'avait guère été plus loin que cela : un vague projet. Il est certain que l'enseignement ne faisait pas de moi un homme riche, mais j'ai toujours imaginé que le temps libre dont je disposais compensait cela.

— Oui, c'est ce que j'aurais tendance à penser, moi aussi…

— A moins que ce ne soit cette maison, le problème, ajouta-t-il en hochant la tête en direction des peintures décaties et du jardin en friche. C'est ma mère qui nous l'a léguée et Marissa avait pensé qu'il serait plaisant de l'arranger à notre goût… Sauf que rénover une maison coûte cher et qu'elle s'est vite lassée de ce quartier et de cette maison. Elle aurait aimé un peu plus de standing, je crois, ou bien se rapprocher de ses parents…

— Qu'est-ce qui lui déplaisait dans ce quartier ?

— Rien en particulier, mais c'est vrai que les gens d'ici n'ont pas forcément des vies évidentes. Et puis je ne pouvais me résoudre à abandonner les gamins du lycée, à leur tourner le dos comme beaucoup l'avaient fait pour aller enseigner dans des établissements mieux cotés.

— Ce sont des jeunes comme Hollis ?

— Oui. Ils ne sont pas faciles, mais avec eux je me sens réellement utile. C'est au-delà du sport lorsque j'arrive à faire jouer ensemble une équipe composée de Blancs, de Noirs, de Mexicains ou d'Asiatiques.

Elle sourit. Sans doute l'imaginait-elle au milieu de ses gamins, comme il les appelait.

— J'imagine que Marissa était en mesure de comprendre cela, non ?

— Moi aussi, je le croyais, mais j'ai aussi l'impression qu'elle n'a jamais vu ce que je faisais autrement que comme un travail. Un gagne-pain, même. Alors qu'à mes yeux, c'était bien plus que cela. Et puis elle est tombée enceinte de Jojo. C'est là que nous avons traversé les plus grosses turbulences.

— Maintenant tu dois comprendre un peu mieux pourquoi.

— Oui, hélas ! Sur le moment, j'ai simplement mis cela sur le compte de la grossesse. J'étais surpris, car, après la naissance de Daphne, elle avait été très claire sur le fait qu'elle ne souhaitait pas d'autre enfant. Pour moi, nous avions pris nos précautions, même si je sais qu'aucune méthode n'est infaillible. Elle ne me parlait presque plus à cette époque. J'ai vraiment passé neuf mois infernaux.

— Je parie que personne n'en a jamais rien su, est-ce que je me trompe ?

— Tu veux rire ? Après tout ce que nous avions enduré pour convaincre nos parents que nous ne faisions pas une erreur en nous mariant si jeunes, nous n'aurions jamais dit un mot de nos passages à vide. Et puis de toutes les façons, dès que Josephine est née, j'ai retrouvé la Marissa d'autrefois. Elle n'a jamais rejeté sa fille comme je l'avais craint un temps au cours des mois précédents.

Des larmes lui montèrent aux yeux.

— C'était une bonne mère, tu sais, ajouta-t-il. Malgré les problèmes que nous avons eus, malgré ce que je viens d'apprendre, rien ne changera la maman qu'elle a été.

— Bien sûr, Tony.

Il frappa de son poing dans sa paume et étouffa un juron.

— Et puis elle est tombée malade. Juste au moment

où nous commencions à nous retrouver, la maladie lui est tombée dessus. Ce fut le début de la radiothérapie, de la chimio. Et pourtant, aujourd'hui, je me dis…

— Quoi ?

— Je me dis qu'elle n'a pas vraiment lutté. Comme si la culpabilité la dévorait plus encore que la maladie. Si elle avait pu m'en parler alors, nous aurions peut-être pu faire quelque chose…

— Crois-tu vraiment que cela aurait changé quelque chose au bout du compte ?

— A en juger par sa lettre, je crois qu'elle est morte dans des souffrances qui n'avaient rien à voir avec sa maladie.

Lili fronça les sourcils avant de se lever pour faire quelques pas.

— Ce qui me gêne, c'est que maintenant c'est toi qui portes le poids de sa culpabilité.

Il redressa la tête.

— Comment ? Mais pas du tout…

— Je sais que tu ne me demandes pas mon avis, interrompit-elle en lui faisant face. De toute façon, il n'a aucune valeur, mais je ne comprends pas pourquoi tu te fais tant de reproches. Bien sûr qu'il faut être deux pour faire fonctionner une relation, tout comme il faut être deux pour la faire échouer. Mais le fait que ta femme ait eu une liaison extraconjugale n'est pas ta faute, ni ta responsabilité ! Et sa mort l'est encore moins.

Tony fit non de la tête.

— Tu crois que je déraille, c'est ça ?

— Non, je crois surtout que tu essaies de donner du sens à quelque chose qui n'en a pas. Je crois que tu ne peux te résoudre à l'horrible absurdité de ce qui vous est arrivé…

Il soupira longuement, l'air abattu.

— Ces pensées, reprit-il d'une voix nouée, ces pensées m'obsèdent, tu sais. J'ai commencé par me dire que Josephine était le portrait craché de ses sœurs au même âge. Je fais tout mon possible pour me convaincre qu'elle est la chair de ma chair, et parfois je le ressens au plus profond de moi ! Et puis cinq minutes plus tard, je me dis que quelqu'un va venir frapper à ma porte pour me réclamer la fille qu'il a eue avec ma femme, tout en me répétant que, si quelqu'un avait dû la réclamer, il serait déjà venu. Peut-être ne lui a-t-elle rien dit, ou peut-être avait-elle prévu de me quitter, mais sa grossesse ou sa maladie a fait fuir son amant ? Et si Jojo n'est pas ma fille, dois-je le lui dire de toute façon ? Et les parents de Marissa…

— Tony, Tony, interrompit Lili en lui saisissant la main pour l'obliger à la regarder dans les yeux. Tu vas finir par te rendre malade si tu continues ainsi. Pour l'instant, tu ne dois te préoccuper que d'une chose : faire ces tests au plus vite et seulement ensuite tu envisageras ce que tu dois faire. Toutes ces conjectures ne servent à rien si ce n'est à te faire encore plus de mal !

— Peut-être que j'en ai besoin ? J'ai besoin de me préparer au pire, je crois. Est-ce que tu te rends compte que je m'occupe seul de Josephine depuis un an ? expliqua-t-il, bouleversé. Tout cet amour que j'ai ressenti en découvrant son visage à sa naissance, crois-tu qu'il disparaîtra aussitôt si j'apprends que nous n'avons pas le même sang ?

— Bien sûr que non.

Il baissa les yeux sur leurs mains jointes.

— Si je devais perdre Jojo, cela me tuerait, tu comprends ?

— Je le sais, Tony, mais je sais aussi que la perte de Marissa t'a tué, pourtant, tu es là, devant moi.

Il enfouit son visage dans ses paumes.

— Je voudrais juste comprendre ce qui s'est passé. J'ai l'impression qu'un grand trou dans ma poitrine se creuse avec chacune de mes questions sans réponse.

Comme si elle avait besoin d'éviter son regard où se lisait tant de détresse à vif, Lili fit mine de se concentrer sur Ed qui dormait à ses pieds. Une impression de déjà-vu saisissante lui vint à ce moment-là. Elle se revoyait, quatorze ans en arrière assise au même endroit à écouter Tony lui parler de Marissa. Elle avait aussi l'impression d'entendre les lamentations de sa mère après la trahison de Leo…

Les récriminations, la culpabilité, la fatalité. Tant de sentiments par lesquels elle-même était passée lorsque Peter l'avait quittée après deux années ensemble.

Elle en était venue à la conclusion que le monde était divisé en deux camps : celui de ceux qui considèrent que rien n'est leur faute et celui de ceux qui se croient responsables de tout.

Le tout était de savoir que la vérité se trouvait quelque part au milieu.

— Je peux t'assurer d'une chose, en revanche, lança Tony tout à coup. C'est que je n'avais pas le moins du monde prévu de te parler de tout cela, c'est un peu comme si je me retrouvais hors du temps. Comme lors de ta venue, la première fois. J'avais l'impression de pouvoir parler avec toi plus facilement qu'avec n'importe qui d'autre.

Elle répondit à son sourire embarrassé, sans bien savoir ce qu'elle ressentait à l'écoute de cette confidence. Elle éprouvait de la compassion pour lui, mais aussi une vague irritation, difficile à expliquer.

— Rien n'a changé depuis cette époque, tu veux dire ? demanda-t-elle, finalement.

Leurs regards se croisèrent longuement cette fois-ci, puis Tony se leva et fit quelques pas en direction du grand cerisier à l'angle du porche.

— Qu'en dis-tu ? Est-il déjà temps de les cueillir ? demanda-t-il en hochant la tête vers les branches garnies de fruits rouges.

Elle eut le sentiment déplaisant qu'elle n'avait rien compris de leur échange. Elle chassa pourtant cette pensée de son esprit et le rejoignit pour goûter une cerise ferme et chaude.

— Trop tôt ! conclut-elle en sentant le jus aigre se répandre dans sa bouche. Je dirais qu'il leur manque encore une bonne semaine.

Il sourit en la regardant cracher le noyau. Une brise légère jouait avec ses cheveux déjà en bataille.

— Tu veux dire que pour toi c'est le cas ?

— Pardon ?

— Tu veux dire que tu n'as pas remarqué que rien n'est plus pareil entre nous ? Nous avons changé, comment en serait-il autrement ?

Elle s'adossa contre le tronc rugueux du cerisier et savoura une seconde la fraîcheur de l'ombre, les paupières mi-closes. Lorsqu'elle rouvrit les yeux, Tony était là, si proche, soudain.

— Je ne trouve pas que nous ayons tant changé, à vrai dire. Au fond de nous, en tout cas. Je vois en toi la même personne qu'alors. Sauf que la vie ne l'a pas épargnée entre-temps.

Il posa sa paume sur le tronc, juste à côté de la tête de Lili et la fixa de son regard si franc.

— Pourquoi n'as-tu jamais répondu à mes e-mails ? demanda-t-il tout à coup.

Elle frémit et s'écarta de l'arbre, et surtout de Tony.

— A quoi bon ? murmura-t-elle, retenant son souffle lorsqu'il la retint par le bras.

— Je croyais que nous étions amis ! Lorsque tu es partie, cela a été dur pour moi. Tu m'as manqué !

Une mèche de cheveux s'échappa de sa queue-de-cheval. Elle la replaça nerveusement derrière son oreille.

— Est-ce que Marissa savait que tu m'écrivais ?

Il fronça les sourcils.

— Je ne vois pas le rapport !

— Réponds-moi simplement.

— Je ne sais pas. Sans doute, oui. Pourquoi ?

Lili sembla hésiter un instant.

— Il se trouve que, cet été-là, ma mère m'a envoyée ici parce qu'entre autres elle avait en projet de se marier avec Leo, sans que cela ne me perturbe outre mesure, selon la version officielle.

— Mais ton père ne venait-il pas de mourir ?

— Moins de six mois auparavant, confirma-t-elle. J'avais rencontré Leo en tout et pour tout cinq minutes dans ma vie.

— Comment a-t-elle pu imaginer qu'en se mariant dans ton dos cela résoudrait le problème ?

— Pour tout te dire, je crois qu'elle n'a pas vraiment pensé à grand-chose. Se retrouver toute seule la pétrifiait, il n'y a pas d'autres mots. Lorsqu'elle a rencontré Leo, elle était ravie de le laisser prendre les choses en main, je crois.

— C'est bien le même homme qui l'a quittée du jour au lendemain, n'est-ce pas ?

— Exactement et je crois que l'ironie de l'histoire ne lui a pas échappé, hélas ! Pour ma part, j'étais encore terrassée de chagrin par la mort de mon père lorsque j'ai découvert que ma mère avait sali sa mémoire de la façon la plus infâme qui soit à mes yeux.

— Ce n'est pas à ton père qu'elle a fait du tort, Lili, intervint Tony en posant délicatement les mains sur ses épaules avant de l'attirer contre lui. C'est à toi. Je n'ose imaginer ce que tu as ressenti à ce moment-là.

Bouleversée par tous ces souvenirs, elle se laissa faire. Des larmes brûlantes s'échappaient de ses paupières. Elle sentait les mains de Tony, larges et rassurantes sur ses épaules.

— Je me suis sentie plus mal encore à ce moment-là que lors du décès de mon père à vrai dire. Je ne pouvais plus rester vivre auprès de ma mère et de ce… type ! Les souvenirs de mon séjour ici semblaient totalement irréels, une fois rentrée là-bas. J'ai bien reçu tes messages, mais j'avais l'impression qu'ils ne m'étaient pas vraiment adressés et j'ai finalement eu besoin d'oublier toute cette période. Je suis désolée.

— Moi aussi je suis désolé, murmura-t-il d'une voix rauque qui lui fit lever les yeux. Bon sang, Lili, tu aurais dû me parler de ce qui était en train de se passer. Me raconter ce que tu étais en train de traverser.

— Qu'est-ce que cela aurait changé ?

— Je t'aurais écoutée.

Bien sûr qu'il l'aurait écoutée. Mieux que personne, certainement. A cet instant précis, alors qu'il était lui-même anéanti par ses propres souffrances, son soutien à propos d'une épreuve traversée près de quinze ans auparavant lui réchauffait le cœur d'une façon incroyable. Cet homme aimait son prochain d'une façon sincère et touchante. Tellement touchante qu'il n'était pas difficile pour une jeune femme un peu trop sensible de tomber amoureuse de lui si elle n'y prenait pas garde.

Elle se hissa alors sur la pointe des pieds pour déposer un léger baiser sur sa joue mal rasée. Elle sentit un mélange de terre humide, de savon et de sueur.

— J'ai l'impression que Marissa n'aurait pas vraiment été d'accord avec ça, murmura-t-elle avant de regagner la porte. Que dirais-tu que je repasse le week-end prochain pour continuer le ménage ?

Le regard de Tony se plongea dans le sien. Il était sombre et profond et empli d'un émoi bien particulier qu'elle n'eut pas de mal à reconnaître.

— Tu es sûre que tu es totalement saine d'esprit ? lança-t-il, un demi-sourire aux lèvres.

— Non, mais c'est sans doute pour cela que j'apprécie ta compagnie !

Le rire grave de Tony résonna dans sa tête tout le chemin du retour jusque chez sa tante.

A 10 heures, le mardi matin, Claire laissa tomber son sac à dos sur le sol de la cuisine où elle venait d'entrer et tira, le regard suspicieux, le rideau de la cuisine.

— Qui est-ce ?

Les beaux-parents de Tony venaient de déposer les filles et il n'avait pas eu le temps de leur parler de Hollis, qui se trouvait justement dans le jardin, occuper à arracher les mauvaises herbes.

— C'est Hollis. Il s'agit d'un de mes anciens élèves qui m'a offert ses services en tant que jardinier.

Il avait l'impression de cacher un énorme secret à ses filles, en ne parlant pas immédiatement de Lili qui emplissait pourtant toutes ses pensées depuis ce week-end, et dont la simple évocation faisait naître des frissons délicieux le long de sa colonne vertébrale.

— Tu veux dire qu'on a un jardinier, comme papi et mamie ? demanda Daphne en se dirigeant vers le jardin, comme pour aller l'observer de plus près.

— Daphne, attends ! s'exclama Claire, qui avait toujours été plus méfiante que sa sœur.

— Ne t'inquiète pas ma chérie, c'est Hollis qui risque d'être le plus effrayé de cette rencontre !

— Pourquoi est-ce qu'on aurait besoin de quelqu'un dans le jardin ?

— Parce que ta maman n'est plus là et que je suis loin d'avoir la main verte. Si vous tenez vraiment à ce que l'on garde le potager, ce sera avec Hollis et puis c'est tout.

Claire lui adressa un regard noir, comme s'il venait de lui faire une offense personnelle, puis elle jeta son sac à dos sur son épaule et quitta la pièce d'un pas lourd.

— D'ailleurs, il reste déjeuner avec nous que cela te plaise ou non ! ajouta Tony.

A peine avait-il proféré ces quelques mots qu'il sentit son cœur se serrer. Il avait horreur de hausser la voix sur ses filles. Il gravit donc à son tour les marches, toujours avec Josephine dans les bras, et rejoignit Claire, assise en tailleur sur son lit. Elle avait adopté la posture des mauvais jours : sourcils froncés, lèvres closes, cheveux tombant devant les yeux. Ses coudes reposaient sur ses genoux et son menton sur ses poings serrés.

— Tu ne m'as pas raconté votre week-end, qu'avez-vous fait de beau ?

— Mamie a appris à Daphne à nager la brasse.

— Et toi ?

— Je sais déjà nager la brasse.

— Je le sais, mon cœur, mais je me demandais si tu t'étais baignée.

— Bien obligée, sinon mamie ne me lâche pas et passe son temps à me demander si tout va bien, lança la fillette en haussant les épaules.

— Mais tu aimais bien nager, il n'y a pas si longtemps de cela, pourtant ?

— Plus maintenant.

— Est-ce parce que maman n'est plus là pour jouer avec toi ?

— Peut-être.

Josephine avança à quatre pattes sur le lit et se contorsionna pour distinguer le visage de sa sœur.

— Triste, Claire ? demanda-t-elle.

Claire s'efforça de sourire et prit sa jeune sœur sur les genoux, déposant un baiser sur ses cheveux au passage.

Tony eut soudain du mal à respirer. Il allait devoir faire ces maudits tests ADN avant que le doute ne vienne s'insinuer dans chacune de ses pensées. Quelle excuse pourrait-il bien trouver pour emmener Josephine sans éveiller de soupçons ?

— A quoi tu penses, papa ?

— A rien de précis, ma chérie, j'ai simplement beaucoup de choses en tête en ce moment.

— Comme quoi ?

— Comme le fait que tu aies du mal à accepter le changement. Je me disais que je comprenais tes réticences, mais je crains aussi que tu ne te retrouves perdue dans un monde qui ne s'arrêtera pas pour t'attendre…

D'un geste tendre, il écarta les mèches de cheveux qui lui mangeaient le visage.

— Je sais, murmura-t-elle et ses yeux se remplirent de larmes. Mais j'ai l'impression que, dès que je tourne le dos deux minutes, tout se met à changer. Je n'arrive plus à suivre, tout va trop vite.

Il acquiesça. Ces derniers jours avaient été compliqués pour la fillette, à cause de Lili et aussi de la lettre de

Marissa. Il ressentait lui aussi ce sentiment d'insécurité permanente.

— Je connais cela, mon cœur. Mais n'oublie pas que certaines choses ne changeront jamais.

— Il y a toi et Daphne et Jojo et Ed.

— Oui, et aussi l'école, Lou et Susan, tes camarades de classe.

Elle hocha la tête et sécha ses larmes.

— Tu te sens mieux ?

— Oui, murmura-t-elle en se serrant contre son père. Mais je voudrais que tu me promettes une chose.

— Qu'est-ce que c'est ?

— Promets-moi de ne jamais te remarier.

— Ce n'est pas au programme pour le moment, en tout cas, dit Tony en s'efforçant de chasser les images de Lili qui ne cessaient de le hanter.

- 6 -

— Waouh ! s'exclama Hollis en découvrant le travail fait par Lili. Eh, m'sieur Vaccaro, descendez un peu voir votre nouvelle cuisine !

— Je t'en prie, Hollis, ce n'est pas grand-chose, dit Lili en enlevant ses gants de caoutchouc.

Elle devait cependant reconnaître que ces quelques heures de ménage intense lui avaient donné un peu chaud.

— Moi qui croyais que ma mère était la reine du ménage, je dois dire que vous la battez à plates coutures, mais vous devez me promettre de ne jamais répéter ce que je viens de vous dire !

— Waouh ! s'exclama Tony à son tour.

Elle ne put s'empêcher de rougir de plaisir en constatant le large sourire sur le visage de Tony. Son regard s'attarda quelques instants sur son léger débardeur qui mettait en valeur ses épaules et ses bras vigoureux. Ce n'était certainement pas cela qui allait faire baisser la température.

Il passa devant elle et examina, impressionné, le plan de travail rutilant.

— Comment est-ce que tu as fait cela ? Cela fait des années, peut-être même plus de dix ans que je n'ai pas vu ma cuisine aussi propre !

Elle sourit modestement.

— Que veux-tu que je te dise, à croire que la saleté trépasse dès que je m'approche !

Tony sourit en plantant son regard dans celui de Lili, qui frissonna.

— Tu es vraiment incroyable, ajouta-t-il en se tournant vers elle.

Leurs regards se croisèrent un bref instant et ce fut comme si leurs cœurs battaient à l'unisson l'espace de quelques secondes. Hollis se racla la gorge, comme pour rappeler sa présence et briser le sortilège.

— Je ferais bien d'y aller, dit Lili, il est déjà tard.

— Justement, intervint Tony, j'allais vous proposer à tous les deux de rester dîner ce soir. Les parents de Marissa vont ramener les filles d'ici à une heure et je me disais que je pourrais sortir le barbecue sur la terrasse.

— Désolé, m'sieur, mais nous avons des invités ce soir et j'ai promis à ma mère de faire quelques courses en rentrant ! Il faut que j'y aille, ce sera pour une prochaine fois !

Joignant le geste à la parole, Hollis les salua de la main, avant de prendre la porte.

— L'invitation tient pour toi, Lili.

— Non, c'est gentil, mais je ne préfère pas. D'autant que j'ai passé la journée à frotter la cuisine et que j'ai avant toute chose besoin d'une bonne douche !

— Peu importe, nous avons une heure devant nous, tu peux tout à fait prendre une douche !

Lili fit non de la tête.

— D'ailleurs comment se fait-il que les filles rentrent ce soir ? Je pensais qu'elles restaient avec tes beaux-parents jusqu'à demain ?

— Susan et Lou ont quelque chose de prévu demain, je n'en sais pas plus, expliqua-t-il avant de poser doucement la main sur l'épaule de Lili. J'aimerais vraiment que tu restes dîner, ce soir. Je serais content qu'ils fassent ta connaissance et puis, au fond, nous sommes tous de la même famille.

— Je le sais bien, mais je crains qu'ils ne l'interprètent pas de cette façon. Et s'ils se faisaient des idées ?

Il soupira profondément.

— Tu sais, j'ai passé toute ma vie à me plier en quatre

pour que tout le monde soit le plus heureux possible autour de moi. Cela ne m'a jamais vraiment posé de problème, c'était ainsi, c'est tout… Mais il y a des moments où je ressens le besoin de faire quelque chose pour moi, sans penser aux autres, pour changer. Ce soir, j'aimerais pouvoir te remercier de ton aide en t'invitant à dîner sans avoir à me préoccuper des fausses idées que cela pourrait susciter. Est-ce vraiment trop demander, à ton avis ?

— Bien sûr que non, répondit-elle, sincèrement touchée. Sauf que j'ai l'impression que tu ne cherches pas seulement à me remercier, est-ce que je me trompe ?

Tony sembla tressaillir. Est-ce que cela se voyait tant que cela qu'il avait du mal à la laisser partir ? Du mal à la laisser s'éloigner de lui.

— Tu cherches un soutien moral pour affronter tes beaux-parents, ce soir, je me trompe ?

Il respira, soulagé de constater qu'elle n'avait pas totalement deviné ce qui l'animait.

— Tu n'as pas complètement tort… En effet, je cherche une alliée auprès de moi ce soir.

Elle sourit.

— Ce n'était pas si compliqué de le reconnaître, non ? lança-t-elle, malicieuse, avant de sortir, le laissant seul face à une porte close.

Une demi-heure plus tard, douchée, habillée et surtout psychologiquement préparée, Lili passa la porte et se laissa guider par la musique. Elle trouva Tony sur la terrasse, installé sur une chaise longue, une bière à la main et le chien Ed allongé à ses pieds.

Lorsqu'elle s'approcha de lui, il tourna vers elle un regard morose.

— Quelque chose qui ne va pas ? demanda-t-elle en haussant le ton à cause de la musique.

— Oui, ma tête, répondit-il en baissant le volume.

Il avait eu le temps de se doucher lui aussi, avant d'allumer le barbecue et avait enfilé un jean et un T-shirt. Lorsqu'il la regarda, il fronça les sourcils légèrement, comme troublé par un détail. Il lui fallut quelques secondes pour déterminer ce qui manquait.

— Tu navigues à vue, ce soir ? plaisanta-t-il.

— J'ai mis des lentilles pour l'occasion. Je n'en porte pas souvent, expliqua-t-elle en rosissant aussitôt.

— J'aime bien tes lunettes, tu sais, dit-il avant de pointer ses cheveux, redressés en un chignon improvisé. J'aime bien tes cheveux, aussi. Et ta robe, la couleur te va bien.

Elle toucha ses cheveux du bout des doigts et sourit timidement.

— Merci.

— Je suis nul, marmonna alors Tony en portant sa bière à ses lèvres.

— Est-ce que tu es sûr que tu n'es pas un peu ivre, plutôt ? demanda Lili, l'air préoccupé.

Il sourit et fit non de la tête.

— Pas avec une seule bière.

— Pourquoi est-ce que tu es si nul que cela, alors ?

Son sourire s'effaça aussitôt.

— Parce que j'abuse de ta générosité naturelle. Je ne devrais pas accepter que tu viennes faire le ménage ainsi chez moi, je ne devrais pas me servir de faux prétexte pour t'inciter à revenir dîner.

Elle poussa doucement son pied contre le sien, pour l'obliger à la regarder.

— Je ne suis plus une gamine, Tony. Je suis en mesure de prendre mes propres décisions et, si je n'avais pas eu envie d'accepter ton invitation, je ne l'aurais pas fait.

Il hocha la tête.

— Bon, si tu le dis, alors…

Lili lui prit la main.

— Tu oublies qu'en fait c'est moi qui vais abuser de toi en me faisant nourrir à l'œil !

Lorsqu'elle chercha à retirer sa main, il la retint et lui adressa un regard grave.

— C'est comme autrefois, Lili, n'est-ce pas ? Tu m'empêches de me complaire dans mes idées noires. Tu me tires vers le haut…

— Je ne supporte pas de voir qui que ce soit s'enliser, cela me désespère. Ecoute, Tony, je souffre pour toi de ce qui t'est arrivé, et je suis en colère avec toi. J'espère simplement être en mesure de t'aider de mon mieux.

Ils restèrent un instant immobiles, les yeux dans les yeux, puis il se leva et entra dans la cuisine, dont il revint un instant plus tard avec de quoi préparer des hamburgers.

— Ce qui me rend dingue, reprit-il en retournant les braises du barbecue, c'est que tous les signes étaient là. J'aurais dû deviner qu'il se passait quelque chose il y a bien longtemps.

— Peut-être que c'est le cas, mais ce n'est pas ta faute pour autant, tu ne pouvais imaginer ce qui allait se passer ensuite, Tony, personne n'a ce pouvoir-là.

— Mais je ne peux pas me satisfaire de cette idée ! s'exclama-t-il soudain, en brandissant le couteau qu'il avait utilisé pour ouvrir la boîte des steaks hachés.

Se rendant compte qu'il avait crié, il se tut et ferma les yeux, comme pour lutter contre une douleur trop vive. Elle s'approcha pour lui ôter le couteau des mains et le déposer sur la table avant de le serrer dans ses bras. La vision de cet homme, d'allure si solide, luttant pour ne pas fondre en larmes devant elle la bouleversait au plus haut point.

Il la repoussa doucement.

— Tout va bien, je… Je l'aimais, Lili, et je ne me pardonne pas de ne rien avoir vu, ajouta-t-il en rouvrant les yeux et lui adressant un regard tourmenté.

— Je le sais, Tony.

— Il y a autre chose qui me met en colère, d'ailleurs. Si elle n'a pas jugé bon de m'en parler à l'époque, pourquoi me le faire savoir ? Pourquoi diable souhaiter que je l'apprenne si longtemps après son décès ?

Elle savait que les questions de Tony étaient naturelles à ce stade. Il n'avait appris la triste vérité que depuis quelques jours finalement, et elle savait que tout processus demandait du temps. Elle avait connu les questionnements sans fin lorsqu'elle avait accompagné sa mère dans ce même chemin, des années auparavant.

C'était aussi pour cette raison qu'elle ne l'avait pas poussé à faire les tests ADN en urgence. Elle savait que les résultats pourraient lui porter un nouveau coup, plus terrible encore que l'annonce d'une infidélité et elle sentait qu'il n'était pas encore prêt à recevoir une nouvelle aussi terrible que cela.

— Ce qui est important, c'est que, malgré toutes ces questions sans réponses, tu saches que tu n'es pas seul. Il y a tes filles, bien sûr, mais moi aussi je suis là.

Il braqua son regard sur elle.

— Pour combien de temps encore, Lili ?

— Oui, c'est vrai, je vais repartir bientôt, mais d'ici là tu auras eu des réponses, ajouta-t-elle en sentant son cœur se serrer douloureusement.

Une brise légère se leva, agréablement rafraîchissante. Tony retourna la viande sur le gril, regrettant presque que la soirée s'annonce aussi agréable. Les odeurs de pelouse fraîchement tondue se mêlaient à celles du barbecue et il percevait au loin les cris d'enfants sautant dans les piscines voisines ou jouant au ballon. Une authentique soirée d'été.

Toutes ces sensations mêlées lui rappelaient les moments passés sur cette même terrasse avec Marissa. Elle aimait tant l'odeur du chèvrefeuille qui se dégageait après les chaudes journées d'été.

Pourquoi avait-il invité Lili ?

Peut-être pour qu'elle lui tienne la main.

Il sursauta lorsqu'elle lui effleura l'épaule. Elle lui tendit un verre de limonade puis s'assit sur un fauteuil à côté.

— Merci.

Elle ne dit rien pendant quelques secondes, puis s'éclaircit la voix.

— A quelle heure est-ce que tu attends les filles ?

— Elles ne devraient plus tarder, dit-il en tendant l'oreille. D'ailleurs je crois que c'est la voiture de Lou que j'entends. Tu te sens prête ?

— Je n'ai plus le choix, quoi qu'il en soit ! répondit-elle en tournant ses grands yeux bleus vers lui.

La porte s'ouvrit et Daphne apparut la première puis courut vers son père qu'elle enlaça.

— Des hamburgers ! Génial !

Le reste de la famille fit son apparition, encadré par Lou et Susan, à la présence imposante.

Dès qu'elle vit Lili, Josephine se précipita vers elle. Lili la prit aussitôt dans ses bras et la serra tendrement.

La réaction de ses beaux-parents fut bien plus mitigée, comme il fallait s'y attendre, et n'était pas loin de celle de Claire qui lui jeta un regard noir d'anthologie. Le visage de Susan Pellegrino se figea, lui aussi, même si elle sut un peu mieux que sa petite-fille masquer la sensation de désagréable surprise qui l'avait de toute évidence envahie.

— Filez vous laver les mains, les enfants, lança Tony avant de saluer ses beaux-parents. Susan, Lou, je vous présente Lili Szabo, qui nous vient de Hongrie. Lili est la nièce de Magda, elle est de passage pour quelques semaines.

Lili s'avança aussitôt à leur rencontre et les salua chaleureusement.

— Je suis tellement contente de faire votre connaissance, lança-t-elle au couple, médusé. J'ai eu tellement de peine lorsque j'ai appris pour votre fille, recevez mes plus sincères condoléances.

La mère de Marissa plaça la main sur sa poitrine en guise de remerciement. Elle avait les ongles impeccablement manucurés et soigneusement vernis. Il fallait dire que rien ne semblait laissé au hasard chez Susan, depuis le maquillage jusqu'à la blancheur étincelante de ses dents, tout était impeccable.

— Merci, Lili, c'est très gentil à vous. Claire nous a effectivement parlé de vous, expliqua un peu froidement

Susan avant de se tourner vers Tony. Elle me disait que vous vous connaissiez depuis longtemps ?

— En quelque sorte, nous étions à peine sortis de l'enfance lorsque nous nous sommes connus, reprit Lili. Mais je vois que les hamburgers sont prêts, j'espère que vous resterez dîner avec nous ?

Son sourire millimétré imperturbablement en place, Susan se tourna vers Tony.

— Des hamburgers ? demanda-t-elle avec force effets de regards dans la direction de Claire. J'espère que c'est de la viande maigre, certaines d'entre nous doivent contrôler leur poids…

Tony s'efforça de garder son calme.

— Je ne sais pas si la viande est maigre, mais les steaks sont minces, cela compensera !

A en juger par le léger frémissement dans son regard, Susan avait reçu le message.

— Tony a prévu une salade aussi, ajouta Lili en emmenant Susan dans la cuisine.

Où Lili avait-elle vu passer une salade ? Il n'en avait aucune idée, mais accepta la diversion, le temps de servir les hamburgers. Il sentit Lou se rapprocher de lui à son odeur d'eau de Cologne. Il aimait bien son beau-père qui était finalement un modeste fils d'ouvrier qui avait réussi dans la vie et savourait cette réussite en arborant de célèbres polos de golf un peu trop voyants, une montre Rolex plus large que son poignet et cette coûteuse eau de toilette qui le devançait toujours de quelques mètres.

— Tout s'est bien passé avec les filles ?

— Evidemment, ce sont des anges ! s'exclama Lou en assemblant un hamburger. Même si Jojo a un sacré caractère ! Elle est très différente de ses sœurs, vous ne trouvez pas ? Je retrouve sa mère à son âge.

— Sans doute. Je vais chercher les filles, justement, coupa Tony, incapable de se lancer dans une telle discussion ce soir.

— Attendez, Tony, je voudrais vous dire un mot, dit Lou en prenant place à table.

Les deux hommes tournèrent la tête vers le jardin où Josephine et Daphne s'amusaient, tandis que Claire s'était postée en retrait et couvait ses sœurs d'un regard protecteur.

— On dirait qu'elle porte le monde sur ses épaules, n'est-ce pas, dit Lou en hochant la tête en direction de la fillette.

— Elle était déjà très protectrice avant le décès de Marissa.

— C'est vrai, mais je trouve que cela s'accentue très nettement, dernièrement, vous voyez ce que je veux dire ?

Il voyait très bien ce que Lou voulait lui dire. C'était un sujet des plus sensibles qui avait déjà été abordé lors du décès de Marissa et Tony avait espéré qu'il ne ressortirait pas de sitôt. Il savait que ses beaux-parents se préoccupaient de sa capacité à élever seul ses trois filles.

— Lou, ne recommençons pas, je vous en prie.

— Je dois pourtant essayer de vous faire entendre raison, Tony ! Un gérant me remplace au restaurant, maintenant, je ne travaille plus qu'à la maison et Susan est totalement disponible. Nous serions tout à fait en mesure de…

— De prendre des vacances ! coupa Tony. De faire du bénévolat, de participer à des clubs de retraités ! Tout ce que vous voulez, Lou, mais vous n'aurez pas mes filles. Je sais que dès le départ vous ne souhaitiez pas que Marissa épouse quelqu'un comme moi, mais…

— C'est faux, Tony, et vous le savez très bien ! Nous nous sommes fait du souci à l'époque, et c'était bien normal, Marissa était notre fille unique et vous étiez si jeunes, tous les deux. Nous voulons simplement nous rendre utiles, Tony, nous vous voyons tellement affecté et débordé de travail avec les trois filles. Nous ne voulons pas vous les prendre, mais simplement aider de notre mieux. Vous savez qu'il y a une excellente école privée à côté de chez nous ?

— Les filles sont très bien où elles sont. Elles sont très

bien chez elles. Je sais que pour vous aussi tout cela est extrêmement difficile, mais ma décision est catégorique.

Lou hocha la tête.

— Je savais que vous diriez cela, intervint le vieil homme. Je l'avais dit à Susan, mais elle voulait tout de même que je vous en touche un mot.

Tony savait au fond de lui que cette discussion n'était toujours pas close. Une chose pourtant était claire : personne ne le séparerait de ses filles.

Il les regarda jouer dans le jardin et son cœur se serra plus particulièrement en s'arrêtant sur Josephine.

Personne.

— C'est mieux ainsi, marmonna Susan en regagnant la cuisine après une inspection des chambres et de la salle de bains de l'étage.

Farfouillant longuement dans un énorme sac à main d'un designer à la mode, elle en sortit un flacon de lotion dont elle versa quelques gouttes dans la paume de sa main.

— Excusez-moi d'avoir tant tardé, mais le lavabo de la salle de bains était d'une saleté incroyable. Je me demande s'il a été nettoyé au cours des semaines passées !

Lili ne put masquer son étonnement.

— Mais comment est-ce possible ? Tony vient justement de passer la journée à faire le ménage !

Susan plissa les paupières.

— Ah vraiment ? Et comment savez-vous cela ?

— Eh bien parce qu'il me l'a dit. Il m'a expliqué qu'il profitait des week-ends où vous vous occupiez des filles pour nettoyer la maison. Les enfants sont comme ça, j'imagine qu'en se lavant les mains l'une des filles aura sali le lavabo.

— Les enfants sont peut-être comme ça, mais une maison bien tenue les encourage à se comporter de façon plus soigneuse, ne pensez-vous pas ?

Lili bouillait intérieurement, mais elle savait qu'il serait contre-productif de se lancer dans une polémique avec Susan qui avait visiblement un avis très arrêté sur ce qui devait être ou pas. Mieux valait rester calme et tempérée.

— Je ne saurais vous le dire, mais Tony fait de son mieux et s'occupe admirablement de ses filles qu'il aime du fond du cœur…

Sentant l'émotion l'étreindre, Lili s'interrompit et tourna le regard vers la fenêtre pour masquer son trouble.

— Lili, est-ce que tout va bien ?

De quoi se mêlait-elle ? Tony était assez grand pour se débrouiller tout seul et elle ne connaissait pas assez Lou et Susan, mais pourtant…

— Je sais que cela ne me regarde pas, mais j'ai cru comprendre que vous souhaiteriez que vos petites-filles viennent habiter avec vous ?

Le visage de Susan se ferma une nouvelle fois et elle fit quelques pas en direction de la fenêtre.

— Lou et moi avions évoqué cette possibilité il y a quelque temps. Ne pensez-vous pas que c'est le rôle des grands-parents que d'être présents dans les coups durs ? Quant à Tony…

— Vous comprenez bien que la simple idée de confier ses filles le bouleverse, Susan, vous ne pouvez pas attendre de lui qu'il se réjouisse d'une telle idée.

Susan soupira.

— Je n'en suis pas surprise, mais j'espérais seulement…, commença-t-elle, émue aux larmes. Vous ne pouvez imaginer ce que cela représente de perdre son seul enfant. Mes petites-filles sont tout ce qui me reste de Marissa. Nous voulions les faire profiter de tout ce que nous avons à leur offrir, tout en soulageant Tony un petit peu, ne serait-ce qu'un temps.

— Les filles sont aussi tout ce qu'il reste à Tony ! Comment avez-vous pu imaginer les lui prendre ?

— Nous n'avons pensé qu'à une seule chose : leur bien-être et celui de Tony. Il est débordé, cela se voit au premier coup d'œil, même s'il refuse de l'admettre…

— Eh bien aidez-le, aidez les filles, ici, chez eux, s'exclama Lili, surprise de sa propre insistance. Embauchez une femme de ménage ou trouvez une jeune fille au pair. Vous vous occupez déjà de vos petites-filles tous les week-ends, c'est plus que la majorité des grands-parents.

Susan ne répondit guère et retourna d'un pas calme vers la table sur laquelle se trouvait son sac à main.

— Je comprends que Tony s'est fait en vous une alliée des plus solides.

Se rendant compte qu'elle en avait déjà bien trop dit, Lili retourna vers le plan de travail et la salade qu'elle n'avait pas encore assaisonnée.

— Tony s'était montré très bon avec moi dès ma première visite, et c'était d'autant plus désintéressé qu'il était déjà avec votre fille à l'époque. Je n'ai pas oublié sa gentillesse, c'est aussi simple que cela.

— Je vois, répondit Susan en la détaillant attentivement. Et ses bonnes dispositions à votre égard me semblent toujours acquises.

— C'est possible.

— Vous rougissez.

— C'est parce qu'il fait chaud.

Après un silence qui leur parut une éternité, la belle-mère de Tony ajouta :

— Lou et moi n'étions pas vraiment emballés par Tony lorsque Marissa nous l'a présenté. Nous les trouvions trop jeunes pour se marier, nous avions peur que Marissa ne gâche sa vie en s'engageant si tôt. Mais notre fille a toujours été incroyablement têtue. Tout comme Tony, d'ailleurs. Nous nous sommes donc rendus à l'évidence qu'il était prêt à tout pour elle. C'est un homme de grande valeur et Lou est d'accord avec moi sur ce point.

— Pourquoi vouloir lui prendre ses enfants, dans ce cas ?

— Nous voulons simplement nous rendre utiles, Lili, même si vous refusez de l'admettre. Il reste une chose, cependant, que je veux que vous sachiez, c'est qu'il aimait notre fille du plus profond de son cœur, et qu'un tel amour… Eh bien… Je vous laisse en tirer les conclusions qui s'imposent.

Lili leva les yeux et soutint le regard froid de la vieille dame.

— Vous essayez de me dire que le cœur de Tony est brisé et qu'il n'est pas prêt à se lancer dans une autre relation ? En effet, je vous le confirme, Susan, mais vous ne m'apprenez rien, sachez-le.

— Je crois malheureusement que cela va au-delà du simple fait de n'être pas prêt, ma chère. Après tout ce qu'il a traversé pendant la maladie de Marissa et ensuite…, expliqua Susan, toujours très sûre de son fait. Bien sûr, il est possible qu'il se remarie un jour, lorsque les filles seront en mesure d'accepter quelqu'un auprès de leur père, mais je crois pouvoir affirmer que jamais il n'aimera quelqu'un comme il a aimé Marissa. Vous devriez peut-être garder cela en tête. Et vous devriez aussi prendre garde à la quantité de vinaigre que vous mettez dans cette salade.

Lili redressa le flacon, fébrile. Sans s'en rendre compte elle avait incliné la bouteille qui s'écoulait dans le saladier.

— Pensez-vous sincèrement que j'ignorais tout cela ? Que je ne vois pas la souffrance qui afflige Tony ou Claire, par exemple ? Ce n'est pas mon genre d'essayer de m'imposer quelque part, croyez-moi. Et soyez rassurée sur un point : je repars pour la Hongrie sous peu. Cependant, permettez-moi de vous dire que vous ne pourrez décider de la vie future de Tony. Un homme aussi bon et généreux que Tony mérite d'être aimé en retour. Il mérite d'être accompagné et soutenu.

— A table ! lança Tony en passant la tête dans la cuisine et en fronçant les sourcils lorsqu'il se rendit compte qu'il interrompait une conversation.

Lili respira, soulagée de cette interruption sans laquelle elle aurait peut-être risqué de laisser échapper un secret qui ne lui appartenait pas.

— J'apporte la salade, lança-t-elle faussement enthousiaste, en faisant fi du regard glacial de Susan.

- 7 -

Une bonne demi-heure s'écoula avant qu'elle ne puisse échanger quelques mots avec Tony.

— Qu'est-ce qu'il s'est passé tout à l'heure ? demanda-t-il lorsqu'ils se retrouvèrent seuls sur la terrasse.

Lili garda le regard braqué sur Susan qui avait emmené Josephine faire un tour de balançoire dans le jardin. Elle avait espéré que Tony ne se rendrait pas compte du léger froid qui régnait entre elle et Susan depuis leur petite conversation. Mieux valait lui dire toute la vérité.

— J'ai entendu ce que Lou te disait tout à l'heure au sujet de leur idée de garder les filles, et je crois que je n'ai pas pu m'empêcher de prendre ta défense de façon un peu trop virulente, peut-être.

— Vraiment ?

Lili glissa une feuille de salade dans sa bouche, et grimaça en sentant l'acidité du vinaigre.

— Je ne sais pas comment ils peuvent oser ? chuchota-t-elle, outrée.

Tony sourit.

— J'ai appris à communiquer avec les parents de Marissa, dit-il. Tu as peut-être entendu comment Lou a tout de suite fait marche arrière ?

Elle plongea son regard doux dans le sien.

— Oui, mais pour combien de temps, Tony ?

— Ils ne songent pas à mal. Ils sont encore à vif et la douleur les aveugle, même si cela ne leur donne pas le droit de prétendre obtenir la garde de mes filles, expliqua-t-il en effleurant son genou avec le sien. Merci de te battre pour moi en tous les cas.

— Lili ! cria Daphne depuis le potager. Viens voir comme les radis ont poussé !

— Je viens d'être assignée à comparaître, dirait-on, lança Lili en se levant. J'ai beau n'être qu'une cousine, il vaut mieux que je ne tarde pas trop à m'en aller. Ma présence ne fait que générer un peu plus de tensions.

Il fronça les sourcils.

— Qu'est-ce qui te fait penser ça ?

— Disons que Susan a été plutôt claire sur ce point.

— Vraiment ?

Elle haussa les épaules. Elle ne tenait pas particulièrement à lui raconter le désagréable échange qu'elle avait eu avec Susan.

— Ce n'était pas vraiment nécessaire, pourtant. Je sais bien que je n'ai pas ma place dans cette maison où…

Elle s'interrompit, la mâchoire crispée.

— Où quoi ?

Elle soupira, mal à l'aise soudain. Les choses étaient déjà suffisamment difficiles pour Tony, à quoi bon les compliquer davantage ! Mais malgré tout, il était peut-être important de mettre les choses au clair une bonne fois pour toutes.

— J'ai discuté avec tante Magda, l'autre jour et j'ai reconnu que j'avais besoin de me sentir utile, que j'avais envie que quelqu'un ait de nouveau besoin de moi, mais tout ceci n'est qu'à moitié vrai. Je crois que j'ai besoin d'être indispensable. J'ai besoin d'être désirée pour ce que je suis et non pour ce que je fais, et c'est quelque chose qui ne m'est pas encore arrivé. Je vois bien dans ton regard que je ne suis qu'une version un peu plus mûre de l'adolescente que tu as connue il y a quatorze ans. A l'époque tu étais vulnérable et révolté et je te retrouve encore plus fragile et plus furieux qu'alors…

— *Li-Liiii !*

— J'arrive, ma chérie ! lança-t-elle à Daphne. Je suis

heureuse d'être ton amie, Tony, je veux que tu le saches, mais… Enfin, en tous les cas, Susan n'avait pas besoin de me prévenir.

Il la regarda un long moment, et elle soutint son regard, en dépit des émotions contradictoires qui l'envahissaient peu à peu et la bouleversaient.

— Pourquoi est-ce que tu me dis cela ? demanda-t-il doucement.

— Je ne sais pas…

Elle détourna le regard pour lui cacher l'émotion qui l'envahissait et descendit dans le jardin rejoindre Daphne, sous le regard attentif de Claire et Susan.

Au cours des quelques jours qui venaient de s'écouler, Lili s'était remémoré leur échange plus d'une centaine de fois. Elle ne parvenait pas à chasser Tony de ses pensées, que ce soit le jour ou la nuit. Des nuits qui s'étaient considérablement raccourcies depuis cette soirée avec Susan et Lou, au point qu'elle en venait à se demander si elle retrouverait un jour un sommeil paisible.

Elle fit de son mieux pour se concentrer sur les pages du roman sentimental qu'elle traduisait pour un éditeur hongrois. Elle relisait cette même page pour la troisième fois, sans parvenir à en mémoriser quoi que ce soit. Cela risquait d'en rendre la traduction particulièrement laborieuse.

Ils ne s'étaient pas revus depuis ce fameux dîner. Ils n'en avaient eu aucune raison particulière. Et c'était mieux ainsi, de toute façon, car elle ne se sentait pas en mesure d'affronter le regard perdu d'un homme qui avait l'impression de sombrer. Un homme qui lui envoyait des signaux qu'elle ne pouvait ignorer, même s'ils étaient sans doute inconscients.

Quoi qu'il en soit, elle avait bien fait de quitter les lieux rapidement l'autre soir.

Elle tourna une page de son livre. Mais de nouveau ses pensées dérivèrent.

De toute façon, il aurait sans doute agi de même avec n'importe qui d'autre après ce qu'il avait vécu.

Il était totalement anéanti par tout ce qui s'était passé ces derniers mois.

Le livre vola brusquement à travers la pièce, réveillant un instant le chien qui leva la tête pour constater la chute de l'objet avant de se rendormir en soupirant.

Soupirant à son tour, Lili s'avachit sur le sofa. Elle n'en pouvait plus de tergiverser ainsi. Elle n'arrivait à se concentrer sur rien depuis cette soirée avec Tony.

Le pire était qu'elle tenait à lui. Elle aimait passer du temps avec lui et, dès qu'elle s'éloignait, il revenait hanter ses pensées.

Il lui manquait.

Et toute la logique du monde n'y changerait rien. Elle avait du mal à se résoudre au fait que ce qu'elle désirait secrètement de tout son cœur lui était interdit.

Le téléphone de la maison sonna, la faisant sursauter. Elle décrocha vivement.

— Lili ? Ici Violet, la femme de Rudy, nous nous sommes rencontrées à la fête de Magda il y a quinze jours.

— Oui, bien sûr, bonjour, Violet. Benny et Magda ne sont pas là, malheureusement.

— Mais justement, c'est à toi que je voulais parler. Je me demandais si tu avais pris une décision au sujet de notre invitation à venir profiter de notre auberge. Je n'ai pas réussi à avoir Tony, mais j'espérais que votre silence était de bon augure ?

— Tu nous invites, je veux dire Tony et moi ?

— Oui, et les filles, bien sûr ! Il ne t'en a pas parlé ?

— Non, il ne m'a rien dit.

Violet soupira.

— Ah les hommes ! Eh bien te voilà officiellement au courant ! Nous serions ravis que vous veniez tous passer deux jours avec nous cette semaine.

Elle chercha aussitôt une excuse valable pour décliner cette invitation sans blesser Violet.

— Eh bien, c'est très gentil, mais il me semble que Tony avait prévu quelque chose avec ses filles, balbutia-t-elle, peu convaincante.

— Ah bon ? Il ne m'avait parlé de rien de précis. Mais cela vaut le coup d'en reparler avec lui, car je ne sais pas si nous aurons l'occasion d'organiser ce genre de rencontre de sitôt. Il avait l'air tenté de se mettre au vert le temps d'un court séjour et j'ai pensé que ce serait pour toi l'occasion de découvrir une nouvelle région des Etats-Unis et de prendre un peu de vacances de nos chers Magda et Benny !

Lili ne put s'empêcher de sourire.

— C'est sûr que tu as là un argument de poids. Ecoute, pourquoi pas, ce serait un plaisir de me joindre à vous, même si je ne peux pas t'assurer que Tony sera des nôtres.

— Formidable ! Je m'occupe de Tony !

Elles échangèrent ensuite tous les détails pour organiser la venue de Lili dans le New Hampshire. Aussitôt raccroché, le téléphone retentit de nouveau et ce fut le numéro de Tony qui s'afficha.

Elle sursauta comme si elle venait de se piquer sur une épine. Laisser le répondeur se mettre en marche était très tentant… Mais totalement ridicule et lâche. Il fallait au moins qu'elle lui parle de l'invitation de Violet.

— Allô ? Ah c'est toi, annonça la voix de Tony dans un murmure. J'ai besoin de te demander un service.

Elle sentit un frisson parcourir sa colonne vertébrale.

— Pourquoi est-ce que tu chuchotes ?

— Parce que mes filles ont l'ouïe de véritables chauves-souris ! plaisanta-t-il sans hausser la voix. Je me demandais si tu pourrais venir demain matin surveiller les deux grandes le temps que j'emmène Jojo faire des tests au laboratoire ?

— Bien entendu, oui ! répondit Lili. Qu'est-ce que tu vas leur dire ?

— Que j'emmène Josephine à une visite de contrôle chez le médecin, sans plus de détails. Pourrais-tu être là vers 9 heures ?

— Oui sans problème. Au fait, Violet vient d'appeler pour m'inviter à venir passer quelques jours dans le New Hampshire, avec toi et tes filles.

— Mince ! J'avais complètement oublié.

— Ce serait de mercredi à vendredi. J'ai dit à Violet que tu étais occupé, mais cela ne lui a pas semblé un argument suffisant.

— Je m'en doute, en connaissant Violet, répondit Tony. Tu sais qu'il paraît que c'est un endroit vraiment magnifique ?

— Oui, il paraît, en effet.

— Et puis ce serait l'occasion de profiter de vacances gratuites.

Elle retint son souffle.

— Tu ne penses pas sérieusement que ce serait une bonne idée ?

— Non, bien sûr que je sais que c'est une très mauvaise idée de partir en vacances avec toi. Ou même de passer du temps avec toi…

— … Et tes enfants, bien sûr, ajouta-t-elle, fébrile.

— Bien sûr, mais je crains que leur présence ne change pas grand-chose à ce que je ressens.

Elle tressaillit. Où voulait-il en venir ? Ses paroles étaient très claires mais, en même temps, elle ne voulait pas se faire d'illusions.

— Qu'est-ce que tu essayes de me dire ?

— A ton avis ? lança-t-il, presque agressif. Tu me plais, Lili, et il n'y a rien à faire contre cela. Je sais que ce serait une terrible erreur si quelque chose…

Elle avait l'impression de ne pas être celle dont il parlait. Son cœur tambourinait dans sa poitrine et résonnait dans son crâne, l'empêchant de réfléchir de façon cohérente. Elle lui plaisait…

— Je suis désolé de te dire les choses ainsi, Lili, reprit-il en soupirant. Si j'avais été un peu moins épuisé, je ne t'aurais probablement jamais rien dit de tout cela, mais je n'y arrive pas. Je suis fatigué des secrets, fatigué de devoir faire bonne figure.

Elle avait l'impression qu'il se tenait devant lui tant sa voix était proche. Elle le visualisait si bien, les paupières closes, une main sur son combiné et l'autre sur son front comme pour soutenir sa tête. Elle leva la main vers lui pour le réconforter.

C'était ridicule.

C'était terrible.

Elle sentait tous ses rêves de jeune fille, tout le désir insatisfait de ces nuits passées à rêver secrètement de cet homme revenir en force dans son cœur et nourrir un espoir pourtant tabou.

— Je suis aussi fatigué d'être coincé dans cette ville, dans cette maison, alors je me dis que, même si ce n'est pas raisonnable, cette petite sortie improvisée tombe plutôt bien, que ce soit pour Claire, qui ne parvient pas à se débarrasser de ses sombres pensées ou pour moi, qui ne sait plus où me mettre en attendant de savoir ce que me dira le labo.

Cette dernière remarque eut pour effet de la faire redescendre sur terre. Le test de paternité.

— Combien de temps faudra-t-il pour obtenir les résultats ?

— Quarante-huit heures.

Ces deux jours seraient probablement les plus longs de toute sa vie, songea-t-elle.

— Tony, pourquoi est-ce que tu ne partirais pas là-bas tranquillement avec tes enfants, cela vous fera le plus grand bien à tous les quatre et cela évitera bon nombre de complications inutiles. Pourquoi faudrait-il que je vienne, après tout ?

— Parce que tu n'as jamais été dans le New Hampshire, trancha-t-il avant de raccrocher.

*
* *

— Pourquoi est-ce que tu ne me laisses pas surveiller Daphne moi-même, papa ? insista Claire en suivant son père de pièce en pièce tandis qu'il recherchait les sandales de Josephine.

— Parce que tu n'as que dix ans ! répéta Tony pour la dixième fois, alors qu'il repérait enfin la chaussure près de la gamelle du chien.

Josephine toujours sur la hanche, il s'accroupit et ramassa l'objet de ses recherches avant de s'asseoir sur une chaise pour l'enfiler à la fillette.

— Mais pourquoi est-ce que tu as demandé à Lili, précisément ?

— Parce que je n'avais personne d'autre sous la main, ajouta-t-il, en se demandant combien de pieux mensonges étaient énoncés en moyenne par un parent normalement constitué. Quel est le problème avec Lili, de toute façon ? Elle est gentille, non ?

Claire lui adressa un de ces regards typiquement préadolescents dont elle avait le secret et qui attestait de sa grande lassitude d'avoir à expliquer quelque chose que son père aurait déjà dû comprendre à demi-mot.

— Ce doit être elle, annonça-t-il lorsque la sonnette retentit. Va lui ouvrir, s'il te plaît.

— Daphne n'a qu'à y aller.

— Tu vois ? dit Tony en se levant. C'est exactement pour cela que je ne peux pas te laisser surveiller ta sœur, tu serais prête à lui laisser ouvrir la porte à n'importe qui !

Claire ouvrit la bouche, abasourdie par sa mauvaise foi, mais n'eut pas le temps de protester car Lili se présentait déjà à l'entrée de la cuisine, accompagnée par Daphne. Elle avait les bras chargés de sacs et son regard amusé passait de Tony à Claire.

— Qu'est-ce qu'il t'a encore fait ? demanda-t-elle à la fillette.

— Il… rien ! répondit-elle, les joues rouges.

— Tu es sûre ? ajouta Lili. J'aurais juré avoir entendu Tony en train de t'asticoter !

— Non, répondit Tony, je voulais juste…

— Mon père, interrompit Lili en s'adressant à Claire, passait son temps à me faire enrager, tu sais. Et il m'a fallu des années pour comprendre que c'était sa façon à lui de me dire qu'il m'aimait. Pourtant j'ai le souvenir très net qu'à ton âge je vivais cela comme une véritable torture.

Tony garda le silence. Il nota un discret changement s'opérer dans le regard de Claire, puis la curiosité l'emporta et la fillette pointa du doigt les sacs de Lili.

— Qu'est-ce que tu as apporté ?

— J'ai pensé que nous pourrions préparer des beignets aux prunes, qu'est-ce que tu en dis ? C'est une recette typiquement hongroise.

— Aux prunes ? C'est vraiment nul ! s'exclama Claire en quittant la pièce, furieuse.

Il la rattrapa dans l'escalier.

— Claire, tu redescends tout de suite !

Elle tourna vers lui des yeux embués de larmes.

— Mais, papa, tu sais bien que je déteste les prunes et…

— Je le sais parfaitement, mais pas Lili qui n'a rien fait pour que tu réagisses ainsi. Alors tu vas faire demi-tour et aller t'excuser.

— Ce n'est pas nécessaire, Tony, intervint Lili.

— Si, ça l'est. Claire, je t'écoute ?

Personne mieux que lui pouvait comprendre la souffrance de sa fille, mais il n'allait pas la laisser se comporter comme une enfant gâtée. Cela, c'était tout simplement hors de question. Il la foudroya du regard en attendant ses excuses. Comprenant sans doute qu'elle avait été trop loin et qu'il ne céderait pas, elle croisa fermement les bras devant sa poitrine. Elle avait déjà ravalé ses larmes et adressa un visage fermé et sombre à Lili avant de marmonner :

— Je suis désolée. Je n'aime vraiment pas les prunes, alors peut-être que je pourrais rester dans ma chambre et lire au lieu de préparer les beignets…

— Bien sûr, Claire, il n'y a pas de problème, dit Lili après avoir adressé un regard à Tony.

A côté d'elle, Daphne s'avança doucement.

— Moi je veux bien t'aider à les préparer, suggéra la fillette ravie de s'attirer les faveurs de Lili.

— Très bonne idée ! Est-ce que tu veux bien aller sortir ce que j'ai apporté et le disposer sur la table ? Je te rejoins tout de suite !

Daphne acquiesça avec un large sourire, tandis que Claire gravissait les marches d'un pas lourd.

— Désolé, marmonna Tony en allant attraper ses clés de voiture. Tu dois penser que ma fille est particulièrement mal éduquée !

Lili fit non de la tête et sourit. Cela le rasséréna un peu.

— Tout va bien se passer, Tony. Ne t'inquiète pas.

Il eut soudain tellement envie de l'embrasser qu'il dut détourner le regard précipitamment.

— Bien, je crois que ne peux plus reculer, maintenant, dit-il en fixant Josephine. Il est temps de se jeter à l'eau.

Lili les accompagna dehors. Alors qu'il s'apprêtait à monter en voiture, elle lui demanda :

— J'imagine que tu n'as pas encore évoqué le New Hampshire ?

En effet, il n'avait pas encore parlé de cette escapade à ses filles. Il redoutait la réaction de Claire. Et plus encore ses propres réactions à lui. Etait-ce vraiment une bonne idée de passer trois jours en compagnie de Lili ?

— Non, pas encore. Je le leur dirai en rentrant, dit-il en aidant Josephine à s'installer sur son siège auto. Et toi ? Je croyais que tu ne voulais pas y aller ?

Lili rabattit sa jupe qui voletait dans le vent.

— En fait, j'ai très envie d'y aller, la question est plutôt est-ce que je dois y aller ? Je ne veux pas que cela perturbe tes filles. Tu sais que je ne suis là que pour quelques semaines et qu'ensuite je repartirai.

— Retrouver ta vie…

— En quelque sorte. Ma raison me dit de garder mes distances.

— Et que te dit ton intinct ? plaisanta-t-il sans cesser de fixer son regard bleu azur.

— Que ma raison ne suffit pas à remplir une vie, comme en témoignent les trente années raisonnables que j'ai déjà vécues.

Il s'accrocha à la portière de la voiture, comme pour ne pas se laisser lui aussi gouverner par ses instincts…

— Pourquoi est-ce que tu n'attendrais pas de voir comment cela se passe avec les filles ce matin avant de prendre une décision ?

— Oui, tu as raison, conclut-elle avant de regagner la maison sous le regard de Tony.

Il démarra en essayant de chasser les images de sa chevelure aux reflets dorés balancée par le souffle du vent, de ses jambes élancées mises en valeur par sa jupe légère, de ses…

— Ed ! Viens ici ! s'exclama Daphne en riant face aux sauts acrobatiques de son chien qui cherchait à attraper une mouche.

— J'ai bien peur qu'il n'arrive pas à grand-chose, commenta Lili.

Lili regarda tendrement la petite fille, si vive et si drôle. Elles passaient vraiment un bon moment, son rôle de baby-sitter ne lui pesait pas du tout et elle s'amusait presque autant que Daphne.

— Oh non, Lili, regarde ! Il la mange ! s'écria Daphne dégoûtée en observant Ed qui mâchonnait soigneusement sa proie.

— Non, tu es sûre ?

— Beurk, il l'a avalée !

Lili et Daphne éclatèrent de rire lorsque leurs regards se croisèrent. Daphne arborait une mine dégoûtée tout à fait comique.

— Qu'est-ce qu'il se passe ici ? lança Claire en faisant

son apparition dans la cuisine. Vous faites tellement de bruit que je n'arrive pas à lire.

— Ed a gobé une mouche ! s'exclama Daphne, hilare. Tu ne veux pas venir faire des beignets avec nous ?

— Je préférerais encore manger des mouches, répondit Claire, maussade.

Lili essaya de ne pas se sentir blessée par les réticences de la fillette, mais malgré elle cela la peinait.

— Allez, viens, on s'amuse bien, tu sais ! insista Daphne en s'essuyant le front d'une main couverte de farine.

Lili décida d'intervenir. Elle ne voulait pas que Claire se braque encore un peu plus.

— Ta sœur n'aime pas les prunes, il faut la comprendre, dit-elle, d'une voix douce. D'ailleurs, tu vas rire, mais moi non plus, tu sais, je n'aime pas ça, sauf quand elles sont en beignets, va comprendre !

Claire s'approcha de la table et observa la pâte à beignets déjà prête et les prunes dénoyautées.

— C'est vrai ? demanda-t-elle à Lili.

— Oui, je t'assure ! Tiens, regarde, nous allons attaquer la partie la plus amusante de la recette : il s'agit de plonger les prunes dans la pâte à beignets bien collante ! Tu veux essayer ?

— Regarde, Claire ! dit Daphne en plongeant une prune dans la pâte.

Ce faisant, la fillette trempa sa manche dans le saladier, faisant couler de la pâte sur son pantalon, avant de s'essuyer le visage de ses mains enfarinées.

Lili éclata de rire devant l'allure de Daphne. Il n'y avait plus un centimètre carré de vêtement qui ne soit recouvert de sucre ou de farine.

Mais visiblement Claire ne trouvait pas cela drôle et les dévisageait, l'air effaré.

— Daphne, mais tu as vu à quoi tu ressembles ? s'exclama-t-elle d'une voix tremblante.

— Mais enfin, Claire, ce n'est pas grave, ta sœur pourra se changer tout à l'heure, ne te mets pas dans cet état !

Lili regretta aussitôt ses paroles. De grosses larmes venaient remplir les yeux de Claire.

— C'est que mamie est en route pour nous emmener faire du shopping avec la Cadillac ! Elle sera là dans moins d'une heure, et elle va être folle si elle découvre ce que vous avez fait !

— Je suis surprise, Claire, ton père ne m'a rien dit à ce sujet, souligna Lili en cherchant le regard de la fillette.

— C'est parce qu'il n'est pas au courant. Elle vient juste de m'appeler pour me dire qu'elle arrivait.

Lili fronça légèrement les sourcils. Elle n'avait pas entendu sonner le téléphone et commençait à penser qu'elle inventait cette histoire pour se débarrasser d'elle. Cependant, si la fillette en était réduite à de telles extrémités, cela cachait un profond malaise qu'il était important de prendre en compte.

— Bon, avant toute chose, pas de panique, ta sœur, tu sembles l'oublier, est lavable. Et puis souviens-toi que je suis responsable de vous ce matin, tu n'as donc pas de crainte à avoir. Personne ne te demandera de comptes sur ce qui se passe ici.

Lili attrapa une serviette en papier qu'elle passa sous l'eau froide avant de l'essorer et de la tendre à la fillette.

— Tiens, mets cela sur tes yeux, cela évitera qu'ils ne gonflent à cause des larmes.

Claire renifla en regardant Lili.

— Maman aussi faisait cela quand je pleurais.

— C'est une astuce qui se transmet entre femmes, tu vois ! Bon, alors comme ça, nous avons une heure devant nous ?

Claire eut de nouveau un petit sanglot.

— Oui, à peine.

— Ce qui nous laisse juste le temps de finir la recette et de faire prendre une douche à Daphne. Si tu ne veux pas participer aux beignets, tu peux…

— Non, c'est bon, je veux bien vous aider, je n'ai rien d'autre à faire, après tout.

Lili s'efforça de ne pas sourire face à ce revirement de situation plutôt inespéré et indiqua à Claire la marche à suivre pour tremper les prunes et les plonger dans la casserole d'eau bouillante.

— Comment est-ce que tu sais qu'ils sont prêts ? demanda Claire.

— Lorsqu'ils remontent à la surface comme ça ! indiqua Lili en pointant du doigt le premier beignet qui affleurait et en le récupérant à l'aide d'une écumoire.

— Et maintenant je mets le sucre glace ? demanda Daphne, impatiente.

— Oui, c'est à toi de jouer !

Lili supervisa les opérations légèrement en retrait. De toute façon les deux fillettes se débrouillaient très bien. Les odeurs de cannelle et de beignets emplissaient la pièce et faisaient affluer les souvenirs d'enfance. Curieusement cela fit naître en elle un nouveau besoin. L'envie d'avoir une famille à elle, l'envie d'un foyer.

— Est-ce qu'on peut goûter ? demanda Claire.

— Pas encore, il vaut mieux attendre un peu pour que le beignet refroidisse.

— Daphne n'a qu'à aller se doucher, pendant ce temps !

— D'accord, dit la fillette en glissant de sa chaise, mais vous me promettez de m'attendre avant de les manger, hein ?

Lili la regarda filer avant de se tourner vers Claire qui semblait un peu mal à l'aise de se retrouver seule avec elle.

— Tu peux aller lire un moment si tu veux.

— Mais tu n'as pas besoin d'aide pour tout ranger ?

— Eh bien, c'est très gentil à toi, je suis preneuse d'un peu d'aide, même si Ed a déjà fait sa part en nettoyant le sol, remarqua-t-elle en pointant du doigt le chien occupé à lécher une trace de pâte.

Le sourire fut bref sur le visage de la fillette, mais bien réel, pourtant. Elles se mirent toutes deux au travail en silence, jusqu'à ce que Claire se décide à se jeter à l'eau.

— C'était vraiment cool de grandir au milieu de musiciens et d'artistes, non ?

— Eh bien, pour tout te dire, pas tant que cela, non.

Sans même la regarder, Lili sentit que la fillette tiquait.

— Comment ça se fait ?

— Voyager tout le temps, cela plaît à certains, mais ce n'était pas mon cas, d'autant plus que je ne participais pas aux spectacles.

— Pourquoi donc ?

— Mon père disait de moi que j'étais sans doute l'enfant qui avait la moins bonne oreille musicale de tout le pays…

— Ce n'est pas très gentil.

— C'est même très méchant, mais c'était pourtant la triste vérité, expliqua Lili, amusée. Tout ce que je souhaitais, à ton âge, c'était d'être comme tout le monde. Aller à l'école, faire ce que font tous les enfants normaux de mon âge, avoir des parents qui ne passent pas leur journée un instrument à la main !

Le rire spontané de Claire lui fit chaud au cœur.

— Pour les autres enfants, poursuivit Lili, encouragée par le regard de la fillette, tout cela était normal, mais pas pour moi. Il faut dire que je n'avais pas une très grande confiance en moi. A vrai dire, je détestais ma vie autant que je me détestais moi-même.

La fillette fronça les sourcils. Elle semblait intriguée et cela encouragea Lili à poursuivre.

— Pour quelle raison ?

— Parce que j'étais toute maigrichonne et puis tellement maladroite… J'avais un trop grand nez et une trop grande bouche et puis je détestais mes dents, ajouta-t-elle en pointant ses deux canines. Mes frères m'appelaient même Vampirella. Mais surtout, je me sentais tellement à part, différente des autres, au point que j'aurais presque préféré être un vrai vampire, parfois, au moins je ne me serais pas culpabilisée de ce que je ressentais.

Claire avait souri à plusieurs reprises en l'écoutant et Lili sentait qu'elle avait marqué un point en lui parlant de son enfance.

— Je connais ça, moi aussi… Enfin pas pour le côté vampire !

Lili jeta un coup d'œil sur les beignets qui affleuraient à la surface de l'eau bouillante.

— Je crois qu'ils sont prêts.

— Il faut qu'on attende Daphne.

— On peut peut-être simplement s'assurer qu'ils sont assez cuits ? suggéra Lili. Elle n'en saura rien, sauf si tu lui en parles !

Claire en prit un et souffla dessus avant de le remettre dans l'assiette.

— Oui, mais je n'aime pas les prunes.

— Tu en es vraiment sûre ? insista Lili en arrivant enfin à croiser le regard de Claire. Tu peux en goûter un petit bout seulement, et si tu n'aimes vraiment pas, je t'assure que je ne me vexerai pas.

Claire contempla un instant le beignet, puis, prudemment, comme s'il risquait d'exploser entre ses dents, elle en croqua un minuscule coin. Elle eut l'air d'être surprise par l'acidité du fruit et Lili craignit qu'elle ne recrache définitivement sa mini-bouchée.

Pourtant, ce ne fut pas le cas.

Elle en prit même une deuxième bouchée, de taille normale cette fois-ci et ne sembla pas rechigner à l'avaler.

— Alors, quel est le verdict ? interrogea Lili.

Claire haussa les épaules.

— Ça peut aller, c'est un peu surprenant au départ, mais on s'y fait.

Lili sourit. Elle ressentait soudain profondément toutes les questions, toutes les souffrances et les craintes qui paralysaient la fillette. Elle avait envie de lui dire que tout irait bien, qu'elle arriverait à dépasser tout cela. La vie, finalement, n'est pas si différente de ces petits beignets… Il suffit de prendre le risque de goûter et, finalement, on se fait à la nouveauté.

— Je peux en prendre un autre ?

— Sers-toi !

Claire choisit soigneusement un nouveau beignet et croqua dedans avec délectation.

— Est-ce que tu es sympa avec moi juste à cause de papa ?

La question la prit par surprise et l'espace d'un instant Lili regarda la fillette sans trop savoir quoi répondre. Rien n'était jamais gagné.

— Je pourrais te retourner la question.

Claire la regarda un bref instant, puis haussa les sourcils, comme pour balayer le sujet.

Mais Lili ne voulait pas abandonner la question et chercha son regard.

— Claire, je sais que les choses ne sont pas évidentes entre nous, même si je ne comprends pas forcément pourquoi. Pourtant, l'espace d'un instant, j'ai eu l'impression qu'on pourrait passer à autre chose. Je ne vais pas te dire que je sais exactement ce que tu ressens, mais tu sais, parfois, lorsque je surprends certaines expressions sur ton visage, je me revois à ton âge.

Claire croqua silencieusement dans son beignet, l'air concentré.

— Tu veux dire que ce n'est pas juste pour papa ?

— C'est pour lui que je suis là, ce matin, parce qu'il m'a demandé ce service, bien sûr, mais je ne me force pas à être gentille avec toi, si c'est ce que tu veux dire. J'aime discuter avec toi parce que je te trouve profonde et intéressante.

— Moi ? s'exclama Claire en pressant son doigt collant sur son T-shirt blanc.

— Oui, toi ! Tu es courageuse, tu es franche, tu n'as pas peur de dire ce que tu penses et puis il est évident que tu aimes ton père et tes sœurs plus que tout au monde.

— Pourquoi dis-tu que je suis courageuse ?

Lili sourit.

— Tu as bien goûté mes beignets, non ?

Claire lécha ses doigts couverts de jus de prune, puis tourna son regard vers Lili.

— Je peux te poser une question ?

— Je t'écoute.

— Est-ce que tu as… un faible pour mon père ?

Mal à l'aise, Lili prit un beignet à son tour. Il était inutile de mentir à Claire. Surtout pas maintenant alors qu'elles s'étaient dit toutes ces choses et commençaient un peu à se comprendre.

— Oui.

Claire ne montra rien de ce que suscitait en elle la franchise de Lili. Elle se contenta de soutenir son regard.

— Et est-ce qu'il a un faible pour toi ?

— Il faudrait le lui demander, je ne peux pas répondre à sa place. Il faut cependant que tu saches que ce n'est pas parce que deux adultes éprouvent de l'attirance l'un pour l'autre qu'il se passera forcément quelque chose entre eux. Parfois, ce n'est pas le bon moment ou c'est trop compliqué.

Claire soupira.

— Je crois que je comprends.

Lili sourit, même si son estomac était trop noué pour avaler le moindre beignet supplémentaire.

— Une chose est sûre, pourtant, ajouta Lili. C'est que votre père ne fera jamais rien qui puisse vous déplaire. Il ne vous engagera pas dans une situation que vous n'êtes pas prêtes à vivre. Et moi non plus.

Le regard de Claire se fit plus aigu.

— Tu me le promets ?

— Tu as ma parole, répondit Lili. Tu sais, pour moi non plus, ce n'est pas le bon moment.

La fillette parut surprise.

— Tu veux dire que tu ne veux pas d'un petit ami en ce moment ?

— Tu sais que tu es une jeune fille particulièrement perspicace ?

Rougissant légèrement, Claire saisit un autre beignet au moment précis où une Daphne ruisselante, enveloppée dans un drap de bain, passait le seuil de la cuisine.

— C'est pas juste, vous ne m'avez pas attendue !

Laissant derrière elle des empreintes mouillées, Daphne s'avança jusqu'à la table et saisit un beignet dans le plat, qu'elle enfourna aussitôt…

… Avant de courir jusqu'à la poubelle où elle le recracha aussitôt !

— Beurk ! Comment est-ce que vous faites pour avaler ça !

Claire et Lili se regardèrent avant d'éclater de rire. Une seconde après, la sonnette retentit.

— J'y vais, lança Daphne avant de pousser un cri lorsque sa sœur se précipita pour la ceinturer.

— Tu ne peux pas ouvrir comme ça, tu es presque toute nue !

— Mais non, j'ai une serviette !

Mais Claire avait déjà devancé sa sœur dans le couloir.

Elle revint quelques secondes plus tard, l'air soucieux.

— Lili, dit-elle à voix basse, j'ai regardé discrètement pour vérifier que c'était bien mamie, mais en fait c'est un monsieur que je ne connais pas, alors je n'ai pas ouvert.

Lili salua intérieurement la prudence et le sens des responsabilités de Claire.

— Tu as très bien fait ! Est-ce qu'il a l'air de vendre quelque chose ? Avait-il des prospectus à la main ?

— Non, il a l'air normal, mais je ne le connais pas, c'est tout.

— Ed, viens là, appela Lili en saisissant le chien par son collier et en se dirigeant vers la porte d'entrée.

— Est-ce que je peux vous renseigner ? demanda-t-elle en ouvrant la porte.

L'homme était assez grand, blond et d'allure stricte, la mâchoire solide.

— Je suis bien chez Tony Vaccaro ?

Lili eut l'impression que, malgré son air bien lisse et impassible, cet homme cachait bien son jeu.

- 8 -

Lili eut comme un mauvais pressentiment à la seconde où elle ouvrit la porte. Les deux fillettes se tenaient derrière elle, serrées l'une contre l'autre, comme si elles avaient aussi senti le danger. L'homme ne sembla pas leur prêter la moindre attention. Comme il portait des lunettes de soleil, elle ne parvenait à définir s'il était en colère ou bien triste ou un peu des deux, peut-être. Dans tous les cas, quelque chose qui émanait de cet homme lui glaçait les sangs.

— Tony Vaccaro n'est pas disponible pour le moment, répondit Lili en essayant de maintenir Ed à ses côtés. Je lui dirai que vous êtes passé, si vous me donnez votre nom.

Faisant mine d'ignorer sa question, l'inconnu poursuivit :

— Quand est-ce qu'il doit rentrer ?

— En fait, laissez-moi plutôt votre numéro et il vous rappellera.

L'homme hocha la tête en guise de salut, mais ne déclina ni son nom, ni son numéro et regagna sa voiture, une décapotable voyante, dont il prit le volant.

— Qui c'était ? demanda Daphne lorsqu'il se fut éloigné.

— Je n'en ai pas la moindre idée, répondit Lili.

Les mains de Lili tremblaient légèrement quand elle referma la porte et l'expression inquiète de Claire ne fit rien pour la rassurer. Elle lui fut cependant reconnaissante lorsque celle-ci suggéra d'aider Daphne à se préparer avant l'arrivée de Susan. A l'instant même où les deux fillettes s'apprêtaient à monter à l'étage, la sonnette d'entrée retentissait de nouveau, faisant sursauter tout le monde, y compris le chien. Heureusement, il ne s'agissait que de Tony et de Josephine qui rentraient.

Tony adressa un étrange regard à Lili.

Et son mauvais pressentiment se fit plus net encore.

Tony attendit d'être certain que les filles aient regagné leurs chambres avant de la questionner.

— Que s'est-il passé ? On dirait que tu viens de voir un fantôme !

— Oh, non, pas un fantôme, mais un homme bien réel qui s'est présenté ici et demandait à te voir avec insistance. Il était plutôt élégant, assez grand, avec les cheveux clairs et portait des lunettes de soleil. Il conduit une décapotable gris métallisé, on aurait dit une Jaguar.

— Je n'ai pas l'impression de le connaître, mais je crains d'avoir une petite idée de ce qui l'amenait ici, dit-il en hochant la tête en direction de Josephine.

Cela aurait pu être n'importe qui, mais il s'était trop attendu à cette visite pour imaginer autre chose.

Lili s'était assise sur le banc de l'entrée et sourit à Josephine. La fillette s'élança vers elle de toute la vitesse de ses petites jambes pour se jeter dans ses bras. Un instant plus tard, le pouce dans la bouche, Josephine se blottissait contre elle, tandis que Lili lui caressait doucement les cheveux. Tony essaya de puiser dans cette scène si tendre, si émouvante le courage de rassembler ses esprits et d'affronter ce qui l'attendait.

— Quand est-ce que tu sauras, pour le test ? demanda-t-elle finalement.

Le banc craqua lorsque Tony s'installa à côté d'elle. Josephine leva la tête et se précipita sur ses genoux.

— Dans la journée de jeudi, pas avant.

Lili inspira, avant de se tourner vers lui.

— Si tu en es toujours d'accord, je crois que j'aimerais bien venir avec vous dans le New Hampshire.

Il tressauta.

— Vraiment ?

— J'ai l'impression que Claire et moi avons trouvé un terrain d'entente, finalement.

Des petits pas se firent entendre dans l'escalier et les deux sœurs vinrent les rejoindre, au moment précis où retentissait une nouvelle fois la sonnette.

— Cette fois-ci, pas de doute, c'est mamie ! s'exclama Daphne, dans une tenue des plus improbables, en courant ouvrir.

— Comment ça, mamie ? lança Tony en se tournant vers Claire qui évita son regard.

Avant qu'elle n'ait le temps d'expliquer quoi que ce soit, la porte était ouverte et Susan faisait son entrée, toute de blanc vêtue, parfaitement bronzée et maquillée, comme toujours.

— Non, Ed, couché ! Tony, il faut vraiment dresser ce chien, il est infernal ! s'exclama-t-elle sans même un regard pour lui. Oh, bonjour mes petites chéries, venez m'embrasser !

Il la regarda dispenser, tout sourire, baiser et caresses à ses petites filles, jusqu'à ce que son regard s'arrête incidemment sur Lili.

— Oh, Lili, vous êtes là ? Quel plaisir de vous revoir, dit-elle en masquant difficilement son désappointement.

— Papa a emmené Josephine chez le docteur, alors Lili est venue nous garder et on a fait des beignets aux prunes, mais c'est pas bon du tout, expliqua Daphne tout de go avant que Tony n'ait la moindre chance de la museler.

— Tu dis n'importe quoi, ils étaient très bons, les beignets, intervint Claire.

— Pourquoi est-ce que vous avez emmené Jojo chez le médecin, Tony, il y a un problème ? demanda Susan.

— Tu veux dire que tu as goûté les beignets, finalement, Claire ? s'étonna Tony qui préférait éviter la question de sa belle-mère.

— Oui, répondit Claire en souriant à Lili. Et même s'ils sont aux prunes, ils sont très bons.

— Est-ce que tout va bien, ma chérie ? demanda Susan en touchant le front de Josephine, la mine inquiète.

— Tout va bien, Susan, c'était une simple visite de contrôle.

Il espérait que sa belle-mère ne demanderait pas plus d'explications. Il n'avait aucune envie de discuter de la situation avec elle.

— Ah vraiment ? dit-elle encore, suspicieuse, avant de se tourner vers ses petites-filles. Est-ce que vous êtes prêtes, mes petites chéries ?

Tony interrogea Claire du regard.

— Où allez-vous ?

— Claire m'a prévenue tout à l'heure que Susan les avait invitées à aller faire des courses pour la rentrée des classes, expliqua Lili.

Le silence se fit un instant. Etait-ce une manigance de Susan ou de Claire ? Il n'aurait su le dire. Une chose était sûre, il n'appréciait pas du tout d'être pris au piège de cette conspiration féminine.

— Il me semble pourtant que la rentrée n'est que dans plusieurs semaines, hasarda-t-il.

— C'est justement pour cela que c'est le meilleur moment pour s'en occuper, dit Susan en prenant Daphne par la main. Bientôt ce sera la cohue dans les boutiques.

Il savait que Susan avait toujours insisté pour que Marissa l'accompagne à ces sorties dans les centres commerciaux, même lorsqu'elle était malade. Sa femme n'avait jamais particulièrement aimé ces endroits, mais elle le faisait pour sa mère. Il savait aussi qu'il était important pour elle de faire avec ses petites-filles ce qu'elle n'aurait plus l'occasion de faire avec sa fille disparue, alors il haussa les épaules en un geste résigné.

— Sans compter que je vous épargne quelques heures en enfer, n'est-ce pas ? ajouta Susan non sans humour.

Tony sourit.

— Vous marquez un point, Susan ! N'oubliez pas cependant qu'elles ont des uniformes à l'école, pas la peine de vous endetter sur plusieurs générations. Il faudrait qu'elles soient rentrées pour 17 heures, car demain matin nous partons pour deux jours de vacances et je voudrais que nous soyons prêts de bonne heure.

Tous les regards se tournèrent vers lui.

— Ah vraiment ? Et où est-ce que vous allez ? demanda Susan, déstabilisée à son tour.

— Oui papa, on va où ? interrogèrent en chœur les petites voix.

— Il s'agit d'une escapade rapide pour rendre visite à Rudy et Violet dans le New Hampshire, expliqua-t-il. J'ai pris ma décision ce matin, c'est pour cela que je n'en ai pas parlé plus tôt. D'ailleurs, Lili va venir avec nous.

Il aurait préféré ne pas avoir à en parler devant Susan, mais il savait qu'elle finirait de toute façon par l'apprendre et préférait encore prendre les devants.

Daphne fut la première à réagir en sautant de joie et en serrant Lili dans ses bras. Claire, comme à son habitude, resta impassible et fermée tandis que Susan prenait un air pincé qui ne laissait aucun doute sur le fond de sa pensée. Mais il se moquait de ce que pourrait bien penser sa belle-mère. Il était assez grand pour prendre ses décisions tout seul.

Lili, de son côté, se pencha vers Claire.

— J'ai dit que je viendrais, mais uniquement si tu en es d'accord. C'est toi qui décides, ma chérie.

— Vraiment ? dit Claire en fronçant les sourcils.

— Oui, vraiment, je ne viendrai que si cela te fait plaisir.

— Allez, Claire, dis oui ! insista Daphne en s'accrochant à Lili. S'il te plaît !

Claire finit par soupirer.

— Bon, d'accord !

Lili sourit et Tony sentit un poids énorme quitter sa poitrine malgré le regard assassin que lui adressait sa belle-mère.

— Les filles, pourquoi est-ce que vous n'allez pas jusqu'à la voiture ? suggéra Susan avant de se tourner vers Tony. Je pense qu'il faut que je discute de… de vos fournitures avec votre père.

Tony confia Josephine à Lili et suivit sa belle-mère dans le salon. Il savait pertinemment ce qu'elle voulait lui dire, aussi décida-t-il de ne pas y aller par quatre chemins.

— Susan, ne commencez pas, dit-il d'une voix basse afin que ses filles et Lili ne surprennent pas l'échange qui allait suivre. Je sais très bien ce que vous pensez de tout cela.

— Que voulez-vous que j'en pense, Marissa nous a quittés il y a moins d'un an, Tony !

— Susan, il s'agit d'un séjour en famille, rien de plus. Rudy et Violet nous ont invités à venir profiter de leur auberge et ont aussi invité Lili, cela n'est pas vraiment sorcier à comprendre.

— Vous allez aussi me dire que vous n'avez pas noté à quel point Daphne lui est attachée ?

Tony secoua la tête.

— Daphne s'attache à toute personne qui lui montre un tant soit peu d'attention, elle s'est toujours comportée ainsi, ce n'est pas nouveau…

— Et qu'est-ce qui se passera lorsque Lili repartira ?

— Elle s'en remettra.

— Et Claire, s'en remettra-t-elle aussi ?

Il jeta à sa belle-mère un regard interrogateur.

— Qu'est-ce que vous voulez dire ? Claire commence seulement à accepter de lui adresser la parole.

— Justement, je crains qu'une fois sa confiance accordée elle ait du mal à voir sa nouvelle amie partir pour son pays lointain, expliqua Susan sincèrement bouleversée. Je sais que vous souffrez terriblement et je devine à quel point vous devez vous sentir seul, mais, au nom des enfants et pour votre propre bien, ne faites rien que vous pourriez regretter.

— Ce n'est pas dans mes projets, Susan, pas après ce que j'ai déjà traversé, expliqua-t-il, la gorge nouée. Mais Lili est une amie et, si elle peut aider Claire à retrouver l'insouciance qui sied à une fillette de dix ans, je ne compte pas l'en empêcher.

— Mais nous pouvons l'y aider, nous aussi !

— Non, vous ne pouvez pas, parce que chaque fois qu'elle vous regarde elle pense à sa mère. Pire, elle voit la douleur dans laquelle vous êtes toujours depuis le décès de sa mère. Je n'oublierai jamais tout ce que Lou et vous avez fait pour nous et je sais combien vous aimez les filles. Elles vous le rendent bien, d'ailleurs, mais j'ai vu aujourd'hui une petite étincelle dans le regard de Claire et je m'en voudrais de ne pas l'encourager.

— C'est juste que... Nous nous faisons du souci pour vous, Tony, conclut Susan en enfilant ses lunettes de soleil avant de prendre une profonde inspiration et de rejoindre les filles dans la voiture.

Lili s'écarta vivement de la fenêtre et s'agenouilla devant Josephine, juste au moment où Tony entrait dans la pièce.

— Alors, dis-moi au juste ce que tu as entendu de notre petite discussion ?

Lili rougit jusqu'aux oreilles.

— Qu'est-ce qui te fait croire que...

— Lili, je t'en prie.

— J'ai entendu le principal... Susan se fait du souci au sujet des filles. Elle craint qu'elles ne s'attachent trop à moi. Et puis aussi que tu ne soi pas prêt à te lancer dans quoi que ce soit maintenant, un sujet que nous avions aussi abordé ensemble.

Il glissa les mains dans les poches de son jean en baissant les yeux.

— Prêt ou pas prêt, je n'en sais rien, mais je voulais surtout que Susan m'oublie un peu... Et toi aussi.

Lili sourit. Elle avait peur que Tony partage les inquiétudes de sa belle-mère. Elle-même les trouvait justifiées, mais elle n'aurait pas supporté que Tony la tienne à l'écart.

— Je crois en revanche que tu me prêtes des super pouvoirs que je n'ai pas avec Claire…

— Lili, elle a rigolé avec toi, est-ce que tu as la moindre idée de ce que cela représente pour ma fille ? demanda-t-il avant de s'asseoir en se frottant les tempes. Au fait, est-ce que le type a dit qu'il repasserait aujourd'hui ?

— Il n'a pas dit grand-chose. Est-ce que tu préfères que je reste un peu ?

— Non, je te remercie, je ne pense pas que tu puisses faire quoi que ce soit s'il revenait, de toute façon.

Tony se pencha pour attraper Josephine qui venait enlacer ses genoux. Il la souleva dans ses bras et sourit à la fillette qui le dévorait des yeux.

— Papa, papa !

— Oui, ma chérie ! dit-il avant de déposer un baiser sur ses joues rebondies. Je suis ton papa…

Il serra sa fille dans ses bras, sans quitter du regard Lili qui les regardait, attendrie. Et tout l'amour qu'elle vit dans son regard, mêlé à l'appréhension, aux doutes et à la douleur, la terrassa littéralement.

Au bout de l'allée, Tony surveillait sa montre dans le soleil déjà vif du petit matin. Dans le jardin résonnaient les cris de Daphne et Josephine qui jouaient avec Ed. Après avoir téléphoné à Rudy, il avait été décidé d'emmener le chien.

— Peut-être qu'elle a changé d'avis, suggéra Claire en voyant son père regarder sa montre pour la dixième fois en moins de cinq minutes.

Sa déception était évidente et Tony repensa aux paroles de sa belle-mère, la veille. Et si elle avait eu raison ? Peut-être était-il imprudent de laisser sa fille s'attacher à quelqu'un qui ne serait pas toujours là…

Et peut-être était-il tout aussi stupide de s'attacher lui-même à cette femme qu'il ne connaissait qu'à peine, au fond…

— Non, s'entendit-il répondre à sa fille, je suis sûre que quelque chose l'aura retenue.

— Tu l'as appelée ?

— Oui, mais ni son téléphone ni celui de Magda ne répondent, mais… Attends ! Regarde, est-ce que ce n'est pas Lili ? Tu vois, je t'avais dit qu'elle viendrait !

La voiture d'oncle Benny vint se garer à côté de celle de Tony. Il s'agissait d'un vieux modèle de Pontiac qui semblait tout droit sortie d'un vieux film.

— Pardon d'être en retard, lança Benny en s'extrayant du véhicule, mais la petite a voulu s'arrêter à la pharmacie et nous nous sommes rendu compte que j'avais un pneu crevé ! C'est bien la première fois que cela m'arrive en vingt ans !

— Et moi j'avais oublié de recharger mon portable ! ajouta Lili en sortant deux valises de la voiture.

Tony s'avança à leur rencontre et s'approcha de Lili pour la débarrasser de ses bagages. Là, si proche d'elle, il sentit sa chaleur, et puis son odeur lui chavira les sens et lorsqu'il plongea ses yeux dans les siens…

Bon sang, ses bonnes résolutions avaient déjà fait long feu !

— Ce n'est pas grave, murmura-t-il en voyant son regard confus.

Heureusement, elle finit par détourner le regard et Tony retrouva une partie de ses facultés cérébrales et put enfin saluer Benny comme il se devait et le remercier d'avoir déposé Lili. Ce dernier remonta dans sa voiture qui démarra dans un fracas inquiétant avant de s'éloigner en cahotant.

Tandis que les derniers sacs étaient glissés dans le coffre et que Lili jouait avec les filles, Tony entendit Daphne annoncer :

— Regarde, papa, c'est lui le monsieur d'hier !

Tony tourna la tête et vit un homme qui correspondait à la description de Lili en train de garer une Jaguar grise décapotable. Il tourna de nouveau la tête vers le jardin et Lili acquiesça d'un discret signe de tête.

Il lui fit signe de rester avec les filles et avança à la rencontre de leur visiteur, le cœur battant d'appréhension. L'homme releva ses lunettes de soleil et ouvrit sa portière, l'air à peu près aussi peu assuré que Tony.

C'est alors que leurs regards se croisèrent et que Tony eut l'impression de recevoir un coup de massue sur la tête…

— Je n'arrive pas à y croire… Cole Jamison ! lança-t-il, abasourdi.

L'homme jeta un regard inquiet autour de lui, comme si son identité le mettait en danger immédiat. Il remarqua la voiture au coffre chargé de valises et les filles dans le jardin avec Lili qui portait Josephine.

— Tu es sur le départ ?

— Pour quelques jours, seulement. Je ne quitte pas la ville, rassure-toi.

Tony essayait avec difficulté de se remettre de l'ironie du sort qui venait de le frapper de plein fouet.

Deux copains de lycée, l'un issu d'une famille de petits employés italiens et l'autre dont les parents fortunés fréquentaient le même country club que ceux de Marissa. Tous les deux avaient un faible pour la même fille. Tony s'était senti si fier de remporter le cœur de la jeune femme en question. Il l'avait même épousée…

Il remarqua que la main de Cole tremblait lorsqu'il se frotta le visage.

— Elle me ressemble, murmura-t-il en regardant fixement Josephine.

— Elle ressemble à sa mère, rétorqua Tony aussi calmement que possible.

— J'étais en voyage en Europe avec ma famille. Nous sommes rentrés avant-hier et il y avait cette… cette lettre de Marissa.

Tony eut l'impression de recevoir un nouveau coup de poing en pleine face.

— Oui, j'en ai reçu une, moi aussi.

Cole leva vers lui son regard vert.

— Elle ne t'avait jamais rien dit ?

— Non, jusqu'à cette lettre, je n'ai jamais rien su. Et ta femme ?

Cole soupira.

— Non, écoute, Tony, je vais t'expliquer, tout cela c'était…

— Epargne-moi les détails, je t'en prie. Cela ne m'intéresse vraiment pas.

— C'était juste une aventure qui a duré moins d'un mois, poursuivit-il pourtant. Tu t'en moques peut-être, mais c'est Marissa qui y a mis un terme, cela te rassurera peut-être de le savoir.

— Tu dis cela pour que je me sente mieux ? Ou pour soulager ta conscience, dis-moi ?

Mais Cole se tut et tourna de nouveau le regard vers la petite Josephine.

— Est-ce que tu connais la réponse ?

— Tu veux dire est-ce qu'il s'agit bien de ma fille ? Les tests sont en cours.

— Quand est-ce que…

— Deux ou trois jours.

Cole hocha la tête avant de tourner vers Tony un regard inquiet, presque paniqué.

— Sarah, ma femme, il ne faut pas qu'elle l'apprenne, ça la tuerait…

C'était donc cela. Il avait simplement peur que sa femme apprenne sa trahison ! Soudain, il éprouva à l'égard de Cole une immense colère, un immense mépris.

— Papa ! appela Claire depuis l'entrée du jardin. Tu viens ?

— Oui, mon cœur, j'arrive ! lança Tony avant de faire face à Cole. La question est : est-ce que tu veux vraiment savoir la vérité ?

Le silence s'installa, pesant, puis au bout de quelques interminables secondes l'homme acquiesça.

— Est-ce que tu as une carte ou quelque chose pour que je puisse te contacter ? demanda Tony, de plus en plus irrité face à l'impassibilité de Cole.

— Oui, oui, bien sûr, dit-il en ouvrant son portefeuille et en tendant une carte de visite. Appelle mon portable, je suis le seul à répondre.

Tony observa la carte, avec une curieuse sensation de dégoût puis il ajouta :

— Ecoute, ta femme n'apprendra rien de mon fait, mais que se passera-t-il s'il s'avère que Josephine est bel et bien ta fille ?

— Je ne sais pas, murmura Cole, en adressant à Tony un regard perdu. Je n'en sais rien.

Puis il remonta dans sa voiture beaucoup trop voyante et beaucoup trop luxueuse et mit le contact.

— Papa ! lança Claire une nouvelle fois. Qui c'était ?

IL regagna sa voiture et lut l'inquiétude dans les yeux de Lili.

— C'est quelqu'un avec qui j'ai été au lycée il y a bien longtemps ! On dirait qu'il avait envie de me revoir…, expliqua-t-il en ouvrant les portières pour installer tout le monde. Allez, en route !

Josephine installée dans son siège auto, les filles à côté et le chien à leurs pieds, il referma les portières et se mit au volant.

— Je pense à une chose, dit-il après avoir roulé pendant cinq minutes, lorsque le vacarme des filles à l'arrière couvrit ses paroles. Si tu étais arrivée à l'heure…

— … Il nous aurait manqués. Je sais.

Impatient de se changer les idées, Tony saisit la première question qui lui traversait l'esprit.

— Au fait, quelle était la raison de votre arrêt à la pharmacie ? Tu n'es pas malade, au moins ?

— J'avais juste besoin de… quelque chose de personnel, conclut-elle embarrassée en lui adressant un regard suppliant.

— Oh pardon ! dit-il aussitôt en se demandant quelle idée il avait eue de poser une telle question.

- 9 -

Depuis leur arrivée, Tony poursuivait Josephine aux quatre coins de la chambre en essayant d'enlever au fur et à mesure les objets délicats ou dangereux dont la fillette hilare essayait de se saisir.

— A moi ! A moi ! criait-elle joyeusement.

— Non, ma chérie, tout cela appartient à Violet, et c'est très fragile.

On frappa doucement à la porte.

— Entrez ! lança Tony.

Lili passa la tête par l'encoignure de la porte et leur sourit.

— Quelle jolie chambre ! dit-elle en découvrant le petit lit de Josephine installé dans un coin avec toutes ses peluches préférées à l'intérieur. Mais il me semble qu'il manque quelqu'un ?

Il remarqua le doudou de Josephine caché dans le dos de Lili. Il s'agissait d'Harvey, un oiseau aux longues pattes qu'elle adorait. Josephine reconnut aussitôt sa peluche fétiche et courut vers Lili.

— Harvey ! s'exclama la fillette en serrant son doudou de toutes ses forces comme si elle cherchait à se faire pardonner son absence.

Tony leva les yeux vers Lili et fut bouleversé de la voir observer sa fille avec tant d'amour dans le regard.

— Comment est ta chambre ? demanda-t-il en prenant Josephine dans les bras.

— Elle est ravissante, comme toute l'auberge, d'ailleurs.

Et puis tout est si calme, ici, je ne regrette vraiment pas d'être venue ! Où sont les filles au fait ?

— Daphne est partie jouer avec les fils de Violet et je suppose que Claire est déjà avec Stacey. Quant à celle-ci, dit-il en embrassant Jojo, il est grand temps qu'elle fasse une petite sieste !

— Non ! s'exclama la fillette en se tortillant pour se libérer de son père. Je ne veux pas faire dodo !

Tony l'allongea dans son lit avec ses peluches et lui caressa le front.

— Tu n'es pas obligée de dormir, ma chérie, tu peux jouer doucement avec tes petits doudous !

— Non ! Avec papa !

— Alors qu'est-ce que tu dirais…, commença-t-il en jetant un regard en direction de la porte de la chambre des filles qui communiquait avec la sienne, si Lili et moi nous restions juste là pour que tu puisses nous voir et nous entendre.

Il alla ouvrir la porte et pointa du doigt un fauteuil.

— Je vais m'asseoir là, comme ça tu me verras, c'est d'accord ?

Josephine ne semblait pas enthousiaste, mais, la fatigue aidant, elle serra Harvey contre elle et sembla accepter le compromis.

Le temps de sortir de la chambre sur la pointe des pieds avec Lili, et la fillette avait déjà les paupières mi-closes.

Une fois dans la chambre voisine, il ouvrit les fenêtres et la porte en grand. Il avait l'impression de suffoquer. Ensuite il s'installa dans le fauteuil, tandis que Lili s'asseyait sur le bord d'un des deux lits.

— Alors, qu'est-ce qu'il te voulait ? demanda-t-elle, n'y tenant plus d'impatience.

Les quatre heures de route ne leur avaient pas permis d'échanger sur le sujet et c'étaient les premiers instants qu'ils étaient en mesure de passer tous les deux. Il était un peu surpris de l'intérêt de la jeune femme et lui jeta un regard curieux.

— Pourquoi est-ce que cela te touche à ce point ? demanda-t-il.

Elle baissa les yeux, troublée.

— Je ne voulais pas me montrer indiscrète, Tony.

— Non, ce n'est pas cela ! Ta sollicitude me fait le plus grand bien, mais elle m'intrigue aussi.

— Eh bien disons que je tiens à vous tous, c'est la raison de mon intérêt et de ma présence, répondit-elle un peu sur ses gardes.

Touché par la sollicitude de Lili et désireux d'alléger un peu le poids qui l'oppressait, il lui raconta l'entretien qu'il avait eu avec Cole avant leur départ. Un dialogue qu'il s'était récité mentalement des dizaines de fois pendant le voyage.

— Est-ce que tu crois qu'il envisage seulement de jouer un quelconque rôle auprès de Jojo si jamais…

Elle avait l'air incapable de terminer sa question. Comme si l'hypothèse qu'elle formulait était simplement inconcevable. Lui-même était incapable d'imaginer ce qu'impliquerait le résultat du test.

— Je n'en sais rien, pour tout te dire. Cependant, il n'a pas eu l'air particulièrement enclin à nous retenir ou à s'approcher de Josephine. Je crois que lui-même ne sait pas comment il va réagir. Pour le moment, sa grande crainte serait que sa femme découvre le pot aux roses.

— Pourtant, il veut connaître le résultat des tests… Tu ne crois pas que…

— Je ne sais pas ce que cela veut dire ! s'emporta finalement Tony en laissant enfin libre cours à la douleur qui le rongeait depuis des heures, des jours, ou peut-être même des semaines.

Son regard se posa sur la fillette profondément endormie dans son lit et son cœur se serra tellement fort qu'il en eut le souffle coupé. Et s'il la perdait ? Et s'il n'était pas son père ? Et si Cole décidait de s'investir dans son éducation ? Toutes ces questions tournoyaient dans sa tête, ne lui laissant aucun répit.

— J'ai l'impression qu'on me demande de tenir bon

malgré la tempête qui se déchaîne, expliqua-t-il, bouleversé. Sauf que, chaque fois que je nous remets à flot, il nous tombe une nouvelle catastrophe dessus !

Il ne parvint pas à réagir lorsque Lili le serra dans ses bras. Il était comme anesthésié par la douleur et l'angoisse.

Elle ne parla pas. Ne tenta pas de le rassurer ou de lui dire que tout irait bien. Elle le tint serré contre elle, jusqu'à ce que sa respiration revienne à la normale.

Tony expira longuement et prit les doigts de Lili dans les siens.

— Je me sens mieux, murmura-t-il.

Elle redressa la tête.

— Tu es sûr ?

— Oui.

Cherchant son regard il eut la surprise d'y découvrir autre chose que de l'empathie ou de la compassion.

C'était une étrange lueur qu'il craignait de reconnaître et qui semblait balayer les vestiges de sa conscience. Quelque chose qui le poussa à tendre la main vers les épaules de Lili afin de l'attirer jusqu'à ses lèvres. Il l'embrassa avec ferveur, comme si la douleur pouvait se dissoudre dans un baiser, comme s'il avait l'espoir de voir revenir la lumière au bout du long tunnel qu'il traversait. Il sentit ses mains sur son dos, et leurs lèvres s'entrouvrirent au même instant…

… L'instant précis où ils perdirent tout contrôle, et où le désir prit possession d'eux, les emportant comme un train lancé à vive allure.

Mais le doute et l'angoisse revinrent s'insinuer dans son esprit et cela lui fit l'effet d'une douche froide. Sa main sur le cou de Lili se crispa un peu et, au terme d'un effort surhumain, il mit fin à leur baiser. Son regard se planta dans le sien et il reconnut la même confusion que celle qui régnait dans son esprit.

— Je suis désolé, murmura-t-il.

— De quoi ?

— Tu veux me faire croire que tu ne t'es rendu compte de rien ?

— Tony, c'était juste un baiser…

— Juste un baiser ? Un simple baiser ? Dans ce cas, je me demande ce que serait un baiser spectaculaire à tes yeux ! dit-il en se passant la main dans les cheveux. En tout cas, ce que je voulais dire c'est qu'il n'y a eu personne à part Marissa et…

Le prénom de sa femme s'était bloqué dans sa gorge.

— Oui, je l'avais deviné.

Il la détailla du regard. Elle avait l'air totalement posée et calme et pourtant ses joues rougies attestaient de son trouble. C'était vraiment une bien étrange jeune femme.

— Il faut que je reste là, au cas où Josephine se réveille. Est-ce que cela t'ennuie de garder un œil sur les grandes en attendant la fin de la sieste ?

Elle acquiesça.

— Tu devrais en profiter pour te reposer, cela te fera du bien.

— Tu as raison, dit Tony en l'accompagnant jusqu'à la porte.

Il prit garde à ne surtout pas l'effleurer, craignant de raviver une flamme qui n'attendait pas grand-chose pour s'embraser.

— A tout à l'heure, dit-elle avec un petit sourire qui attira son attention vers ses lèvres pleines.

Lorsqu'il referma la porte, il enfouit son visage dans ses mains. Embrasser Lili avait déjà été une folie, mais l'embrasser toutes portes ouvertes était suicidaire…

D'autant plus que la maison était remplie d'enfants qui risquaient de débouler à tout moment…

Il ne manquerait plus que quelqu'un les ait vus !

Le matin suivant, Lili descendit la première à la cuisine. Violet, bien sûr, était déjà là, occupée à mélanger une préparation dans un grand saladier. Le café dégageait de délicieux effluves. Les deux chiens, Ed et Simon, se prélassaient sur le sol dans un rayon de soleil.

— Bonjour !

— Bonjour, Lili. Toi aussi tu es matinale, dirait-on ! Prends une tasse dans l'armoire, le café est prêt.

— J'aime le petit matin, quand tout est calme, répondit Lili en se servant une tasse de café fumant. Est-ce que je peux t'aider ?

— Merci, mais j'ai fini, je m'étais mis en tête de préparer des gaufres ce matin.

Violet recouvrit la pâte d'une serviette propre et se servit une tasse de café à son tour.

— Et si on allait dehors profiter des derniers instants de silence avant le débarquement des enfants ?

Lili approuva avec enthousiasme, elle se sentait emporté dans un tourbillon d'émotion depuis hier et un peu de calme et de sérénité lui ferait le plus grand bien. Le jardin immense ressemblait à un parc. On entrevoyait les premiers contreforts des montagnes, parés de reflets dorés sous le soleil de l'aube. La brise légère faisait bruisser les feuilles et Lili ferma ses paupières pour savourer l'instant.

Violet se mit à rire en la voyant ainsi recueillie.

— Ça fait toujours ça la première fois ! confirma-t-elle. Je suis contente que vous ayez décidé de venir, finalement.

— Moi aussi, répondit Lili en goûtant son café. Cette auberge vous a toujours appartenu à Rudy et toi ?

— Pas vraiment, non ! Même si elle a toujours fait partie de ma vie, en quelque sorte.

— Tu attises ma curiosité !

— Ma mère travaillait ici, comme femme de chambre, et j'ai commencé à y travailler les étés dès que j'ai eu seize ans. Après mon divorce, lorsque mon mari m'a laissée avec les garçons, la propriétaire des lieux, Doris, nous a proposé de venir nous installer ici, en échange d'un coup de main. Son mari venait de mourir et elle était contente d'avoir de la compagnie. Elle m'avait même promis de me léguer l'auberge à sa mort, mais en l'absence de testament sa fille a tout vendu.

— Vraiment ?

— Oui, et c'est Rudy qui a acheté, conclut Violet, en souriant. Lorsqu'il a appris notre situation, il nous a tout de suite proposé de rester le temps de réaménager les lieux. C'est en vidant la chambre de Doris qu'il est tombé sur son testament. Il aurait pu ne rien nous dire, nous n'en aurions jamais rien su.

Lili était pleine de curiosité. C'était vraiment une histoire incroyable. Une véritable histoire d'amour…

— Mais il l'a fait ?

— Oui. Et c'est à ce moment que nous avons décidé de simplifier les paperasseries en ne nous quittant plus ! Les coups de foudre tombent parfois bien…

Lili hocha la tête, mais elle était loin de partager l'enthousiasme de Violet.

— Oui, parfois, murmura-t-elle.

— C'est ce qui s'est passé entre Tony et toi, n'est-ce pas ? demanda Violet, sans détour.

Lili faillit s'étouffer avec son café.

— Eh bien, tu n'y vas pas par quatre chemins !

— Difficile d'ignorer la trace de rouge à lèvres sur la bouche de Tony, à vrai dire…

Lili ouvrit de larges yeux et rougit jusqu'aux oreilles.

— Ne t'inquiète pas, je ne pense pas que quelqu'un d'autre l'ait remarquée, ajouta Violet.

— De toute façon, il n'y a rien entre nous, expliqua Lili. Rien d'important, en tout cas.

— D'accord, je te crois. En revanche, quelque chose le chagrine en ce moment, est-ce que tu es au courant de ce que c'est ?

Lili fronça les sourcils. C'était si évident que cela ? Elle ne doutait pas de la bienveillance de Violet et de Rudy, mais ce n'était pas à elle de révéler les soucis de Tony. S'il voulait leur en parler il le ferait. Elle ne put s'empêcher, néanmoins, de chercher à savoir jusqu'où allaient les inquiétudes de Violet.

— Comment cela ?

— Avec Rudy nous nous sommes fait la même remarque, hier. Nous le trouvons préoccupé, comme inquiet. Il passe son temps à vérifier son téléphone et semble absorbé dans ses pensées.

— Je crois surtout qu'il est débordé, mentit Lili en se cachant derrière sa tasse de café. Entre les filles et la maison…

Elle espéra que son ton serait le plus naturel possible. Il était inutile de semer encore plus le doute dans l'esprit de Violet…

— Et toi, quels sont tes projets une fois que tu seras rentrée en Hongrie ? demanda Violet pour changer de sujet.

— Je n'en sais rien, à vrai dire. Je vais commencer par essayer de savoir ce que je veux vraiment faire de ma vie !

Lili s'efforça de sourire. Mais cette perspective ne l'enchantait pas vraiment.

— Je connais cela, soupira Violet. Tu sais ce qui m'a aidée ? Je me suis résolue un jour à ne pas être quelqu'un d'exceptionnel. Je n'aurai jamais de prix Nobel, et je ne serai pas célèbre, mais ce que je fais ici, pour Rudy, pour les enfants, pour les résidents qui viennent passer quelques jours au calme… ce n'est pas rien ! J'ai trouvé ma place, je crois. Mon but. Je pense que ce qui compte avant tout ce n'est pas ce que tu fais, mais combien tu t'impliques dans ce que tu fais…

— Hé ! lança Rudy depuis le pas de la porte. Tu crois que je te paie à boire du café en refaisant le monde ?

Violet éclata de rire.

— N'est-il pas charmant ? lança-t-elle à Lili.

Lili éprouva un petit pincement au cœur en les voyant si heureux, et si manifestement amoureux.

— Je voulais juste te signaler qu'il y a un certain nombre de petits estomacs affamés dans la cuisine, en quête de la cuisinière, reprit Rudy, en souriant.

Violet se leva en faisant mine de bâiller exagérément avant de prendre le chemin de la cuisine.

Rudy hocha la tête en se tournant vers Lili.

— Il devient impossible de trouver du personnel de qualité de nos jours, lança-t-il, moqueur.

Lili se leva à son tour en riant et suivit le mouvement vers la cuisine.

Tony fut le premier qu'elle vit, avec Jojo dans les bras. Il devait juste sortir de la douche et avait sans doute peu dormi, comme en témoignaient ses traits tirés et les cernes sous ses yeux.

Lili sourit à Daphne, assise à table avec une serviette autour du cou.

C'était aujourd'hui que Tony attendait les résultats des tests. La réalité venait de lui retomber dessus sans prévenir. Pas étonnant qu'il ait mal dormi…

— Au fait, lança Rudy, la tirant de ses pensées, il paraît que le temps va être beau aujourd'hui, qui serait partant pour une randonnée ?

— Pourquoi pas, répondit Tony en ignorant les mines déconfites de Daphne et Claire, les filles seront ravies !

Stacey, la plus grande des filles, prétexta aussitôt qu'elle ne se sentait pas très bien afin d'éviter la sortie, ce qui donna un prétexte à Claire pour rester à la maison. Violet ajouta son grain de sel en précisant qu'elle attendait la visite d'une nouvelle femme de chambre, mais qu'elle pourrait en échange s'occuper de Josephine.

Rudy croisa les bras.

— Est-ce qu'il y a quelqu'un pour m'accompagner, finalement ?

— Il reste les garçons, Daphne, Tony et moi, sans oublier les chiens ! résuma Lili, amusée.

— Hors de question que Simon parte en randonnée avec vous. La dernière fois, il m'a fallu une semaine pour enlever tout ce qu'il avait réussi à emmêler dans son pelage, lança Violet. Soit vous le rasez, soit il reste avec moi !

— Quelle rabat-joie, râla Rudy au milieu des rires des enfants.

Lili suivait cet échange avec attention. Elle était envieuse de la vie de famille qu'avaient su se construire Violet et Rudy avec leurs enfants, leur auberge et leur chien. Est-ce que ce n'était pas cela qu'elle recherchait, au fond ? Son regard se tourna vers Tony.

— Finalement, je crois que je vais venir, annonça Claire tout à coup.

Tony se tourna vers sa fille et la gratifia d'un regard qui traduisait tout l'amour d'un père pour sa fille, malgré les difficultés et les épreuves.

Claire leva les yeux vers Lili, mais cette fois-ci c'était un regard tellement noir que Lili en eut presque envie de pleurer. Elle pensait pourtant avoir dépassé le stade de l'hostilité…

Et si Claire les avait vus, hier ?

Ce qui était troublant c'est qu'ils avaient tous passé l'après-midi ensemble et que Claire n'avait rien dit ou manifesté à son égard. Non, elle devait se faire des idées, le regard de Claire n'avait certainement rien à voir avec leur baiser.

Et puis, de toute façon, qu'est-ce que cela changeait que Claire l'apprécie ou pas ? Qu'elle lui fasse confiance ou pas ? Peut-être que dans un autre monde elle aurait pu se laisser aller à imaginer qu'elle était la personne qu'il manquait à cette famille pour se reconstruire. Mais ce n'était pas le cas. Tony avait été très clair à ce sujet.

Lili savait aussi que Marissa avait été une bonne mère pour ses filles. Le genre de mère dont la perte laisse un trou béant que rien ni personne ne pourra remplir. Un amour inconditionnel et total ne se remplace pas.

Marissa était aussi une femme dont les trahisons secrètes venaient vous hanter des mois après, laissant là aussi un vide béant. Un vide qu'elle n'était sans doute pas en mesure de combler auprès de Tony, quels que soient ses sentiments à son égard.

Elle ne pouvait pas lutter. Tony et ses filles ne pourraient pas faire partie de sa vie, c'était ainsi, il fallait qu'elle l'accepte.

Ce n'était pas vraiment une révélation, mais, pour une curieuse raison, c'était sans doute la première fois que l'évidence s'imposait à son esprit de cette façon. Et finalement, au lieu de se sentir attristée par cet état de fait, Lili se sentit soudain libérée. Libérée et libre de savourer simplement l'instant présent, libre d'offrir sans arrière-pensée tout le soutien et le réconfort qu'elle était en mesure de dispenser, et cela sans risquer d'être déçue de ne rien recevoir en retour.

Libre de l'aimer sans attendre qu'il ne l'aime, sans espoirs ni craintes.

Pour la première fois depuis longtemps, son appétit revint et elle se délecta des gaufres de Violet de bon cœur.

Si Tony s'était imaginé l'espace d'un instant qu'une randonnée lui permettrait de se changer les idées à propos de l'appel téléphonique tant redouté et du baiser fougueux échangé la veille, il avait tout faux.

Il ne devait d'ailleurs pas non plus être d'humeur à apprécier la beauté sauvage des paysages, des sentiers ombragés, des cours d'eau sinueux ou du ciel bleu azur au-dessus d'eux.

Au moins les filles semblaient-elles passer un moment agréable. Elles marchaient à près de cinquante mètres devant eux avec les garçons. Daphne semblait comme toujours s'amuser. Elle lui donnait l'impression d'être une balle de caoutchouc sur qui les émotions rebondissaient.

Claire lui ressemblait plus, en revanche. Si elle était physiquement présente aujourd'hui, son esprit était ailleurs, tout comme le sien.

— J'ai tellement l'impression de me reconnaître en Claire, dit Lili quelques pas derrière lui, le faisant sursauter.

Il y avait quelque chose de différent chez Lili, ce

matin. Quelque chose qu'il ne parvenait pas à identifier, car comme toujours elle ne laissait rien transparaître et semblait d'humeur égale.

— Pourquoi dis-tu cela ?

— Ce sentiment d'être une extraterrestre alors qu'on donnerait tout pour se sentir comme tout le monde de temps en temps.

— Tu devrais le lui dire.

— Je le lui ai dit l'autre matin, pendant que nous préparions les beignets. C'est la première fois qu'elle m'a souri, mais aujourd'hui elle recommence à me lancer des regards assassins.

Lui aussi l'avait remarqué, non sans une certaine inquiétude. Mais il commençait à être habitué aux sautes d'humeur de son aînée.

— J'espère que tu as bien conscience qu'elle envoie ces mêmes regards à tout le monde ?

— Pourtant, pendant une minute, je me suis demandé si elle ne nous avait pas vus, expliqua Lili en baissant les yeux. Je veux dire hier…

Elle avait rougi jusqu'aux oreilles, il en était sûr.

— J'en doute, répondit-il, un peu perturbé lui aussi à cette évocation, Claire n'est pas du genre à faire des mystères.

— Ohé ! appela Rudy depuis le bout du chemin. Il y a une cascade un peu plus haut, vous pourrez faire une pause pendant que j'accompagne les enfants en bas pour se rafraîchir.

— D'accord ! répondit Tony.

Il allait se retrouver seul avec Lili. Il avait attendu ce moment toute la matinée, tout en le redoutant.

— J'ai repensé à celui que tu as failli épouser, lança-t-il tout à coup. Ton imbécile de fiancé…

Lili se prit les pieds dans une racine, et rétablit son équilibre in extremis.

— Euh, je ne vois pas pourquoi tu penses à lui, mais continue, je t'en prie.

— Depuis que je t'ai embrassée, je n'y comprends plus rien. J'aurais été capable de supporter Magda, Susan et ma propre mère dans ma maison en échange d'un seul baiser comme celui-là de temps en temps ! Cet homme est un véritable mystère !

Voilà. Il l'avait dit. Il n'avait pas pu s'en empêcher…

Elle s'arrêta un instant, visiblement désireuse d'en savoir plus.

— Vraiment ? demanda-t-elle.

— Oh oui, tu peux me croire. Je n'ose imaginer…

Il sentait qu'il était en train d'aller trop loin, et qu'il jouait avec le feu…

— Tu n'oses imaginer quoi ?

— Non, rien.

Elle soupira.

— S'il y a bien une chose qui me met hors de moi, c'est que l'on ne finisse pas ses phrases.

— Très bien, tu l'auras voulu. Je voulais dire que je n'osais imaginer ce que c'était que de faire l'amour avec toi, dit-il. Et ne fais pas cette tête, c'est toi qui as insisté pour que je finisse ma phrase.

Lili secouait la tête, comme si elle avait du mal à croire ce qu'elle venait d'entendre.

— Nous sommes bien d'accord que tu ne sais pas ce que tu dis ?

— Je ne suis qu'un homme, tu ne peux pas me reprocher d'avoir des images de la sorte en tête. Cela ne fait de mal à personne, après tout.

Après cette dernière tirade, le silence s'installa et ils continuèrent à grimper le sentier pendant près de cent mètres sans proférer un son. Arrivés au bout du sentier, ils découvrirent la cascade.

Daphne était déjà descendue se plonger dans le ruisseau avec les garçons. Claire, quant à elle, restait comme à son habitude prudemment en retrait, les bras croisés et l'air pensif. Pourtant, une discrète étincelle dans son regard semblait indiquer qu'elle non plus n'était pas insensible à la beauté des lieux.

— Waouh ! lança-t-il en repoussant sa casquette avant de se tourner vers Lili.

Comme si elle se parlait à elle-même, elle murmura :

— Personne ne peut imaginer ce que cela fait de faire l'amour avec moi. Je ne l'ai jamais fait.

- 10 -

Qu'est-ce qui l'avait poussée à le lui dire ?

Sans quitter la chute d'eau des yeux, Lili sentit le regard de Tony se poser sur elle.

Cela ne le regardait pas, après tout, et cela ne changeait rien à la nature de leurs relations. Pourtant, la remarque de Tony avait fait naître en elle le besoin irrépressible de lui avouer ce secret si intime.

— Lili, c'est une blague, n'est-ce pas ?

Elle se tourna vers lui, embarrassée et amusée à la fois.

— Non, c'est tout sauf une blague.

— Mais tu étais fiancée à ce type…

— Peter était très religieux, et pour ma part j'étais encore jeune et, bref…

— Je ne comprends pas, Lili, c'est impossible, il devait être totalement insensible !

Elle détourna le regard et se concentra sur la cascade. Elle enfouit les mains dans les poches.

— C'était mon choix, Tony. Comme j'ai fait le choix de m'occuper de ma mère. Peter était le premier homme avec qui j'avais une véritable histoire.

— Cela ne peut pas être aussi simple que cela, voyons !

La surprise et l'incrédulité de Tony commençaient à la mettre mal à l'aise.

— Pourquoi pas ? Je n'ai jamais envisagé de faire l'amour juste pour voir. Je voulais simplement être amoureuse… Est-ce trop demander ? Et pour tout te dire, jusqu'à tout récemment, je n'ai jamais eu l'impression de passer à côté de quoi que ce soit.

Elle sentit de nouveau son regard sur elle. Il était trop intelligent pour ne pas saisir ce qu'elle sous-entendait. Avait-il deviné que son arrêt de dernière minute avait été pour acheter des préservatifs ? C'était la preuve que quelque chose s'était éveillé en elle. En tout cas, elle avait découvert le désir. L'envie physique impérieuse de s'unir à lui. Elle savait maintenant ce que c'était que de se consumer pour quelqu'un. Ces images qui revenaient vous troubler quand vous vous y attendiez le moins… Ces rêves érotiques qui l'habitaient et la troublaient au plus haut point.

Elle savait que Tony la désirait lui aussi. Elle le voyait à la façon qu'il avait de la regarder, les yeux dans le vague. Les frissons qui semblaient parfois le saisir quand elle l'effleurait. Et puis l'ardeur avec laquelle ils s'étaient embrassés laissait peu de place au moindre doute…

La sonnerie du téléphone les fit sursauter.

— C'est eux, murmura-t-il en fixant son portable, comme tétanisé.

— Vas-y, réponds, murmura-t-elle.

Il appuya sur une touche et porta le téléphone à son oreille.

— Oui, allô ? C'est moi-même.

Lili retint son souffle. Elle voulait s'éloigner, le laisser tranquille un instant, mais elle était comme clouée au sol. Après quelques hochements de tête, elle l'entendit murmurer :

— Oui, d'accord. C'est ce que je vais faire, merci.

Pendant quelques secondes, il resta silencieux, le regard braqué vers ses filles en contrebas. Daphne riait et éclaboussait tout le monde et Claire, sur le rivage, serrait ses genoux contre sa poitrine.

— Tony ? demanda Lili, finalement.

— Est-ce que tu peux me laisser seul un instant ? demanda-t-il d'une voix cassée.

Sa voix… On aurait dit que ce n'était plus la sienne. Elle

se sentait dévastée pour lui. Il n'y avait rien à dire, rien à faire pour le réconforter. Elle n'osa pas même l'effleurer de la main.

— Bien sûr. Peut-être devrions-nous reprendre le chemin de la maison ?

Il accepta finalement de la regarder. C'était un regard vide. Sans douleur ni colère.

Il inspira profondément, comme pour réunir ses dernières forces, et tenta un demi-sourire.

— Je te dirai cela dans un moment.

Elle descendit le sentier qui menait au bas de la chute et rejoignit Rudy et Claire qui l'interrogèrent du regard et à qui elle ne répondit pas. Elle s'approcha de l'eau et sourit aux enfants, mais son cœur était resté là-haut, auprès de cet homme qui ne les quittait pas des yeux.

Anesthésié par le choc, Tony savait pourtant au fond de lui qu'il n'avait pas le droit de se laisser aller. S'il voulait échapper aux questions de tout le monde, il fallait qu'il se reprenne. Il l'avait déjà fait tant de fois au cours de l'année écoulée, il devrait y arriver une fois encore.

Et même si sa seule envie était de courir jusqu'à l'auberge pour serrer Josephine dans ses bras, il fallait qu'il tienne bon. Qu'il arrive à respirer normalement, à sourire, même.

Il descendit à son tour le sentier et Claire fut la première à croiser son regard. Son visage triste et inquiet était comme un coup de poing de plus. Il décida d'éviter ses questions, et s'assit à côté d'elle pour enlever ses chaussures.

— Ne me dis pas que toi aussi tu vas te baigner ?

— Si, pourquoi pas ? Même Lili a fini par mettre les pieds dans l'eau.

Lili se retourna et leur fit un signe de la main.

Il avait du mal à continuer à faire comme si de rien n'était. Il avait envie de crier. Lui qui pensait qu'il n'y avait rien de pire que de ne pas savoir, découvrait qu'il y avait encore plus terrible. Et c'était de savoir.

Il gagna le cours d'eau péniblement et fit quelques pas dans l'eau fraîche. Si seulement la sensation d'engourdissement pouvait gagner son cœur et faire taire sa douleur. Il tourna la tête vers Lili qui le regarda un quart de seconde avant que Daphne ne se mette à l'éclabousser. Poussant un cri elle courut vers la fillette en riant. Tony les regarda en train de chahuter et de rire et son cœur saigna encore plus.

Tout était devenu trop compliqué. Il n'y arrivait plus.

Il ne pourrait tout réparer, c'était maintenant une certitude, mais il savait aussi qu'il devait en plus ne pas rendre les choses plus douloureuses encore.

Sans bien savoir comment, il traversa le reste de la matinée, le retour, le déjeuner. Ensuite, Violet proposa aux filles de les emmener faire du shopping au centre commercial, pour leur plus grand plaisir, tandis que Rudy emmenait les garçons de son côté. Il laissa tout le monde s'égailler de son côté.

Il restait seul avec Josephine et les chiens.

Seul, surtout, avec la perspective de devoir contacter Cole Jamison.

En entrant dans la troisième boutique, Lili savait que sa carte bancaire ne survivrait pas longtemps à ce rythme-là de passages en caisse.

Il fallait dire qu'elle n'avait rien trouvé de mieux pour se changer les idées. Et si cette sortie entre filles se révélait des plus plaisantes — même Claire avait retrouvé le sourire ! — elle n'arrivait pas à s'ôter de la tête l'image de Tony contemplant la cascade l'air totalement perdu.

Il y avait autre chose qui l'inquiétait, c'était l'incapacité de Daphne et Claire à se faire plaisir en s'achetant quelque chose. Elles avaient pourtant de l'argent de poche spécialement prévu, mais rechignaient à le dépenser. Claire avait bien acheté deux ou trois petites choses pour Josephine, mais rien pour elle, tandis que Daphne ne parvenait pas à se décider.

C'est alors qu'elles s'arrêtèrent devant un rayon où les couleurs vives associées aux paillettes à foison ne pouvaient qu'attirer l'attention de deux fillettes normalement constituées. Daphne passa en revue les sweat-shirts à capuche de couleur rose fuchsia, ornés de motifs bigarrés. Elle jeta son dévolu sur l'un d'eux, trois fois trop grand, et l'enfila. Il lui arrivait à mi-cuisses, mais elle semblait enchantée de son reflet dans le miroir.

— Waouh ! s'exclama Claire, montrant de l'enthousiasme pour la première fois depuis bien longtemps. Tu devrais l'acheter, il est trop génial !

— Est-ce que j'ai assez d'argent ? demanda la fillette, inquiète.

— Ne t'en fais pas pour l'argent, intervint Lili en s'approchant. Et toi, Claire, quelle est ta couleur préférée ? Rouge, orange ? Et pourquoi pas ce turquoise ?

Des perles et des paillettes roses étincelaient sur le vêtement d'un bleu vif. Claire semblait tentée sans oser pourtant se lancer.

— Daphne, qu'est-ce que tu en penses ? Tu ne crois pas que cette couleur irait parfaitement à ta sœur ?

— Oh oui, Claire, essaye-le !

— Non, je ne crois pas…

— Vraiment ? insista Lili en repérant un modèle jaune canari assez grand pour lui aller. Parce que je crois que je vais m'acheter celui-là !

Elle l'enfila aussitôt, avant de tendre celui qu'elle avait choisi à Claire, qui consentit enfin à l'enfiler.

— Ce n'est pas un peu grand ?

— Non, ça se porte comme ça ! Allez, c'est moi qui vous l'offre !

Les trois filles se regardèrent dans le miroir, le sourire aux lèvres. Violet les rejoignit avec Stacey.

— Dieu tout-puissant ! s'exclama Violet en les reconnaissant. Avec de telles couleurs, je suis sûre qu'on doit vous voir depuis le Canada !

Lili et les filles éclatèrent de rire en enlevant leurs sweat-shirts pour passer en caisse.

Daphne se tourna alors vers sa sœur.

— Mamie va les détester !

Claire haussa les épaules.

— Elle s'en remettra !

Rassérénée, Lili tendit une dernière fois sa carte de crédit à la vendeuse.

Une fois Josephine couchée pour la sieste, Tony descendit dans le jardin, suivi par les deux chiens. Il prit son portefeuille et en sortit la carte de visite de Cole et composa le numéro avant que le courage ne lui manque définitivement. Cole décrocha dès la première sonnerie.

— Cole Jamison à l'appareil, j'écoute ?

— Ce n'est pas ma fille.

Il entendit Cole reprendre sa respiration.

— Il n'y a pas de doute possible ?

— Non, c'est un double test.

Un court silence se fit.

— Malgré tout, cela ne garantit pas que je sois le père…

La réponse de Cole lui fit l'effet d'un coup de poing. Avait-il bien compris ce qu'il insinuait ?

— Pardon ? demanda Tony.

— Sans mon ADN, il est impossible de prouver que je suis bien le père. La seule chose qui est sûre, c'est que ce n'est pas toi, n'est-ce pas ?

Tony se frotta les tempes le temps de comprendre où il voulait en venir.

— Ecoute, ce n'est pas compliqué, Marissa nous a envoyé une lettre à chacun, donc si ce n'est pas moi, ce qui est déjà un scénario absolument catastrophique, c'est donc toi le père !

— Qu'est-ce qui te dit que nous sommes les deux seuls à avoir reçu cette lettre ?

Tony se redressa en serrant le poing. Il aurait payé cher

pour que Cole soit devant lui et qu'il puisse lui casser la figure une bonne fois pour toutes.

— Je crois surtout que tu ne comprends pas que ce n'est pas de nous qu'il s'agit, mais bien de Josephine. Une petite fille de deux ans qui a déjà perdu sa mère, dois-je te le rappeler ?

— Tu ne pourras pas me forcer à faire un test, Tony. Et puisque tu sembles vouloir t'occuper d'elle, il n'y a pas de problème. Cela rendra les choses plus simples pour tout le monde. Il est hors de question que ma femme ou mes enfants entendent parler de cette histoire.

Cette fois, Tony laissa éclater sa colère.

— Il aurait peut-être fallu y penser à l'époque où tu fréquentais ma femme, non ? Ou alors éviter de te présenter chez moi comme tu l'as fait ! lança Tony, amer.

— J'ai paniqué, d'accord ? Je ne savais pas ce qu'elle t'avait dit et je craignais de te voir débarquer chez moi.

— J'ai bien compris que tu ne voulais pas que cela se sache, et je ne sais pas si Marissa en a parlé à d'autres personnes. En revanche, je ne peux pas vivre avec une épée de Damoclès au-dessus de la tête en craignant que tu ne changes d'avis un jour ou l'autre…

— Cela n'arrivera pas !

— Et si jamais il arrivait quelque chose à Josephine et qu'elle ait besoin d'un don de moelle ou d'organe ou de je-ne-sais-quoi et que je ne sois pas en mesure de la sauver car je ne suis pas son père ?

— Tu délires complètement, là !

— Peut-être, mais sache que j'irais te chercher jusqu'au bout du monde s'il le fallait. Et, en attendant, je veux que tu m'envoies un document légal attestant que tu me confies la garde pleine et entière sur elle.

— D'accord, mais en échange je veux que tu me donnes ta parole de garder le secret sur moi. Cela signifie que tu t'engages aussi à ne jamais lui parler de moi.

Tony retint son souffle un instant, puis répondit :

— Je ne peux pas te faire cette promesse.

— Dans ce cas, pas de document légal, trancha Cole avant de raccrocher.

Comme il rempochait son téléphone, abattu par cet échange, Tony entendit une porte s'ouvrir et se tourna pour découvrir Rudy qui venait à sa rencontre.

— Où sont les garçons ? demanda Tony.

— Devant leur console vidéo, répondit Rudy en s'asseyant à côté de lui. Tony, je vois bien que cela ne va pas… Parle-moi, je t'en prie, je pensais que tu pouvais avoir confiance en moi !

Tony inspira. Il avait besoin de se confier à quelqu'un, mais ce qu'il avait à dire lui semblait trop énorme, trop lourd.

— Qu'est-ce que tu as entendu ?

— Suffisamment long pour avoir envie de te cogner pour ton silence ! lança Rudy en souriant avec compassion. En tout cas, j'ai cru comprendre que Marissa t'avait trompé…

— Oui, j'ai appris cela, il y a deux ou trois semaines. Le jour de la fête chez Magda, pour être précis…

Il se mit alors raconter à Rudy les événements des dernières semaines, gardant pourtant quelques détails pour lui.

Rudy l'écouta en hochant la tête.

— Violet était sûre qu'il y avait quelque chose qui ne tournait pas rond ces derniers temps, mais je ne la croyais qu'à moitié. En revanche, pendant la randonnée, ce matin, je peux te dire qu'il aurait fallu être aveugle pour ne pas se rendre compte que quelque chose allait de travers. Est-ce que quelqu'un d'autre est au courant ?

— Non. Enfin, si, Lili, mais…

C'était déjà une autre histoire… Toute aussi compliquée.

— Je vois bien que tu n'as pas envie de parler d'elle non plus, confia Rudy. Cela aussi se voit comme le nez au milieu de la figure.

Tony ne chercha même pas à nier.

— Elle est… Je ne sais pas, tout cela est tellement compliqué !

— Pourquoi ? Parce que tu penses que c'est trop tôt encore ? Tu préférerais attendre douze ans comme je l'ai fait ?

— Non, ce n'est pas cela, je ne suis pas prêt à m'engager dans une relation, c'est tout. C'est tellement d'énergie et d'investissement… Et puis cette histoire de Marissa avec un autre homme…

— Ne me dis pas que tu te sens responsable de ce qui s'est passé ?

— Tu parles comme Lili !

— Je savais que je l'aimais bien, cette jeune femme !

Tony ébaucha un sourire.

— Quoi qu'il en soit, je ne suis pas en mesure de me lancer dans une autre histoire.

— Il y a quelque chose entre vous ?

— Oui et non, rien de bien précis. Tu sembles oublier les filles, pour commencer, et puis les parents de Marissa. Même si j'étais prêt, eux sont loin de l'être.

— Je ne dirais pas cela de Daphne, par exemple.

— Ce n'est pas parce qu'elle s'amuse bien avec Lili qu'elle serait prête à l'accepter comme une deuxième maman. Quant à Claire… Tu l'as vue comme moi, non ?

— Ah, les enfants sont compliqués, confirma Rudy. Tony, je sais que tout cela te semble précipité, mais il y a des signes que l'on ne peut ignorer. Des sentiments que l'on n'a pas le droit de réprimer. Ce n'est pas donné à tout le monde de rencontrer quelqu'un avec qui on aimerait faire un bout de chemin, ne l'oublie pas ! Et puis, un jour, tout disparaît et tu te retrouves tout seul. C'est alors que tu te rends compte que tu as laissé passer le train et qu'il est trop tard pour faire marche arrière.

— Je comprends ce que tu veux dire, mais je ne…

— Je n'ai pas fini, insista Rudy. Pour le moment, tu te caches derrière tous ces prétextes, tes filles, tes beaux-parents, tes problèmes passés, présents et même futurs, mais un jour tu risques de te réveiller et de te rendre compte que tu as tout fait pour les autres, mais que tu as oublié quelqu'un dans l'histoire. Et ce quelqu'un, ce sera toi.

— Je crois que j'ai compris ce que tu voulais dire, répondit Tony, un peu irrité. Mais je crois aussi que tu es en train de te mêler de quelque chose qui ne te regarde pas. Pour le moment, je ne pense peut-être pas beaucoup à moi, mais c'est parce que j'ai des enfants qui ont besoin de moi. Et puis je ne suis pas sûr que Lili ait vraiment besoin d'une histoire aussi compliquée après ce qu'elle vient de traverser de son côté…

Le bruit du monospace de Violet entrant dans la cour leur fit tourner la tête. Quelques secondes plus tard, les portes s'ouvrirent et un bataillon de jeunes femmes armées de sacs en sortit.

Il regarda ses filles d'abord, puis ses yeux s'arrêtèrent sur Lili. Elle riait à propos de quelque chose que venait de lui dire Violet et semblait si naturelle, avec ses cheveux relevés en une simple queue-de-cheval et ses fines lunettes. Puis leurs regards se croisèrent et une ombre passa sur son visage, comme si elle venait de lire dans ses pensées.

— Peut-être, suggéra Rudy à mi-voix, que tu devrais lui laisser une chance de décider toute seule de ce qui est bon pour elle ou pas.

Puis il avança à la rencontre de Violet, avant que Tony n'ait eu une chance de lui répondre.

Alors que Lili et les filles approchaient, il remarqua qu'elles portaient le même sweat-shirt décliné de différentes couleurs, toutes aussi tape-à-l'œil. Il fronça même les sourcils en découvrant les motifs tout aussi voyants.

— C'est Lili qui nous les a offerts, sembla se défendre son aînée en baissant le regard.

— Tu n'as pas à t'excuser, ma chérie, dit-il en lui souriant et en la serrant dans ses bras. Ma surprise vient du fait que je ne t'ai jamais vue habillée ainsi. Cela te va bien, tu sais ?

Lili sourit.

— C'est vrai, n'est-ce pas ? La couleur va parfaitement bien avec ses cheveux, je trouve, renchérit Lili.

— Et si j'allumais un feu dans le salon ? proposa Rudy.

Nous pourrions faire des grillades et faire fondre des marshmallows et…

Le reste de sa phrase se perdit dans le brouhaha d'applaudissements et d'encouragements de la part des plus jeunes de l'assemblée.

Lorsque tout le monde rentra pour préparer le feu, Tony se réfugia quelques instants de plus dans le jardin. Mais Lili ne tarda pas à le rejoindre.

— C'est une question stupide, mais je me demandais comment tu allais ?

Il inspira douloureusement.

— Tu sais, je crois que tu me rendrais service en ne te montrant pas aussi gentille tout le temps !

A l'abri sous le porche, ils virent quelques gouttes de pluie tomber sur le massif de rhododendrons. Un changement de temps qui convenait tout à fait à son état d'esprit.

— Je pourrais te retourner le compliment, dit-elle.

— Oh Lili, je suis désolé… Je ne m'attendais pas… je ne peux pas…

— Tu n'as pas à te justifier, Tony. Je préfère que tu ne dises rien. Nous savons tous les deux pourquoi tout cela ne peut pas fonctionner. Il est parfois bon de savoir que quelqu'un pense un peu à vous tout de même. Sinon, comment est-ce que tu t'en sors ?

— Tu veux parler du reste ? dit-il, en crispant la mâchoire. Eh bien, j'ai appelé Cole.

— Déjà ?

— Oui, le plus tôt était le mieux. Dans tous les cas, il ne veut pas entendre parler de Josephine.

Elle hocha la tête.

— Tu n'as pas l'air plus content que cela, je me trompe ?

— Ce n'est pas si simple. Rien n'est jamais totalement simple, de toute façon. Je lui ai demandé un document écrit de renonciation à la garde et en échange il veut que je lui promette de ne jamais rien dire à Josephine.

— Mais tu ne peux pas garder un tel secret toute ta vie !

Il fut soulagé de constater qu'elle aussi trouvait cette hypothèse impossible.

— C'est exactement ce que je lui ai dit, mais il m'a raccroché au nez, ce qui fait que tout est en suspens de nouveau, expliqua Tony en tendant le bras sous la pluie. Je ne peux m'ôter de l'esprit l'idée qu'il change d'avis dans quelques années et se présente à ma porte l'air contrit avec des envies de rattraper le temps perdu…

— Mais la loi est de ton côté, non ?

— J'imagine, mais là encore je n'ai aucune certitude. Il faut que je tire cela au clair, dit-il alors qu'un éclair fendait le ciel suivi par le grondement du tonnerre. Quand est-ce que tu repars ?

Il tourna la tête vers Lili, mais elle regardait au loin.

— Dans une semaine.

— Déjà !

— Oui, cela m'a fait tout drôle aussi quand je m'en suis rendu compte ce matin.

Il essaya de ne pas laisser percer son désappointement. L'idée que Lili allait bientôt partir lui était insupportable.

— Tu es contente de rentrer ?

— Plus ou moins, oui. J'ai des choses à faire là-bas, à commencer par vider l'appartement de ma mère… Tu sais que je n'ai jamais vécu seule jusqu'à ce jour ?

— Vraiment ?

— Vraiment !

— N'es-tu pas impatiente de découvrir ce que c'est que d'être indépendant ?

— Pour tout te dire, je n'en sais rien.

Tony s'éclaircit la voix.

— Peut-être que je… Que nous pourrions venir te rendre visite un jour ou l'autre ?

Elle fit non de la tête.

— Les gens me disent toujours qu'ils viendront me voir, mais ils ne le font jamais. Tony, je sais que tu traverses l'enfer en ce moment, mais tu finiras par en sortir, et tes filles et toi vous reprendrez le cours de votre vie et cet été sera bientôt de l'histoire ancienne… Tout comme moi.

Mais il refusa d'abandonner le sujet.

— Tu n'as pas en projet de revenir aux Etats-Unis ?

— Pas dans l'immédiat, non.

Elle ne lui laissait vraiment aucun espoir. C'était sans doute la meilleure chose à faire, mais cela l'attristait et le frustrait.

— Lili, je suis désolé.

Elle lui jeta un regard à la fois triste et un peu étonné.

— Pourquoi ? Tu n'as rien à te reprocher. Tu n'as pas à t'excuser de ne pas être dans une autre situation que la tienne. Je le déplore, mais je n'y peux rien.

— Qu'est-ce qu'il va se passer alors ?

— Nous rentrerons à Springfield demain et reprendrons le cours de nos vies.

— Et c'est tout ?

Elle lui sourit avec bienveillance.

— Ce sera toujours mieux que de rester côte à côte comme cela, non ?

— Mieux, je ne sais pas. Moins frustrant, sans doute…, reconnut-il. Au fait, les filles seront chez leurs grands-parents ce week-end…

— Et tu voudrais que je vienne faire le ménage chez toi ? plaisanta-t-elle.

— Non, surtout pas ! s'exclama-t-il, amusé. Je voudrais t'inviter à dîner en ville.

Il n'avait pas vraiment réfléchi avant de l'inviter, mais cela lui semblait une bonne idée, finalement.

— Au restaurant, mais pourquoi ?

— Pour ne pas t'infliger des hamburgers étouffants une deuxième fois, cela te paraît-il une bonne raison ?

— Non, reprit-elle en riant, je voulais dire…

— Je sais ce que tu voulais dire, répondit Tony tendrement, en luttant pour ne pas la serrer contre lui et embrasser ses lèvres si tentantes. Je voulais juste te remercier de ta présence et de ton soutien.

Elle hocha la tête.

— D'accord.

Aussitôt, tout lui parut moins sombre.

— Super ! Tu aimes la cuisine italienne ? Je connais un petit restaurant sympathique, juste à côté du parc…

— Ce serait parfait !

Un bruit de porte leur fit tourner la tête. Claire accompagnait Josephine qui venait visiblement de se réveiller.

— J'ai été la chercher puisque tu ne risquais pas de l'entendre d'ici.

— Tu as bien fait, merci, dit Tony en prenant la petite dans les bras. Tu as bien dormi, mon cœur ?

— Oui, mon papa !

- 11 -

De retour à Springfield, Lili avait déjà recouvré ses esprits. Mais elle avait bien cru qu'elle ne pourrait s'arrêter de pleurer après la conversation qu'elle avait eue avec Tony… Elle avait pourtant bien conscience depuis le départ qu'une histoire avec Tony n'était pas envisageable et que, l'un comme l'autre, ils étaient parasités par tout ce qu'ils venaient de traverser.

Non pas que ses sentiments ne soient pas tout ce qu'il y avait de plus réel, mais, comme l'avait dit Tony, rien n'était jamais totalement simple. Il fallait admettre qu'ils étaient tous deux sur des chemins distincts et que c'étaient des choses qui arrivaient.

— Voilà Tony ! annonça la voix de Benny depuis le rez-de-chaussée.

— Je descends tout de suite.

Il s'agissait parfois de savoir savourer l'instant présent, rien de plus, songea Lili en vaporisant un peu de parfum dans son cou, avant de réajuster le chemisier légèrement transparent qu'elle avait acheté lors de sa sortie avec Violet et les filles dans le New Hampshire pour aller avec son seul ensemble de lingerie un tant soit peu sexy.

Elle devait reconnaître qu'elle se sentait comme une adolescente à l'occasion de son premier rendez-vous galant, malgré ses presque trente ans.

En arrivant en bas de l'escalier, Tony et Benny se tournèrent aussitôt vers elle, visiblement impressionnés.

— Qu'est-ce que tu as fait à tes cheveux ?

— Quelques mèches ! Magda m'a convaincue de l'accompagner chez son coiffeur hier. Et si cela ne te plaît pas, ce n'est pas la peine de me le dire parce que moi j'adore ma nouvelle couleur !

Les deux hommes échangèrent un regard impuissant qui semblait signifier qu'il ne servait à rien de débattre avec une femme sur ce genre de point.

— Qu'est-ce que tu veux que je te dise, Tony, les femmes ! grommela Benny avant d'adresser un tendre sourire à Lili. Je dois pourtant te dire que tu me manqueras sacrément quand tu vas repartir !

— Toi aussi, tu me manqueras, oncle Benny ! répondit Lili, touchée.

Tony ouvrit la porte d'entrée.

— Qu'est-ce que tu dis de faire un tour avant le restaurant ?

— Bonne idée, la soirée est si belle que ce serait dommage de ne pas en profiter.

Tony referma la porte derrière eux avant de se tourner vers Lili dont il saisit la main.

— Lili, j'ai quelque chose à te demander ce soir…

— Oui ?

— J'aimerais que l'espace d'une soirée nous fassions notre possible pour oublier le passé et que nous nous concentrions sur nous deux, cette belle fin de journée, notre promenade au parc…

Lili sourit. Ils étaient exactement sur la même longueur d'onde.

— Tu crois que tu en es capable ?

— En tout cas, je voudrais vraiment essayer !

Sans se lâcher la main, ils avancèrent en silence jusqu'à l'entrée du parc. Il faisait chaud et l'humidité du jardin était rafraîchissante. Les habituels contingents de joggeurs les dépassaient périodiquement, suivis par les promeneurs de chiens, les parents avec leurs enfants et les jeunes gens désœuvrés.

Leurs pas les menèrent finalement au bout du parc,

où se trouvait un grand lac. Des canards et des cygnes voguaient paisiblement sur la surface de l'eau, semblable à de l'or liquide dans les reflets du soleil couchant.

Lili s'appuya sur l'épaule de Tony et savoura le moment. Il y avait sa main autour de sa taille et son odeur était si masculine qu'elle lui faisait tourner la tête. La scène était digne d'une comédie romantique, mais elle en appréciait chaque cliché. Tony l'enlaça alors, la serrant doucement contre lui et elle ferma les yeux et se laissa aller à l'aimer. Lorsqu'elle sentit le baiser qu'il déposa sur sa tempe, des larmes lui montèrent aux yeux.

Ils restèrent là longtemps, silencieux et immobiles, comme s'ils craignaient de rompre le sortilège en proférant une parole ou en bougeant ne serait-ce que d'un pouce. Progressivement, pourtant, le paysage changea, et la brise se leva, se faisant rapidement menaçante.

Les feuilles des arbres frémissaient maintenant de tous côtés. Le parc s'était vidé en un clin d'œil.

— Bon sang, regarde par là ! lança Tony en indiquant un gros nuage noir qui avançait rapidement vers le lac. Viens vite, avec un peu de chance on arrivera chez moi avant que l'orage ne se déclare.

Ils se mirent rapidement en chemin, sous les grondements de tonnerre et les zébrures des éclairs, et traversèrent le parc avant que ne tombent les premières gouttes de pluie, lourdes et éparses. A quelques centaines de mètres de chez Tony, le ciel s'ouvrit finalement, déversant un déluge impressionnant qui les trempa en un instant jusqu'aux os.

Ils continuèrent à courir, Tony entraînait Lili derrière lui, jusqu'au jardin, et enfin dans la maison. Il referma vivement la porte derrière eux et secoua la tête, un large sourire en travers du visage.

— Je dois dire que ce n'était pas exactement la soirée que je m'étais représentée !

Lili se mit à rire à son tour, en essayant d'écarter ses mèches de cheveux trempés qui collaient à son visage.

— Euh, je vais nous chercher des serviettes ! lança

alors Tony en tournant précipitamment les talons, comme s'il avait vu un fantôme.

Surprise, Lili baissa les yeux vers sa poitrine.

Elle rougit aussitôt jusqu'aux oreilles, en découvrant que son chemisier était devenu complètement transparent.

Lorsqu'il revint quelques instants plus tard, torse nu et une serviette autour de la taille, Tony retrouva Lili dans la cuisine, occupée à essorer son chemisier au dessus du lavabo. Il s'arrêta un instant pour contempler sa nuque délicate sur laquelle s'écoulaient les gouttes d'eau de sa chevelure relevée.

Puis elle se retourna et sursauta en le découvrant.

Il pouvait entendre les battements de son cœur résonner dans son crâne et faire écho à la pluie qui battait le toit et les murs de sa maison.

Lili inspira profondément.

Son chemisier roulé au-dessus de son ventre laissait apparaître sa poitrine à travers son soutien-gorge de dentelle chair.

Elle tremblait.

Comme au ralenti, il la vit saisir le fin tissu et faire glisser son chemisier au-dessus de sa tête avant de le laisser tomber par terre.

— Lili, tu n'es pas obligée…

— Je sais, murmura-t-elle, sans le quitter du regard.

Lentement, elle passa une main dans son dos et détacha son soutien-gorge qui rejoignit son haut sur le sol de la cuisine.

Tony avait du mal à respirer normalement. Il regarda Lili dans les yeux et y lut la détermination la plus totale, mêlée à une certaine appréhension.

Et puis du désir, aussi.

— Tu es sûre ?

En souriant, elle hocha la tête légèrement.

— Il y a des préservatifs dans mon sac, murmura-t-elle en guise de réponse.

Tony hocha la tête à son tour.

— Nous n'aurons même pas eu notre dîner ! dit-il pour détendre l'atmosphère.

— Il y a des restaurants en Hongrie, mais toi, je ne pourrai pas te retrouver là-bas.

Il s'avança alors vers elle, lentement, et plaça doucement sa paume sur sa joue humide. Fermant les paupières il déposa un léger baiser sur ses lèvres, comme pour en découvrir la saveur.

Il voulait prendre son temps.

Lorsqu'il l'attira tout contre lui, il sentit ses seins tendus contre son torse et fut pris d'un vertige.

— Pourquoi ? murmura-t-il à son oreille.

Lili rouvrit les yeux.

— Est-ce que c'est vraiment important de savoir pourquoi ?

— Oui, pour moi ça l'est.

— Je n'ai jamais rien regretté des choix que j'ai pu faire, mais je sais au fond de moi que je ne me pardonnerais jamais de partir sans savoir à quoi cela peut ressembler de faire l'amour avec toi…

— Je croyais que tu voulais plus que simplement faire l'amour, justement ?

— Ce que je ressens pour toi n'est pas nouveau, Tony. Je croyais que tout cela était bien loin derrière moi, que c'était une tocade d'adolescente, mais ce n'est pas le cas.

Bouleversé par cet aveu, il caressa doucement son visage. Il sentait le désir se mêler à une émotion infiniment plus complexe, mélange de tendresse et de vulnérabilité, d'envie irrésistible et de peur… Il effleurait sa peau du bout des doigts, comme s'il craignait de s'y brûler. Il regardait son torse se gonfler à chacune de ses respirations entrecoupées. Il leva les yeux pour se plonger dans son regard si intense et lumineux, exprimant à la fois l'innocence et la confiance absolue, et aussi un désir profond et troublant. Il serra les mâchoires pour contenir l'envie impérieuse de se jeter sur elle. Ses doigts continuèrent leur lente exploration, glissant sur son épaule, sa clavicule et descendant enfin jusqu'à sa poitrine. Lorsque sa paume entoura la chair douce de ses seins tendus, elle ne put retenir un léger soupir.

Il se rapprocha doucement et déposa un baiser sur ses lèvres entrouvertes. Il se consumait littéralement et luttait à chaque seconde pour ne pas s'embraser totalement et risquer de la brusquer. Comme si elle devinait ce qui le tourmentait, elle se hissa sur la pointe des pieds et chuchota à son oreille :

— Tu as peur de me briser le cœur ?

— Pour tout te dire, murmura-t-il, le souffle court, c'est pour mon cœur à moi que je m'inquiète. Parce que je sais maintenant avec certitude combien il me sera difficile de te laisser partir après…

Elle hésita. Elle voulait reculer, attendre un peu. Réfléchir encore.

— Peut-être ne devrions-nous pas…

— C'est trop tard, souffla-t-il alors que leurs lèvres fiévreuses s'unissaient.

Ils s'embrassèrent à perdre haleine et tous ses doutes, toutes ses résolutions s'évanouirent.

Elle recula d'un pas pour prendre appui sur le comptoir derrière elle et il la souleva jusqu'à ce qu'elle se retrouve assise. Avec fougue, il continua de l'embrasser sur la pointe des pieds tout en se glissant entre ses jambes. Elle se laissa faire avant de basculer la tête en arrière. Il continua d'embrasser son cou, puis ses seins, offerts. De ses lèvres, il les caressa, avant de les effleurer du bout de la langue et de les mordiller très légèrement. Lili gémissait de plaisir et son désir redoublait encore.

Il avait du mal à croire qu'elle ait attendu si longtemps avant de découvrir l'amour charnel. Du mal à imaginer qu'il était le premier. C'était un peu comme si elle l'avait attendu tout ce temps et cela le rendait nerveux. Il leva les yeux vers elle et leurs regards se croisèrent. Il eut l'impression confuse qu'elle attendait quelque chose de lui.

— Et si tu m'emmenais au lit ? suggéra-t-elle, malicieuse.

Tony sourit et attrapa un préservatif dans son sac à main sur la table à côté de lui, avant de se diriger vers l'escalier.

— Je peux encore marcher, tu sais ? Je trouverais dommage de te briser le dos avant même que nous ayons eu le temps de passer aux choses sérieuses !

Piqué au vif, il ignora sa remarque et gravit sans faiblir les marches qui le séparaient de sa chambre. Là, il la déposa sur son lit avant de s'allonger avec elle. Ils s'embrassèrent comme deux adolescents, enlevant fébrilement ce qu'il restait de leurs vêtements.

Au bout d'un instant, pourtant, il s'interrompit pour s'agenouiller devant elle.

— Qu'est-ce qui se passe ? demanda Lili, en rouvrant les yeux.

— Je veux être sûr que tu sois prête, murmura-t-il en glissant une main entre ses jambes.

Elle referma les yeux et s'abandonna à ses caresses. Elle sentit ses doigts effleurer le creux de ses cuisses, puis se glisser en elle.

De surprise elle se cambra en gémissant.

— Tout va bien ? demanda-t-il.

— Oh oui ! soupira-t-elle.

Il sourit en se penchant pour l'embrasser, sans jamais cesser ses caresses.

— Laisse-toi aller…

— Je sens le plaisir monter, murmura-t-elle, je voudrais t'attendre…

— Ne t'inquiète pas, je viendrai et ce sera encore meilleur après !

Confiante, elle renversa la tête et laissa un plaisir indicible l'envahir, depuis le creux de son ventre jusqu'aux pointes de ses seins. Elle était parcourue de frissons délicieux et avait du mal à ne pas gémir.

Enfin, elle se redressa pour le serrer dans ses bras en

riant. Elle était si belle qu'il en eut le cœur serré en la regardant. Il enfouit la tête dans son cou et laissa les émotions le submerger. Ce n'était pas le fait de faire l'amour, ni le désir, ni même la douleur des épreuves traversées qui le bouleversaient, mais simplement le fait d'être avec Lili. Tout contre elle.

Pourtant, il ne pouvait s'empêcher de songer qu'il faudrait bientôt la laisser repartir.

Il avait déjà du mal à l'envisager.

Elle dut sentir son hésitation. Elle releva la tête et contempla un instant sa chambre.

— C'est joli, ici.

— C'est Marissa qui a tout décoré elle-même, dit Tony avant de se mordre les lèvres. Pardon, je ne devrais pas te dire cela…

— Je me doute que tu as partagé cette chambre avec ta femme, Tony, ce n'est un secret pour personne. D'ailleurs j'aime beaucoup la décoration.

Il hocha la tête.

— Est-ce que je peux te demander de m'en dire un peu plus sur ton fiancé ? Vous n'avez jamais… batifolé ?

Lili se mit à rire.

— Si, bien sûr, mais nous avons toujours pris garde à ne pas perdre le contrôle…

Il eut un demi-sourire.

— Cet homme est un mystère, conclut-il, amusé.

— Je crois simplement que Peter et moi n'étions pas faits l'un pour l'autre, même si nous formions un joli couple sur le papier. D'ailleurs, il s'est marié il y a peu. Je l'ai rencontré avec sa compagne il y a moins d'un an. Ils avaient l'air heureux tous les deux…

— Mais tu n'as pas de regrets ?

— Cela m'a confirmé ce que je pressentais déjà… Cela n'aurait pas pu fonctionner entre nous. Je sais maintenant que je ne veux plus d'une relation comme celle que je partageais avec lui. Je veux vivre avec quelqu'un qui aura besoin de moi, qui me désirera vraiment. Je veux une vraie histoire. Ou plutôt une histoire pour de vrai !

— Et là, nous deux, c'est pour de vrai ? interrogea Tony, sans bien savoir s'il avait envie de connaître la réponse.

— Oui. C'est pour de vrai.

Elle tendit alors la main et saisit le préservatif que Tony avait déposé sur la table de chevet.

— Maintenant ? murmura-t-il en saisissant le petit emballage d'aluminium.

— Oui. Maintenant ou jamais.

Dans la lueur veloutée du petit matin, alors que les gouttes de pluie cliquetaient au-dessus de sa tête, Lili dans un demi-sommeil savourait l'instant avec délice. Ses émotions, ses sens, ses facultés lui semblaient décuplés, comme si chaque cellule de son corps était en éveil. Tony se glissa alors en elle, doucement, tellement lentement même que cela en devenait insoutenable. Jusqu'à ce qu'elle se sente pleinement à lui et qu'un gémissement de contentement total s'échappe de sa gorge.

Rien, jamais, ne lui avait semblé aussi bon.

Le lent mouvement de va-et-vient faisait monter en elle des sensations incroyables. Elle avait l'impression de perdre tout contrôle et, pour la première fois de sa vie, elle s'abandonnait à ce vertige.

— Ça va ? murmura Tony.

— Tu ne peux pas imaginer à quel point ! répondit Lili en souriant sans même rouvrir les yeux.

A sa respiration, elle devina qu'il souriait, lui aussi. Il accéléra progressivement le rythme, l'emportant avec lui vers d'autres dimensions. Lili l'entoura de ses jambes, le serrant contre elle de plus en plus fort et sans même s'en rendre compte se mit à enfoncer ses ongles dans la chair de son dos. Ils s'aimaient avec fièvre, avec fougue, et le plaisir qui montait les emportait irrésistiblement.

Elle sentit une vague brûlante se former en elle et

menacer de tout emporter sur son passage. Pour la première fois au cours de cette nuit, elle eut peur, peur de se laisser entraîner au large, peur de perdre connaissance. Peur de mourir, même. Elle sentit Tony se tendre contre elle, comme s'il luttait lui aussi contre un courant violent avant de lâcher prise et elle s'abandonna avec lui pour accueillir cette vague impétueuse.

Le temps se figea, rythmé par leurs respirations et leurs soupirs. Elle eut l'impression de s'endormir quelques secondes à peine et de s'éveiller, leurs corps toujours entremêlés dans la moiteur du petit matin d'été.

— A quoi penses-tu ? demanda Tony d'une voix rauque.

Elle souriait. La réalité était en train de s'immiscer peu à peu dans la parenthèse magique qu'ils venaient de vivre. Comme la nuit qui s'évanouissait peu à peu, cédant le pas à la lumière du jour, inévitablement.

— Je me dis que j'ai eu beaucoup de chance. Nous aurions pu ne pas du tout nous entendre, finalement.

— Je ne sais pas pourquoi, mais j'étais sûr que si. Sûr que ce serait un cocktail détonnant !

Le silence retomba sur leurs sourires béats. Leurs paupières lourdes se fermèrent et leurs souffles enfin apaisés se firent plus réguliers.

Tony gémit, gêné par un rayon de soleil un peu trop vif. Il ouvrit les yeux et constata qu'il était seul et nu dans son lit. Il se demanda un instant s'il avait rêvé cette nuit divine dont les sensations se rappelaient à lui, mais des bruits de pas en provenance de la cuisine, ainsi que les arômes de café le rassurèrent.

Il descendit rejoindre Lili qui avait enfilé un de ses T-shirts et savourait une tasse de café en lisant le journal. Lorsqu'elle leva les yeux, elle rougit aussitôt. Il aimait tellement lorsque ses joues s'empourpraient ainsi, trahissant contre sa volonté un trouble qu'il partageait.

— J'attendais de savoir ce que tu voulais pour préparer le petit déjeuner.

— Pourquoi est-ce que tu n'irais pas prendre un bon bain pendant que je m'en occupe ? suggéra-t-il en déposant un baiser sur ses lèvres.

— Très bonne idée, dit-elle. J'ai mis mes vêtements dans le sèche-linge pour avoir de quoi m'habiller tout à l'heure.

Leurs regards se croisèrent, plus graves, cette fois.

— Bien sûr. Tu sais que les filles ne rentrent que ce soir. La journée nous appartient, si tu le souhaites.

Elle ne répondit pas et s'éclipsa en direction de la salle de bains.

Il se servit une tasse de café et entendit le sèche-linge biper. Il se dirigea alors vers la buanderie, escorté de près par Ed qui semblait ravi de voir enfin du monde s'activer dans la maison. Tony sortit le linge qui n'était pas tout à fait sec, et enfila tout de même un jean. Dans le couloir, Ed se mit à aboyer avec force.

— Ed ! Ça suffit !

Mais Ed poursuivit de plus belle. Il avait dû repérer un autre chien ou des enfants en train de jouer, songea Tony en avançant vers lui. Lorsqu'il tourna la tête, il vit la porte d'entrée s'ouvrir brusquement et Daphne entrer en trombe. Ses sœurs et leurs grands-parents arrivaient juste derrière.

C'était une catastrophe.

- 12 -

— Qu'est-ce que vous faites là ?

Tony remercia mentalement le sèche-linge qui, en terminant son cycle juste à temps, lui avait permis d'enfiler un pantalon avant d'accueillir ses beaux-parents.

— Claire et le bébé ont pris froid, je pense, expliqua Susan en fronçant les sourcils devant son torse nu.

Josephine tendit les bras vers son père et se pelotonna contre lui, le pouce dans la bouche. Tony songea qu'il ne lui restait qu'un seul espoir, celui de se débarrasser de Lou et Susan avant que Lili ne se manifeste. Après, il lui faudrait encore expliquer aux enfants la raison de sa présence dans la baignoire familiale, ce qui promettait de mettre son imagination à rude épreuve, mais restait envisageable.

Il tourna le regard vers Claire, qui avait triste mine, avec ses yeux gonflés, son nez rouge et ses traits tirés.

— Tu te sens mal, ma chérie ?

— Super mal, répondit-elle, la voix enrouée.

Josephine signifia à Tony son désir de descendre de ses bras en se tortillant comme une anguille avant de filer en trottinant jusqu'à la cuisine.

— Claire avait envie de rentrer, expliqua Lou, alors nous n'avons pas insisté.

— Viens dans la cuisine, mamie, je vais te donner ce qu'il faut pour tout préparer, annonça Daphne en entraînant Susan derrière elle.

— Tout préparer ? répéta Tony.

Il sentit la panique l'envahir.

— Oui, j'ai promis aux filles de préparer des pancakes en arrivant.

— Non ! s'exclama Tony avant de se radoucir. Je veux dire… je n'ai pas eu le temps de faire des courses et je n'ai pas les ingrédients…

Il avait parfaitement conscience de s'enliser.

— Je m'en étais doutée, figurez-vous, rétorqua Susan en soulevant un sac de provisions. J'ai apporté tout ce qu'il faut. Un dimanche sans pancakes est vraiment trop triste.

Son cerveau fonctionnait à toute allure. Le seul scénario plausible consistait à faire passer à Lili ses vêtements afin qu'elle s'éclipse discrètement, d'une façon ou d'une autre.

Il poussa donc tout le monde vers la cuisine, espérant pouvoir s'éloigner juste après. C'est en entrant qu'il remarqua le sac de Lili sur la table. Au moment précis où les yeux de Claire s'arrêtaient dessus.

Elle tourna aussitôt vers son père un regard accusateur.

— Pourquoi est-ce que le sac de Lili est là ? demanda-t-elle à l'instant même où Lili apparaissait dans le couloir.

Elle s'était enroulée dans une serviette et sous ses cheveux mouillés on devinait les écouteurs de son lecteur de musique. Ce n'est que lorsque tous les regards furent braqués sur elle qu'elle cessa de chantonner et se rendit compte de ce qui se passait.

— Lili ! s'écria Josephine en courant à sa rencontre les bras tendus.

— Oh mon Dieu ! s'exclama Lili, paniquée en rougissant jusqu'aux oreilles. Je suis désolée ! Je…

Lili fit demi-tour et gagna les escaliers en vitesse, tandis que Susan marmonnait un bref :

— Oh, Tony…

Tandis que Claire s'écriait :

— Vous m'avez menti, tous les deux ! Vous m'aviez promis !

— Stop ! cria Tony. Tout le monde se tait !

Il saisit le sac de Lili avant d'aller chercher ses vêtements dans la buanderie sous les regards sidérés de l'assemblée, puis reprit :

— Je suis sûr que tout le monde a de nombreuses choses à dire, mais je crains que cela ne doive attendre un peu que je redescende.

Cela dit, il prit l'escalier pour retrouver Lili, réfugiée dans sa chambre. Lorsqu'il referma la porte, elle releva le menton.

— Je crois que c'est le moment le plus embarrassant de toute ma vie. Je suis vraiment confuse…

— Je le sais, Lili, je le sais, dit-il en s'asseyant sur le bord du lit, le bras autour de son épaule. Tout ira bien.

— Je ne suis pas sourde, Tony, j'entends Claire même avec les portes fermées et, de toute façon, elle a raison, j'ai fait précisément ce que je m'étais engagée à ne pas faire… Quant au regard de Susan…

— Ils ont été surpris…

— Tony, tu ne comprends donc pas ce que cela signifie ? La nuit dernière était un rêve et voilà maintenant la réalité qui nous rattrape. Ta réalité, tout du moins. Claire ne voudra jamais de moi dans sa vie et tes beaux-parents… De toute façon, tout cela n'a aucun sens, puisque je pars et puisque ta vie et tes sentiments sont bien trop compliqués.

Elle lui arracha ses vêtements des mains et croisa son regard qu'elle soutint en silence pendant quelques secondes. Ensuite elle s'habilla rapidement avant de saisir son sac à main en se levant.

— Il faut affronter la vérité en face, Tony. Notre interlude est terminé. Nous savions tous les deux que ce serait dur, mais je n'avais pas imaginé me sentir rejetée à ce point par ceux qui font partie de ta vie…

Elle gagna la porte et sortit finalement. Il l'entendit dévaler les escaliers et claquer la porte derrière elle. Il resta immobile de longues secondes. Les mots de Lili résonnaient dans sa tête.

Enfin, prenant son courage à deux mains, il descendit à son tour et croisa Lou dans le couloir.

— Je crois qu'il faut que nous parlions, Tony.

— Je voudrais d'abord voir Claire.

— Ne vous inquiétez pas, Susan contrôle la situation, dit Lou en l'entraînant par le bras vers la terrasse.

Tony s'assit et enfouit son visage dans ses mains.

— Comme vous devez vous en douter, Lili et moi n'avions pas prévu que les choses se passent ainsi. Personne ne devait rien savoir de cette parenthèse et surtout personne ne devait en souffrir.

— Est-ce que vous vous incluez dans cette équation ?

Il fronça les sourcils. La colère, la douleur et tant d'autres émotions bouillonnaient en lui.

— Vingt-quatre misérables heures pour nous. Etait-ce vraiment déraisonnable ?

Lou hocha la tête et vint s'asseoir à côté de lui.

— C'est du sérieux ?

Tony secoua la tête.

— Qu'est-ce que ça change ? Lorsqu'on a dix-huit ans, on ne pense qu'à soi. Les parents, la famille, on s'en moque bien. Et puis on grandit et on a des enfants et alors on peut bien oublier ce que l'on ressent. Il faut penser aux autres avant. Hors de question de laisser quelque chose devenir sérieux si l'on veut le bien de ceux que l'on aime.

Tête baissée, Lou restait silencieux. Il finit pourtant par se lever et enfouit ses mains dans ses poches.

— Croyez-le ou non, mais Susan et moi nous faisons du souci pour vous ces derniers temps, avec le contrecoup…

— Lou, cela va faire dix mois…

— Je ne suis pas en train de parler du décès de Marissa, dit Lou d'une voix qui trahissait son émotion. Pour Josephine…

Tony sentit son estomac se nouer.

— Bon Dieu, mais vous étiez au courant ?

— Oui.

— Depuis quand ?

— Marissa en a parlé à sa mère peu de temps après avoir appris qu'elle était malade. Susan l'a suppliée de vous en parler, mais elle disait qu'elle devait d'abord guérir et qu'elle s'en occuperait ensuite. Vous connaissez la suite, hélas… Et puis, un jour, nous avons reçu un courrier de votre avocat. Une simple note, plutôt, qui disait que lorsque nous recevrions ce courrier cela signifierait que vous saviez. Susan et moi avons attendu que vous vous décidiez à nous en parler…

— Comment vouliez-vous que je vous en parle ? lança Tony en soupirant. Que vous a-t-elle dit, précisément ?

— Qu'elle avait eu une liaison et qu'elle n'était pas sûre que vous soyez le père de Josephine.

— Je ne le suis pas, déclara Tony.

Lou enfouit à son tour son visage dans ses mains, tandis que Tony lui expliquait ce qui s'était passé ces derniers jours.

— Le fils Jamison ? Bon sang, je n'ai jamais aimé ce gamin !

— Ce n'est plus vraiment un gamin, maintenant.

— Je le sais bien, mais peu importe. Si vous avez besoin d'aide pour la garde de Josephine, je peux vous adresser un excellent avocat. Et ne vous faites pas de souci pour les frais, nous paierons la note. Je ne sais pas pourquoi Marissa a fait ce qu'elle a fait, mais je sais qu'elle l'a regretté amèrement. Je sais aussi que vous avez été un bon mari et un père merveilleux, pour l'avoir entendu de sa bouche. Si nous vous avons offensé en vous proposant de nous occuper des filles, nous le regrettons, Tony, nous voulions juste nous rendre utiles.

— Merci, Lou, j'apprécie vraiment vos paroles et votre soutien. J'ai bon espoir que nous n'ayons pas besoin de faire intervenir la justice dans cette affaire et…

Il s'interrompit, l'émotion le submergeait. Son beau-père lui tapota l'épaule un peu maladroitement mais avec l'air sincèrement peiné.

— Oh Tony, vous ne méritez pas tout cela. Susan et moi nous voulons vous voir heureux, peut-être vous remarier, un jour, mais nous trouvons aussi qu'avec tout ce qui se passe en ce moment ce n'est peut-être pas la période idéale pour se lancer dans une nouvelle relation, vous comprenez ?

— Bien sûr, je sais tout cela et Lili aussi... Nous n'imaginions pas donner de suite à ce week-end. Elle repart dans quelques jours, de toute façon.

— Et c'est mieux ainsi, Tony, croyez-moi. Vous avez déjà tant de choses à assumer en ce moment. Sans parler de la réaction des filles lorsqu'elles apprendront pour Josephine.

Tony releva brusquement la tête.

— Claire n'a que dix ans et n'est pas encore remise de la mort de sa mère, Lou, je ne vois pas l'intérêt de rajouter à son désarroi !

— Bien sûr, Tony, mais faites-moi confiance, elle finira par l'apprendre tôt ou tard et, ce jour-là, il vaut mieux que ce soit de votre bouche.

— C'est vrai, mais c'est ma fille et ce sera à moi de décider quand et comment le lui annoncer.

— Je comprends. Ce n'est pas la peine de vous mettre dans cet état. Je voulais juste dire que Claire est une enfant sensible et elle a déjà ressenti qu'il y avait quelque chose qu'on lui cachait. Elle l'a d'ailleurs dit à sa grand-mère. Je voulais vous prévenir.

Un léger grincement leur fit tourner la tête. Susan entrouvrit la porte, l'air anxieux. Elle fit tourner son alliance autour de son doigt nerveusement, avant de lancer un regard à Lou que Tony interpréta aussitôt. Elle lui posait silencieusement la grande question. Celle de savoir si Josephine était bien sa fille. D'un hochement de tête presque solennel, Lou l'informa de la situation.

— Où sont les filles ? demanda Tony pour mettre un terme à ce dialogue muet.

— Daphne et Josephine jouent avec le chien et Claire est montée dans sa chambre, répondit Susan en s'avançant vers lui avant de le serrer dans ses bras non sans une certaine tendresse. Je suis tellement désolée de ce qui vous arrive, Tony. Claire est bouleversée. Il faudrait peut-être que vous alliez lui parler.

Tony hocha la tête et se dirigea vers l'escalier, cherchant désespérément ce qu'il fallait qu'il dise à Claire… Et à Lili, à Daphne, à Josephine ensuite. Il ne savait plus ce qu'on attendait de lui.

Claire était couchée en boule sur son lit. Il s'assit à côté d'elle et plaça la main sur son front.

— C'est bon, lança-t-elle. Je n'ai plus de fièvre. Je me sens mal, c'est tout.

— Est-ce que tu veux parler ? demanda-t-il doucement en écartant les cheveux de son visage.

Elle fit non de la tête.

A la regarder si petite et vulnérable, Tony sut qu'il était hors de question de lui parler de Josephine et de l'aventure de sa mère. Pas aujourd'hui, même si Lou avait raison. Plus il attendrait, plus ce serait difficile et douloureux.

— Est-ce que je peux te poser une question ? demanda-t-elle de sa voix cassée.

— Bien sûr, je suis là pour ça.

— Tu me jures de dire la vérité ?

— Je te le jure, répondit-il alors que son cœur tambourinait dans sa poitrine.

— Pourquoi est-ce que Lili était là ?

Tony inspira avant de se jeter à l'eau.

— Parce qu'elle a dormi ici.

— Elle a dormi dans ton lit ?

— Eh bien…

— Parce que ma copine Jocelyn, à l'école, m'a raconté que parfois sa maman invite son amoureux à dormir chez elle dans son lit…

— Oui, mon cœur, dans mon lit, mais tu ne devais pas…

— Le découvrir ?

— Non.

Claire sembla affectée de cette réponse.

— Nous ne voulions surtout pas te rendre triste, c'est

pour cela que nous avons pensé préférable de ne pas t'en parler.

— Alors c'est ton amoureuse, en fait ?

— Hum... Tu sais, Lili repart dans son pays, la Hongrie, dans quelques jours, donc cela importe peu.

Claire se redressa, pensive, puis se leva pour aller chercher quelque chose dans son placard. Lorsqu'elle fit volte-face, une feuille de papier froissée entre les mains, il eut l'impression que son cœur s'arrêtait de battre.

— Où est-ce que... Quand est-ce que tu as trouvé ça ?

— Il y a deux jours, Daphné avait piqué mes crayons de couleur alors je suis allée chercher dans ton bureau et je suis tombée là-dessus...

— Oh, ma chérie, viens là, dit-il en avançant à sa rencontre pour la serrer dans ses bras. Pourquoi est-ce que tu ne m'en as pas parlé plus tôt ?

— Je voulais le faire, mais c'était le jour où mamie et papi sont venus nous chercher... Est-ce que c'est vrai, papa ?

Les larmes se mirent à rouler sur ses joues, brûlantes et amères.

Tony acquiesça.

— Oui, ma chérie, c'est vrai.

— Mais pourquoi est-ce que maman a fait ça ? s'écria-t-elle en sanglotant avant de se réfugier dans ses bras.

— Nous ne saurons jamais vraiment ce qui s'est passé, dit-il en lui caressant le dos tendrement.

Elle pleura longtemps sur son épaule, sanglotant d'abord, puis se calmant petit à petit.

— Je voudrais juste que tout arrête d'aller de travers un moment, dit-elle d'une petite voix.

En serrant sa petite fille contre son cœur, il acquiesça silencieusement.

— Qu'est-ce que tu fais ? demanda Magda de sa voix reconnaissable entre mille.

— Mes valises, répondit laconiquement Lili en enfournant une pile de vêtements dans son sac de voyage.

Elle savait très bien que la question de sa tante était rhétorique, mais elle n'avait pas le cœur à donner des explications.

— Tu as un peu de temps, enfin, tu ne pars que dans trois jours !

— Pas forcément, je suis sur liste d'attente pour un vol qui part un peu plus tôt.

— Qu'est-ce qui s'est passé ? demanda Magda aussitôt, l'air inquiet.

— Rien, murmura Lili en s'efforçant de contenir le tourbillon d'émotions qui bouillonnait en elle. Je suis prête à rentrer, c'est tout.

— Est-ce que par hasard cela aurait un quelconque rapport avec le fait que tu n'aies pas dormi ici cette nuit ?

On ne pouvait rien cacher à tante Magda. Mais, un peu comme une adolescente rebelle, elle choisit de nier l'évidence.

— Non, aucun rapport.

Magda soupira et invita Lili à s'asseoir sur le couvre-lit rose pâle.

— J'aurais cru que tu avais un peu plus de flair que cela, tout de même.

Elle en voulait presque à sa tante d'être aussi perspicace.

— Peut-être. N'oublie pas que c'est toi qui m'as incitée à aller voir Tony. Tu disais qu'il avait besoin de moi, je te le rappelle.

— Oui, mais je ne parlais pas exactement de la même chose… Est-ce que tu es amoureuse ?

Lili fit oui de la tête.

— Dans ce cas, une seule question se pose : est-ce que la nuit que vous avez passée ensemble valait le chagrin que tu en conçois ?

Malgré son cœur lourd, Lili sourit.

— Je n'ai pas vraiment de point de comparaison, mais je dirais que… oui ! Hélas, je ne suis pas seule dans cette histoire. Tony traverse une période très compliquée en ce moment et ses filles ne sont pas prêtes à voir leur vie changer encore une fois et, de toute façon, j'ai ma vie en Hongrie…

— Tout cela ce sont des faux prétextes et tu le sais très bien !

Le ton de Magda était ferme et assuré. Mais elle était loin de partager ses certitudes.

— C'est plus compliqué que ça, Magda. Je ne peux pas m'imposer et je refuse de faire endurer à Claire ce que maman m'a fait endurer de toute façon.

— Si on pouvait éviter de tomber dans le mélodrame, ma chérie…

— Ce n'est pas du mélodrame, j'essaye simplement d'être réaliste.

Sa tante balaya cette explication d'un geste agacé de la main.

— Ce que tu es à l'heure actuelle, c'est une lâche. Tu prends la fuite avant même de chercher une solution. Tu déclares forfait sans chercher à régler le problème. Crois-tu que tout s'est déroulé sans accroc lorsque j'ai rencontré Benny ? Que ma famille a applaudi des deux mains lorsque je leur ai annoncé que je quittais la Hongrie pour épouser un Américain ?

Lili hocha la tête en soupirant.

— J'ai écouté mon cœur, voilà ce que j'ai fait. Si ton amour est sincère, alors il faut suivre le chemin qu'il te montre.

Lili ferma son sac avant de le déposer sur le sol. D'après Magda tout semblait si simple, si évident. Mais au fond d'elle-même elle n'éprouvait aucune certitude, rien qui lui indiquât la marche à suivre.

— Et qu'est-ce qui te fait penser que Tony éprouve un amour sincère, lui aussi ?

Cette fois, fait exceptionnel, Magda ne trouva rien à répondre.

- 13 -

Tony sursauta en entrouvrant les yeux pour découvrir Josephine et Ed au pied de son lit. Un rapide coup d'œil à son réveil lui indiqua qu'il s'était rendormi profondément. Josephine avait été habillée et coiffée.

— C'est Claire qui s'est occupée de toi, ce matin ?

— Oui.

Il prit Jojo dans ses bras et l'embrassa.

— Papa, tu piques !

Pas étonnant après avoir passé trois jours sans se raser. D'ailleurs peut-être cesserait-il à tout jamais de se raser, en signe de contestation…

Josephine se blottit contre son torse nu, pour un câlin loin de son menton rugueux. Il se frotta les yeux. Il était près de 2 heures du matin lorsque Claire avait finalement accepté d'aller se coucher. Et près de 5 heures lorsqu'il avait finalement trouvé le sommeil, lui-même. Il avait alors enchaîné les cauchemars avant de se réveiller à 7 heures avec dans l'idée d'aller préparer le petit déjeuner. Josephine se levait toujours dans ces heures-là.

Des voix en provenance du jardin l'attirèrent jusqu'à la fenêtre. Josephine sur la hanche il s'approcha et reconnut Hollis occupé à jardiner avec Daphne.

— Hol-lis ! appela Josephine lorsque Tony ouvrit la fenêtre.

Le jeune homme leva son large sourire vers eux.

— Bonjour, jolie fille, et bonjour, m'sieur !

— Bonjour, Hollis !

La vie était là, sous ses yeux. Le soleil s'était levé et les gens souriaient, plaisantaient et se moquaient bien de savoir si Lili lui manquait plus que tout au monde…

— Je vais vous préparer un café, m'sieur Vaccaro, vous m'avez l'air d'en avoir sacrément besoin !

— Merci, Hollis.

Ce gamin avait trouvé la seule chose au monde qui était en mesure de lui faire du bien : un café.

Une demi-heure plus tard, sa barbe rasée de près et son deuxième café servi, Tony avait l'impression de revenir quelque peu à la vie. Il avait même cédé à la facilité en autorisant Josephine à regarder quelques dessins animés.

Il sortit sur la terrasse pour rejoindre Hollis qui surveillait de loin Daphne, occupée à ramasser les tomates.

— Daphne m'a dit que Lili était là hier matin… Avec juste une serviette autour d'elle…, annonça Hollis sans détour.

— Tant pis pour la discrétion, soupira Tony.

— Vous et Lili, vous…

— Cela n'a pas la moindre importance, Hollis. Elle repart dans deux jours.

— Cela n'a pas l'air de vous réjouir.

Tony fit non de la tête avant de hausser les épaules.

— Vous allez juste la laisser partir comme ça, m'sieur Vaccaro ? Mais c'est impossible, vous seriez vraiment le dernier des idiots…

— Je te remercie de me parler avec autant de franchise, mais les choses ne sont pas si simples, crois-moi. Si j'avais le choix…

— Mais vous l'avez, m'sieur ! Si vous aimez cette femme, il vous suffit de faire ce que vous avez à faire pour la retenir. Vous avez traversé suffisamment d'épreuves pour gagner le droit de penser à votre bonheur.

— Ce n'est pas si simple…

— Quoi, vous avez peur de la réaction des gens autour de vous ? Vous craignez qu'on dise que c'est trop tôt ?

— Cela m'a traversé l'esprit, en effet.

— Bon sang, m'sieur, ce n'est pas comme si vous trompiez votre femme : elle est morte, asséna Hollis. Elle ne reviendra plus. Vous vous rappelez comme vous nous répétiez tout le temps de ne pas laisser passer notre chance ? Eh bien, j'ai l'impression que vous devriez écouter vos propres conseils...

Sur ces paroles, Hollis se leva et serra la main de Tony, encore sous le choc de ce qu'il venait d'entendre. Abasourdi, il regarda le jeune garçon s'éloigner. Les choses étaient si simples quand on avait dix-huit ans !

La porte de la terrasse grinça derrière lui et il vit Claire apparaître.

— Le facteur dit que tu dois signer un papier.

Il se leva en soupirant et entra derrière sa fille. Le facteur l'attendait dans l'entrée, une grande enveloppe brune en main. Après avoir signé le reçu, il ouvrit aussitôt le courrier, dont il sortit divers documents d'allure formelle, ainsi qu'une lettre manuscrite.

— Bon Dieu ! murmura-t-il en déchiffrant les premiers mots avant de s'asseoir sur le banc de l'entrée.

Il lut et relut soigneusement chacun des documents et le soulagement l'envahit. C'étaient les documents envoyés par Cole, stipulant qu'il ne demanderait jamais la garde de Josephine. Il examina les sceaux officiels en bas de chaque page, et un large sourire lui monta aux lèvres pour la première fois depuis deux jours.

— Papa, qu'est-ce que c'est ?

Il leva les yeux vers Claire qui tenait Josephine dans les bras.

Ses filles. Ses deux filles que personne ne lui prendrait jamais. Il avait envie d'aller chercher Daphne et de serrer ses trois amours contre lui.

Soudain, tout à son bonheur, il comprit qu'il lui manquait cependant quelque chose encore. Il ne pouvait pas laisser Lili partir. Pas sans même se battre pour la retenir. C'était de son bonheur qu'il était question, et ce n'était pas rien !

— Il faut que nous parlions, mon cœur.

— Oui, je sais. Je vais remettre un dessin animé à Josephine et ensuite nous pourrons parler tranquillement.

Il resta abasourdi par la réaction de sa grande fille.

Avant de courir retrouver Lili et de risquer de se ridiculiser à jamais devant elle, il semblait à Tony plus juste de prévenir Susan et Lou. Il envoya les filles à l'étage et décrocha le combiné du téléphone de son bureau.

— Susan, c'est Tony. Pourriez-vous prévenir Lou ? Je voudrais vous parler à tous les deux.

Une fois ses beaux-parents réunis autour du haut-parleur, il leur détailla les dernières nouvelles. Il leur expliqua que Cole avait décidé de dire la vérité à sa femme, mais qu'il lui cédait toute l'autorité parentale et lui laissait prendre l'initiative de parler ou non de son existence le jour venu. Il avait aussi établi un compte bancaire au nom de Josephine.

Susan et Lou semblaient à la fois soulagés et ravis et ils félicitèrent Tony.

— Je n'ai pas fini, malheureusement et je crains que la suite de mon discours ne vous plaise pas autant.

— Qu'est-ce que c'est, Tony ?

— Susan, laisse-le parler par pitié !

— Je n'avais rien prévu de ce qui s'est passé avec Lili, c'est une rencontre inattendue, mais aussi inespérée. Je pensais être capable de tourner la page, mais ce n'est pas le cas. Je ne peux pas la laisser repartir sans rien tenter. C'est au-dessus de mes forces. Voilà, je voulais vous prévenir.

Le silence se fit, rompu par Lou au bout de quelques secondes.

— Est-ce que vous avez pensé à Claire ?

— Oui, je lui ai parlé et elle m'a dit ne pas vouloir voir Lili partir, elle non plus. Les filles l'adorent et même si elles redoutent le changement elles me soutiennent totalement. Ecoutez, je ne nie pas que tout cela est…

— Précipité, termina Susan.

Comme toujours sa belle-mère ne mâchait pas ses mots.

— Oui, c'est cela. Je ne sais même pas où nous allons, ni si Lili est prête à tout ça, mais je crois qu'elle est la seule personne capable de nous aider à aller de l'avant. Je ne peux pas laisser échapper notre chance. Ma chance.

— Oh, Tony, reprit Susan.

— Est-ce que tu as seulement écouté ce qu'il était en train de te dire ? interrompit Lou.

— Mais enfin…

— Il y a une chose que tu ne comprends pas, Susan, c'est que Tony ne nous demande pas notre avis, et il a bien raison. La seule chose qui compte, c'est que vous soyez sûr que c'est bien ce que vous voulez, Tony.

— Vous savez, Lou, j'ai aimé Marissa de tout mon cœur. Ce que je ressens pour Lili est aussi fort et j'ai la certitude que ce n'est pas la douleur qui me fait parler ainsi. Je n'ai jamais été aussi lucide de toute ma vie.

Lou et Susan échangèrent un bref conciliabule à l'autre bout du fil.

— Je crois que nous n'avons guère d'autre choix que de vous faire confiance, conclut Lou.

— Merci, répondit simplement Tony. Vous savez que je vous aime vraiment tous les deux ?

Et il était sincère. Malgré les tensions du début, malgré leur défiance parfois, il savait que Susan et Lou étaient des gens biens.

— Mais maintenant, Tony, pour l'amour de Dieu, lâchez ce téléphone et courez chercher Lili ! lança Lou.

Rassuré, un immense sourire aux lèvres, Tony sortit du bureau pour aller à la recherche de ses filles…

— Des volontaires pour se rendre chez tante Magda et oncle Benny ?

Trois tornades se précipitèrent à sa rencontre avec enthousiasme.

Tout le monde s'installa dans la voiture et quelques minutes à peine plus tard la famille au grand complet frappait à la porte de Benny et Magda.

Cette dernière parut particulièrement surprise lorsqu'elle

ouvrit la porte et entendit en écho la même question stridente :

— Où est Lili ?

— Je suis désolée de vous l'annoncer, mais elle est repartie tout à l'heure. Benny l'a emmenée à l'aéroport il y a une bonne heure…

— Dans combien de temps décolle son avion ? demanda Claire.

— Magda a dit vers 2 h 30.

— Mais il est déjà…

— Je sais quelle heure il est, mon cœur, répondit Tony en prenant un virage un peu serré. On va y arriver !

Après que Magda leur eut annoncé la nouvelle, ils s'étaient tous entassés dans la voiture direction l'aéroport. Les choses ne se passaient pas du tout comme prévu.

— Tu es sûr ?

— Presque ! Ecoutez, voilà le plan d'attaque : je gare la voiture et je prendrai Josephine dans les bras, Daphne prendra la main de Claire, et Claire la mienne et personne ne lâche personne sauf avis contraire. C'est compris ?

— Compris ! lancèrent Daphne et Claire en chœur, bientôt rattrapées par Josephine.

Une fois dans le terminal, le curieux cortège se mit à arpenter les couloirs au pas de charge, jusqu'à atteindre l'affichage des vols au départ.

— Est-ce qu'elle a décollé ?

— Non, mais son avion est en train d'embarquer, venez vite !

Il se précipita dans la salle d'embarquement, mais un agent les arrêta dans leur élan.

— Nous devons prévenir une passagère qui s'apprête à embarquer ! lâcha Tony d'une voix forte, qu'il essaya pourtant de contrôler.

— Malheureusement, sans billet valide, je ne peux pas vous laisser passer, répondit l'agent.

Tony sentit la panique et l'agacement le gagner.

— Vous ne comprenez pas, j'ai un message extrêmement important à lui faire passer, c'est vraiment une question de…

— C'est vous qui ne comprenez pas, monsieur, je ne suis pas autorisé à vous laisser passer, à moins que vous n'ayez un laissez-passer délivré par les services de sécurité.

— Mais son avion est en train d'embarquer, bon sang ! Si je ne la rattrape pas…

Mais cette fois l'agent ne le laissa même pas terminer sa phrase.

— Si vous ne dégagez pas le passage, monsieur, quelqu'un s'en chargera de façon sans doute un peu plus autoritaire que ce que vous avez prévu.

— Papa ! s'exclama soudain Daphne. Là-bas, regarde ! Regardez tous !

Obéissant à l'injonction de la fillette, tout le monde, incluant le douanier, les passagers, les agents d'entretien et ceux de sécurité, se tourna vers les tapis roulants. Là, traînant une énorme valise à roulettes derrière elle, se trouvait Lili.

Sa Lili.

Enfin, avec un peu de chance.

— C'est elle ? demanda l'agent.

— Oui, c'est Lili ! s'exclamèrent en chœur les fillettes. Lili ! Li-li !

Lili releva la tête et chercha du regard d'où venaient les cris. Lorsqu'elle les vit, son air morose céda la place à un large sourire.

Aussitôt, elle s'élança à leur rencontre, tandis que Claire et Daphne tiraient un trait sur les recommandations de Tony pour accourir à leur tour. Mais il ne les retint pas, il se contenta de les regarder, profondément ému. Y avait-il la moindre chance ?

Quelques instants plus tard, la femme qu'il aimait était dans ses bras.

— Pourquoi n'étais-tu pas en zone d'embarquement ? demanda Tony finalement.

Quand elle prit la parole, la voix de Lili était chargée d'émotion.

— J'y étais il y a encore cinq minutes à me demander ce que j'allais faire en Hongrie, une fois rentrée. Et puis je me suis dit que rien ni personne ne m'attendaient là-bas et que, même si tu n'étais pas prêt pour le moment, peut-être qu'en restant un peu plus longtemps, nous pourrions apprendre à mieux nous connaître les uns les autres…

Elle avait songé elle aussi à lui revenir… Cette pensée le bouleversa.

— Tu te sens prête à tenter ta chance en Amérique ? demanda Tony, le cœur prêt à exploser de tant d'émotions.

— On verra bien, non ? Il faut que je commence par demander un visa et puis, pour le reste, nous verrons avec le temps, non ? dit-elle en souriant à Daphne et Claire qui l'enlaçaient comme si elles craignaient de la voir s'enfuir.

— Il y a bien une solution pour le visa…

— Ah vraiment ?

— Si nous nous marions, tu n'auras plus à te préoccuper de ces formalités.

Elle ouvrit de grands yeux.

— Tu n'es pas sérieux, Tony ?

Il se tourna vers ses filles, extatiques.

— Qu'est-ce que vous en pensez, vous ? Nous sommes sérieux ou pas ?

Leur réponse jaillit, d'une seule voix.

— Ouiiiii !

Lili essuya une larme qui perlait.

— Papa ? demanda Claire.

Tout en enlaçant Lili pour la réconforter, il se tourna vers sa fille.

— Oui, ma chérie ?

— Tu n'oublies rien, par hasard ?

— Euh, eh bien, je ne vois pas, il me semble que je viens implicitement de la demander en mariage…

Claire leva les yeux au ciel, l'air excédé.

— Tu ne lui as pas dit que tu…

Elle chuchota la fin à son oreille. Tony s'éclaircit la voix, amusé.

— Tu veux dire, là, comme ça devant Dieu et tout l'aéroport de Springfield ?

— Oui, assura Claire d'un hochement de tête.

— Bien, dit-il en se tournant vers Lili et en lui prenant la main. J'espère que tu ne m'en voudras pas de jouer les âmes sensibles, mais je tenais à te dire qu'au cours des dernières semaines tu as ramené dans nos vies ce que nous n'imaginions jamais retrouver… Le bonheur, avant tout, mais aussi l'espoir. Je tiens donc solennellement à te dire que je t'aime, Lili.

— Nous aussi, on t'aime ! renchérirent les fillettes en l'embrassant de plus belle.

Tony éclata de rire devant les larmes de joie de Lili.

— Tu es sûre que tu veux signer pour ça ? demanda-t-il, face aux effusions bruyantes.

— Oui, répondit-elle en serrant la main de Tony. Oui, j'en suis sûre. Et si nous rentrions à la maison ?

Il l'embrassa, éperdu de bonheur.

Épilogue

Rentrer à la maison.

Jusqu'à il y a deux mois, quelques secondes avant qu'elle ne décide de ne pas embarquer dans son avion, Lili n'avait jamais vraiment eu de foyer.

Elle venait seulement de comprendre où se trouvaient sa maison, sa vie, sa place… Elle avait vu tout cela en même temps dans les yeux de Tony il y a deux heures, lorsqu'il avait répondu « oui » au prêtre, avant de promettre de l'aimer et de la chérir jusqu'à ce que la mort les sépare. Elle avait alors senti une profonde certitude l'envahir.

Sa vie était là, auprès de ces filles qu'elle aimait tant, de cet homme, pour qui elle se sentait prête à tout.

Cet homme et ses filles qui lui avaient ouvert leurs cœurs pour lui faire un cadeau inestimable…

Un rire enfantin lui fit tourner la tête vers Claire, ravissante dans sa robe de demoiselle d'honneur.

— Qu'y a-t-il de si drôle ?

— C'est curieux de te voir comme ça en robe de mariée au milieu de la cuisine !

— C'est que j'ai attendu longtemps avant de pouvoir la porter ! s'exclama Lili en tournant joyeusement sur elle-même. Maintenant, je ne l'enlèverai que contrainte et forcée !

Magda avait été aux anges lorsque sa nièce lui avait demandé de l'accompagner pour choisir sa robe, et c'était un Benny ému aux larmes qui avait donné le bras à Lili pour entrer dans l'église et se diriger solennellement vers l'autel.

Claire prit place sur une des chaises, le sourire aux lèvres et pointa du doigt les essais de peinture sur le mur.

— Tu sais, je crois qu'il est temps de repeindre cette cuisine une bonne fois pour toutes.

Tony fit son entrée, desserrant le nœud de sa cravate et adressant un clin d'œil à Lili.

— C'est une bonne idée, mon cœur. Quelle couleur te plaît ?

Bon sang, qu'il était beau en smoking se répéta Lili pour la vingtième fois de la journée !

Claire se tourna vers elle.

— Qu'est-ce que tu en penses, toi ?

Elle leva les yeux vers le mur, essayant de distinguer les couleurs au travers des larmes qui embrumaient ses yeux.

— Ce bleu-là me plaît bien.

— Oui, moi aussi, je l'aime bien, ajouta Claire.

— Claire ? appela Susan depuis la terrasse. Ma chérie, est-ce que tu es prête pour aller… Mais tu n'as pas encore enlevé ta robe !

En riant, Tony vint enlacer Lili.

— Je pourrais te dire la même chose, murmura-t-il en déposant un baiser dans son cou.

Elle se mit à rire en se répétant que ce n'était pas un rêve, que tout cela était bien réel et que personne ne viendrait la réveiller.

Les filles se précipitèrent pour les embrasser avec effusion et, quelques instants plus tard, la porte d'entrée se refermait et ils se retrouvaient face à face tous les deux. Seuls.

Même le chien Ed était parti pour le week-end, en pension chez Magda et Benny.

— Rudy et Violet doivent déjà nous attendre, chuchota Lili entre deux baisers, lorsque les mains de Tony s'attardèrent sur la longue, très longue boutonnière au dos de sa robe.

— Ils peuvent attendre, eux… Moi pas ! répondit-il, dans un souffle.

Quelques instants plus tard, sa robe de perles et de dentelles glissait le long de son corps et tombait au sol, dans un nuage de mousseline.

— Je t'aime.

Elle rit de bonheur en entendant ces mots et l'embrassa avec fièvre.

— Moi aussi, je t'aime ! murmura-t-elle entre deux soupirs.

Retrouvez en avril,
dans votre collection

Passions

Un enfant en héritage, de Michelle Major - N°650

SÉRIE LES SECRETS DES FORTUNE TOME 4/6

Lui, Charles Fortune Chesterfield, collectionneur d'aventures sans lendemain, est père d'un petit garçon ? Bouleversé, Charles ne peut s'empêcher de laisser éclater sa colère. Comment Alice Meyer, avec laquelle il a connu une intense passion l'année précédente, a-t-elle osé lui cacher qu'elle attendait un enfant de lui ? Et pourquoi l'a-t-elle écarté ainsi de la vie de son fils ? Résolu à partager désormais le quotidien de Flynn, cet enfant qu'il ne connaît pas mais qu'il aime déjà, Charles exige de le rencontrer. Même si cela implique de côtoyer de nouveau Alice, dont le charme le trouble toujours autant…

Cette délicieuse tentation, de Kathie DeNosky

Passer une nuit torride avec Jaron Lambert… voilà sept ans que Mariah en rêvait ! Mais, depuis que c'est chose faite, elle se sent complètement déstabilisée. Pourquoi Jaron se montre-t-il désormais si froid envers elle ? Et pourquoi utilise-t-il leur différence d'âge comme prétexte pour l'éloigner de lui ? Les réponses à ses questions, elle les obtiendra, Mariah s'en fait la promesse. Car il est absolument hors de question qu'elle laisse s'échapper celui qui, elle en est persuadée, est le grand amour de sa vie…

Entre les bras de son patron, de Jules Bennett - N°651

SÉRIE SCANDALES À BOSTON TOME 1/4

Bloquée dans un chalet perdu au milieu de nulle part… avec son patron pour seule compagnie. Alors qu'au-dehors une terrible tempête de neige fait rage, Zara ne sait si elle doit se réjouir ou s'effrayer de la situation. Certes, elle est secrètement amoureuse du séduisant Braden O'Shea – un homme d'affaires puissant et respecté à Boston qui l'a engagée pour être sa secrétaire – et, en le côtoyant d'aussi près, elle ne pourra qu'apprendre à mieux le connaître. Pourtant, elle ne peut s'empêcher de rester sur ses gardes. Car Braden se comporte parfois de façon étrange, comme s'il avait quelque chose à lui cacher…

Sa recette du bonheur, de Meg Maxwell

Accepter d'épouser West Montgomery, l'homme qui lui a brisé le cœur au lycée, aurait pour Annabel deux avantages… Le premier : lui apporter l'argent dont elle a besoin pour sauver le Hurley Homestyle Kitchen, le petit restaurant qu'elle a hérité de sa grand-mère. Le second : permettre à West de conserver la garde de sa fille de six ans, la petite Lucy. Malgré tout, Annabel, hésite : sera-t-elle capable de vivre jour après jour auprès de cet homme qui exerce sur elle la même attirance qu'autrefois tout en gardant ses distances ? Rien n'est moins sûr…

L'amour comme seule victoire, de Maisey Yates - N°652

Un pari stupide... qui menace de tourner à la catastrophe ! Anna est désemparée : quelle idiote elle a été de vouloir relever le défi lancé par ses frères, à savoir décrocher un rendez-vous galant ! Car maintenant qu'elle est en train de danser contre Chase McCormack, son meilleur ami – qui a accepté de jouer le jeu en se faisant passer pour son fiancé –, elle le regrette amèrement. Chase est si beau, si viril qu'elle est follement attirée par lui. Pourtant, elle le sait, rien n'est possible entre eux. Si elle lui fait part de ses sentiments, Chase la repoussera, au nom de leur si précieuse amitié...

Aux couleurs de la passion, de Lynne Marshall

Excédée, Marta ne décolère pas. Pourquoi Leif Anderson, qui l'a embauchée afin qu'elle restaure une fresque historique à Heartlandia, s'amuse-t-il à souffler le chaud et le froid avec elle ? Alors qu'il a insisté pour la loger, il semble maintenant tout faire pour l'éviter. Est-ce parce qu'elle est enceinte d'un autre homme ? Elle lui a pourtant expliqué qu'elle s'était séparée de son ex-fiancé... Quoi qu'il en soit, elle supporte de plus en plus mal de cohabiter avec cet homme si séduisant. Cet homme qui, elle le sait, serait un père idéal pour son bébé à naître...

Un mariage tant espéré, de Merline Lovelace -N°653

SÉRIE TROIS VŒUX À EXAUCER TOME 2/3

Oui, je le veux ! Mais non, je ne peux pas ! Tandis que Brian Ellis, le séduisant milliardaire qui vient de la demander en mariage, attend sa réponse, Dawn sent la panique la gagner. Après avoir abandonné deux fiancés au pied de l'hôtel par peur de l'engagement, il serait grand temps qu'elle prenne enfin des risques, elle le sait. Mais, cette fois-ci, l'homme qu'elle aime n'est pas seul en jeu : il est le père d'un adorable petit Tommy, âgé de six ans. Et, pour Dawn, il est inconcevable de décevoir cet enfant qu'elle aime déjà comme s'il était son propre fils...

Pour une escapade avec toi, de Catherine Mann

Vient-elle vraiment de passer une folle nuit entre les bras de Henri, son époux, alors qu'elle a demandé le divorce quelques jours plus tôt ? Fiona doit l'admettre : son comportement manque cruellement de cohérence. Ne reproche-t-elle pas depuis des années à Henri de faire passer son travail avant elle ? Et n'a-t-elle pas décidé de se construire une nouvelle vie loin de lui ? Bien sûr, l'escapade à deux qu'il a tout spécialement organisée pour elle à La Nouvelle-Orléans plaidait en sa faveur. Mais Fiona ne peut pas jouer avec les sentiments de Henri, elle le sait. Elle va donc devoir prendre une décision définitive, et vite...

Un père tant attendu, de Kat Cantrell - N°654

Ces deux petites filles, qui tiennent Grace Haines par la main, seraient-elles... ses enfants, à lui ? Eberlué, Kyle refuse de croire à ce qu'il voit. En revenant dans sa ville natale de Royal après dix ans d'absence, il ne s'attendait certainement pas à subir un tel choc ! Pourtant, le doute n'est pas permis : Maddie et Maggie, les adorables jumelles qui lui font face, lui ressemblent à s'y méprendre... Ainsi, en plus de lui avoir brisé le cœur dix ans plus tôt, Grace lui a caché qu'il était papa ? Ivre de rage, Kyle s'en fait la promesse : il la forcera à s'en expliquer...

Un secret à préserver, de Silver James

À l'instant où Clayton Barron, le candidat en lice pour la Maison-Blanche avec qui elle vit une relation passionnée depuis plusieurs mois, la demande en mariage, Georgie comprend que ses ennuis ne font que commencer. Car, si elle ne doute pas un instant des brûlants sentiments qu'elle éprouve pour Clayton, elle sait aussi que devenir son épouse serait le meilleur moyen de faire exploser au grand jour le secret qu'elle cache, et qui pourrait coûter sa carrière à l'homme qu'elle aime...

*** 10 ANS *Passions* ***

Pour fêter les 10 ans de Passions

découvrez tout au long de l'année 2017

la sélection des 12 meilleurs romans Passions

que vous avez choisis !

En avril, ne manquez pas
le quatrième titre de la sélection :

Princesse et insoumise
de Maureen Child

Retrouvez en avril,
dans votre collection

Passions

Princesse et insoumise, de Maureen Child

Et s'il était possible d'écouter son cœur – juste une fois ? Pour Alexis, ce rêve s'incarne bientôt sous les traits virils de Garrett King. Depuis qu'elle a rencontré cet homme au regard envoûtant, elle se prend à vouloir tout oublier – sa charge de princesse de Cadria, ses devoirs et responsabilités – pour vivre le moment présent. Près de lui. Garrett ignorant tout de son identité, voilà qu'elle est enfin considérée pour ce qu'elle est vraiment ! Du moins le croit-elle, car, en réalité, Garrett est un garde du corps, engagé par son père…

Composé et édité par HarperCollins France.

Achevé d'imprimer en février 2017.

CPi
BLACK PRINT

Barcelone

Dépôt légal : mars 2017.

Pour limiter l'empreinte environnementale de ses livres, HarperCollins France s'engage à n'utiliser que du papier fabriqué à partir de bois provenant de forêts gérées durablement et de manière responsable.

Imprimé en Espagne.